GUÍAS DEL
VENEZUELA
BUEN VIAJERO

BLUME

GUÍAS DEL BUEN VIAJERO
ARGENTINA • AUSTRALIA • CHINA • COSTA RICA • CUBA • ECUADOR • ESPAÑA • FLORIDA • INDIA • INDONESIA • KENIA • MALASIA Y SINGAPUR • MÉXICO • NEPAL • NUEVA ZELANDA • PERÚ • TAILANDIA • TURQUÍA • VIETNAM, LAOS Y CAMBOYA

Título original:
Traveler's Companion Venezuela

Traducción:
Ursel Fischer
Maite Rodríguez Fischer

Revisión y actualización de la edición en lengua española:
Joan Marc Parellada Puigvila
Operador turístico

Coordinación de la edición en lengua española:
Cristina Rodríguez Fischer

Primera edición en lengua española 2004

Av. Mare de Déu de Lorda, 20
08034 Barcelona
Tel. 93 205 40 00 Fax 93 205 14 41
E-mail: info@blume.net

ISBN: 84-8076-396-5
Depósito legal: B-34.870-2004
Impreso en Talleres Gráficos Soler, S.A.
Esplugues de Llobregat (Barcelona)

Agradecimientos
El editor quiere expresar su gratitud a Corpoturismo Alpi Tour, Cacao Travel, Bun Bun Tours, a Gonzalo Boulton de Posada Caribana y a Patrizia Barsanti de Posada Kanosta por su ayuda. De parte del autor, también queremos dar las gracias a Chris Sharpe, Iokiñe Rodríguez, Willy y Tanya Harcourt-Cooze, Michael Derham y a Karina Mellinfer, que han contribuido con su inestimable ayuda y consejos, y también a toda esa otra gente y amigos cuya ayuda ha enriquecido de manera inconmensurable este libro.

GUÍAS DEL

VENEZUELA

BUEN VIAJERO

Dominic Hamilton

Fotografías de Anthony Cassidy

BLUME

Contenido

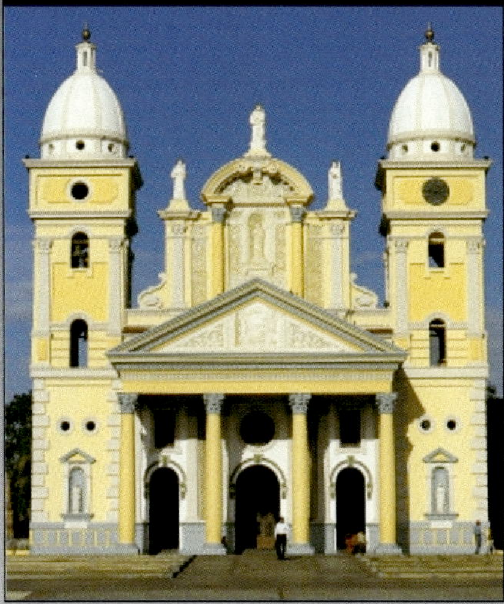

GUÍAS DEL

VENEZUELA

BUEN VIAJERO

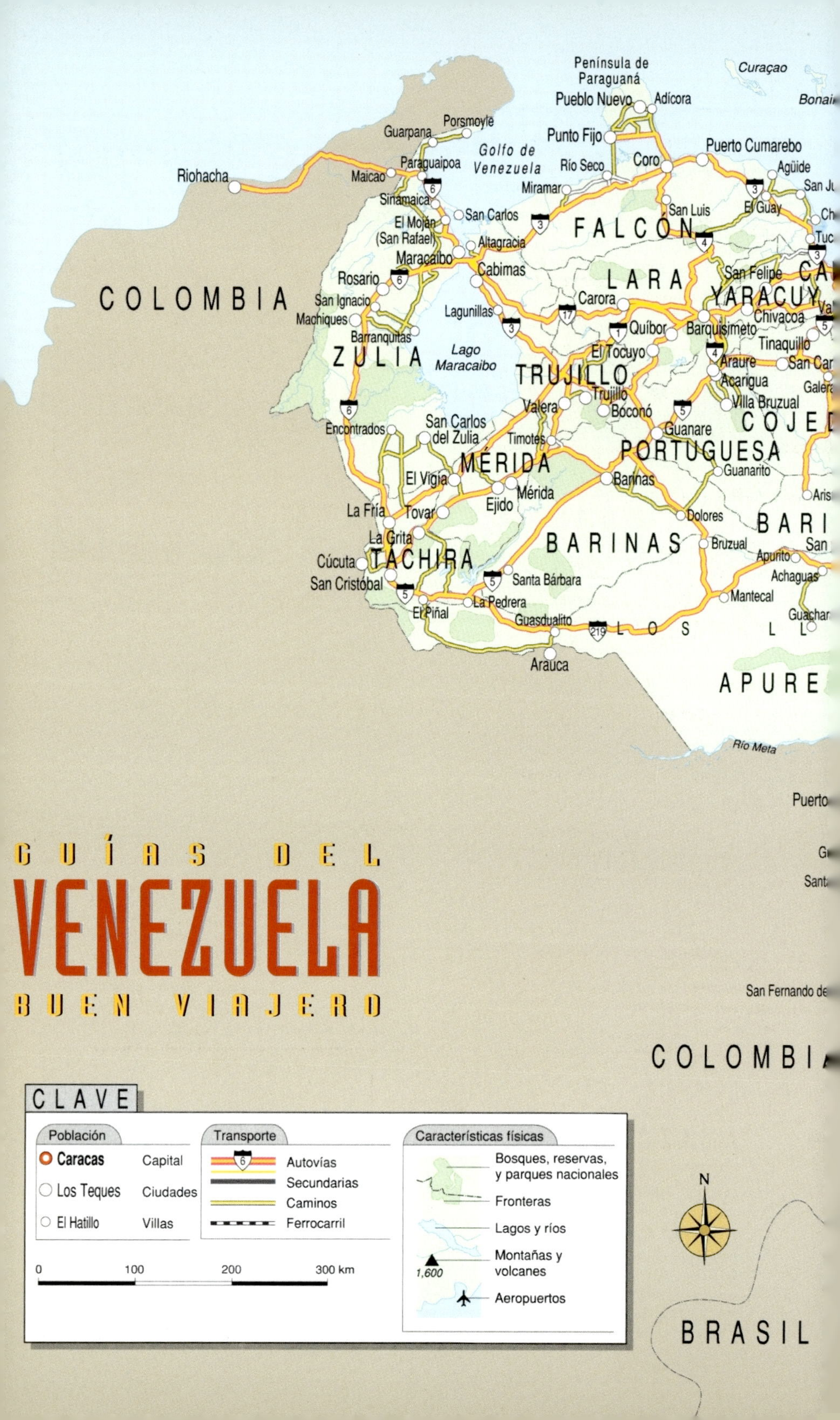

de Los Roques
Gran Roque
Isla La Ochila
R CARIBE
TOBAGO
Isla de Margarita
Isla La Tortuga
Maiquetía
La Sabana
Carúpano
Río Caribe
Península de Paria
Península de Araya
El Pilar
Güiria
TRINIDAD
Caracas
Higuerote
Cumaná
Puerto La Cruz
Santa Fe
SUCRE
Los Teques
aracay
Caripito
GUA
MIRANDA
Clarines
Píritu
Barcelona
Maturín
Aragua de Barcelona
Anaco
MONAGAS
El Tutumo
Zaraza
Tucupido
Cantaura
Valle de la Pascua
El Chaparro
Tucupita
DELTA AMACURO
El Socorro
Tembladór
El Tigre
El Tigrito
El Salto
Calabozo
Barrancas
Meja
La Reforma
ANZOÁTEGUI
San Félix
GUÁRICO
Puerto Ordaz
Ciudad Guayana
Upata
Orinoco
Cazorla
Las Bonitas
Ciudad Bolívar
San Antonio
Arichuna
Cabruta
Mapire
La Hamaca
Guasipati
Caicara del Orinoco
El Manteco
Maripa
Cuidad Piar
Santa Rosalía
La Esperanza
El Callao
Tumeremo
La Tigra
Cumbre
Las Trincheras
La Paragua
La Lajita
Mato
La Comunidad
El Dorado
GUYANA
BOLÍVAR
Guaniama
Canaima
Paraguaza
Río Caura
Km. 88
PARQUE NACIONAL CANAIMA
Salto Ángel
Kamarata
Luepa
Kavanayén
Gavilán
Asita
San Juan de Manapiare
San Francisco de Yuruaní
Camani
El Paují
Santa Elena de Uairén
Guayapo
Palo Negro
BRASIL
Kanaripo
Carmelitas
Parque nacional Yapacana
Parque nacional Duida Marahuaca
San Antonio
Orinoco
AMAZONAS
Colón
Manipitan
Mavaca
San Carlos de Río Negro
Laja Alta
San Simón de Cocuy
ESTADOS UNIDOS
MÉXICO
CUBA
JAMAICA
HONDURAS
GUATEMALA
NICARAGUA
VENEZUELA
COSTA RICA
PANAMÁ
COLOMBIA
GALÁPAGOS (Ecuador)
ECUADOR
BRASIL
PERÚ
BOLIVIA

ATRACTIVOS PRINCIPALES

Tocar las alas del ángel

UN TUCÁN –«IOWU»– NOS DETIENE EN NUESTRO CAMINO. Está muy cerca. Nos quedamos esperando la respuesta de su pareja. *«Iowu, iowu.»* El eco de este grito metálico atraviesa el bosque y parece multiplicarse mientras lo escuchamos. Nos detenemos escudriñando las copas de los árboles con la esperanza de descubrir uno de estos pájaros. Yesé, mi guía, me toma del brazo. «¡Mira!», dice.

Me giro en dirección a la montaña, protegida por el denso bosque. Una franja de color ocre se extiende entre los árboles y las hojas. Los primeros rayos del sol, que está saliendo por encima de las colinas orientales, iluminan toda la falda del Auyán Tepuy, la Montaña del Mal, y la bañan con una luz pura y dorada.

Ahora no hay tiempo que perder. Como dos escolares emocionados y a cuatro patas subimos por las rocas, siguiendo el sendero cubierto de raíces, enredaderas, hojas y lianas. Finalmente llegamos a un claro, con una plataforma de roca al pie de la montaña. Allí, en todo su esplendor, luciendo como la primera letra dorada de un manuscrito medieval, se arquea la mayor cascada del mundo, desde la cima de la montaña. ¡Lo hemos logrado!

El Salto del Ángel es la octava maravilla del mundo, la atracción turística más visitada de Venezuela, ¡y con razón! Las cataratas se precipitan durante casi un kilómetro desde las alturas, como veinte Niágaras puestas una encima de otra. Millones de gotitas bailan arremolinándose, mientras contemplamos este espectáculo desde nuestro punto de observación. Después de la calurosa subida, es como si un ala de ángel nos acariciara la cara.

Aunque su nombre evoque algo celestial, capricho del destino, de hecho, las cataratas deben su nombre a un aviador, Jimmy Ángel, que acostumbraba a volar sin instrumentos de navegación, y quien las descubrió en 1935. Tal como correspondía a esta tierra de El Dorado, en realidad buscaba un «Río de Oro».

Durante la época de lluvias (desde principios de mayo hasta diciembre), hay tres fuentes diferentes que alimentan el impresionante penacho de serpiente que se precipita hacia el fondo boscoso, en la profundidad. Durante la temporada de sequía, el penacho es menos llamativo, pero luce bandas de varios arco iris que se arquean a sus pies. No importa en qué época visite las cataratas, siempre tiene que llevar suficiente material fotográfico para su cámara.

Hay varias formas de disfrutar de esta maravilla, que dependen del clima y del presupuesto del viajero. Para mí, la mejor es el viaje en barco para sensibilizarse realmente con esta región de los indios pemon, los habitantes de la Gran Sabana o del Tei Pun. Los viajes en barco sólo se realizan entre abril y diciembre, ya que el Churún, el río que lleva a las cataratas, únicamente es navegable en épocas de lluvia. No obstante, debido a los cambios climáticos de los últimos años, es probable que aun pueda realizarlo en enero. La mayoría de los viajes se inician en Ciudad Canaima y su idílica laguna, a una distancia de cinco horas en barco, y se pasa

PÁGINA ANTERIOR: El Salto del Ángel se precipita desde las alturas del Auyán Tepuy. SUPERIOR: Un tucán con su grueso pico curvado.

una noche en un refugio cerca de las cataratas. Otras excursiones recomendables de mayor duración se inician en Kavak, al sur de la montaña, con una odisea de cuatro días por ríos del color del té, que incluyen la visita a las comunidades de los indios pemon, el paso por las cataratas y, para finalizar, un cóctel en Canaima. A lo largo de todo el año se ofrecen vuelos en avión del tipo DC-3 adaptado y avionetas para poder admirar las cataratas y fotografiarlas desde el aire.

Las playas

VENEZUELA POSEE MÁS COSTA CARIBEÑA QUE CUALQUIER OTRO PAÍS EN ESTA ZONA: MÁS DE 3.000 KM. Para muchos, la joya de mayor brillo en la corona caribeña de Venezuela es el archipiélago Los Roques, que se encuentra a 128 km de su costa central. Las islas e isletas de este archipiélago, declarado parque nacional en 1972, a tan sólo media hora de vuelo, ofrecen un impresionante espectáculo del mundo marino. En sus aguas, una de las mejores zonas para el submarinismo del Caribe, se puede admirar la danza multicolor de corales y peces, esponjas y anémonas.

Desde mediados de la década de 1980, la isla de Margarita, a unos 40 km frente al continente y conocida como la «Perla del Caribe», se ha convertido en el lugar principal de turismo internacional de Venezuela. Docenas de playas para todos los gustos se extienden a lo largo de sus costas: algunas larguísimas y muy populares como Playa El Agua, otras ideales para el *surf* como Parguito, y otras como Manzanillo o La Galera, que son perfectas para ir con niños.

En dirección hacia el oeste, desde Caracas, en el estado de Aragua, al lado del viejo pueblo de pescadores de Puerto Colombia, destaca Playa Grande como la imagen perfecta de una luna creciente de arena y oleaje. La visita al parque nacional de Henri Pittier, un bosque fresco y húmedo, se puede combinar con una estancia en la playa y con la observación de la vida de cientos de especies de aves que residen allí.

La decisión sobre qué ruta tomar es un auténtico dilema si le añadimos otros dos parques marinos nacionales de Venezuela: Morrocoy, en el estado de Falcón, y Mochima, en el estado de Sucre. Ambos combinan corales, palmeras, playas de arenas blancas como la nieve, y los dos son de fácil acceso desde las ciudades respectivas situadas en la costa: Morrocoy desde Tucacas o Chichiriviche, ambas poco atractivas, y Mochima desde el animado Puerto La Cruz, en el extremo oriental, o desde Santa Fe, más tranquila, en dirección occidental. Morrocoy, a todos sus atractivos seductores añade el refugio

DERECHA Y PÁGINA SIGUIENTE: La extensa Playa El Agua ribeteada de palmeras en la isla de Margarita.

Cuare de vida salvaje, un santuario de miles de ibis escarlatas, flamencos migratorios y espátulas rosadas.

Como si todo esto no fuera suficiente, posiblemente el secreto mejor guardado del Caribe es la estrecha península de Paria, que como un delgado dedo se extiende a lo largo del extremo de la costa oriental de Venezuela, a una distancia de un planeo de gaviota de la isla de Trinidad. Sus playas ribeteadas de palmeras parece que se acaban de descubrir y, con sus cabañas de estilo mediterráneo en Playa Medina y Playa Pui-Puy, son un perfecto escondite romántico. Más hacia el este, al otro lado de San Juan de las Galdonas, aún hay media docena de playas totalmente desiertas y a salvo para los pescadores solitarios. Cubierto de palmeras y protegido por las empinadas colinas boscosas del parque nacional de la península de Paria, pronto comprenderá por qué Colón la llamó «País de gracia».

Vida salvaje

Prismáticos en mano, a orillas del río Caura, que avanza con pesadez por esta parte occidental del estado de Bolívar, aguardé semisomnoliento en el sueño de las cinco de la madrugada. Lentamente, mientras que el cielo en el este se tiñe de suaves colores rosados y malvas, los gritos guturales aspirados, los aullidos, los gemidos, los chillidos, los ululatos, los clamores, los cotorreos y los alaridos del bosque me sacan de la somnolencia. Y en tan sólo media hora he podido espiar al araguato en su escondite (el origen de los gruñidos guturales), a tucanes moteados, a garzas reales, a colibríes, a dos guacamayos resplandecientes y a loros pequeños de cola larga que intentaban alimentarse con la palmera de hoja fruncida, más dos cercetas de ala azul en su vuelo desde Norteamérica hacia el Amazonas. Procuro identificar las especies de aves con ayuda de mi libro, pero con 1.360 para elegir no es tan fácil.

Sin duda, en las frescas nieblas matinales de la Sierra de Lema, en el sudeste del estado de Bolívar, puedo realizar un trabajo de identificación de aves mucho mejor si cuento con la ayuda del experto en ornitología Chris Sharpe. Chris traduce los sonidos de este gigantesco auditorio de aves: «Tepui antpitta, el piha de cuello rosado, el reyezuelo (abadejo) flautista», y se emociona cuando escuchamos el fuerte zumbido mecánico de las alas de los pájaros tropicales en un momento de su ritual de cortejo.

Venezuela reúne tantas especies de aves como Norteamérica y Europa juntas. Aquí no solamente encontramos especies que no existen en ninguna otra parte como, por ejemplo, el vencejo u oncejo tepui, el pavo real «coquette», el «brillante» de aterciopeladas cejas o el eulabes sagrado (mino, quiscalo) de cresta dorada, sino también es un lugar de refugio para las aves en su largo viaje de migración a través del continente americano.

Aunque las aves sean impresionantes, si quiere ver algo de mayor tamaño, más sobrecogedor, diríjase a los Llanos. La extensa red de llanos venezolanos, semejante a los pantanos de Brasil, es, sin duda, un sueño para los amantes de la naturaleza. Las vías acuáticas de los Llanos son el hogar de muchas familias de conejillos de Indias (cobayos) de gran tamaño y de patas reticuladas, tal como me explicó nuestro guía turístico, así como del chigüire o cabiay (carpincho) de hocico gracioso, el mayor roedor del mundo. Hay tortugas y, ocasionalmente, también algunas nutrias que ladran desde la orilla, pero el más asustadizo de todos es el caimán «con gafas» (baba), una especie de cocodrilo pequeño. Estos monstruos de piel coriácea descansan inmóviles en la orilla del río, con sus dientes que brillan al sol, o se deslizan por el río como pequeños submarinos prehistóricos. Otros mamíferos que requieren más paciencia para su observación son los tamándoas gigantes u osos hormigueros, los tapires y los armadillos, los ocelotes y, sobre todo, los jaguares. La anaconda, que compite con el «baba» por el título del animal más temido, puede llegar a medir hasta 12 m de longitud.

Con el teleférico hacia las alturas

Venezuela es un país de superlativos, a veces cualquier cosa puede ser la mayor de... la más extensa de... o la más alta de... El teleférico de Mérida en los Andes tiene dos récords: es el más largo y el más alto del mundo, ya que sube hasta la aterradora altura de 4.765 m. Para ser honrado, se merece un tercer título, porque con toda probabilidad también es el más irregular: vaya rezando, desde ahora, para que cuando llegue, sus cuatro estaciones estén abiertas.

Pero aun cuando únicamente funcionen tres estaciones, o algunas veces sólo dos, el teleférico sigue siendo un deber absoluto que ningún turista de los Andes debe olvidar. El recorrido de 12,5 km se inicia en la estación de Barinitas en la plaza Las Heroínas, en la parte oriental de Mérida, cruzando el río Chama, con salidas cada quince minutos. Trate de llegar temprano para evitar las colas y aprovechar el cielo limpio, ya que siempre se cubre de nubes a lo largo del día.

Durante la subida para llegar a la primera estación de La Montaña, a 2.400 m de altura, el valle de Chama, verde y fresco, con Mérida situada en el centro de su meseta, se va abriendo bajo su mirada, y pronto se habrá acostumbrado al vaivén de la cabina. En el recorrido hacia la segunda parada, La Aguada, a 3.452 m de altura, se situará por encima de las copas redondas de los árboles hasta llegar a las alturas desde donde se lanzan los planeadores. Más allá de este punto, es posible que llegue a experimentar cierto mareo debido a la altitud, al «soroche». Desde La Aguada hay varios caminos para bajar por la montaña a pie o caballo. Pero si ya ha llegado hasta aquí, lo mejor aún le espera más arriba.

La siguiente estación es Loma Redonda anidada a 4.045 m de altura, en este mundo encantado del páramo, con sus flores silvestres y los frailejones (espeletia) en plena floración en el mes de octubre. Hay oxígeno para aquellas personas que empiecen a sentir náuseas. Se recomienda hacer una pequeña pausa entre las estaciones, dar un pequeño paseo y retomar la subida con calma.

A unos cuantos pasos de Loma Redonda se encuentran las lagunas de color negro obsidiana

PÁGINA ANTERIOR: Un mono de la Gran Sabana exhibe sus habilidades para la lucha. SUPERIOR: El teleférico de Mérida sube hasta el cielo para poder contemplar la ciudad y el valle de Chama desde arriba.

de Los Anteojos. Hacia el oeste hay un sendero que conduce a las viejas calles de cantos rodados y a los muros enlucidos de Los Nevados, como surgidos de una postal. Se alquilan mulas para ir al pueblo y para transportar el equipaje; el recorrido es de cinco a seis horas. El viaje de retorno de Loma Redonda a Los Nevados, donde se pasa la noche, y la vuelta a Mérida en un coche todoterreno, convierten esta experiencia en una de las excursiones más populares de los Andes. Si prefiere hacer un recorrido menos agotador, camine por el sendero de bajada desde la segunda estación, La Montaña. Y para una aventura aún mayor, abandone el todoterreno en Los Nevados y continúe el camino para llegar a El Morro y a los remotos Pueblos del Sur.

Con suerte, y si el teleférico «se siente generoso», la estación de Pico Espejo, la parada que causa mayor vértigo, estará abierta. Parece inconcebible superar una diferencia de altitud tan grande en un lapso de tiempo tan corto. Las náuseas a causa de la altura acentúan la sensación de confusión. ¡Pero aquí estamos, a 4.765 m por encima del nivel del mar! Y tal como dicen los merideños: en el tejado de Venezuela. Increíble, tan sólo faltan 242 m para estar a la misma altura del pico más elevado del país: el Pico Bolívar. Aquellos que estén en buena forma física, bien preparados y equipados pueden hacer la subida en unas tres horas.

Sabores y aromas

AL CRUZAR EL UMBRAL DEL MERCADO POPULAR DE MÉRIDA SE ENTRA EN EL MAYOR PALACIO DE FRUTA DE VENEZUELA; aquí se puede superar con creces cualquier excentricidad de la realeza europea y probar un rico y perfumado mango maduro. Entre los cortesanos del palacio se encuentran la exótica y tropical lechosa (o papaya), la parchita (o fruta de la pasión), el tamarindo, la guayaba, el zapote, pero también hay fresas, más frescas y reservadas, moras y manzanas.

Charles Nicholl, en su libro de viaje sobre Colombia *The Fruit Palace* («El palacio de la fruta»), corona a la guanábana como «la reina de las frutas»; ya su solo nombre suena majestuoso. Si la guanábana es la reina, entonces ¿quién es el rey? En mi opinión, la respuesta está en la corona espinosa y el manto cubierto de púas de la piña, en especial aquellas del estado de Trujillo, en el norte de los Andes.

Si no le es posible visitar Mérida, no desespere. Cualquier ciudad o pueblo tiene su mercado con pirámides de frutas que imploran ser compradas. Tanto si se encuentra en Cumaná, Barquisimeto, Valencia o Ciudad Bolívar, el gran surtido de variedades no dejará de impresionarle: atrévase y pruébelas.

Pero si el comer estos frutos en plena calle ofende su sensibilidad, pídalas en el hotel a la hora del desayuno, o tómelos exprimidos. En teoría, en

cada esquina o café venden zumos frescos, y hay establecimientos dedicados tan sólo a esto. Los jugos, fruta pura con azúcar (los venezolanos tienen un paladar muy dulce, así que pida «poco azúcar»), son lo primero, después vienen los batidos con hielo batido y las merengadas con leche.

Tras las huellas de El Libertador

TRAS SU LLEGADA A VENEZUELA NO TARDARÁ MUCHO EN FAMILIARIZARSE CON EL NOMBRE DE SIMÓN BOLÍVAR. El centro de cualquier ciudad, pueblo, poblado o aldea es la plaza Bolívar, con su correspondiente estatua de El Libertador, de pie, a horcajadas sobre un corcel, en el momento de pronunciar un discurso a las masas, conduciendo a las tropas, o mientras mira estoicamente hacia un futuro en apariencia brillante; sus poses sólo son superadas por el gran número de mitos en torno a su persona, el hombre que liberó a la mitad del continente sudamericano al iniciarse el siglo XIX.

Para comenzar desde sus orígenes en Caracas, visite la Casa Natal, donde el futuro general, presidente, intelectual y «casanova» nació un 24 de julio de 1783, hijo de una rica familia de terratenientes. Aunque nunca fue a la escuela, se puede visitar el viejo hacienda-cum-museo de la Cuadra Bolívar al sur del centro antiguo. Allí, el joven Simón recibía clases de un destacado profesor, Simón Rodríguez, y junto con sus amigos montaba a caballo; sin duda jugarían a los conquistadores e indios. Antes de dirigirse a la Quinta de Anauco, donde disfrutaba de la buena comida y del vino

(ahora es el Museo de Arte Colonial, repleto de fantásticos muebles y accesorios de época), pase por el Museo Fundación John Boulton, donde encontrará la mayor colección del país del célebre Bolívar. No olvide el Capitolio, con sus retratos más famosos, ni la iglesia de San Francisco, lugar en el que fue declarado «El Libertador», en 1813. En esta misma iglesia también se celebró su gran funeral oficial, en 1842. Para completar el recorrido, diríjase hacia el norte, al Panteón Nacional; allí, desde 1876, se halla su sarcófago de bronce pulido, custodiado por guardias noche y día.

Resulta imposible seguir la vida de El Libertador, en un orden estrictamente cronológico. Durante los primeros años de las guerras de independencia vivió en el exilio, en Jamaica y Londres. Pero sus huellas se pueden encontrar por todo el país, desde acontecimientos como la batalla de Carabobo en las afueras de Valencia, en la que se desintegró la causa de los seguidores del rey, hasta las triviales placas de «El Libertador pasó una noche aquí» en la ciudad de Carora, en el estado de Lara, ya olvidada desde hace mucho tiempo. Bolívar, descrito por un general español como «un hombre pequeño montado en una mula», sólo medía 1,65 m de estatura, sin embargo domina la historia de Venezuela y deja su geografía a la sombra.

Fue en Ciudad Bolívar, a orillas del Orinoco, en la mansión al lado de la catedral, donde Bolívar propuso la nueva Constitución y su proyecto para la supernación de la Gran Colombia (que comprendía los países actuales de Venezuela, Colombia y Ecuador). Su ejército atravesó los elevados y helados Andes para liberar Caracas por primera vez, evento que se conmemora con el Monumento al Águila. En Trujillo, también en los Andes, en el Museo de Historia se puede ver la mesa donde Bolívar firmó la Declaración de guerra hasta la muerte a los españoles en 1813; por su parte, en la iglesia colonial de Santa Ana de Margarita está la vieja silla desde la cual proclamó la Tercera República, en 1816, que es el orgullo del lugar.

Santa Marta, en la costa colombiana, se adjudica la dudosa fama de «la ciudad donde El Libertador murió de tuberculosis, exiliado, sin dinero y desilusionado».

Por caminos antiguos

La exploración de las regiones remotas de las selvas pluviales y de la sabana y conocer sus pueblos indígenas puede ser una de las experiencias más fascinantes y gratificantes de este país. Me enamoré de la región de la Gran Sabana, situada al sudeste, hace muchos años, y sigo hechizado no solamente por su gran belleza natural, sino también por la intrigante y rica lengua y la herencia de los pemon, que habitan en ella.

Pueblos como Puerto Ayacucho (estado de Amazonas), Tucupita (estado de Delta Amacuro), Santa Elena de Uairén o Ciudad Bolívar (estado de Bolívar) están repletos de guías turísticos que ofrecen toda una gama de excursiones hacia los ríos, las selvas y los llanos de «Orinoquia». Con su ayuda, dar un paso atrás en el tiempo y dejar el mundo moderno para trasladarse a millones de años luz de su vida normal es tan fácil como mover las agujas de un reloj. Tanto si se acerca a Cerro Autana (El Árbol de la Vida de los piaroa locales), al sur del Puerto Ayacucho, abandonando la carretera en un todoterreno para atravesar la sabana del parque nacional Canaima con las montañas de la meseta en el horizonte, como si busca su camino a través de los canales para llegar a las casas de los indios warao, construidas sobre estacas en el delta del Orinoco, vivirá unas experiencias extraordinarias.

Los indígenas de Venezuela sólo totalizan el 1 % de la población del país. La mayoría de ellos murieron a mano de los conquistadores, o fueron esclavizados y las enfermedades europeas acabaron con ellos; sólo lograron sobrevivir aquellos que huyeron a regiones más remotas del país o a otras zonas que carecían de interés para los españoles. Los guajiro del estado de Zulia, muy independientes y cuyo territorio se encuentra en la frontera entre Venezuela y Colombia, integran el grupo mayor de población.

PÁGINA ANTERIOR: Simón Bolívar con la mirada fija hacia un brillante futuro que nunca llegó.
SUPERIOR: Una nativa de los indios pemon lleva la madera que acaba de recoger en la Gran Sabana, en su «guayare», una mochila tejida.

Todos los demás grupos importantes viven al sur del Orinoco, bien en medio de las selvas pluviales del Amazonas, de los ríos y llanos de la región occidental de Bolívar, en las montañas de la Gran Sabana, o en los canales del delta del Orinoco, en Delta Amacuro.

La nueva Constitución de 1999 cede a todos los pueblos indígenas el derecho a sus «hábitats»: reconoce sus tierras ancestrales por primera vez. Todavía es demasiado pronto para saber qué clase de beneficios devengarán estos nuevos derechos legales. El turismo, como ocurre en otras partes de la cuenca del Amazonas, puede ser una espada de doble filo para estas comunidades remotas. Mientras que nuestra curiosidad como turistas nos induce a aprender más sobre ellos, a muchas comunidades no se les ha dejado elegir. Aunque acepten el dinero del turista con gusto —les permite comprar medicamentos, materiales y ayudas para estudios, motores fueraborda y herramientas—, el contacto causará inevitablemente una erosión cultural; además, no están al corriente de los cambios de moneda. Por desgracia, en el escenario similar de los pueblos amerindios de Norteamérica, el efecto de las bebidas alcohólicas ha llegado a devastar algunas comunidades. Por lo tanto, es muy importante viajar con un operador turístico responsable o establecer una relación justa y equitativa con los indios. O mejor aún, intente ir con un guía nativo o a los hospedajes, aunque humildes, administrados por los mismos indios: Iwana Meru Tours, en Ciudad Bolívar; Roraima Tours, en San Francisco de Yuruaní; la comunidad de El Paují, en la frontera brasileña, o Mawadianojodo, en el tramo alto del Orinoco.

Venezuela ofrece una serie de cabañas excelentes en medio de la naturaleza, que superan las descripciones de H. Hudson en su obra *Green Mansions* («Mansiones verdes»), y se sorprenderá ante la multitud y la diversidad de plantas, árboles, insectos, aves y toda la fauna del bosque. Con un guía experto a su lado, preferentemente un indio, la experiencia se vuelve aún más enriquecedora por todo lo que éste le enseña y explica sobre plantas medicinales, las interrelaciones entre los seres vivos, así como las creencias tradicionales, los lenguajes y las sociedades. Imagine lo que sentiría usted si unos indios, vestidos de forma extrañamente divertida, atravesaran su jardín, se presentaran en su comedor mirándole con descaro o asombro, para después fotografiarle; así sabrá cómo acercarse a la gente de las regiones más remotas de Venezuela.

Descubra la herencia histórica

CASI ABANDONADA POR LA CORONA ESPAÑOLA y destruida con asiduidad por grandes terremotos, realmente es un milagro que aún existan monumentos arquitectónicos históricos en Venezuela. En su viaje hacia el oeste, en dirección a los Andes, haga una excursión a Coro, en el estado de Falcón: incluso los turistas que han recorrido las calles de Cuzco, en Perú, o han subido por los cantos rodados de Salvador de Bahía, en Brasil, quedan agradablemente sorprendidos. En 1993, Coro fue declarado Patrimonio de la Humanidad Mundial por la UNESCO, y sus museos, sus plazas sombreadas, sus elegantes balcones y sus calles empedradas de cantos rodados no dejan ninguna duda sobre la razón de su nombramiento.

Durante cientos de años, la ciudad de Coro, capital de Venezuela en el siglo XVI, se beneficiaba del comercio floreciente y en gran parte ilegal con las Antillas Holandesas, y su arquitectura aún refleja los gustos de los mercaderes holandeses de aquellos tiempos. La catedral —grande, tosca y antigua— se encuentra en el centro de la ciudad, pero las pequeñas iglesias de San Clemente y San Nicolás de Bari, ambas poco llamativas pero encantadoras, son auténticas joyas. Tampoco debe prescindir de una visita al Museo Diocesano, donde se exhibe la mejor colección de arte y utensilios religiosos del país. La Casa de las Ventanas de Hierro, ya restaurada, que perteneció a una misma familia durante generaciones, alberga ahora el peculiar Museo de Tradición Popular.

Pero Coro es justo el comienzo de un largo viaje a través de los siglos y de un extremo de Venezuela al otro. Los pueblos a lo largo de la costa central, que

SUPERIOR: Un niño de los indios pemon repara el tejado de paja de la choza familiar, la «churuata». PÁGINA SIGUIENTE: La iglesia de San Clemente en Coro, Falcón, data del siglo XVIII.

durante el período colonial vivían en un constante temor de los asaltos de piratas y corsarios, se encuentran ocultos entre las colinas. El techo pintado de la iglesia y la plaza moteada de Choroní, en el estado Aragua, muestran dos de los ejemplos más bellos de los primeros asentamientos.

Si se pregunta por qué se tardó tanto tiempo, más de 10 años, en expulsar a los españoles de Venezuela, sólo tiene que mirar las impresionantes murallas de sus fuertes. Entre los mejores ejemplos figura el más costoso de las colonias españolas: el monolítico Santiago León de Araya, desde cuyas alturas se dominaban todas las llanuras saladas surrealistas de la árida península de Araya, en el estado de Sucre. Para llegar al fuerte se puede ir en barco de motor desde Cumaná, y desde su castillo hay unas vistas impresionantes. Los dos fuertes de Margarita, el castillo de San Carlos Borromeo en Pampatar y el castillo de Santa Rosa en La Asunción, ambos en forma de estrella, defendieron las perlas y el nácar de la colonia de los piratas y de las potencias extranjeras, mientras que Puerto Cabello (estado de Carabobo), que muy pronto demostró ser un puerto perfecto, defendía sus tesoros y mansiones con dos fuertes impresionantes, San Felipe y Solano, este último construido un poco más tarde. Ahora, por fin, esta ciudad recibe la atención, más que merecida y pendiente desde hace ya tiempo, por parte de los restauradores.

En los Andes hay algunos pueblos que no solamente ofrecen monumentos históricos sino que también son museos vivos de las tradicionales formas de vida. Los campos se trabajan a mano o con arados tirados por bueyes, las mulas son su medio de transporte, y las fiestas y los rituales religiosos se respetan totalmente. Aunque algunos tramos de la autopista Transandina, que atraviesa las regiones venezolanas, se han vuelto demasiado turísticas, sólo se necesita un poco de espíritu aventurero, tal vez alquilando un coche o un todoterreno y algo de imaginación para adentrarse en otra época.

Las ciudades y los poblados de los Pueblos del Sur, al sur de Mérida, figuran entre los más conocidos; destacan Pueblo Nuevo y San José como los más accesibles y atractivos. En el estado de Táchira están Peribeca, un bonito pueblo tranquilo dedicado al cultivo de café; El Topón, Rubio y Santa Ana, cerca de la capital, San Cristóbal, mientras que en el estado de Trujillo, San Miguel, Barbusay y Santa Ana se encuentran al lado de la autopista entre Boconó y Trujillo (una de las rutas preferidas para llegar a los Andes desde los Llanos). Todo este conjunto de cantos rodados, de muros enlucidos, de iglesias coloniales y casas humildes muestran un mundo muy distinto de aquel que proyecta la imagen de la «Saudi-Venezuela» que tantas veces se ofrece del país.

En Oriente (el este de Venezuela), aunque hoy en día no se lo creería, las «doñas» elegantemente

vestidas con sus mejores galas solían pasearse por las avenidas de Carúpano (estado de Sucre) donde circulaban los tranvías europeos. En 1895, en la Casa del Cable (hace poco restaurada), se conectó el primer cable transatlántico para establecer la comunicación entre el Nuevo Mundo con Marsella, en Francia, y así estar al tanto del importantísimo precio del cacao. Más hacia el este, la plaza en Río Caribe, la pariente más pobre de Carúpano, ha cambiado poco desde que la abandonaron las grandes familias de la oligarquía venezolana, dedicada al cultivo del cacao, con el inicio del gran auge del petróleo, en la década de los años veinte. Los domingos por la noche toda la ciudad se congrega para la misa, tal como lo ha hecho durante muchos siglos.

Para retroceder aún más en el tiempo, el Museo de la Fundación de Etnomusicología y Folklor de Caracas, los museos etnológicos y antropológicos de Puerto Ayacucho y Maracaibo, el Museo Arqueológico de Quíbor (al sur de Barquisimeto, en el estado de Lara) y el Museo Etnográfico de Guayana en Ciudad Bolívar, exhiben culturas indígenas, con modelos a escala de la arquitectura india y muestras de sus cerámicas, trabajos de madera, instrumentos musicales, joyería y artesanías.

PÁGINA ANTERIOR: Los cantos rodados, las tejas y la iglesia de Jajó, un típico pueblo andino, en Trujillo. SUPERIOR: La fachada de color rosa y blanco de la iglesia de la Virgen del Valle, en isla de Margarita.

USTED ELIGE

Los grandes paisajes

LA ESCALA Y LA DIVERSIDAD DE LA NATURALEZA VENEZOLANA SON UNA SORPRESA PARA MUCHOS. Pero sorprende aún más ver la cifra tan reducida de turistas extranjeros que visitan el país. Mientras que Costa Rica recibe unos quince millones de extranjeros cada año, ansiosos por disfrutar de sus oportunidades ecoturísticas, escasamente un millón de turistas visita Venezuela. Increíble si tenemos en cuenta que casi toda Costa Rica se podría ubicar en el parque nacional de Canaima, el mayor parque de Venezuela, con unas dimensiones como Bélgica. Y más impresionante aún es descubrir la gran variedad de ecosistemas de este país, situado en el norte del continente sudamericano.

En total, Venezuela tiene nueve regiones biogeográficas: los Andes, el sistema de la cordillera de la costa, las islas y los archipiélagos, las planicies de los Llanos, el delta del Orinoco y las cuatro subregiones al sur del Orinoco. Éstas incluyen los altiplanos de las Tierras Altas de Guayana (la Gran Sabana) y los sistemas de las selvas pluviales de la cuenca del tramo alto del Orinoco. Pocos países reúnen un conjunto de tanta diversidad ecológica.

Desde 1937, cuando estableció su primer parque nacional, Venezuela ha continuado incrementando su superficie protegida a más de 140.000 km^2. El **Instituto Nacional de Parques** (llamado Inparques), ☎ (02) 2855056, FAX (02) 2853070, www.marnr.gov.ve/inparques/inparque.htm, administra los parques nacionales con fondos limitados y, a veces, no demasiado bien. Algunos parques, como los de cerca de Caracas (El Ávila, Guatopo y Henri Pittier) o Canaima y Sierra Nevada tienen una buena infraestructura y disponen de senderos marcados, cabañas y áreas organizadas para acampar, que cuentan con sus correspondientes guardaparques. Otros, en cambio, como la península de Paria, Sierra de San Luis o Sierra de La Culata están bastante abandonados. Lamentablemente, debido a la escasa reglamentación y a la falta de controles, en algunos casos, son poco más que «parques sobre el papel».

En la *Guía ecoturística de Venezuela,* de Miro Popic, Caracas, se describen en detalle las atracciones principales de los parques del país, las vías de acceso y los alojamientos. También comprende un calendario ecológico útil publicado por Audubon; *véase* www.miropopic.com (*Guía ecoturística*).

OBSERVACIÓN DE AVES

Ya hace mucho tiempo que los observadores de aves han descubierto Venezuela. En 1970 se fundó la **Sociedad Audubon de Venezuela**, ☎ (02) 9923268/2812, FAX (02) 9910716, www.audubonvenezuela.org, Edificio Matisco, Pisol, calle Veracruz, Las Mercedes, Caracas. Sus miembros trabajan incansablemente para promover y proteger

PÁGINA ANTERIOR: Las colinas onduladas y fértiles de los Andes, en el estado de Trujillo. SUPERIOR: Los guacamayos son muy comunes en estas regiones, y generalmente se pueden ver volando en pareja.

no sólo a las aves sino también a toda la vida salvaje y sus entornos. Uno de los miembros más activos de la sociedad, Mary Lou Goodwin, publicó la «biblia» para esta afición: *La observación de las aves en Venezuela*, editado en Caracas por la editorial La Brújula, en 1997, que no solamente ofrece una excelente información práctica sobre los mejores lugares sino además detalles sobre alojamientos y restaurantes.

Probablemente el rey entre todos los parques para la observación de las aves es el parque nacional Henri Pittier, al oeste de Caracas, donde el Paso de Portachuelo, una depresión en la cordillera de la costa, facilita el camino migratorio para cientos de especies. Con cierta regularidad, la Audubon organiza operaciones de marcaje, y todos los voluntarios son siempre bienvenidos. También le ponen en contacto con los mejores guías turísticos.

Mientras que los bosques de la cordillera, cuya columna vertebral se arquea a lo largo de todo el país, desde los Andes hasta la península de Paria, le brindan oportunidades maravillosas, las numerosas lagunas de la costa como, por ejemplo, Tacarigua, La Restinga (Margarita) y Cuare le ofrecen los medios ideales para flotar sobre el agua, prismáticos en mano.

También en los Llanos hay numerosos y buenos lugares para observar aves; se han registrado más de 300 especies. Los meses de la época de sequía son ideales para ver el espectáculo multicolor de los ibis, las garzas reales y las espátulas rosadas. **Hato El Frío** (también conocido como estación biológica El Frío), ☎ (014) 7435329 / (047) 81223 (en Achaguas), elfrio@cantv.net, y el rancho que en su día perteneció a la familia Rockefeller, **Hato El Cedral**, ☎ (02) 7818995, FAX (02) 7936032, hatocedral@cantv.net, www.hatocedral.com, Avenida La Salle, Edificio Pancho, piso 5 PH, Los Caobos, Caracas, figuran entre los lugares populares más frecuentados por los aficionados.

En la carretera a la Gran Sabana hay un acceso a los bosques de Imataca y a la Sierra de Lema en el estado de Bolívar, donde los interesados en la observación de las aves hacen un pequeño desvío para llegar a la posada de Henry Cleve, **Barquilla y Fresa** (haga su reserva a través de Audubon).

En el mes de octubre, cuando los páramos andinos se cubren de flores silvestres, este paisaje, generalmente tan descolorido, parece empezar a zumbar con tantas aves distintas, colibríes de altura incluidos. Sin embargo, tal vez lo más interesante puede ser la visita al **Mifafí Condor Center**, cerca de Apartaderos, para conocer el programa de reinserción del hermoso cóndor en Venezuela. ¡No se lo pierda!

EXCURSIONISMO

Con más de 40 parques nacionales y «monumentos naturales» para elegir, al final de sus vacaciones sus botas nuevas estarán completamente gastadas.

Camine por los senderos de los Andes y tome el teleférico de Mérida, desde La Mucuy cerca de Tabay, o desde cerca de Mucuchíes, para entrar al parque nacional Sierra Nevada. Entre los puntos más sobresalientes destacan las lagunas glaciales al norte del parque, la capilla de piedra de Juan Félix Sánchez en El Potrero y las termas calientes y los páramos en el parque nacional Sierra de La Culata. Los operadores turísticos más importantes de Mérida, **Arassari Trek & Bum Bum Tours**, ☎/FAX (074) 525879, info@arassari.com, www.arassari.com y www.jvm.com/bumbum/, Calle 24 a la altura de la plaza Las Heroínas, tienen buenos naturalistas y guías expertos.

En los parques de la costa hay numerosos senderos bien señalizados que atraviesan el parque de Henri Pittier. **Cacao Travel Group**, ☎ (02) 9771234, FAX (02) 9770110, cacaotravel@cantv.net, www.cacao travel.com, y la **Audobon** ofrecen excelentes excursiones para caminar y hacer *trekking* por todo el

parque, con alojamiento en el hermoso pueblo colonial de Choroní o en Puerto Colombia en la costa.

En la península de Paria, en el extremo oriental de Venezuela, aún hay muchos senderos lodosos vírgenes en los bosques húmedos. Si inicia la excursión por la parte del sur, al salir del bosque se encontrará en las playas paradisíacas del Caribe. ¿Qué mejor forma para quitarse el sudor de una caminata de cuatro horas? Las suaves playas arenosas, que por fortuna siguen siendo el secreto mejor guardado de Venezuela, ofrecen el lugar ideal para que las amenazadas tortugas marinas que llegan aquí por millares oculten sus huevos entre la arena. Para mayor información sobre la **observación de las tortugas** en la costa, contacte con Encuentro Paria (*véase* a continuación).

Es mejor organizar las excursiones por el parque a través del propietario de una de las posadas locales. Entre los guías más bien informados en esta región figura Klaus Müller, un hombre interesante que dirige un albergue pionero, el **Campamento Vuelta Larga**, ✆/FAX (094) 69052, vueltalarga@cantv.net, cerca de El Pilar. También en Paria, el omnipresente **Encuentro Paria**, ✆ (094) 315241, FAX (094) 313021, playamed@telcel.net.ve, Avenida Independencia, Carúpano, dirije una serie de cabañas en la playa, un rancho con búfalos de agua, unas fuentes termales y una vieja hacienda de cacao. Ambos pueden organizar toda clase de excursiones en estas regiones. Para la observación de las aves y también para hacer excursionismo, Billy Esser, con su **Hacienda Bukare**, propiedad de la familia, ✆ (094) 652003, FAX (094) 652004, bukare@cantv.net, www.think-venezuela.net/bukarel, al sur de Río Caribe, dispone de unos alojamientos muy agradables.

PÁGINA ANTERIOR Y SUPERIOR: Las cimas más elevadas del país, el Bolívar y el Humboldt, con sus picos desnudos e incisivos, en los Andes.

Y después está Canaima, junto con la Sierra Nevada, el rey entre los parques de aventura de Venezuela. Casi todo el mundo visita este parque para ver el impresionante espectáculo natural del Salto del Ángel; durante la estación de las lluvias se llega por el río, y en tiempo de sequía, en avioneta; los excursionistas más aventureros pueden descubrir cientos de cascadas, numerosos estanques y ríos con aguas del color del té. Hay un número cada vez mayor de operadores turísticos, entre ellos el **Cacao Travel Group** (*véase* pág. 26), que se encargan de organizar la subida a la montaña de Auyán, desde cuya altura se precipitan las aguas del Salto del Ángel, para ser exactos desde la aldea de Kavak. También puede intentar hacer esta excursión solo, pero necesitará llevar los alimentos necesarios y contratar a un indio pemon local como guía.

La parte oriental de Canaima, a la que se accede por la autopista 10 que conduce a Brasil, ofrece una amplia red de senderos. Para llegar al sudeste, los excursionistas en buena forma física se embarcan en una aventura de seis días a fin de alcanzar la cima del monte Roraima, con su paisaje lunar, la montaña más alta de las montañas de la mesa (los llamados «tepuys») de la Gran Sabana. Este recorrido se considera uno de los mejores de toda Sudamérica. Pero también, y desde cualquier punto, puede caminar en dirección a la sabana. Desde San Francisco de Yuruaní hay un camino de tres días de duración, en dirección al oeste, que conduce al pueblo de misioneros de Wonken, en pleno corazón de la sabana y rara vez visitado; mientras tanto, cerca de la única comunidad fronteriza de El Paují, en la frontera brasileña, los mismos habitantes de los poblados o uno de los indios pemon le guiarán a través de los bosques y por la sabana, con maravillosas vistas.

La más larga de las numerosas cuevas de Venezuela, la Cueva del Samán, atraviesa las montañas de la Sierra de Perijá en el estado de Zulia; aunque la más famosa del país se encuentra entre la roca de las colinas del estado de Monagas: la Cueva del Guácharo, el hogar de la mayor colonia de guácharos (aves), únicos en el mundo. Para practicar la **espeleología**, lo mejor es contactar con los miembros de la Sociedad de Espeleólogos de Venezuela, ✆ (02) 7306436 o (02) 2720724, rafael carreno@hotmail.com/o bien urbani@cantv.net.

Actividades deportivas

SI DESPUÉS DE HABER RECORRIDO LOS SENDEROS DE HENRI PITTIER O DEAMBULADO POR LOS CAMINOS DE LA SIERRA NEVADA necesita aún más adrenalina para que sus vacaciones sean perfectas, Venezuela no le defraudará. En los últimos años, el turismo de aventura se ha visto enormemente incrementado. El potencial es masivo, y, sin duda, las infraestructuras seguirán creciendo en la próxima década. Por ahora, la capital de la aventura es Mérida, en los Andes, con una amplia oferta de distintas actividades y, naturalmente, con los guías necesarios (*véase* MÉRIDA, pág. 152).

SUBMARINISMO

No es nada sorprendente que en Venezuela, con la línea costera más larga del Caribe, se ofrezcan opciones muy atractivas para la práctica del submarinismo. Con tres parques marinos nacionales (Los Roques, Mochima y Morrocoy) que protegen sus arrecifes, el submarinismo en este país no es sólo económico, sino que figura entre los mejores del Caribe: compite con el de Belice o de las Islas Caimán. Tanto los principiantes como los más experimentados se entusiasman ante la gran variedad y cantidad de arrecifes. Se pueden ver espectáculos impresionantes de bosques de coral de todos los colores, fuentes termales, muros del golfo, cuevas y viejos barcos naufragados en el fondo del mar. También abundan los tiburones, tortugas de mar, barracudas, mantarrayas, chiribicos, peces papagayo, *snappers* y peces mariposa.

El **archipiélago Los Roques**, delante de la costa central, la mejor zona para el submarinismo es famoso por su gran variedad de corales y peces. Sesto Continente, ✆ (02) 7311507, www.scdr.com, en la isla Gran Roque, es la única empresa que ofrece servicios y cursillos de buceo. Si le interesa alquilar una embarcación debe ponerse en contacto con Alpi Tour, ✆ (02) 2854116, FAX (02) 2856067, alpitour@viptel.com, www.alpigroup.com.

Hay otros lugares más apropiados para buceadores experimentados, pero Boca del Medio, a una profundidad de tan sólo 10 m y, sin embargo, con una gran abundancia de peces y corales prístinos, es adecuado para principiantes. Entre el resto de islas e isletas del archipiélago figuran Dos Mosquises, con un centro de investigación para la cría de tortugas y restos de naufragios cerca de Nordisquí; también se incluyen los acantilados verticales delante de cayo Sal o los laberintos de Nordisquí, y aquí no se agotan las posibilidades. Añada la isla La Tortuga, desértica y prístina, al norte de Los Roques, en caso de que aún le falte otra opción.

Los fondos poco profundos y arenosos de **Morrocoy**, al oeste de Caracas en el estado de Falcón, se consideran los mejores lugares para principiantes, con buenas posibilidades frente a los cayos Sombrero y Borracho. Póngase en contacto con el experto Mike Osborn de Submatur, ☎ (042) 830082, FAX (042) 831051, calle Ayacucho, 6, Tucacas, o con Pierre y Monika, ambos políglotas, de Agua-Fun Diving, ☎ (042) 86265, aguafun@cantv.net, www.ourworld.compuserve.com/homepages/pierreclaude, en Chichiriviche. Los dos tienen una buena reputación y también ofrecen cursillos de PADI y NAUI.

En **Mochima**, el parque marino nacional que se extiende entre Puerto La Cruz, en el estado de Anzoátegui, y Cumaná, en el estado de Sucre, se ofrecen inmersiones de gran profundidad, aunque naturalmente las aguas son más frías que en las demás zonas. Hay delfines y también se han visto ballenas. Si lo que quiere es una combinación de hotel sofisticado con vida nocturna y actividades submarinas, diríjase a Puerto La Cruz, donde hay varias compañías que organizan excursiones a los arrecifes cercanos, entre ellos el Scuba Divers Club, ☎/FAX (081) 635401, con base en la Marina Bahía Redonda, Avenida Tajamar, El Morro, al este de la ciudad. Para algo más relajado y con menos lujo, las dos posadas de Santa Fe, Playa Santa Fe Resort and Dive Center, ☎/FAX (014) 7333777, santaferesort@telcel.net.ve, www.santaferesort.com, y Siete Delfines, ☎ (016) 6385668, dolphins@telcel.net.ve, www.emergente.com.ve/sietedelfines, ofrecen viajes combinados de estancia y submarinismo.

Una de las mejores zonas para el buceo en la **isla de Margarita**, en el Farallón, cerca de Pampatar, cuenta con una estatua religiosa entre los corales y abanicos marinos. No obstante, si desea llegar a los mejores enclaves del buceo deberá trasladarse a la zona que está delante de la «Perla del Caribe»: un ramillete de islas al nordeste, Los Frailes, y Los Testigos, recién descubiertos por submarinistas expertos y comparables a Los Roques. Contacte con el Centro de Buceo Pablo Montoya, ☎ (095) 644746, cbpablom@cantv.net, con cursillos de PADI, NAUI y CMAS, o con Enomis' Divers, ☎/FAX (095) 622977, enomis@telcel.net.ve, www.members.xoom.com/enomisdivers, cuyas oficinas están en el hotel Margarita Dynasty.

PÁGINA ANTERIOR: Huellas de pisadas en las dunas de los médanos, en Coro, estado de Falcón. SUPERIOR: Dos personas a lomos de caballo para atravesar el escarpado terreno del «fralejón» en los Andes.

Para toda clase de información con respecto al submarinismo en Venezuela, consulte www.scuba yellowpages.com.

VELA

Durante la estación de los huracanes, las embarcaciones en busca de un puerto seguro pueden encontrar un refugio acogedor a lo largo de toda la línea costera venezolana. Con tanta costa para explorar y con una infraestructura que mejora día a día, el país se convierte en un destino cada vez más popular entre los aficionados a la navegación. La mayor concentración de servicios marítimos y de navegación se encuentra en El Morro y en Puerto La Cruz, en el estado de Anzoátegui, ambos aún en desarrollo.

El Morro es un amplio proyecto que se inició en la década de 1980 y está en proceso de expansión. Con sus diversos puertos deportivos, sus centros vacacionales de lujo, sus grandes zonas comerciales y sus restaurantes de categoría, realmente es «el lugar» más indicado de todo el Caribe venezolano. La mayor regata del país, la **Regata oceánica del sur del Caribe**, se celebra cada año, generalmente en agosto. Para los propietarios de yates, el Centro Marino de Oriente, ☎ (081) 677011, FAX (081) 678550, cmoplc2@telcel.net.ve, Avenida Tajamar, 8 (en el lado nordeste), ofrece los servicios más modernos de los tres puertos deportivos en El Morro.

Para los grupos de cuatro o más personas, el alquiler de un crucero para navegar por las islas de **Mochima**, o hacia el este, a **Los Roques**, le puede resultar más económico de lo que piensa. Dockside, ☎/FAX (081) 677344, dockside@ telcel.net.ve, en Marina Bahía Redonda, El Morro, es una agencia para turismo, excursiones y embarcaciones dentro del puerto deportivo, donde le aconsejarán qué embarcación alquilar según sus necesidades. Otra compañía local para alquilar veleros es Nelson & Nelson, ☎ (081) 778232 o (014) 802232, dirigido por su propietario Nelson Lozada en la Marina Américo Vespucio.

También en **isla de Margarita** ofrecen unas tarifas de alquiler de embarcaciones verdaderamente tentadoras. Existen excursiones de un día para visitar las islas de Coche y Cubagua, al sur, y sus bellas y tranquilas playas, organizadas por Viola Turismo, ☎ (095) 630715, u Octopus, ☎ (095) 611535, en el Margarita Hilton.

Hospedarse en Los Roques puede ser muy caro para grupos de más de cuatro personas; resulta bastante más económico alquilar una embarcación durante unos cuantos días para explorar la isla. Alpi Tour (*véase* pág. 28) ofrece una gama de diferentes opciones.

OTROS DEPORTES ACUÁTICOS

En términos generales, los grandes centros turísticos costeros de Margarita y Puerto La Cruz ofrecen numerosos deportes acuáticos. En especial, en isla de Margarita, hay muchos hoteles y concesionarios que alquilan motos de agua, material para el esquí acuático, *bananas*, veleros, tablas de *windsurf* y catamaranes, aunque éstos ya no son tan económicos.

Si ha llevado su propia tabla, hacer *surf* en Venezuela puede que no sea como en Hawai, pero lo pasará bien durante sus vacaciones. En Margarita, los surfistas van a Playa Guacuco y Playa Parguito, mientras que en la costa continental es Playa Cuyagua, al norte de Maracay atravesando el parque nacional Henri Pittier, la que atrae a muchos surfistas.

Uno de los mejores lugares del mundo para practicar el ***windsurf***, El Yaque, en la costa sur de la isla de Margarita, disfruta de fuertes vientos a lo largo de todo el año, que soplan con mayor fuerza entre noviembre y marzo. Su regata anual, que atrae a competidores de todo el mundo, se celebra en mayo. Si es usted surfista, consulte www.crocker.com/~barnett/guide.html. No solamente hay vientos intensos, sino que también los hoteles y la vida nocturna son de primera clase y convierten a El Yaque en un lugar espectacular, sea o no sea aficionado al *surf*. Los vientos de Adícora, situada en la costa oriental de la península de Paraguaná, «la cabeza de gigante», en el estado de Falcón, rivalizan con los de El Yaque. Para hospedaje y alquiler de veleros diríjase a Windsurf Adícora ☎ (069) 88224, www.adicora.com.

PESCA

Del mismo modo que se ha incrementado el número de observadores de aves, también ha aumentado la cifra de pescadores que van a Venezuela. Las aguas profundas delante de la costa central de **La Guaira** son ideales para la pesca de altura. Las mejores épocas para el pez aguja se sitúan entre febrero y mayo y entre septiembre y noviembre, mientras que el atún de aleta amarilla, la lubina y el tarpón se pueden pescar durante todo el año. La gran competición de pesca de La Guaira se celebra cada año en abril. Uno de los operadores con mayor experiencia es Venezuela Marlin Safari, ☎ (02) 3948868, FAX (02) 3944078, marlinsafari@ cantv.net; sus oficinas están en el hotel Gran Caribe.

En el interior del país, los interesados en pescar grandes percas irisadas (lubinas) o «payaras» en los **Llanos** tienen que visitar la Cinaruco Bass Lodge (para reservas, póngase en contacto con Alpi Tour). En los lagos glaciales alrededor de Mérida, en los **Andes**, se pueden pescar truchas, cuya cría se ha introducido en muchos de ellos; los operadores locales organizan excursiones, se ocupan del transporte e informan sobre los mejores lugares.

PÁGINA ANTERIOR: Los largos dedos de los cactos «cardón», al lado de la autopista que atraviesa los Andes, señalan hacia el cielo.

La temporada de pesca de truchas va desde mediados de marzo hasta septiembre.

Los permisos para la pesca se tienen que adquirir a través del Ministerio de Agricultura y Cría en Caracas, ☎ (02) 5760067. Las oficinas se encuentran en la décima planta de la Torre Este en Parque Central.

CICLISMO

Todos los aficionados a la aventura sobre dos ruedas saben que el gran enemigo del ciclista no son las colinas ni las montañas, sino el viento. Y los **Andes** no tienen pocas montañas. Entre las mejores rutas figuran las carreteras secundarias de los Pueblos del Sur, al sur de Mérida, o los caminos desde Apartaderos en dirección al norte a Timotes, o hacia el sur a Mérida. **Bum Bum Tours**, ☎/FAX (074) 525879, info@arassari.com, www.arassari.com y www.jvm.com/bumbum/, Calle 24 cerca de la plaza Las Heroínas, Mérida, alquila bicicletas en buenas condiciones y también proporciona información sobre otros circuitos excelentes.

En el resto de regiones del país, el alquiler de una bicicleta puede ser más problemático. En **Coro**, la posada El Gallo, ☎ (068) 529481, calle Federación, 26, dirigida por el francés Éric y su esposa venezolana, alquila bicicletas y también informa sobre las mejores rutas que pasan por los pueblos coloniales y las frescas colinas de la bella Sierra de San Luis, al sur de la ciudad.

En **Paria**, el agradable Arlet de la Posada de Arlet, ☎/FAX (094) 61290, cristjose@cantv.net, www.think.venezuela.net/arlet/, en la esquina de la Calle 24 de Julio, en Río Caribe, también alquila bicicletas, un negocio excelente y conveniente teniendo en cuenta la falta de transportes públicos para llegar a las maravillosas playas cercanas.

Las colinas alrededor de **Cueva del Guácharo** —conocido como «El jardín del Oriente»— son un territorio ideal para recorrer en bicicleta, y además a temperaturas muy agradables y frescas. Encontrará numerosos restaurantes a lo largo de las carreteras, así como algunas de las grandes posadas de agroturismo de esta región. Una bicicleta le ofrece mucha libertad. Contacte con Trekking Travelers Tours, ☎ (092) 51352, FAX (092) 51843, calle Guzmán Blanco, Caripe.

EQUITACIÓN

El corazón mítico de Venezuela se encuentra en las planicies y en los jinetes de los Llanos, aunque algunos cínicos argumentan que se halla en las playas y en las tiendas de Miami. Desde que la caballería de los llaneros jugase un papel tan importante y fundamental en la Guerra de Independencia, el vaquero, un hombre de facciones endurecidas, pero ingenioso y romántico, ha ocupado el lugar de orgullo en el panteón de los héroes del país.

No hace falta que se aleje de los **Llanos** para vivir grandes aventuras a lomos de un caballo. Numerosos «hatos» (ranchos) distribuidos por todos los estados de la planicie ofrecen excursiones a caballo a través de sus tierras, lo cual es una alternativa mucho mejor que un safari en un todoterreno descubierto. A caballo se puede acercar mucho más a la abundante vida silvestre y sentirse más próximo y unido al entorno natural de la planicie. Tras pasar varios días sobre la silla de montar, entenderá la razón de la dureza de los llaneros. La estación seca ofrece las mejores oportunidades tanto para la exploración como para la observación de la vida salvaje. El Hato El Piñero, de 80.000 ha, tiene los mejores caballos de la región, pero también puede optar por ir a Las Churuatas de Capanaparo que, además, cuenta con un acceso privilegiado al parque nacional Cinaruco-Capanaparo.

En numerosos pueblos de los **Andes** se alquilan mulas y pequeños caballos criollos para excursiones de un día. Disfrute de una tarde en las montañas alrededor de Jají; alquile una mula para recorrer las montañas desde la estación del teleférico Loma Redonda hasta el pueblo de Los Nevados; o alquile un caballo para seguir el sendero hasta cerca de la laguna Mucubají. Si prefiere montar un buen caballo, póngase en contacto con una de las fincas especializadas alrededor de Mérida, donde tienen caballos de mayor alzada y, además, disponen de guías profesionales. Contacte con José Luis Troconis, un hombre muy competente, de la Natoura Adventure Tours, ☎ (074) 524216, FAX (074) 524075, natoura@telcel.net.ve, www.natoura.com, también en la Calle 24, plaza Las Heroínas, Mérida.

La península de Macanao, en la parte occidental de la **isla de Margarita**, ofrece fantásticas oportunidades para montar a caballo, pero también en los pueblos del interior de la península hay rutas excelentes. Los paisajes de Macanao, áridos y cubiertos de cactos, son impresionantes, y el calor es asfixiante. Haga un recorrido a primera hora de la mañana o a última hora de la tarde y disfrute con una excursión por las playas casi desiertas de la costa del sur. Rancho Negro, ☎ (095) 423197/ (014) 9951103/1018, ranchonegro@veweb.com, www.veweb.com/ranchonegro, cerca de La Asunción, tiene años de experiencia, mientras que Cabatucan, ☎ (016) 6819348, FAX (095) 617259, www.margaweb.conk.com, está cerca de Boca de Río en Macanao.

Para una maravillosa excursión a caballo a través de las frescas colinas de la **Sierra de San Luis**, más arriba de Coro, contacte con la posada La Soledad, ☎/FAX (014) 6908889, desde donde disfrutará de unas vistas impresionantes. La dirección de la posada corre a cargo de dos hermanos que conocen las maravillas de la región como la palma de su mano. En Paria, atraviese los bosques y visite los pueblos llenos de color, las haciendas de cacao así como las bellísimas playas, por mediación de **Ruta del Cacao**, ☎ (014) 9940115, rutacacao@oem.es, al sur de Río Caribe.

DEPORTES DE ESPECTÁCULO

El deporte de mayor espectáculo de Venezuela es el **béisbol**, que llegó con los primeros trabajadores de las refinerías de petróleo a principios del siglo XX. Los aficionados siguen con gran pasión cada paso, los altos y los bajos de todos los juegos de las series mundiales, así como a cada uno de los jugadores venezolanos, y también a su propia liga local; la temporada se inicia en octubre y finaliza en febrero. Los dos equipos más importantes son los Leones de Caracas y los Magallanes de Valencia. Su rivalidad es legendaria, y el nivel de gritos en la universidad solamente es comparable con un partido de fútbol de la liga italiana.

También el **baloncesto** es un deporte popular en Venezuela; la temporada dura de marzo a julio. Muy interesantes también son las tradicionales **corridas de toros**, que se celebran por todo el país. La plaza de toros de Valencia sólo es superada, en cuanto a dimensiones, por la de Ciudad de México, mientras que la Maestranza «sevillana» en Maracay es la de mayor espectacularidad. Las mejores

PÁGINA ANTERIOR: Viaje en un todoterreno por las carreteras de los Llanos. INFERIOR: Participantes de la Feria de San Cristóbal, que se celebra cada año.

corridas se pueden ver durante la celebración del santo patrón de Maracay, San José, en marzo, y también durante la Feria de San Sebastián en San Cristóbal, en enero. En Caracas, en la plaza de toros Nuevo Circo se celebran corridas cada sábado por la tarde, entre noviembre y marzo.

De ruta por la carretera

CON LAS MAYORES RESERVAS DE PETRÓLEO EN EL HEMISFERIO OCCIDENTAL, no es sorprendente que la gasolina en Venezuela sea una de las más baratas del mundo. Aunque las tarifas de alquiler de coches y todoterrenos son comparables a las de Estados Unidos o Europa, las ventajosas ofertas de «tres días al precio de dos», el kilometraje ilimitado y el precio favorable de la gasolina hace que resulte toda una tentación gastar un poco más y disponer de un medio de transporte propio.

No tan tentadora es la forma de conducir de los venezolanos. Si bien no tiene nada que ver con las batallas de Cachemira ni con la negociación en las calles de Delhi, Venezuela puede ser un país muy exigente en cuanto a la manera de conducir por sus calles y carreteras. Aunque muchos automóviles sean relucientes vehículos con tracción en las cuatro ruedas, conducidos a alta velocidad por gente aparentemente importante y muy apresurada, el resto del país sigue dando tumbos en destartalados coches a una velocidad de 60 km/h. Al no existir transporte por ferrocarril, por las autopistas circulan una enorme cantidad de grandes camiones, lo que provoca una confrontación de dos velocidades, lo cual, en carreteras de sólo dos carriles en todo el país, a veces es una auténtica aventura.

No obstante, no se desanime. El asfalto de Venezuela, en comparación con el de Bolivia o Ecuador, se encuentra en muy buenas condiciones, y el conductor no podrá evitar una sensación de satisfacción al explorar el país por su cuenta. La señalización no es la mejor, pero con un ejemplar de la *Guía vial de Venezuela* de Miro Popic en mano estará bien equipado.

ITINERARIO

En mi opinión, lo mejor de alquilar un vehículo consiste en poder llegar a aquellas carreteras y lugares que es muy complicado visitar con transporte público. Una de estas excursiones, por ejemplo, es el viaje de **Caracas a las playas del parque nacional Henri Pittier**. Para comenzar, diríjase a La Guaira, en la costa, y después vaya hacia el oeste a lo largo de la carretera costera hasta Chichiriviche de la Costa. Desde aquí, la carretera serpentea a través del bosque y accede a la atípica Colonia Tovar, fundada por unos inmigrantes alemanes de la Selva Negra durante la década de 1840. Pase la noche en una de las cabañas de estilo alpino.

Desde Tovar, siga por la autopista que va desde Caracas en dirección oeste hasta Maracay. A continuación, tras salir por Las Delicias, el suburbio al norte de Maracay, vaya por la sinuosa carretera construida por presidiarios bajo el régimen del dictador Gómez. Es una de las carreteras más emocionantes de todo el país, muy estrecha y con curvas muy cerradas, lo que le pondrá los pelos de punta, y que atraviesa los maravillosos bosques del parque de Henri Pittier, hasta bajar a la famosa Playa Grande, a Choroní o Puerto Colombia, con toda una gama de alojamientos.

Los Andes se han de explorar a pie. Los pequeños pueblos de iglesias coloniales y retratos de la vida rural compensarán con creces toda su paciencia y espíritu aventurero. Hay varias rutas que conducen a estas tierras altas tan impresionantes, y puede ser difícil decidirse por una, pues todas son fantásticas.

Si no opta por uno de los paquetes, con todos los servicios incluidos, que ofrecen los «hatos» (ranchos)

en los Llanos, tal vez prefiera continuar en dirección a los **Andes vía los Llanos**. Desde Maracay vaya hacia el sur, y atraviese San Juan de los Morros para llegar a San Fernando de Apure. Aunque ninguno de estos pueblos tenga nada particularmente atractivo, se pasa por Calabozo, de la época colonial, y se empieza a percibir la sensación especial de los horizontes indomables de la planicie. Después de San Fernando continúe por la autopista 19 en dirección al oeste, por auténticas carreteras de campo de los Llanos, donde los carpinchos y caimanes se congregan durante la temporada de sequía y las aves decoran los árboles y los cielos bajo la luz del atardecer.

Pase la noche en el Hato El Cedral o en el Hato Doña Bárbara, en la carretera a Elorza. Por la mañana, vuelva a La Ye, suba hacia el norte y atraviese las tierras que suelen quedar inundadas durante las crecidas del río Apure hasta Bruzual; cruce la Ciudad de Nutrias para llegar a Barinas, enclavado en las faldas del sur de los Andes. Desde Barinas hay una carretera espectacular por las montañas, que pasa por Santo Domingo y el hotel Los Frailes —un pretexto para quedarse a comer o pasar la noche—, y que al llegar a Apartaderos se une con la Transandina.

La alternativa de pasar por los **Andes** en lugar de tomar la ruta de los Llanos es igualmente atractiva. Se inicia en Barquisimeto (allí puede alquilar un coche), con una vieja carretera en dirección al sur que le lleva a Tintorero, una ciudad donde se fabrican hamacas, y pasa por el colonial Quíbor y El Tocuyo (hace tiempo, fue la capital de Venezuela), el bonito parque nacional Yacambú y el pueblo de montaña de Sanare. Al día siguiente, continúe por la misma carretera, que cada vez se torna más verde, hasta

PÁGINA ANTERIOR Y SUPERIOR: Quien tiene una barca tiene que remar: los indios guajiro en la laguna de Sinamaica.

llegar a Biscucuy. Siga hasta Boconó, el umbral a los Andes: aquí hay numerosas posibilidades para encontrar una cama y pasar la noche.

En Boconó tiene dos opciones. Si utiliza un todoterreno, considere la ruta más aventurera, que atraviesa las pequeñas ciudades con sus casas encaladas de Tostós y Niquitao, con un tramo duro a través del páramo hasta llegar a Jajó, un pueblo perfecto para una fotografía. Desde aquí, siga por la Transandina hasta alcanzar Timotes y pase la noche en el acogedor hotel Las Truchas, y ataque la serpenteante carretera que sube a Apartaderos, al día siguiente.

La segunda ruta sale de Boconó en dirección occidental a Trujillo, la capital del estado. Durante el trayecto, deténgase en el semiolvidado pueblo de San Miguel Barbusay y en Santa Ana, con sus iglesias coloniales y sus retablos artísticamente elaborados. Puede pernoctar en Trujillo o continuar hacia el sur, a través de los pequeños pueblos de San Lázaro y Santiago hasta la posada Nidal de las Nubes, única, agradable y de primera categoría, ubicada en lo alto del filo del páramo. A partir de aquí siga bajando por la carretera hasta tomar la Transandina, al norte de Timotes.

Finalmente habrá llegado al estado de Mérida. Aunque sólo haya una distancia de 56 km entre Apartadero y Mérida, con toda probabilidad éste es el tramo de asfalto más frustrante de toda Venezuela. No por el tráfico, sino porque se podría dedicar una semana a explorar sus alrededores y, aun así, seguiría teniendo la sensación de no haberlo visto todo. Aquí también se encuentran algunas de las mejores posadas del país.

Entre las visitas absolutamente necesarias figuran la capilla de piedra de Juan Félix Sánchez en San Rafael de Mucuchíes, una comida en medio del esplendor señorial del castillo San Rafael, un recorrido por las plazas de Mucuchíes y Tabay y un paseo para ver los numerosos puestos de venta al lado de la carretera, que ofrecen toda clase de fruta (incluso fresas cuando es la época), jamón curado o vino de zarzamora de fabricación casera. También puede dar un paso atrás en el tiempo y visitar el parque temático de Los Aleros.

Las carreteras que atraviesan el sur de Mérida presentan distintos grados de reparación. La más popular comunica las ciudades conocidas como los Pueblos del Sur, descritos en el capítulo sobre Mérida (*veáse* pág. 168). En su trayecto al estado de Táchira, no deje de visitar la hacienda restaurada La Victoria, cerca de Estanques, con dos excelentes museos, uno de ellos dedicado a la industria cafetera con una explicación inestimable sobre la economía de los Andes.

Desde Bailadores, la Transandina remonta de nuevo hasta el elevado páramo de La Negra, antes de volver a descender a las fértiles colinas y a La Grita. Una gran opción para pasar la noche de camino a San Cristóbal es la finca La Huérfana, al sur del pueblo de El Cobre. En los alrededores de San Cristóbal, explore los viejos pueblos dedicados al cultivo de café, al sur de la ciudad, Santa Ana y Rubio, cerca del parque El Tamá. Al oeste y al norte de San Cristóbal se encuentran Peribeca y San Pedro del Río, ambos bellamente restaurados en los últimos años.

Con respecto a la parte **oriental de Venezuela**, tras disfrutar de las playas de Puerto La Cruz,

alquile un coche para recorrer toda la «Costa Azul» hasta Cumaná, es la carretera costera más espectacular de todo el país. Detrás de cada curva le esperan hermosas vistas sobre bahías en forma de media luna, bordeadas de palmeras y con suaves colinas al fondo. Cuando haya atravesado Puerto La Cruz, tome la ruta de vuelta para ir al pueblo de Los Altos de Santa Fe, desde donde obtendrá la mejor vista de todas las tonalidades azuladas del parque nacional Mochima.

La zona que rodea Carúpano, en la península de Paria, en la parte **oriental del estado de Sucre**, es ideal para explorarla con un coche alquilado. Puede elegir entre bajar hacia el sur, en dirección a El Pilar, o dirigirse hacia el este, por la autopista 9, y bañarse en las fuentes termales de Agua Sana. Poco después de Bohordal hay un conocido desvío a lo largo de la costa para ir a San Juan de las Galdonas. De vuelta en la carretera de Bohordal, vaya hacia el este a las arenas solitarias de Playa Medina y Playa Pui-Puy, con sus románticas cabañas, o continúe hasta alcanzar las otras playas cerca de Río Caribe, Los Cocos o Playa de Uva.

Otra de las grandes vías de comunicación del país es la **autopista 10**, que une Ciudad Bolívar y Ciudad Guayana (Puerto Ordaz), a orillas del Orinoco, con Santa Elena de Uairén en la frontera con Brasil. El primer tramo no tiene nada especial hasta aproximarse al bosque de Imataca y a las ciudades mineras de El Callao, Tumeremo y, por supuesto, El Dorado. Y, efectivamente, se puede comprar oro en cualquiera de sus comercios.

La autopista, si toma El Dorado como el kilómetro 0, se extiende hacia el sur y atraviesa una extensa zona boscosa y verde hasta llegar a la parada obligatoria —para recargar gasolina— en el kilómetro 88, antes de la subida denominada La Escalera. Ésta, en la Sierra de Lema, donde casi siempre llueve, se extiende por un bosque profundo, denso y lleno de epifitas. Al culminar la cima se entra en el reino mágico de la Gran Sabana. En los días claros, durante la ruta de Luepa a Santa Elena, en el horizonte lejano se pueden distinguir las montañas «tepuy», mientras que pasa delante de toda una serie de cascadas, entre ellas la de Kawi, de Kamá, de la Quebrada de Jaspe y de Yuruaní. Puede hacer cámping u hospedarse en una de las cabañas rústicas regentadas por los propios pemon, cerca de las cascadas y de los ríos, o continuar hasta los campamentos de Santa Elena.

Si está ansioso por conducir un todoterreno por las carreteras de tierra del interior del país, la **Gran Sabana** ofrece tres rutas excepcionales. La primera sale de la autopista 10 en Luepa, atraviesa toda la sabana y conduce al pueblo misionero de Kavanayén, en medio de los «tepuys». Durante el trayecto, siga el desvío para visitar las cascadas de Chinak Meru (Aponwao), de 100 m de altura, y el pueblo de Liwo Riwo, donde podrá comer, colgar la hamaca y pasar la noche.

La segunda ruta se desvía de la autopista en San Francisco de Yuruaní, en dirección oriental, hasta el poblado de Paraitepui. Desde aquí, muchos

PÁGINA ANTERIOR: Es menos pesado atravesar las montañas montado sobre un animal de carga. SUPERIOR: Los acantilados de color cobrizo en la isla de Coche.

excursionistas inician su trayecto a Roraima, y las vistas de la montaña y de su gemelo Kukenán compensan el esfuerzo de cruzar dos ríos en este recorrido.

La tercera carretera de tierra va en dirección al oeste; se inicia en Santa Elena y a través de las sabanas y bosques se dirige a la comunidad fronteriza de El Paují y continúa después a la ciudad minera de Ikabarú. El recorrido de 74 km a El Paují dura unas dos horas, cuando la carretera ha sido reparada recientemente.

Sin embargo, casi siempre se tarda unas cuatro o cinco horas y, a veces, aún más. Si realmente desea apartarse de la vía común, no encontrará una definición peor para la «carretera de tierra» en toda Venezuela. El poblado de El Paují, donde en plena naturaleza viven indios pomon, mineros y gente creativa, ofrece una oportunidad maravillosa de huir del mundo moderno.

Excursionismo

VENEZUELA, QUE OFRECE LOS VUELOS MÁS ECONÓMICOS para llegar al continente sudamericano, es el punto de partida ideal para muchos excursionistas con ganas de recorrer estas tierras latinoamericanas. Se puede vivir con un presupuesto de 20 USD/día, pero con una buena planificación. Actualmente, el bolívar continúa su devaluación, así que Venezuela le resultará aún más barata.

El transporte por carretera es rápido y económico; incluso puede ahorrar dinero si toma un autobús normal, sin aire acondicionado o sin lavabos. Si tiene poco tiempo, los vuelos interiores pueden resultar más baratos de lo que cabría suponer (de Caracas a Mérida, por ejemplo, 50 USD) e incluso más si forma parte de un pase aéreo.

El alojamiento es variado y muy barato si prescinde del cuarto de baño individual, del agua caliente y del aire acondicionado. No obstante, ignore las tarifas «por hora» de las habitaciones. La temporada alta en Venezuela se rige por las vacaciones nacionales, que son inversas al invierno en el hemisferio norte; los períodos de mayor turismo son la época de Navidad y Año Nuevo, carnaval y Semana Santa. A veces también las vacaciones escolares de verano se consideran temporada alta. Durante estas épocas los precios suelen subir de forma considerable, de modo que es aconsejable evitar los lugares turísticos. O mejor aún, viaje con su tienda de campaña y acampe en cualquiera de los parques nacionales, donde los guardias, además, le agradecerán su compañía.

Hay muchos restaurantes baratos y agradables, comedores, tascas o «luncherías». Es aconsejable tomar la comida principal al mediodía, para aprovechar el menú del día o el menú ejecutivo. Pollo o pabellón criollo con arroz, alubias y plátanos grandes (para cocinar) son los ingredientes básicos, pero en los menús de la costa siempre encontrará sabrosos pescados frescos. El resto del día podrá comer arepas (pan de maíz) o empanadas, que se venden con gran variedad de rellenos y son económicas. Con la abundante oferta de toda clase de frutas, quesos típicos de la región y deliciosos pastelitos, comer bien y barato no podrá ser más fácil.

Dado que un gran número de los mejores lugares para visitar se encuentran lejos o inaccesibles, es casi inevitable no hacer una excursión. En general, por toda Venezuela, y de acuerdo con el número de personas de su grupo, las excursiones cuestan unos 25 USD por día. Cuanto mayor sea el grupo, más bajará el precio. La gran competencia entre los operadores en ciudades «trampolín» como Mérida, Ciudad Bolívar, Santa Elena de Uairén, Tucupita y Puerto La Cruz implica que con el regateo se obtendrán mejores precios.

Mérida, en los Andes, es el «centro de los excursionistas». La ciudad, con su gran número de estudiantes, ofrece los alojamientos y las comidas más económicos, así como bares y clubes nocturnos muy animados, además de escuelas de idiomas, y está situada en medio de un paisaje incomparable con altas montañas al fondo. Hay muchos paseos y senderos cerca de la ciudad, donde puede llegar con cualquier transporte público, y no necesita participar en una excursión organizada.

A lo largo de la costa, los lugares populares preferidos por los excursionistas son los pueblos de Playa Grande, Puerto Colombia y Choroní. Durante los fines de semana o las vacaciones, los

venezolanos celebran sus fiestas en el malecón, con música y mucho ritmo, y bailan y beben hasta la madrugada. En ambos lugares hay una gran oferta de habitaciones y marisquerías económicas.

La playa de Santa Fe, con sus posadas a muy buen precio, con sus excursiones para practicar submarinismo y sus bares en las arenosas playas empieza a parecerse a Tailandia. La ciudad en sí no vale la pena, pero después de haber estado unos cuantos días aquí le extrañará ver con qué rapidez transcurre una semana.

En Puerto La Cruz resulta un poco más difícil vivir tan económicamente, pero respecto a la vida nocturna y las discotecas quizá sea el mejor lugar de las afueras de Margarita, aunque sus locales «pijos» y sus elegantes restaurantes pueden acabar con su presupuesto. Al salir de Porlamar, es fácil encontrar alojamiento a precios razonables y comida en la playa en parajes como Playa El Agua u otros cerca de Juangriego. Tal vez El Yaque, la meca del *windsurf*, sea el escenario más vivo de toda la isla, con bares en la playa, restaurantes económicos y una buena oferta hotelera. Pero vigile las tarifas de temporada alta, cuando soplan los vientos para practicar *windsurf*.

Ciudad Bolívar, a pesar del calor, es un destino natural para todos los excursionistas que se dirigen a las regiones selváticas del delta, de Canaima o de la Gran Sabana. Con sus monumentos históricos y numerosos guías, la ciudad está llena de turistas que regatean o buscan cultura.

Al sudeste se encuentra Santa Elena de Uairén, puerta de entrada a la parte oriental del parque de Canaima y una ciudad acogedora para aquellos que tienen poco presupuesto. También es el mejor lugar de encuentro si desea reducir los costes de la excursión a Roraima o a la región de las cascadas y misiones. Muchos excursionistas, después de haber llegado a Santa Elena, se sienten atraídos por la comunidad fronteriza de El Paují. Llévese toda la comida que pueda, instale su hamaca, monte su tienda de campaña u hospédese en uno de los campamentos rústicos; tras unos cuantos días de estancia considerará la idea de construir su propia cabaña en medio de esta selva.

Con mucho nivel

HOTELES EXCEPCIONALES

Al igual que la infraestructura turística venezolana, numerosos lugares turísticos, hoteles y cabañas exclusivas empiezan a expandirse y a mejorar. Sólo en Caracas se inauguraron tres nuevos hoteles de cinco estrellas durante los últimos cinco años. **Four Seasons**, en Altamira, que se inauguró durante el año 2000, es tan lujoso como todos los demás de esta cadena. También el **hotel Ávila** se acaba de instalar en las colinas, con vistas sobre toda la ciudad, y es una oasis de paz, alejado del ruido y del caos, repleto de antigüedades y de obras de arte, con un restaurante excelente, una piscina y verdes jardines. Pero el primer puesto de los hoteles de cinco

PÁGINA ANTERIOR: Lo primero es el decorado y, después, los neumáticos: ésta es la regla para los autobuses. SUPERIOR: Playa del parque nacional de Santa Fe, Mochima.

estrellas de la capital le corresponde al **Caracas Hilton**, situado en el centro de la ciudad, con un servicio de primera clase y con tres restaurantes para elegir. Es el lugar ideal para volver aquí, después de un paseo por el complejo de Teresa Carreño, tras una noche en la ópera o en el teatro.

Las opciones de gran lujo, cerca del aeropuerto de Maiquetía, tan lamentablemente afectados por las inundaciones a finales de 1999, deberían estar de nuevo en servicio. El **Macuto Sheraton** ofrece servicios de gran lujo y la posibilidad de salir a alta mar para pescar o visitar las islas de Los Roques y de Las Aves. En la misma costa también se encuentra el **Aloe Spa**, que combina su extraordinaria ubicación natural y su arquitectura creativa con masajes, terapias y una cocina soberbia (y muy saludable). Una forma lujosa de explorar Los Roques es alquilar una embarcación a través del operador turístico Alpi Tour, o hacer una reserva en el insuperable **Bequeve Los Roques** o el **Mediterráneo**, ambos muy originales.

Naturalmente, Margarita presenta un gran número de exclusivas posibilidades. Entre ellas figura el **hotel La Samanna Resort & Sea Spa**, que mima a sus huéspedes con habitaciones de lujo y con toda una serie de tratamientos de salud y de belleza; por su parte, **Isla Bonita** combina indulgencia y un campo de golf de 18 hoyos, el único en la isla.

De vuelta al continente, el desarrollo de El Morro sigue su curso hasta convertirse en uno de los lugares de destino más exclusivos de todo el país. Sus dos hoteles, el **Doral Beach Villas** y **Golden Rainbow Maremares Resort**, son lo último en centros turísticos, con toda clase de deportes acuáticos y actividades. Para algo más pequeño pero igualmente exclusivo, hospédese en el **hotel Punta Palma**, con sus vistas sin igual sobre toda la bahía. Más hacia el este, en la carretera a Cumaná, no deje de visitar la **Villa Majagual**, con sus acogedoras cabañas encaladas, su ubicación privilegiada y su insuperable cocina mediterránea.

Si prefiere pasar unos días en la selva, en Venezuela hay numerosas cabañas bien equipadas que no tienen nada que envidiar a las del Amazonas. Le recomiendo que se dirija al **Camturama Amazonas Resort** o al **Campamento Orinoquia**, cerca de Puerto Ayacucho. Ambos son el trampolín ideal para iniciar un viaje río arriba del Orinoco. **Camani**, en medio de la selva de los bosques del Amazonas, es la opción más lujosa, con una amplia oferta de toda una serie de excursiones y actividades.

Cerca de las idílicas orillas de la laguna de Canaima (a una distancia de un viaje en barco desde el Salto del Ángel), el mejor centro turístico es el **Campamento Ucaima**, por su ambiente personalizado; aunque el **Campamento Canaima** le sigue muy de cerca por su vista insuperable sobre las cascadas y los «tepuys» a la hora de la puesta del sol peligrosamente romántica.

Hato El Cedral, en los Llanos, con piscina, habitaciones con aire acondicionado, e instalado hace poco, quizá reúna las mejores opciones de todas las cabañas que compiten entre sí para ofrecerle la maravillosa vida natural de las planicies. Los carpinchos son muy comunes y llegan a pastar directamente delante de su ventana.

Los alojamientos en los Andes, con años de experiencia como lugar de recreo alpino, están entre los mejores del país. Si lo prefiere lujoso y con historia, diríjase al famoso **hotel Los Frailes**, con vistas a un viejo monasterio en lo alto de las montañas. O si desea recibir un trato «de realeza», reserve una habitación en el castillo medieval de **San Ignacio**, que logra un esplendor señorial con muebles de primerísima calidad.

RESTAURANTES EXCEPCIONALES

En Caracas podría pasar toda una vida cenando fuera de casa sin agotar sus posibilidades. Entre mis tres restaurantes preferidos figuran la terraza del tejado del **Ara**, de gran estilo y con una deliciosa cocina internacional; el **Tambo**, que combina lo peruano y lo japonés en una excelente mezcla, y donde acude la *beautiful people*, y **L´Operetta**, con su cocina italiana cuidadosamente complaciente, servida en un ambiente opulento y exclusivo.

Fuera de la capital, localizar una cocina realmente extraordinaria ya es un reto mayor. Por lo general, en consonancia con el alojamiento de lujo, los buenos restaurantes se encuentran dentro de los mejores hoteles y centros turísticos. Éste es el caso de Los Roques, donde puede disfrutar de la mejor comida en el **Mediterráneo**.

En Margarita, diríjase a **Le Chateaubriand**, en el Margarita Hilton, para encontrar un entorno lujoso y una excelente cocina francesa, al **Nikey & Tiberio**, en el centro turístico de Samanna, con una cocina peruana y japonesa de primera clase, o al **Cocody**, donde sirven las langostas más frescas en el ambiente más romántico de toda la isla.

Entre las opciones en El Morro, el restaurante italiano **Al Fresco**, de Maremare, es el más atractivo, con un gran ambiente y un precioso decorado. En Puerto La Cruz, el refinado menú del **Chic e Choc**, una combinación de cocina francesa y caribeña, con muchos detalles sorprendentes, no le defraudará. Ni su lista de vinos tampoco.

Los Andes, con sus truchas frescas y con su abundancia de fruta y vegetales, le ofrecen docenas de posibilidades para el buen comer y el buen beber. Tal vez, el restaurante más llamativo de todos se encuentre en el **Castillo San Ignacio**; allí los camareros, vestidos con trajes medievales, sirven antiguos guisos europeos. El restaurante en el **hotel Los Frailes** también tiene fama por sus truchas. El ambiente es muy agradable; además, una acogedora chimenea le invita a echar una cabezada después de la comida o la cena.

Diversión en familia

EN VENEZUELA LOS NIÑOS ESTÁN EN TODAS PARTES. Y LOS VENEZOLANOS ADORAN, E INCLUSO MIMAN, A SUS NIÑOS. En muchos hoteles de todo el país, en especial en los localizados en los centros turísticos de la playa, se organizan actividades especiales para los niños y se ofrecen servicios de guardería.

Arthur Conan Doyle, en su novela *El mundo perdido*, describe criaturas prehistóricas y tribus que corren como locos por las montañas de Canaima y por la Gran Sabana, que seguramente entusiasmarán a los niños de hoy por los dinosaurios. Si tiene previsto visitar el Salto del Ángel, compre un ejemplar de este libro antes de salir de su país, para leerlo durante el trayecto. Es una gran historia de aventuras, muy popular tanto entre los adultos como entre los más pequeños.

Asimismo, las excursiones por los alrededores de Mérida, a pie, montado a caballo o en mula, suelen tener mucho éxito entre los niños. En Mérida, además, existen parques temáticos para toda la familia: **Los Aleros** y **Venezuela de Antier**; con toda seguridad, todos los niños querrán subir a las montañas de Mérida con el teleférico más largo y alto del mundo.

PÁGINA ANTERIOR Y SUPERIOR: La playa de Chimana Grande, una de las múltiples playas isleñas de Mochima.

Los zoológicos son otra buena opción para una visita familiar. En Caracas, el **Parque del Este** ofrece diferentes atracciones, entre ellas una fosa con serpientes; en el parque de **Caricuao**, de mayor extensión que el anterior, se pueden ver animales del país y también de África. El zoológico de **Maracay** figura entre los mejores del país.

En la playa, y de acuerdo con mi propia experiencia con niños, lo mejor es dejar que se diviertan solos. Es aconsejable que lleve su propio material de bucear, por si en el hotel no hubiera de su tamaño, y también una caña de pescar. Con estos accesorios en mano, pueden intentar pescar las «famosas» pirañas en los afluentes del Orinoco. ¡Seguro que será toda una aventura!

En general, los niños menores de 12 años (aunque el límite puede estar en una edad inferior) tienen tarifas más reducidas en los hoteles. Llame antes para cerciorarse.

Visitas culturales

MUCHAS VECES SE LE REPROCHA A VENEZUELA SER UN PAÍS CULTURALMENTE DESIERTO, o se le critica su obsesión por importar cultura norteamericana al por mayor. Pero esto no es así. Tal vez no tenga intelectuales reconocidos como para competir con Brasil o Argentina —y en efecto, pocos de sus escritores, pintores o músicos son conocidos en el resto del mundo— , pero descartarlos categóricamente sería una grave injusticia. No juzgue al país por su «portada» de Coca-Cola.

Por lo que se refiere al **arte**, una visita al Museo de Arte Contemporáneo en Caracas corroborará mi punto de vista. Aquí puede admirar esculturas de Moore y Botero, así como lienzos de Léger, Matisse, Chagall y, además, una de las mayores colecciones de grabados de Picasso en el extranjero. En el Museo de Bellas Artes predomina el arte moderno, mientras que la Galería de Arte Nacional le demostrará que hay grandes pintores venezolanos, entre ellos Martín Tovar y Tovar y Arturo Michelena. Sus obras más importantes se pueden ver en el interior del Capitolio y en el Museo Fundación John Boulton.

En el Museo de Arte Colonial, en la antigua Quinta de Anauco, se encuentra la mejor colección de muebles y decorados de época. Aquí también se ofrecen conciertos de música de cámara todos los domingos por la mañana. Asimismo, un viaje en el metro de Caracas puede convertirse en una excursión cultural, ya que en cada estación se exhiben esculturas y obras de docenas de los artistas modernos más destacados de Venezuela, Jesús Soto y Cruz Diez incluidos. El arte público está literalmente en toda la ciudad. La fuente y las esculturas en la plaza Venezuela, o las obras que rodean el complejo del Parque Central,

constituyen las galerías al aire libre más atractivas de la ciudad.

Fuera de la capital, en primer lugar debo mencionar el Museo de Arte Moderno Jesús Soto, en Ciudad Bolívar, con una colección admirable del gran líder del movimiento de arte cinético en Venezuela y de sus obras innovadoras.

Aparte del arte, Caracas también ofrece excelentes escenarios **teatrales**. Los Rajatabla, con sede en el Ateneo, es con toda seguridad el grupo teatral más famoso del país y un conjunto de danza extraordinario. Justo al lado, en el gigantesco complejo de Teresa Carreño, se encuentra el teatro nacional, la orquesta sinfónica nacional y varios grupos de danza (también el folclórico Danza Venezuela y el Ballet Nuevo de Caracas, de baile más moderno). En el auditorio se presentan, además, otras orquestas y grupos de ballet extranjeros. El festival internacional de teatro de la capital tiene lugar en abril; en

El Hatillo se celebran festivales a lo largo de la mayor parte del año.

La Casa de Rómulo Gallegos (CELARG), en el este de Caracas, es el corazón cultural de Altamira, con un programa variado de conciertos, exposiciones de arte, lecturas y proyecciones de películas. Es una de las pocas salas que promociona películas venezolanas.

En las afueras de Caracas, los **museos históricos regionales** se centran principalmente en la vida de Bolívar y la Guerra de Independencia. La Casa Paéz en Valencia, con las paredes llenas de murales que representan motivos de las batallas libradas por el general y futuro presidente «llanero», figura entre las mejores. En Ciudad Bolívar, tanto la Casa de San Isidro, que alberga un museo modesto pero muy bonito de antigüedades coloniales, como la Casa Morales, en Maracaibo, son alternativas interesantes para visitar.

La **arquitectura**, los **retablos** y el ambiente tan particular de las **iglesias** de Venezuela proyectan un cuadro intrigante de su arte y de su cultura. La iglesia de San Francisco y los vitrales policromados de Santa Capilla se sitúan entre los mejores ejemplos en Caracas. Hay docenas de iglesias que vale la pena visitar, pero por encima de todas están las de San Clemente y de San Nicolás de Bari, en Coro, y los retablos y el encanto colonial de las iglesias de San Miguel y de Barbusay, en el estado de Trujillo. En la isla de Margarita, las columnas solemnes de Nuestra Señora de la Asunción, la catedral más antigua de Venezuela en La Asunción, denotan las raíces de los primeros conquistadores de la España de la Inquisición. En el extremo opuesto, el Santuario de la Virgen de Pampatar, parece cantar una sinfonía al color rosa.

La Capilla de Juan Félix Sánchez, en San Rafael de Mucuchíes en el estado de Mérida, solamente se

PÁGINA ANTERIOR Y SUPERIOR: No hace falta preguntar por qué se llama «máscara del diablo». Un espectacular ejemplo de San Francisco de Yare.

ve superada por la primera capilla que construyó en el valle aislado de El Potrero, a una distancia de cinco horas a pie. Este hombre místico de gran talento construyó las dos, piedra a piedra, con la valiosa ayuda de su mujer.

La **música**, como se dará cuenta enseguida, está por todas partes en Venezuela. Aunque gran parte de lo que escuche procede de otros países caribeños y con frecuencia incluye la versión «latinizada» de la música tecno (en Venezuela se llama «changa»), el país también tiene talentos «salseros» propios. El rey de la salsa es Óscar D'León, ahora ya de edad avanzada; junto con el más joven Eric Franchesqui, Pasión Juvenil y Servando y Florentino, también muy populares.

La música tradicional del país tiene su origen en los Llanos, pero tal como las gotas de sudor corren por la espalda del bailarín, así su música se extendió por el resto del país. El ritmo folclórico más popular sigue siendo el «joropo», originario de los Llanos, mientras que su competidor principal proviene de la «gaita» de Maracaibo, que en el resto del país únicamente se baila en Navidad —ignoro la razón de ello. Hay otras regiones en el país que fomentan sus propios ritmos populares, desde el «bambuco» en los Andes hasta las «fulías» y «jotas» en el Oriente. Y todos los grupos musicales tienen cuatro instrumentos principales: el cuatro (una pequeña guitarra de cuatro cuerdas), el arpa llanera, el contrabajo y las maracas, además de un cantante para interpretar las canciones, rápidas y agresivas, o lentas y románticas.

Si viaja por la costa, en especial por los pueblos de pescadores próximos a Puerto Colombia, o en dirección hacia el oeste a lo largo del litoral central, se dará cuenta de que allí predominan los tambores. Éste es el sello más audible de los descendientes de los esclavos africanos traídos aquí para trabajar en las plantaciones. Generalmente sus conjuntos musicales nacen de forma espontánea los fines de semana, los días de fiesta o en la verbena de San Juan, en junio; sus ritmos son como una droga, y su baile es seductor.

De compras

CUANDO NO TRABAJAN, BAILAN, SE SIENTAN EN PEQUEÑOS GRUPOS A CHARLAR O ESTÁN EN MEDIO DE UN ATASCO DE TRÁFICO, LOS VENEZOLANOS VAN DE COMPRAS. Si alguna vez logran llegar a las costas de Miami, lo primordial para ellos son las tiendas, y no los delfines. Debido a la crisis económica en las últimas décadas, Miami está fuera del alcance para la mayoría. Por lo tanto, el turismo nacional se ha visto incrementado, así como el comercio de recuerdos y artesanías. Aunque quizá éstos no sean del gusto de todos los turistas, Venezuela tiene unos artesanos de primera categoría.

Una de las primeras compras que tendría que considerar es una **hamaca**, el mejor medio para relajarse en la playa. Si su presupuesto es muy ajustado, también le ayudará a ahorrar dinero. En el Mercado Guajiro de Caracas se venden millones de ellas. Si prefiere comprar una de mejor calidad y al mismo tiempo ver cómo se elaboran, vaya al pueblo de Tintorero, en las afueras de Barquisimeto, o visite un poblado en el interior de Margarita. Pero son los indígenas los que tejen las hamacas más finas y casi las convierten en obras de arte (al precio correspondiente). Entre las mejores figuran las de los warao del delta.

En los últimos años, por fin las **artesanías indígenas** han comenzado a recibir el reconocimiento que en verdad se merecen. Si no puede viajar al mercado indígena de Puerto Ayacucho (vaya temprano), visite el centro CEPAI en el distrito El Paraíso de Caracas. Allí encontrará las mismas cestas de intrincado trenzado, las tallas de madera (muchas veces con forma de algún animal), móviles, artesanías de toda clase, miel, salsas picantes, nueces y aceite de palma del sur. Y el dinero que paga le llegará directamente al artesano. Muchas cabañas en el sur del país también venden artesanía —se dará cuenta, por ejemplo, por una etiqueta con el precio pegada en su asiento de madera, en el que está sentado, con forma de oso hormiguero.

En la Casa Caruba en Los Palos Grandes, Caracas, se vende la mejor artesanía indígena del país. Pero la mayor selección de todas se encuentra en una docena de habitaciones de Hannsi, en El Hatillo. En ambos negocios venden las horribles máscaras de diablo que llevan los bailarines durante

los festivales, pero también se ofrecen trabajos de los Andes, como las tallas estrechas y largas de madera, en estilo *naïf*, que representan a santos y generales.

En los Llanos se ofrecen **artículos de piel** a muy buen precio, como botas de vaquero y bolsas de cuero; en la carretera cerca de Píritu, al este de Caracas, hay docenas de puestos que venden toda clase de artículos hechos en madera: desde sillas para niños hasta cucharas. Más hacia el este, en Cumaná, se fabrican y se venden **cigarros** del señor Jaime Acosta de Tabacos Guanche, que compiten con los cubanos, y en la carretera al este de la ciudad, los puestos de venta están llenos de **maquetas de barcos** y de **muñecas de trapo**. En Paria, Klaus Müller, del campamento Vuelta Larga, tiene una tienda de hermosas **persianas** de madera y tela, hechas a mano por los indios warao. El Mercado de los Guajiros en Maracaibo es un lugar para el comercio del mayor grupo de indios de Venezuela, y entre otras cosas también se venden algunos de sus típicos **sombreros** y **amuletos**.

Las mochilas más originales que haya visto jamás —y que definitivamente impresionarán a sus amigos al regresar a casa— son los **guayares** tejidos por los yekuana o pemon del estado de Bolívar. Ellos también hacen y venden **flautas**, grandes y pequeñas.

Descansos breves

Con tantas atracciones para visitar en Venezuela repartidas por los cuatro costados del país, los turistas se enfrentan a la dura tarea de elegir unas cuantas, las máximas posibles. Aprovechando la extensa red aérea nacional y con la compra de un pase aéreo desde su país de origen le será muy fácil visitar más lugares en un corto período de tiempo.

La propia Caracas le ofrece innumerables actividades para mantenerle ocupado; y para obtener una primera impresión de los bosques tropicales sólo debe mirar a lo lejos, hacia las colinas del Ávila, que dominan la ciudad. A una hora de viaje en coche desde la capital se encuentran las playas del litoral central (al este u oeste del aeropuerto de Maiquetía), la peculiar Colonia Tovar (con hermosos senderos que atraviesan el bosque), el parque nacional Guatopo al sur, en el estado de Miranda, y El Hatillo, un poblado lleno de colorido y de restaurantes y tiendas de artesanía. En un radio de cinco horas desde la capital, tiene la posibilidad de visitar las maravillas del parque nacional Henri Pittier y, también, de acceder a Playa Grande; o si se dirige hacia el este, puede visitar la histórica Barcelona y Puerto La Cruz, la ciudad de las fiestas.

Con la ayuda de una agencia de viajes se puede organizar un itinerario muy apretado que incluya una excursión de un día en avión al Salto del Ángel, un vuelo a Mérida para hacer un viaje en el funicular e, incluso, pasar una noche en una de las cabañas de los Llanos. Para un viaje realmente extraordinario, póngase en contacto con Bob

PÁGINA ANTERIOR: Las figuras de santos y generales son típicos de Mérida. SUPERIOR: Un arco iris se extiende a través de la cascada del Salto Yuruaní.

Sonderman de Alpi Tour, ☎ (02) 2854116, FAX (02) 2856067, alpitour@viptel.com, www. alpigroup.com, que tiene años de experiencia en «safaris aéreos» a las regiones selváticas del sur, el Salto del Ángel, los Llanos y el Amazonas incluidos.

Cada vez hay más turistas que vuelan directamente a Margarita, sin hacer escala en Maiquetía. Hay un transbordador que hace el trayecto directo de Margarita al continente, pero es mejor viajar en avión para ahorrar tiempo. Las Líneas Turísticas Aerotuy (LTA), ☎ (02) 7618043/6231, FAX (02) 7625254, www.tuy.net, ofrecen atractivos paquetes para volar directamente al Salto del Ángel, a Canaima y al Delta, mientras que Rutaca, ☎ (02) 3551838, FAX (02) 3551643, vuela a Carúpano, desde donde puede hacer un recorrido de dos días por los bosques y playas de la península de Paria.

Fiestas y festividades

EN VENEZUELA CADA CIUDAD TIENE SU PROPIO SANTO PATRÓN, Y SE CELEBRAN FIESTAS DURANTE TODO EL AÑO. Aunque sólo permanezca un mes aquí, seguramente se encontrará con más de una celebración. Por lo general, son de origen religioso, y la gente del lugar hace promesas y juramentos de por vida, mientras que otras son tan sólo un pretexto para celebrar una gran fiesta pagana.

El acontecimiento más famoso y de mayor colorido son los **Diablos Danzantes**, una fiesta que trajeron los conquistadores españoles y que a lo largo de los siglos también ha incorporado creencias de los indígenas y de los esclavos negros de África. Se celebra el día del Corpus Cristi (el noveno jueves después de Jueves Santo), y los bailarines, con sus coloridos trajes hechos en casa, llevan máscaras de papel maché o de madera, exageradamente grotescas, al tiempo que tintinean los numerosos cascabeles de sus trajes, y suenan los tambores y las maracas. La danza simboliza la sumisión de los diablos antes de la Eucaristía, y cada uno de los bailarines masculinos de la cofradía respectiva se acerca a la iglesia y susurra su promesa de fe al cura. Muchas veces, los padres introducen a sus hijos jóvenes en la cofradía para asegurarles una vida sana y feliz. La mayor fiesta de los Diablos Danzantes se celebra en San Francisco de Yare, en el estado de Miranda, pero también es una festividad importante en los pueblos costeros de Cata y Ocumare.

La santa patrona de Venezuela, **Nuestra Señora de Coromoto**, se festeja en todo el país el 11 de septiembre, pero la celebración mayor y la más impresionante acontece ante su imagen en las afueras de Valencia, así como en la pequeña ciudad de Chachopo, en el estado de Mérida, donde los hombres reencarnan al jefe indio Guaicapuro cuando se le apareció la Virgen. A **san Isidro**, que se celebra el 15 de mayo, se le venera como al protector del buey andino, y las procesiones de los animales adornados con flores y frutos se pueden ver por toda la región, especialmente en Tostós, Tabay y Trujillo.

En las comunidades costeras, habitadas por descendientes de esclavos africanos, se celebra la fiesta de **san Juan Bautista**, en la noche del 23 al 24 de junio, con mucho ruido de tambores y una ceremonia de hombres que escenifican a san Juan y el rito del bautismo en el mar. A este ritual simbólico le sigue una noche de baile sensual al ritmo de los tambores. Caruao y Chuspa, en el litoral central, y Puerto Colombia, en Aragua, intentan organizar unas celebraciones similares.

San Benito, el único santo negro del país, es muy popular, sobre todo en las regiones que rodean el lago Maracaibo y los Andes. El día de **Los Negros de San Benito**, alrededor del 27 de diciembre, las comunidades de El Moján y Gibraltar, a orillas del lago, salen con sus tambores, mientras que los indios paraujano de la laguna de Sinamaica desfilan orgullosamente con la efigie del santo en la proa de sus canoas. En Mucuchíes, en los Andes, se celebra una fiesta muy colorida y ruidosa en honor a san Benito, con fuegos artificiales y baile durante toda la noche. Asimismo hemos de mencionar a Timotes, al norte del estado de Mérida, con negros vestidos con faldas de hierbas, indios con pintura de guerra y vasallos de amplia túnica blanca y corona dorada que bailan por la calle.

Muchas de las celebraciones de san Benito coinciden con las fiestas de Navidad y también con los **Santos Inocentes**, el 28 de diciembre, en conmemoración de los niños muertos por Herodes.

Quizá el ejemplo más famoso de todos se puede encontrar en la pequeña ciudad de Sanare, en el estado de Lara, donde los padres con máscaras y disfraces llevan a sus hijos en brazos mientras bailan en la calle.

La **Nochebuena** y el **Año Nuevo** son días dedicados a la familia y a la diversión, pero también a los pesebres, que decoran muchos hogares venezolanos. Algunos llegan a invadir hasta las calles, y los residentes de San Pedro del Río (Táchira) y Carora (Lara) superan a todos, pues sus pesebres y luces decoran manzanas enteras.

La **Fiesta de los Pastores** recuerda la alegría de los pastores al encontrar a Cristo en Belén. Las mayores fiestas se organizan en las ciudades de Aguas Calientes y San Joaquín, en Carabobo, y El Limón, en Aragua. Aunque durante estas festividades se baile, se cante, suenen los cuernos de caza y se parrandee, también hay momentos de gran solemnidad, cuando los participantes, de rodillas, se acercan al Niño Jesús. Las danzas tienen una coreografía establecida: el grupo más importante de pastores, hombres vestidos de colores y sombreros de flores, bailan con las pastorcillas, vestidas con trajes típicos.

En San Miguel (cerca de Boconó), ciudad situada en las colinas de Trujillo, se celebra el 6 de enero la **Romería de los Pastores**, una festividad que combina todas las influencias y tradiciones. Aquí se pueden ver danzas de diablos, bailes de pastores, procesiones religiosas, san Beniteros e incluso escuchar tambores. El festival reúne los mejores elementos de todas las tradiciones tan ricas de este país en un impresionante crisol.

Para testimoniar que los brasileños no poseen el monopolio de la diversión, el **carnaval** aumenta su

PÁGINA ANTERIOR: Con trajes de fiesta. SUPERIOR: Bailadores en la fiesta de san Benito, en Mucuchache, estado de Mérida.

popularidad año tras año. Guanare, la capital del estado de Portuguesa, y el último lugar donde se sospecharía una de las mayores celebraciones del país, atrae a decenas de miles de personas para ver sus enormes carrozas y participar en sus bailes de disfraces. Carúpano, una ciudad muy tranquila en Sucre, disfruta de esta enorme fiesta durante días, que finalmente termina en sus playas, con una sorprendente sensación de calipsos de Trinidad al son de la música y con las carrozas decoradas.

Las fechas más importantes del calendario católico son los días de la **Semana Santa**, que se celebra en todas las iglesias del país. La procesión más larga se puede ver en Caracas el miércoles; largas filas de gente vestida de color púrpura se dirigen a la basílica de Santa Teresa en honor a la imagen más sagrada de la ciudad: «El nazareno de san Pablo».

Cada uno de los pueblos andinos hace sus propias procesiones hasta el altar de su iglesia, mientras mucha gente carga una cruz de madera. También las obras de teatro que representan la Pasión atraen a numerosos espectadores, tanto fieles como curiosos, y las más impresionantes de todas se representan en los pueblos montañeses de Tostós, en Trujillo, y La Parroquia, en Mérida.

Gastronomía

La cocina de Venezuela, como reflejo de su ecología tan diversa, es ecléctica, con mariscos y pescados en la costa, cortes de carne en los Llanos y Zulia, y los clásicos panes casabe, de los indígenas, y las hormigas fritas.

PLATOS TÍPICOS

El plato nacional, el pabellón criollo, consiste en carne mechada, arroz blanco, caraotas negras (alubias) y plátano frito. Es la comida típica de la clase obrera, y generalmente la carne se sazona con cebolla, tomate, ajo y pimiento verde. Algunos añaden azúcar a las alubias negras, pero entre la clase media esto está «mal visto». En Margarita, es normal que el pescado sustituya a la carne.

La arepas venezolanas son las tortillas mexicanas o los *chipatis* de la India. Se venden en las areperas y en numerosos puestos de la calle, con un corte en el centro para la gran variedad de rellenos posibles, según su gusto queso amarillo o la más sofisticada «reina pepiada» (aguacate y ensalada de pollo). En los Andes, donde la harina de trigo es mucho más común que la de maíz, el resultado es superior.

Las empanadas fritas, rellenas de queso blanco, de carne, de pescado o de alubias negras, son una buena alternativa para las arepas. Las «cachapas» de maíz dulce molido se suelen preparar en el momento y se comen con una rebanada de queso regional, guayanés o queso a mano, que contrasta con el sabor ligeramente dulzón de la cachapa.

CARNE

A los venezolanos les encanta la carne roja, aunque los restaurantes de pollo a la brasa son tan omnipresentes como las cadenas de comida rápida y los puestos callejeros ambulantes en los que venden perritos calientes y hamburguesas. El plato de carne más común es la parrilla criolla, una mezcla de carne y salchicha asada. Entre los cortes se encuentran puntas traseras, solomillos y lomitos. Para el gusto europeo, la carne venezolana suele estar demasiado frita, por tanto, pídala «poco hecha», si la prefiere rosada. También debe de probar el «pernil de cochino», un jamón marinado con salsa picante, así como los asados, carne frita y después cocinada con uvas pasas, alcaparras, jamón y aceitunas.

PESCADO Y MARISCO

Por desgracia para los amantes de los mariscos, la mayor parte de las langostas y los botutos (caracoles marinos) de Venezuela se exporta al extranjero, donde se obtienen mejores precios. No obstante, los puede encontrar también en los restaurantes más caros de Caracas, Puerto La Cruz y Margarita. Entre pulpos, calamares, camarones o gambas y ostras aún tiene para elegir. El consomé popular, el chipichipi, es un delicioso caldo ligero de almeja. El sancocho, un estofado con todos los vegetales disponibles, puede ser de pescado, de marisco o de carne, pero no es muy sofisticado. El «hervido» es la versión en forma de sopa.

Debido a su gran extensión costera, hay pescado fresco en abundancia, y en todos los menús de los restaurantes de la costa aparecen el pargo, el pez espada, la dorada, la merluza, el bacalao y el mero. Generalmente se sirve el pescado frito entero, acompañado de arroz y una ensalada.

SALSAS

Los venezolanos no preparan grandes salsas, pero tendrá que probar la guasacaca, una salsa picante de color rojo o verde, preparada con chile, cebollas y condimentos. La variante roja es la más picante de las dos. Sorprendentemente, la clásica salsa inglesa Worcestershire se usa en muchos platos de carne, mientras que la mejor salsa del país, la katara de los indios de la cuenca del Orinoco, se prepara con yuca, chiles picantes y con las cabezas de las temibles hormigas de bachaco.

ESPECIALIDADES REGIONALES

No deje de probar el excepcional chivo en coco, carne de cabra preparada con leche de coco condimentada, típica de la región de Coro; o un buen asado, acompañado de vegetales, típico de los Llanos y de Zulia, o la deliciosa trucha fresca en los Andes. Durante su viaje por el sur del país, seguramente probará el pan de casabe; no olvide la carne de pecarí, de venado y menos aún las hormigas «culonas».

ESPECIALIDADES NAVIDEÑAS

Las «hallacas» aparecen en todos los menús navideños, y son unas pastas deliciosas preparadas con harina de maíz rellenas de carne de cerdo, de pollo o de ternera y con toda clase de vegetales, especias y condimentos. Se tardan horas e incluso días enteros para prepararlas, una labor que forma parte del espíritu navideño familiar, y ciertamente son más sabrosas que el clásico pavo.

POSTRES, DULCES Y PASTELES

Como a casi todos los latinos, a los venezolanos les encantan los dulces. Las panaderías y los menús de postres pueden ser un pequeño obstáculo para pasar las vacaciones de forma «sana», como tal vez habría planeado. Y Venezuela aún produce una de las mejores clases de cacao del mundo. Los fabricantes de chocolate La Praline rivalizan con Godiva a nivel mundial. Lo puede comprar en las *boutiques* del Caracas Hilton y del Tamanaco Inter-Continental .

Tal vez el pastel más sabroso, el «bienmesabe», viene adornado con crema de coco, mientras que los «suspiros», con crema ligera de vainilla y sabor a

PÁGINA ANTERIOR: Los puestos de la calle ofrecen abundancia de frutas y verduras. INFERIOR: Los venezolanos son grandes consumidores de carne.

lima, provoquen suspiros de placer. Los pasteles daneses adornan los escaparates de las panaderías, y, naturalmente, constituyen una tentación demasiado fuerte como para resistirla mientras espera que le sirvan un café.

CAFÉ

La adoración que sienten los venezolanos por su café es justificada. Es delicioso. Los venezolanos, siempre tan porfiadores para aquellas cosas que consideran importantes (como la moda o los automóviles) han confeccionado todo un vocabulario para definir con exactitud cómo quieren el café. Ya puede comenzar a practicar: empiece con los diferentes tonos de color, desde guayoyo (negro y flojo, tipo americano), negro (negro y mortal), marrón oscuro o marrón claro, con leche, para llegar al «tetero» (con la mayor parte de leche). Después siga con el tamaño: grande, pequeño, y añada «-ito», para pedir: «¡Dame un marrón clarito grande, por favor!».

CERVEZA, VINO Y LICOR

Los venezolanos consumen más cerveza que cualquier otra nación latinoamericana, lo que es una cantidad considerable. La omnipresente mascota del oso polar, de la cerveza Polar, adorna todas las licorerías, los restaurantes baratos y —lamentablemente— también muchas señales indicadoras de poblados y ciudades en las autopistas (el récord de los venezolanos de beber y conducir es funesto), pero adoran a sus «polarcitas» y «tercios» (los dos tamaños) servidos casi helados a cualquier hora del día. La misma compañía también produce la Solera, un poco más fuerte, y entre las demás marcas figuran la Regional, de Zulia, y la Brahma Chopp de Brasil.

Antes de la crisis económica, Venezuela ocupaba el primer lugar entre los importadores de whisky escocés del mundo.

Aún consumen mucho, pero los tiempos difíciles han obligado a la nación de los buenos bebedores a recurrir a su propio y excelente producto casero: el ron. Pampero produce el mejor ron añejo, de color dorado, y su «Aniversario» es el más antiguo y de más alta calidad. El aguardiente, de caña de azúcar, la alternativa para el hombre pobre, disfruta de mucha popularidad en las zonas costeras y en los Llanos, aunque también se consume bastante licor barato con aroma de anís; sin embargo, no es recomendable si desea conservar su hígado sano. Los andinos combaten el frío con «calentados» (o calentaítos), un «miche» con sabor a anís mezclado con azúcar moreno. El Oriente tiene fama por su ron a base de fruta y sus «guarapitas», una mezcla de caña de azúcar muchas veces con sabor a «parchita» (fruta de la pasión).

De especial interés

VOLUNTARIADOS

Las organizaciones ambientales siempre buscan voluntarios interesados por sus programas de conservación. Probablemente, la **Sociedad Audubon** sea el conducto más indicado a la hora de solicitar información sobre una posible participación en uno de los proyectos para la conservación del planeta. Si desea ponerse en contacto con ella, llame al ☎ (02) 9932525, FAX (02) 9939260, audubon@ telcel.net.ve. **Tierra Viva**, ☎/FAX (02) 9512601, tierraviva@ compuserve.com, se dedica a la asistencia sanitaria primaria con los warao del delta, pero también lleva a cabo programas educativos y otras actividades.

Entre las organizaciones internacionales no-gubernamentales con base en Estados Unidos que se dedican a la realización de proyectos o a la representación de otros intereses en Venezuela, se encuentran **Nature Conservancy**, ☎ (703) 8415300,

1815 N Lynn Street, Arlington, Virgina 22209, y **Cultural Survival**, ☎ (617) 6213818, 215 First Street, Cambridge, Massachusetts 20142.

Earthwatch, ☎ (617) 9268200, info@earthwatch.org, 680 Mount Auburn Street, apartado 403, Watertown, Massachusetts 02272, se dedica a proyectos científicos y ecológicos y organiza excursiones de trabajo.

Survival International, ☎ (0207) 7235535, 310 Edgware Road, Londres W2 1DY, en el Reino Unido, colabora estrechamente con muchos grupos de la cuenca amazónica.

Excursiones organizadas

Las atracciones más importantes, como el Salto del Ángel, el Cerro Autana, el Delta y partes de los Andes sólo se pueden visitar con ayuda de un operador turístico. Ciertamente, los conocimientos de un guía local son primordiales e inestimables al explorar las selvas pluviales o para aprender más sobre las diferentes culturas venezolanas.

Hay un gran número de compañías turísticas nacionales e internacionales dedicadas a la organización de excursiones. La agencia de viajes **Turisol**, ☎ (02) 9596091/8147, en la planta baja del centro comercial Ciudad Tamanaco (conocido como el CCCT) en Chuao, Caracas, es, sin lugar a dudas, una de las mejores compañías turísticas del país.

Alpi Tour, ☎ (02) 2831433, FAX (02) 2856067, alpitour@viptel.com, www.alpi-group.com, dirigida por la estadounidense Linda Sonderman, disfruta de una excelente reputación y cuenta con años de experiencia en la organización de excursiones confortables, especialmente en embarcaciones. Su marido organiza «safaris aéreos» de primera categoría.

PÁGINA ANTERIOR Y SUPERIOR: Una placentera excursión en piragua por los ríos de los Llanos.

La **Sociedad Audubon de Venezuela**, ☎ (02) 9932525, FAX (02) 9939260, audubon@tel.cel.net.ve, La Cuadra, centro comercial Paseo Las Mercedes, Las Mercedes, Caracas, actúa como organizadora de excursiones y se encarga de reservar hospedajes en todo el país. Todos los beneficios se entregan al fondo de sus proyectos. También venden libros, facilitan información sobre los parques nacionales y le recomiendan guías especializados.

El **Cacao Travel Group**, ☎ (02) 9771234, FAX (02) 9770110, cacaotravel@cantv.net, www.cacaotravel.com, calle Andromeda, Quinta Orquídea, El Peñón, apartado 88627, Prados del Este, Caracas, ofrece excursiones de aventura (*trekking*, *kayaking*, a caballo) por todo el país, y también controlan diversas posadas en diferentes lugares.

El **Grupo Turven**, ☎ (02) 9526961, FAX (02) 9511176, turven@ven.net, www.venez.com, calle Real de Sabana Grande, Edificio Unión, piso 1, apartado 60627, Caracas, fundado en 1950, organiza excursiones por todo el país, con guías bilingües y con hospedajes moderados.

Arassari Trek & Bum Bum Tours, ☎/FAX (074) 525879, info@arassari.com, www.arassari.com y www.jvm.com/bumbum/, Calle 24, cerca de la plaza Las Heroínas, es uno de los múltiples operadores de excursiones en Mérida, que disfruta de la mejor reputación.

De entre las agencias de viajes y operadores turísticos que organizan viajes por todo el continente sudamericano, y que incluyen a Venezuela en sus itinerarios, **Journey Latin America**, ☎ (0208) 7478315, tours@journeylatinamerica.co.uk, www.journeylatinamerica.co.uk, 12-13 Heatherfield Terrace, Londres W4 4JE, es sumamente recomendable.

PÁGINA SIGUIENTE: El agua de la Quebrada de Jaspe, Gran Sabana, es ideal para refrescarse.

Bienvenido a Venezuela

CRISTÓBAL COLÓN pisó por primera vez el continente sudamericano precisamente en tierra venezolana, que describió como un «Paraíso en la Tierra». Desde entonces, tanto la gente de este país como sus distintos ecosistemas han seguido encantando a todos los visitantes. La población de Venezuela es joven, dinámica y espabilada: casi tres cuartas partes de los habitantes del país tienen una edad inferior a los 30 años. El cóctel de genes del país incluye más ingredientes de mezcla que los batidos de frutas que se venden en las esquinas de sus calles, donde se pueden ver miles de caras de variado colorido.

Entre las culturas se cuentan la española, la europea, la caribeña, la africana y la criolla «de casa»; las creencias comprenden la indígena, la *new age* y la esotérica; las influencias provienen de Latinoamérica, del norte y de Europa. Todos estos ingredientes mezclados en un caldero tropical de música, danza y comida deliciosa convierten a Venezuela en una nación seductora que vale la pena explorar. Justo cuando ya crea haber visto y catalogado todo, descubrirá nuevos detalles de color y llenos de contradicción.

En la sociedad venezolana se da el predominio urbano: un 85 % de la población vive en ciudades; no obstante, por extraño que parezca, la cultura campesina de otra era sigue prevaleciendo. Es supermoderna, con centros comerciales animados con música y un metro elegante y rápido, y sin embargo, sorprendentemente conservadora por lo que respecta a la educación y la enseñanza. Venezuela tiene la legislación ambiental más progresista de todo el continente, y una quinta parte de sus tierras está bajo alguna protección. Pero verá que la gente cuando circula por las autopistas tira la basura por la ventanilla del autobús o del coche, o toma el café en tazas de plástico. Lo más importante es la familia, pero el adulterio está a la orden del día y el divorcio es cada vez más común. A los venezolanos les molesta la influencia de Estados Unidos, pero cuando se les pregunta dónde quieren ir de vacaciones, la respuesta es: Miami.

Venezuela puede resultar desconcertante para el turista. Parece como si el país se encontrase algo incómodo con su identidad, encasillado entre dos extremos conflictivos: la modernidad y la tradición, la apariencia y la realidad, una condición provocada sobre todo por los rápidos y enormes cambios que han experimentado sus ciudadanos. El resultado es una nación con una estructura y una cultura que se remontan a la época de la búsqueda de El Dorado, lanzada de golpe a este mundo moderno contemporáneo por el gran *boom* económico del «oro negro» del siglo XX. Venezuela, debido a los años de «abundancia», tiene una infraestructura sólida y extensa y es un país cómodo para viajar. Hay una buena red de vuelos entre las grandes ciudades y autocares confortables que recorren todas las rutas. El turismo es una industria en auge, aunque aún queda mucho por explorar; mientras tanto, la isla de Margarita, «la Perla del Caribe», con sus centros turísticos y su animada vida nocturna, puede competir con cualquier otro destino.

Aunque Venezuela sea muy cautivadora y su frecuente «mañana» resulte seductor, tendrá que viajar con una buena porción de paciencia y de sentido de humor aparte del repelente de insectos y su loción solar. Alquile un coche y explore el interior del país, donde aún prevalecen las culturas regionales y tradicionales. Deléitese con el rico, apasionado y frecuentemente comiquísimo lenguaje, y su recompensa será sólo comparable a los primeros sorbos de un zumo de fruta recién hecho después de un largo día en la carretera.

El mayor problema del turista para planificar sus vacaciones en Venezuela no es el número de calcetines que debe llevar en su maleta, sino cómo acomodar todas las maravillas de este país, bendecido con un clima tropical, riquezas naturales inmensas y un crisol cultural, efervescente y lleno de juventud, en un plan de tan sólo dos semanas.

PÁGINA ANTERIOR Y SUPERIOR: Los pescadores vuelven a Puerto Fermín (El Tirano), isla de Margarita, tras la pesca de la mañana.

El país y su gente

VENEZUELA, SIN LUGAR A DUDAS, ES UN PAÍS RELAJADO Y TRANQUILO, donde la palabra «mañana» salpimenta todas las conversaciones, donde la fruta y los vegetales crecen como por arte de magia y donde mañana siempre será otro día. A los ojos de los extranjeros, los venezolanos son amistosos, despreocupados y divertidos, aunque a veces también puedan ser descarados, superficiales y toscos; pero el calor de sus gentes no dejará de sorprenderle, y su alegría de vivir es realmente contagiosa. Tan pronto haya traspasado esta fina capa de modernidad y homogeneidad, descubrirá un país muy diverso, con tradiciones y herencias regionales distintas y comenzará a deleitarse con el sabor de la rica mezcla de sus gentes, creencias y colores.

Muchas veces la sociedad venezolana se describe como «café con leche», refiriéndose al color de la piel de su gente y a su total ausencia de racismo. Al igual que el café, que aquí se sirve en media docena de tonalidades distintas, el país mismo es una mezcla de diferentes razas. Desde los indígenas originarios, los indios, que habitan en las sabanas y en los bosques al sur del Orinoco así como en vastas extensiones de la frontera colombiana, los esclavos negros traídos de África para trabajar en las plantaciones de cacao y los primeros inmigrantes españoles y europeos, hasta la enorme cifra de inmigrantes procedentes de Europa, China, Oriente Medio y otros países latinos durante el siglo XX. Esta última oleada de inmigrantes se componía primordialmente de italianos, que colonizaron la costa del país; portugueses, que generalmente se establecieron como panaderos en las ciudades, y de canarios y gallegos, que se integraron perfectamente en todos los ámbitos de la vida venezolana.

Pero sí existen marcadas diferencias regionales; un maracucho (originario de Maracaibo, estado rico en petróleo), por ejemplo, tiene más en común con un tejano que con un granjero andino que sigue labrando su tierra con bueyes; el mundo de los indios pemon del estado de Bolívar está a un millón de kilómetros de distancia del pescador negro de Barlovento (la región al este de Caracas donde dominan las comunidades de antiguos esclavos). También el acento y el vocabulario varían: los andinos hablan despacio y con claridad, los caraqueños se distinguen inmediatamente por llamar «pana» (compinche, amigo) a todo el mundo, y los margariteños hablan tan rápido que su lenguaje parece un dialecto.

Además de las diferencias regionales, hay una gran división entre la población urbana y la rural. La gente de la ciudad, frenética, consciente de las tendencias de la moda y al tanto de la modernidad estadounidense, contrasta con los habitantes, cuya cifra es muy inferior, de las regiones rurales, donde la gente mantiene sus costumbres agrarias tradicionales, habla con expresiones propias y se extraña del escandaloso alboroto de Caracas.

En un país con entornos tan distintos y con una historia del siglo XIX tan excepcional —pocos países del mundo han cambiado tan espectacularmente y en tan corto espacio de tiempo como Venezuela— es sorprendente ver a este pueblo tan heterogéneo, donde cada una de las diferentes partes regionales y raciales contribuye a componer el rompecabezas tan complejo que es la Venezuela moderna. No obstante, lo que no dejará de sorprenderle una y otra vez es observar cuántas piezas vienen en la caja, y la diversión y el reto que experimentará al tratar de encajarlas todas.

LA ÉPOCA PRECOLOMBINA

Los primeros pueblos nómadas llegaron a Venezuela alrededor del 14000 a. C. Pero hasta el último milenio antes de Cristo, estas comunidades no se establecieron para empezar a labrar la tierra, hacer las primeras cerámicas e iniciar sus distintas culturas. Los jeroglíficos grabados en las rocas de los alrededores del lago de Valencia, en el estado de Carabobo, y cerca de Puerto Ayacucho, en el estado de Amazonas, son los primeros testimonios de estas primitivas civilizaciones. Poco se sabe de los pueblos que los tallaron ni del motivo de sus grabados, y la época exacta sigue sin precisarse. Hallazgos recientes cerca de Barquisimeto, en el estado de Lara, confirman el uso de barro y de cerámica por pueblos posteriores.

Durante la conquista española, hubo tres grupos lingüísticos distintos en Venezuela. Los temibles caribes, que ocupaban la costa central y oriental y eran pescadores y agricultores; los arawaks, dedicados a cazar, recolectar y ocasionalmente a cultivar el campo, ocupaban gran parte de los Llanos y de las planicies centrales. En los Andes, los timotecuica del grupo lingüístico de los chibcha fueron los más avanzados entre todos los pueblos prehispánicos. Se cree que algunas partes de los antiguos muros de piedra que rodean Apartaderos datan de la época de estos indígenas. Sus sistemas de riego y sus conocimientos astronómicos impresionaron a los primeros exploradores españoles.

Pero, sobre todo, los pueblos prehispánicos de Venezuela no alcanzaron nunca los niveles culturales y arquitectónicos de los mayas de México y Guatemala, ni de los incas de Perú. No desarrollaron ningún tipo de escritura, y todo lo que se sabe de ellos figura en las crónicas de los españoles de los siglos XV y XVI.

LA CONQUISTA

A pesar de ser el único país del continente sudamericano donde Cristóbal Colón puso su propio pie —le llamó «País de gracia»—, fue posteriormente ignorado por la Corona Española, que lo había reclamado. En 1498, durante su tercer viaje al Nuevo Mundo, Colón navegó de Trinidad a la costa de la península de Paria. Desde este lugar tomó rumbo hacia el sur en dirección al delta del Orinoco, y pronto se dio cuenta de que lo que él se había figurado como otra isla caribeña era, en realidad, la punta de un gran continente.

Sin duda, Colón se enamoró de este Nuevo Mundo. Adornados con oro y perlas, los indios, que vivían

PÁJINA SIGUIENTE: Una iglesia típica andina, en Timotes, estado de Trujillo.

en este país tan rico en frutas, eran amistosos y se acercaban a sus carabelas para darle la bienvenida. «Estoy convencido de que éste es el Paraíso en la Tierra», le escribió al rey Fernando y a la reina Isabel. Pero el paraíso no duró mucho tiempo.

Un año después, Alonso de Ojeda navegó a lo largo de la costa caribeña y entró por la boca del lago Maracaibo donde el italiano Américo Vespucio, que formaba parte de su tripulación y que más tarde le daría su nombre a todo el continente, comentó —sin duda con cierto sarcasmo— que las casas con techo de paja de los indios construidas sobre pilotes y unidas por pasarelas le recordaban a Venecia. Este comentario se impuso, y desde entonces la provincia se empezó a llamar «la pequeña Venecia», Venezuela.

Poco tiempo después, los españoles construyeron las primeras casas de Nueva Cádiz, en la isla de Cubagua, al sur de la isla de Margarita. Con una gran avaricia, que se convertiría en la característica de la conquista, empezaron a explotar todos los grandes viveros naturales de ostras que descubrieron, al tiempo que esclavizaban a los indios, que buceaban hasta reventar sus tímpanos. Al poco tiempo, Cubagua recibió el sobrenombre de «Isla de Satanás». Tras tres décadas, haber extraído unas once toneladas de nácar y con los viveros ya vacíos, el joven poblado desapareció bajo las aguas de un maremoto, en 1541.

Mientras tanto, en 1519 Cortés había conquistado el gran imperio azteca, en México, y enviaba grandes cargamentos de oro y joyas a España. Estas riquezas despertaron de nuevo el interés por el Nuevo Mundo, y Venezuela, como el país más accesible del continente sudamericano, se convirtió en la meta de muchos españoles. En el año 1521, los colonizadores fundaron la ciudad de Cumaná, en la parte oriental de Venezuela, la primera población de Sudámerica; por otra parte, en 1530, una expedición bien preparada y equipada bajo el mando de Diego de Ordaz, un teniente de Cortés, se aventuró río arriba por el Orinoco. De los 600 hombres que salieron de España, sólo sobrevivieron unos 200 después de meses de búsqueda inútil a lo largo del Orinoco y en las planicies de los Llanos.

Pero este triste récord no desanimó otros desesperados intentos posteriores para encontrar El Dorado o a Manoa, el mito del Hombre Dorado, o de la Ciudad Dorada, según la versión que se creyese. Por una de esas extrañas casualidades del destino europeo, la Corona Española cedió la provincia de Venezuela a unos banqueros alemanes: los Welser. Carlos V, en un arranque de vanidad, al comprar el título de Sacro Emperador Romano había acumulado una enorme deuda con los banqueros. En consecuencia, algunos de los «exploradores» más ambiciosos de la era de la conquista se dirigieron a Venezuela. Sus crueldades hacia los indios hicieron la colonización aún más dura. Éstos lucharon como pudieron para defender sus tierras, pero no pudieron hacer nada contra el arma más poderosa de los europeos: la enfermedad. Un brote de viruela diezmó sus pueblos y a finales del siglo XVI se consumó la subyugación definitiva de la provincia.

EL PERÍODO COLONIAL

Los enlodados puestos de avanzada del poder colonial, Caracas, Cumaná, Mérida y Maracaibo, crecían con lentitud. Hasta 1717, la parte oriental de Venezuela estuvo gobernada por Santo Domingo, actualmente la República Dominicana; por su parte, Lima gobernaba los Andes y la región occidental. Las reservas de concha de nácar se habían agotado, y ya no quedaban grandes civilizaciones por conquistar; además, como los gobernadores españoles se mantenían ocupados con las grandes riquezas de Perú y Potosí, Venezuela, como agua colonial estancada, se quedó atrás.

Aún hoy en día, los diseños urbanos cuadriculados de casas construidas con ladrillos de adobe configuran el centro de Caracas, de Barcelona o de Cumaná. Por todos los valles fértiles todavía hallamos haciendas semifeudales, donde se cultivaba cacao. Los hatos, en las planicies interminables de los Llanos, se dedicaban a la cría del ganado, y aquí nació la obsesión de los venezolanos por los filetes jugosos y las barbacoas, pero aquí también late el gran corazón mítico del país, poblado por los llaneros resistentes, ingeniosos e individualistas.

Debido a la falta de inmigrantes españoles dispuestos a arriesgar su vida en las despobladas regiones del interior, y a causa del número cada vez mayor de esclavos procedentes de África para trabajar en las haciendas de cacao y de azúcar, muy pronto la población del país se convirtió en un crisol de razas. Hacia el año 1700, tan sólo una cuarta parte de venezolanos era de raza blanca. En un exceso de paranoia, establecieron un sistema de *apartheid* racial para separarse de los «pardos», una mezcla de descendientes blancos, indios y negros. A mediados del siglo XVII, durante el gran auge del cacao, los blancos se dividieron en dos grupos: los miembros de la administración y de la iglesia (mantuanos) nacidos en España, y los criollos nacidos en Venezuela. Aunque ya han pasado más de 250 años desde entonces, los blancos siguen predominando en la elite venezolana, mientras que los más pobres del país continúan siendo de piel oscura.

La moda del chocolate que invadió el continente europeo a mediados del siglo XVIII hizo cobrar importancia a Venezuela, aunque por poco tiempo, que emergió de la oscuridad de sus haciendas debido a la demanda cada vez mayor de las bayas más selectas de sus trópicos. Con su nueva riqueza, el «Gran Cacao», como se conocía a este país, y obsesionado por las modas europeas, celebraba grandes fiestas y bailes mientras importaba lo último en encajes, muebles y modas. Después de sus viajes en 1800, Alejandro von Humboldt comentó que: «en ninguna otra parte de Hispanoamérica la civilización ha asumido un carácter más europeo». Sin embargo, junto con los encajes y la música de cámara llegaron las nuevas ideas de la Ilustración, tras las revoluciones en Europa a finales del siglo XVIII. Aunque la elite criolla de Venezuela se mostrara cautelosa en lo que respectaba a la separación de España, el caos y la incertidumbre durante la invasión de España por las tropas napoleónicas, en 1808, le obligaron a actuar.

EL PRECIO DE LA INDEPENDENCIA

A pesar de que en aquel tiempo no pudieran saberlo, los criollos venezolanos tenían sus motivos para temer las consecuencias de la independencia. La ironía de su renuncia a rechazar el poder de la Corona fue más amarga si consideramos el precio humano y económico de las guerras que devastaron el país. A finales de la década de 1820, cuando Venezuela volvió a emerger después de todas las luchas, el país se encontraba en ruinas: una cuarta parte de la población había muerto, la elite blanca se vio diezmada, las haciendas fueron saqueadas o abandonadas y el ganado y los animales de cría habían desaparecido. El precio de la Revolución bajo su gran héroe Simón Bolívar significó un retraso de 100 años en su historia, o más.

Pero todo esto se ignoraba el 19 de abril de 1810, cuando un grupo de criollos sustituyó al capitán general de Venezuela y estableció la Junta Suprema de Caracas. Tres meses más tarde, un Congreso Nacional acordó firmar la Declaración de Independencia de España y estableció la Primera República el 5 de julio del mismo año. Con una oposición cada vez mayor, sobre todo por parte de la clase de los pardos, que no estaban de acuerdo con el nuevo gobierno, Francisco de Miranda asumió poderes dictatoriales en mayo de 1812. Pero dos meses más tarde, traicionado por unos patriotas conspiradores, tuvo que capitular ante las tropas del rey y se exilió a España, donde murió más tarde, el primer gran mártir de la Revolución.

Durante los primeros años de la Revolución, un hombre joven, heredero de una gran fortuna del cacao, y de luto por su joven esposa muerta hacía poco, escalaba los rangos de las fuerzas patriotas. Su tutor, el ilustrado Simón Rodríguez, le había llevado de viaje por Europa; sin haber asistido a una escuela militar formal, Simón Bolívar obtuvo el rango de coronel. Tras la derrota de Miranda, Bolívar y otros generales se reagruparon en los Andes para declarar la «guerra hasta la muerte» a España. Finalizaron su «Campaña Admirable» con la liberación de Caracas, en 1814. Bolívar, con su carisma, sus habilidades como líder y genio militar, ya era «capaz de volar», y se convirtió en el presidente de la Segunda República. Su gobierno duró muy poco tiempo. Los hombres del Llanero, de la planicie, bajo el mando de su despiadado comandante José Tomás Boves, llegaron a la capital y derrocaron a Bolívar y a los patriotas.

Los acontecimientos en Europa ayudaron a Bolívar en su próxima campaña. Con la desmovilización de las tropas en 1815, después de las guerras napoleónicas, sus agentes en Londres reunieron suficientes mercenarios dispuestos a luchar a su lado en la Guerra de Independencia. Aunque al principio hubo algunos problemas a causa de la burocracia y de las tormentas, en 1819 Bolívar contaba con 5.000 soldados, principalmente británicos. Además de esta entrada de legionarios experimentados, el nuevo líder de la temible caballería del Llanero, José Antonio Páez, se ofreció a respaldar a Bolívar, a cambio de las fincas confiscadas a los terratenientes monárquicos.

SUPERIOR: Ilustración de los derramamientos de sangre y las batallas de la «guerra hasta la muerte».

Bolívar, con renovado vigor, partió desde Angostura —actualmente Ciudad Bolívar— y marchó en dirección al oeste hacia los Llanos, donde, en una atrevida jugada que le costó una cuarta parte de sus tropas, emprendió camino por los Andes en pleno invierno. En la batalla de Boyacá venció a los españoles y liberó la provincia de Nueva Granada. En 1819 volvió a Angostura; allí presentó su proyecto para la nueva Constitución de Venezuela. También esbozó sus planes para la creación de la Gran Colombia, el nuevo superestado sudamericano aprobado por el Congreso el 17 de diciembre. El poder de los españoles se terminó definitivamente con la victoria decisiva de Bolívar en la batalla de Carabobo (cerca de Valencia) de junio de 1821, aunque todavía faltaba la victoria naval en el lago Maracaibo y la expulsión de los españoles de su fuerte en Puerto Cabello, el 7 de noviembre de 1823, para desterrar a la Corona.

Pero las ambiciones de Bolívar no acabaron aquí. Su sueño de crear la mayor nación del mundo con todas las antiguas colonias españolas le llevó más al sur para convertirse, junto con el gran mariscal José Antonio de Sucre, en el libertador de Ecuador, Perú y Bolivia, en 1824. Pese a sus victorias gloriosas y la creación de la Gran Colombia, que comprendía los estados actuales de Panamá, Colombia, Venezuela y Ecuador, los intereses regionales pronto comenzaron a destruir el sueño de la gran unificación de El Libertador.

En 1826, el general Páez y la elite criolla de Venezuela reclamaron mayor autonomía y no quisieron aceptar a Bogotá como capital de la nueva nación. Aunque en 1828 Bolívar asumió poderes dictatoriales, era demasiado tarde. Fue proscrito en Venezuela y rechazado por Colombia. Amargamente declaró: «Aquellos que sirven a la Revolución surcan el mar. Lo único que se puede hacer en América es emigrar». Gabriel García Márquez lo retrata fielmente en su obra *El general en su laberinto*. En 1830, Bolívar logró llegar a la costa colombiana, donde intentó tomar un barco rumbo a Europa. No llegó a embarcarse. Con sólo 47 años, pero agotado, enfermo de tuberculosis y abandonado por todos sus amigos, Bolívar murió en Santa Marta.

EL NACIMIENTO DE UNA NACIÓN

El general Páez, de los Llanos, se hizo cargo del control de la nueva República de Venezuela, en 1830, y logró imponer su autoridad en todo el país, con varias interrupciones breves, hasta que por fin perdió el poder en 1848. Las guerras de independencia, económicamente ruinosas, alteraron poco la estructura social de Venezuela. Aunque las tierras confiscadas a los monárquicos se repartieron entre los soldados victoriosos, las extensiones de campos más pequeños no resultaban rentables, y muy pronto la clase oficial volvió a recuperar su posición superior. Como en el resto de Latinoamérica, el problema de la reforma de la tierra seguía suspendido, y las rebeliones esporádicas se sofocaban sin piedad. La elite racista no abolió la esclavitud hasta 1854. Pero, en realidad, los esclavos sólo cambiaron sus cadenas por un pobre peonaje, y los negros continuaron viviendo en la miseria. Y una vez más, los pardos fueron excluidos de la alta esfera, y el derecho al voto se limitó a los terratenientes.

Durante sus primeros años al frente de la República, Páez logró crear cierta estabilidad por medio de alianzas entre los terratenientes de los Andes, los Llanos y las regiones de la costa, junto con los mercaderes y los profesionales de las ciudades. La recuperación, debida sobre todo a la exportación de café, trajo nuevas riquezas, en especial para Caracas y para las haciendas de los Andes. No obstante, el legado de los años de guerra fue la violencia: las regiones aisladas del país estaban gobernadas por caudillos, hombres fuertes que habían llegado al poder a través de una relación patrón-cliente y que a mediados del siglo XIX sumergieron al país en sucesivas guerras civiles. Aunque la aparición de una oposición liberal contribuyó a algunas reformas sociales, éstas realmente no tuvieron efecto hasta que Antonio Guzmán Blanco, político y general, salió triunfante del caos de 1870.

A Guzmán Blanco se le recuerda como «El Modernizador», pues se encargó de la reconstrucción de Caracas, fomentó la inmigración de europeos, separó la Iglesia del Estado, introdujo la educación primaria gratuita, hizo limpiar las carreteras y construir escuelas. Su Gobierno también puso los cimientos de un estado-nación, después de la humillación venezolana al perder el territorio de Essequibo para la Guiana Británica (actualmente Guyana), que todavía hoy día se disputa como la «zona en reclamación», y más aún por el desastroso bombardeo de la costa venezolana en 1902 por las potencias europeas, que trataban de presionar a Venezuela a fin de que pagase sus deudas con el extranjero. La influencia de la vida militar sobre la civil sigue siendo uno de los legados de Guzmán Blanco. Hoy, más de cien años más tarde, el excoronel y actual presidente Hugo Chávez se preocupa por reavivar este legado.

LOS MUCHACHOS DE TÁCHIRA

Entre el mandato de Guzmán Blanco y la institución de la democracia en 1958, Venezuela tuvo sucesivos mandatos militares, todos procedentes del estado de Táchira, en los Andes. Cipriano Castro, el primero de ellos, fue posiblemente el más desastroso. Durante su Gobierno, iniciado en 1899, hubo bombardeos extranjeros y malestar social. Su mandato terminó en 1908, cuando Juan Vicente Gómez, uno de los caudillos más controvertidos, asumió el poder.

Los años de Gómez se caracterizaron por el poder despótico y el lanzamiento de Venezuela al mundo moderno. El general se comportó como un césar de la época, siempre protegido por un servicio secreto, y conservó el poder con astucia maliciosa, nepotismo y represión. Gómez, contable y terrateniente, impuso su autoridad sobre la nación como un hierro de marcar, para después gobernarla como si fuera su hacienda particular; y, efectivamente, su rancho en las afueras de Maracay se convirtió en la capital del país hasta su muerte en 1935. Sus adversarios fueron torturados y asesinados, y muchos miembros de la revuelta estudiantil de la Generación del 28 se exiliaron. Aunque no se pueda negar que el régimen de Gómez fuera cruel, incluso para el estándar latinoamericano, algunos historiadores actuales hacen una nueva evaluación de su Gobierno en el contexto político, social y económico de sus días, en contraposición con los criterios occidentales modernos.

Durante el Gobierno de Gómez se llevaron a cabo importantes huelgas petroleras alrededor del lago Maracaibo, que atrajeron a cientos de empresas internacionales para establecerse en las costas venezolanas y, con ellas, unos ingresos nunca soñados para las arcas del Gobierno. El *boom* se inició en el pueblo de La Rosa, cerca del lago Maracaibo, en 1922, y cambió a Venezuela para siempre. Para mejor o peor, sin embargo, transformó al país en dos generaciones: la nación atrasada, rural y agraria se convirtió en una potencia latinoamericana moderna, urbana e industrial. Pero junto a los nuevos edificios gubernamentales, las carreteras, los hospitales, las escuelas y la clase media y rica, llegó el abandono de la agricultura, la migración urbana y el desarrollo de las míseras barriadas. No se creó ningún tipo de manufacturación industrial y todo se importaba. La estructura económica de Venezuela, dependiente en exclusiva del petróleo, se había establecido irreversiblemente y se centraba en el nuevo oro negro, El Dorado.

Gómez murió en 1935; le sucedió Eleazar López Contreras, un reformador, y seis años más tarde otro general de Táchira, Isaías Medina Angarita. Durante todos estos años, los líderes de la Generación del 28 se agruparon y fundaron el partido de la Acción Democrática (AD). La AD persuadió a un grupo de jóvenes oficiales para dar un golpe militar en 1945. Angarita renunció, y, en 1947, Venezuela estrenó una nueva Constitución y a su primer presidente civil: el novelista Rómulo Gallegos. En 1948, después de cierto descontento civil y resentida por permanecer fuera del Gobierno, se presentó una junta militar para tomar el poder. Marcos Pérez Jiménez, un coronel de Táchira, se autoproclamó presidente en 1952, tras declarar desiertas las elecciones convocadas por él mismo. Este nuevo régimen invirtió las reformas aplicadas desde la muerte de Gómez.

Ahora se critica a Pérez Jiménez por sus abusos respecto a los derechos humanos y a su política de consentimiento hacia las compañías petroleras extranjeras, si bien en aquellos tiempos fue un gran amigo de Estados Unidos e incluso recibió la Legión de Honor del presidente Eisenhower. Pérez Jiménez inició los grandes proyectos del período de la posguerra, hizo construir autopistas, universidades, escuelas y plantas petroquímicas, y dio estabilidad al país y a su moneda, por lo que Venezuela pudo ocupar un lugar importante. Aunque seguían existiendo abusos y corrupciones, muchos historiadores argumentan que todo ha empeorado desde entonces.

¿DEMOCRACIA O DEMAGOGIA?

Pérez Jiménez fue derrocado a causa de las conspiraciones y rivalidades dentro de las fuerzas armadas y tras una huelga general de consecuencias catastrófi-

PÁGINA ANTERIOR: La casa natal de Simón Bolívar en el centro de Caracas.

cas. Rómulo Betancourt, uno de los líderes de la Generación del 28, se convirtió en presidente en 1959, y con él se inició una era de democracia que perdura hasta nuestros días. En un pacto electoral, la AD se declaró conforme en compartir el poder con el COPEI, un partido joven con tendencia de derechas, fundado por Rafael Caldera, presidente entre 1969 y 1974.

En la década de 1960 se vivió un gran auge en Venezuela. Betancourt aumentó los impuestos gubernamentales a la industria petrolera y desempeñó un papel importante en la creación de la OPEP, en 1960. También superó la crisis provocada por conspiradores derechistas, como la de las guerrillas izquierdistas y también el problema con Guyana. Como el precio del petróleo seguía subiendo, la fiesta parecía interminable. Los venezolanos pasaban sus vacaciones en Europa, y en Miami se les conocía como «los dame dos».

En 1973, con el embargo del petróleo árabe, Venezuela aprovechó para nacionalizar las industrias, e incluso también la vaca sagrada de la industria petrolera, durante la administración de Carlos Andrés Pérez. No obstante, al terminar su período legislativo, la recesión mundial y la repentina caída de los precios del petróleo hicieron temblar a la «Saudí-Venezuela». Con la gran quiebra del «Viernes Negro» en 1983, la economía ya muy mermada y completamente a merced del precio del petróleo, pues importaban hasta tres cuartas partes de sus alimentos, el país empezó a estar fuera de control. A pesar de todos los intentos del presidente Luis Herrera Campins de imponer un cierto control sobre el cambio de moneda y de devaluar el bolívar, la economía ineficaz combinada con una fuerte y corrupta burocracia significó el inicio del final de los años del «fin de semana en Miami».

Jaime Lusinchi del AD asumió el poder en 1984, más por alternativa viable que por popularidad. Los precios al consumidor se empezaron a controlar para detener la inflación y se establecieron cambios preferenciales para la industria. No obstante, este arreglo consumió parte de las reservas extranjeras del país, y el mandato de Lusinchi quedó empañado por un asunto escandaloso con su secretaria personal, Blanca Ibáñez, y los numerosos casos de corrupción. El país no mejoró bajo el segundo mandato de Carlos Andrés Pérez, que comenzó en 1989. En su desesperación por obtener los créditos necesarios del Fondo Monetario Internacional (FMI) y al darse cuenta del gran alcance de la ineficacia de la industria venezolana, se embarcó en un plan de privatización, con lo que deshizo prácticamente todo lo que había logrado durante su primer mandato. Se eliminó el control de precios, se cortaron los subsidios y se creó una tasa de cambio flotante. Las consecuencias, tal vez innecesariamente duras, generaron una serie de protestas y saqueos en todo el país.

En Caracas, los disturbios causaron la muerte de 300 personas cuando el ejército intervino para establecer el orden en las calles. Este episodio se conoció popularmente como «El Caracazo». El 7 de febrero de 1992, un grupo de oficiales militares de rango medio, bajo el mando del coronel Hugo Chávez Frías, hizo un primer intento de derrocar al Gobierno; le siguió una segunda tentativa el 27 de noviembre del mismo año. Ambos fracasaron, ya que el ejército permaneció leal al Gobierno y no hubo ningún tipo de apoyo popular.

Finalmente no fueron ni los militares ni la población civil los que obligaron a Carlos Andrés Pérez a dimitir, sino el poder judicial. En mayo de 1993, la Corte Suprema le acusó de presunta malversación de fondos y le relevó de su cargo. Más tarde fue sentenciado a dos años de arresto domiciliario, que pasó en gran parte con su amante, Cecilia Matos. Tras un breve intermedio con Ramón Velásquez en el poder, el resultado de las elecciones de 1993 fue otro expresidente.

Esta vez fue el turno de Rafael Caldera, quien trajo tiempos mejores. Se había presentado como candidato independiente a la cabeza de una docena de partidos escindidos; la AD y el COPEI estaban demasiado desacreditados por sus años en el poder. Antes de que Rafael Caldera pudiera ocupar el sillón presidencial, el país se hundió en su crisis financiera más profunda. El Gobierno se hizo cargo del segundo banco más grande, el Banco Latino, y gastó miles de millones de dólares, de los que pudo disponer con dificultad, para reforzar las instituciones financieras de la nación. El plan económico de Caldera, que no logró resolver el problema mientras se establecían precios poco realistas para el petróleo, empezó a dar trompicones. A pesar de los importantes ingresos por las subastas de concesiones petroleras, la deuda interna y extranjera crecía y el bolívar continuaba devaluándose; Rafael Caldera no pudo cumplir sus promesas preelectorales y se vio obligado a acudir, gorra en mano, al FMI.

En 1996, el fondo le cedió un préstamo de tres mil millones de USD, pero con unas condiciones muy estrictas. Los precios de la gasolina subieron un 500 % de un día para otro, y los demás precios se dispararon. La inflación superó la marca del 100 %. En 1997, la política poco sistemática de Caldera y sus apariciones titubeantes en público le hacían cada vez menos popular.

Venezuela ha fluctuado de la pobreza a la fortuna y viceversa en tan sólo 75 años: en 1997, dos terceras partes del país vivían en extrema pobreza, según datos de la Organización Mundial de la Salud.

VENEZUELA HOY

Para diversión de muchos comentaristas extranjeros, uno de los candidatos favoritos en las elecciones de 1998 fue Irene Sáez, antigua miss universo y alcaldesa de Chacao, uno de los distritos ricos de Caracas. En un determinado momento, que le costó la elección, decidió renunciar a su condición de independiente y presentarse como candidata de la COPEI. En medio de un clima de desesperación económica cada vez mayor, la retórica del líder del Movimiento de la Quinta República, Hugo Chávez, que había intentado dar un golpe de Estado en 1992, convenció al electorado.

Chávez, de boina roja, obtuvo la victoria, mientras que la elite venezolana y los inversores extranjeros contenían su respiración. Sin duda, Chávez es el líder venezolano más controvertido y enigmático después de Pérez Jiménez: un orador incansable como Fidel Castro, un hombre cuya visión se parece a la de su héroe Bolívar, un líder carismático de la escuela de encantos de Clinton, con un carácter individualista, impetuoso y a veces dogmático que le lleva tanto a hacer como a deshacer.

Chávez juró que acabaría con el viejo sistema político corrupto, reanimaría la economía agraria, restablecería la ley y el orden y devolvería a la nación su dignidad y orgullo. Durante el primer año de su mandato suspendió al Congreso y al Senado en una jugada polémica. En las elecciones de mayo de 1999 se votó una nueva Asamblea Constituyente, que en apenas 90 días redactó una nueva Constitución, la vigésimo sexta de Venezuela. En diciembre se aprobó la Constitución, con lo que comenzó la Quinta República desde la independencia; se cambió el nombre del país por el de República Bolivariana de Venezuela. A principios del año 2000, Chávez convocó elecciones, que se celebraron en agosto, para legitimar sus reformas y su Gobierno. Ganó, aunque no obtuvo la mayoría esperada para su partido en el Congreso.

El fenómeno del Movimiento de Hugo Chávez resulta muy interesante. Algunos comentaristas temen que Venezuela se convierta en una dictadura. Dicen que Chávez podría emborracharse con la concentración de poderes que le confiere la Constitución de 1999 y darle puestos y contratos importantes a sus amigos. Una vez en el poder, y con las fuerzas armadas cada vez más implicadas en la vida pública (ya sea como directores de empresas estatales o como albañiles de escuelas), sería imposible sustituirle.

Sus planes de invalidar un sistema que nunca ha combinado la democracia política con la económica son radicales y ambiciosos y podrían zozobrar fácilmente al chocar contra el escollo de la incompetencia, la corrupción o la intervención extranjera temerosa por sus inversiones. Sus reformas pueden resultar excesivas para el pueblo venezolano. También podría convertirse en un tirano. Personalmente, creo que en este momento tan crítico en la historia de Venezuela, con una tasa de desempleo del 20 %, un alto índice de inflación, pocas inversiones y una violencia cada vez mayor en las ciudades, Chávez es el hombre correcto en el momento preciso.

Chávez exige un enorme apoyo por parte del pueblo. Si contase con él, podría observar el país desde una perspectiva más fría e imponer sus criterios innovadores, que es lo que necesita desesperadamente para sostenerse, antes de capitalizar los auténticos recursos naturales y humanos. Así podría construir los fundamentos para un renacimiento nacional, un armazón que serviría a los intereses de la mayoría de venezolanos, de acuerdo con el *dictum* de Simón Rodríguez: «(Latino) América no tendría que imitar ciegamente, sino tratar de ser original».

Durante los meses de diciembre de 2002 a febrero de 2003, el país vivió una huelga general como producto del estancamiento político del actual presidente Hugo Chávez. La oposición buscó sin éxito derrocar su gobierno, lo cual llevó a más de cien días de protestas ciudadanas y crispación social. El presidente Chávez se mantiene en el poder y se descarta la posibilidad, por el momento, de nuevos levantamientos en su contra. Se ha normalizado el suministro de crudo, a pesar de que los trabajadores petroleros siguieron en huelga.

SUPERIOR: La arquitectura moderna y llamativa es el distintivo de Venezuela en siglo XX.

PALACIO DE LAS ACADEMIAS

Caracas y sus alrededores

CARACAS

Después del aeropuerto de Maiquetía y tras pasar por la autopista gratuita y por el túnel del Boquerón, uno se encuentra de frente con una de las mayores megaciudades de Latinoamérica: viejas casitas de terracota en las colinas, modernos rascacielos de hormigón en el horizonte, ruidos, humo, coches, autobuses, vendedores ambulantes, basuras y caos. Es una ciudad frenética, congestionada, cosmopolita, obsesionada por los coches, fresca y contradictoria. Adórela u ódiela, quédese en ella o huya cuanto antes; sea lo que sea la Caracas del siglo XXI, innegablemente se reflejará en su cara. La mezcla ecléctica de sus habitantes y de sus estilos unido a su dinamismo juvenil, puede ganarse incluso al ratón de campo más convencido. Hay un «zumbido» y una alegría de vivir en la ciudad que muchos visitantes encuentran contagiosos y a veces hasta irresistibles. Pocas ciudades en el mundo aceleran el pulso del turista como la capital de Venezuela.

Por la periferia del norte se asoman las verdes pendientes de la montaña de Ávila, que separa la ciudad de la costa y alcanza una altura de casi 3.000 m. Como todos los grandes parques y espacios abiertos de Caracas, también la montaña de Ávila es una válvula de escape para la gente estresada y, además, es un refugio para la gran cantidad de aves de la ciudad.

Por otra parte, el museo de la ciudad ofrece la mejor colección de arte de Latinoamérica, con sus maravillosas obras religiosas, coloniales y también contemporáneas. La Caracas sibarita está llena de variedad, calidad y cantidad; se puede cenar fuera todas las noches del año sin agotar sus posibilidades. En cuanto a la vida nocturna, únicamente Río de Janeiro y Buenos Aires pueden competir con Caracas.

ANTECEDENTES HISTÓRICOS

Originalmente, la ciudad se fundó en 1560 con el nombre de San Francisco. Durante los primeros años de su existencia sufrió constantes ataques de los indios toromaima. Se necesitaron siete años para superar la resistencia de los indios, que se rindieron tras la última batalla bajo el mando del capitán Diego de Losada, enviado desde El Tocuyo, la capital de entonces. Este mismo capitán fundó la ciudad de Santiago de León de Caracas, el 25 de julio de 1567.

Diez años más tarde, en 1577, la capital se trasladó a Caracas, aunque en aquel tiempo sólo consistía en unas cuantas calles y contaba con unas 60 familias. En un principio, los obispos no estaban muy convencidos pero, finalmente, en 1657, también se dignaron trasladar su archidiócesis desde Coro a la nueva capital.

Durante el siglo XVII, los piratas, las enfermedades y los terremotos impidieron el desarrollo de esta joven ciudad. La fundación de una universidad y la llegada de la Real Compañía Guipuzcoana, en 1728, hizo que cambiara su suerte. La Corona Española cedió a la compañía de mercaderes y marineros vascos un monopolio de comercio en la colonia, que contribuyó a desarrollar la provincia y su capital, aunque con amplios descontentos y disturbios.

A lo largo de las luchas de la independencia del siglo XIX, Caracas desempeñó el papel de líder. En 1810, la Junta Suprema, integrada por ricos caraqueños y consejeros, rechazó la autoridad de la Corona, y el 5 de julio de 1811, el Congreso declaró la independencia de Venezuela. Pero aún se necesitaron otros diez años extenuantes para acabar con el dominio español en el país. En 1812, la capital sufrió el peor terremoto de toda su historia, con 10.000 muertos y con gran parte del país devastado y en ruinas. Las fuerzas patriotas salieron peor paradas que los monárquicos en sus fortalezas, y el clero conservador actuó con rapidez y lo declaró un castigo divino por la rebelión de los venezolanos contra la Corona Española.

En la década de 1870, durante el período de mando del general Guzmán Blanco, «El Modernizador», se construyeron numerosos edificios y monumentos cívicos en Caracas, entre ellos el Capitolio y el Panteón. Pero hubo otro terremoto en 1900, que nuevamente mandó a los urbanistas y arquitectos a sus mesas de dibujo. Sus planes empezaron a ver la luz del día cuando los grandes beneficios petroleros empezaron a facilitar la realización hasta de los proyectos más ambiciosos.

Los antiguos edificios coloniales, las plazas sombreadas y el ambiente de ciudad pequeña quedaron atrás, y en su lugar se construyeron avenidas amplias, grandes centros comerciales y enormes torres con oficinas gubernamentales. A finales de la década de 1950, se terminó la construcción de la autopista de la costa hasta Maiquetía, uno de los trabajos de ingeniería civil más costosos de toda Latinoamérica. Los proyectos del Parque Central, con sus viviendas y su centro comercial, y del amplísimo campus de la Universidad Central de Venezuela, se hicieron realidad, y la población de Caracas alcanzó el primer millón de habitantes.

Durante las cuatro décadas siguientes, la época del gran auge del país, la población de la ciudad se cuadruplicó. Con la gran expansión, sus límites se extendieron hasta el valle por la parte del este y hasta las colinas por el sur, con lo que se cubrió todo el campo con nuevas urbanizaciones. Este nuevo crecimiento descentralizó la ciudad, de modo que la plaza Bolívar es tan sólo uno de tantos centros; mientras tanto, las grandes mansiones de lujo se construían en las colinas, al norte y al sur. A finales de la década de 1980, cuando la economía empezó a decrecer, Caracas se había transformado en una ciudad irreconocible. En sólo una generación se había convertido en una megalópolis, con una población de casi cinco millones de habitantes.

Desde la ordenada cuadrícula de calles en el centro colonial antiguo, alrededor de la plaza Bolívar, ahora se extienden los largos tentáculos de la capital que llegan hasta las colinas y los valles de los estados de Miranda, Vargas y Aragua. Con el gran aumento de la riqueza del país después de la segunda guerra mundial, el éxodo

PÁGINA ANTERIOR: El imponente Panteón Nacional alberga la tumba de Simón Bolívar.

de la gente del campo y con la llegada de inmigrantes europeos y latinoamericanos se excedió la capacidad de la ciudad para acogerlos. Aunque se hayan transformado y rehabilitado un gran número de ranchos y se hayan dispuesto viviendas adecuadas para la clase obrera, provistas de electricidad, teléfono y sistemas de desagüe, y bien comunicadas por transporte público, todavía hay mucha gente que vive en condiciones lamentables, donde el crimen, las drogas y la violencia forman parte de la vida cotidiana.

Como los ranchos continúan su crecimiento, allí vive la gran mayoría de los habitantes de la capital; por ahora,Venezuela no puede hacer más que observar. Como mostraron los sucesos de finales de 1999 —cuando las barriadas a ambos lados del Ávila prácticamente desaparecieron bajo las aguas torrenciales y las tierras lodosas, lo que causó la muerte a más de 20.000 personas—, con demasiada frecuencia la situación difícil de los pobres termina en tragedia.

INFORMACIÓN TURÍSTICA

Las oficinas de **Corpoturismo** (la agencia de turismo oficial del Estado), ☎ (02) 5078607, FAX (02) 5738983, se encuentran en la planta 35 de la Torre Oeste del complejo del Parque Central. La estación del metro más próxima es Bellas Artes. Parece confuso, pero ha de tomar el ascensor desde el sótano uno para llegar a la planta correcta. Cuando esté allí, no se puede simplemente recoger folletos informativos, sino que debe esperar que le atiendan personalmente. En general son de gran ayuda, hablan varios idiomas y le indican todo lo que necesita saber sobre la capital y el resto del país. Abren de lunes a viernes, de 08.30 a 12.30 y de 14.00 a 17.00 horas. También tienen un puesto en la terminal internacional del aeropuerto de Maiquetía, ☎ (031) 551060, abierto de 07.00 a 17.00 horas, todos los días.

Para más información sobre los parques nacionales de Venezuela y permisos de cámping, **Inparques** (Instituto Nacional de Parques), ☎ (02) 2855056, FAX (02) 285-3070, www.marnr.gov.ve/inparques/inparque.htm, tiene su cuartel general a la salida este del Parque del Este. Sus oficinas están abiertas de lunes a viernes de 08.30 a 12.30 y de 13.30 a 17.00 horas.

Hay un gran número de bancos en toda la ciudad, donde puede retirar dinero de ATM con Master Card o Visa (Banco Unión o Banco de Venezuela). El Banco Consolidado ofrece la mejor cotización para cambiar cheques de viaje de American Express. La agencia de viajes **Turisol**, ☎ (02) 9596091/8147, en la planta baja del centro comercial Ciudad Tamanaco (conocido como el CCCT), en Chuao, se ocupa de reembolsos. Si tiene alguna duda, marque el teléfono de ayuda permanente de American Express, ☎ (02) 2060333, durante las 24 horas del día.

El mejor lugar para cambiar dinero en efectivo o cheques que no sean de Amex es la casa de cambio **Italcambio**, abierta de lunes a viernes, de 08.30 a 17.00 horas, y los sábados de 08.30 a 12.00 horas. Tiene oficinas en el aeropuerto de Maiquetía; en la avenida Urdaneta (esquina Veroes, al oeste de Santa Capilla); en la avenida Casanova, tres manzanas al este de la estación del metro Sabana Grande, y en la avenida Ávila, al sur de la plaza Altamira. También hay servicio de Western Union money-mailing (*véase* DHL más adelante).

En Caracas, los números de teléfono de urgencias son los siguientes: **policía**, ☎ 169; **policía de tráfico**, ☎ 167; **bomberos**, ☎ 166; **ambulancias** (central), ☎ (02) 5454545, ambulancias para la zona del este, ☎ (02) 2650251. En caso de tener problemas graves de salud, consulte en su embajada, que le indicará servicios médicos y clínicos. Uno de los mejores hospitales es la **clínica El Ávila**, ☎ (02) 2081001, avenida San Juan Bosco con 6.ª Transversal, Altamira. Las clínicas también suministran vacunas.

CÓMO DESPLAZARSE

Caracas se extiende como mínimo unos 20 km a lo largo del valle del río Guaire, que ahora es poco más que un curso de agua contaminada con orillas de hormigón. El corazón de la ciudad se encuentra en la plaza Bolívar, hacia el oeste, donde se encuentra el barrio colonial con sus «cuadras». La plaza Bolívar es el centro cardinal de las calles norte, sur, este y oeste, y su numeración se inicia a partir de este punto. No obstante, en el centro antiguo, las direcciones se indican con «esquinas», cuyos nombres no tienen ninguna relación con los números de las calles. Éstas se deben a tradiciones locales o a edificios importantes de antaño. Por ejemplo, la oficina principal de correos está en Carmelitas, denominada así por el convento de esta orden del siglo XVIII; una dirección en el distrito de la Candelaria puede ser «Peligro a Alcabala», que significa que se encuentra entre aquellas dos esquinas. En las zonas más modernas, como Altamira, las avenidas van de norte a sur, mientras que las transversales se extienden de este a oeste y se inician en la 1, muy cerca de la avenida Francisco de Miranda, con numeración ascendente conforme sube la montaña.

Metro

El salvador de la pesadilla del tráfico urbano de Caracas se presentó bajo la forma del metro francés. Desde el punto de vista del turista, no necesitará más líneas que la 1, que le transporta con rapidez a lo largo de la arteria principal este-oeste de la ciudad. La terminal de la línea 1 es Propatria, en el extremo occidental, y Palo Verde, en el oriental. Las estaciones están abiertas desde las 05.30 hasta las 23.00 horas. Si desea hacer más de media docena de recorridos, compre un billete multiabono para 10 viajes.

Metrobuses y autobuses

Los metrobuses, que comunican un gran número de paradas del metro con los suburbios (por ejemplo, San Bernadino, El Cafetal o Sebucán), son una alternativa cómoda y eficaz a los autobuses urbanos normales. Hay un billete combinado que sirve tanto para el metro como para el metrobús: el boleto integral o el multiabono integral. En general, los conductores son muy amables y le ayudarán a interpretar los carteles de salidas y llegadas que se encuentran en las estaciones del metro.

Enseguida y ya desde el primer momento notará que los autobuses son anárquicos, contaminantes, peligrosos y abundantes. Estos «carritos», como los suelen llamar, son una alternativa «animada» del metro y los metrobuses, y los recorridos suelen figurar en sus parabrisas. Poco antes de llegar a su parada, tiene que gritar «parada» para bajar, pero con voz muy alta para que supere el volumen de música de salsa que se escucha por el altavoz del autobús —y paran en cualquier punto. Se paga al conductor o a su ayudante al subir o al bajar. Son muy baratos.

Taxis

Hay muchos taxis en la capital; se identifican por llevar el nombre «Taxi» o «Libre» en la parte superior y por su matrícula amarilla. Son económicos durante la noche o fuera de la zona del metro. Durante los últimos años se han incorporado vehículos modernos de color blanco con aire acondicionado; llevan taxímetro, en lugar de cobrar un precio fijo. Son algo más caros, pero más seguros.

Los taxis más viejos, generalmente modelos antiguos y destartalados, le pueden dar una vuelta interesante por la ciudad, y con un poco de suerte hasta tienen un cinturón de seguridad —no hablemos del *airbag*— que los pasajeros pueden necesitar en algún momento. Siempre, antes de subir al vehículo tiene que fijar el precio del recorrido; ofrezca un 20 % menos de lo que pida el taxista. No se suele dar propina, a menos que le haya ayudado a cargar maletas o prestado algún otro servicio, por ejemplo, que no haya tocado la bocina.

También hay muchos radio-taxis en Caracas: **Coventaxis**, ((800) 81111 —llamada gratuita—, figura entre los mejores. Entre otras compañías encontrará **Taxi Móvil**, ((02) 5770922, **Caracas Taxi**, ((02) 7939744, y **TeleTaxi**, ((02) 7524155.

Alquiler de coches

Sólo si realmente disfruta de las colas —y esto cuatro veces al día, ya que la mayoría de la gente se va a casa a comer— o si desea afinar sus habilidades de ofensa, puede alquilar un coche para explorar Caracas, pero no es aconsejable. (Para más información *véase* CÓMO DESPLAZARSE, pág. 271 en CONSEJOS PARA EL VIAJERO.)

VISITAR CARACAS

Centro

Al salir de la estación de metro Capitolio se encontrará en medio de calles repletas de vendedores que ofrecen toda clase de objetos, desde antigüedades hasta despertadores. Alrededor de las 19.00 horas, cuando cierran los comercios, se inicia un toque de queda no oficial. Como regla general, ningún turista debería aventurarse por la parte oeste de la avenida Baralt, al oeste del Capitolio.

La primera parada es el neoclásico **Capitolio Nacional**, completamente blanco con su cúpula dorada, que es el corazón de la colorida política venezolana desde la década de 1870, cuando Guzmán Blanco erradicó el convento que se hallaba en este mismo lugar. La atracción principal es el Salón Elíptico, con el mural de Martín Tovar y Tovar sobre la batalla de Carabobo en la cúpula. En la sala contigua se exhiben más obras de Tovar y Tovar, y también pinturas de Bolívar realizadas por Tito Salas, entre ellas el emocionante retrato de El Libertador en su lecho de muerte. El original del Acta de Independencia de 1811 se guarda en un arcón dentro de un pedestal con el busto de Bolívar.

Al nordeste del Capitolio está la Plaza Mayor, diseñada por Diego de Losada cuando fundó Caracas; en

medio de la plaza hay una estatua de Bolívar montado en su corcel. Desde 1883 se llama **plaza Bolívar**, y ha servido como plaza de toros, mercado y plaza para las ejecuciones oficiales en la horca. Al más puro estilo español, la tranquila y sombreada plaza está circundada por símbolos del poder: al norte está la Casa del Gobierno del Distrito Federal; al oeste la antigua prisión real y la residencia presidencial, que ahora es el Ministerio del Exterior (Casa Amarilla); al sur el Consejo Municipal, y al este la catedral.

El Consejo servía de seminario y de universidad real para la elite de la ciudad, pero ahora alberga el **Museo de Caracas**, con modelos a escala de la ciudad y miniaturas de Raúl Santana que representan la vida en Caracas durante los últimos siglos. En un muro del claustro se puede ver un gran mapa de Caracas de 1578. El museo abre de martes a viernes de 09.00 a 12.00 y de 14.00 a 16.30 horas, y los fines de semana y festivos de 10.30 a 15.00 horas.

La dimensión y la arquitectura de la **catedral** no son impresionantes; reconstruida y remodelada varias veces a causa de diferentes terremotos, en su interior hay una colección de pinturas francamente soberbia, por ejemplo, el impresionante lienzo *La última cena*, inacabado, de Arturo Michelena, y *El purgatorio* de Cristóbal Rojas, ambos solamente superados por *La Resurrección*,

SUPERIOR: Los rascacielos de Caracas destacan en el valle.

que se atribuye a Rubens. En una de las capillas laterales descansan los restos de la familia Bolívar.

Cerca de la catedral, en una antigua mansión bellamente restaurada, está el **Museo Sacro**, con una pequeña colección de arte religioso y una serie de catacumbas. La casa es más conocida como pequeño centro de arte, ya que los fines de semana se organizan recitales y exposiciones, y también es una «gran» cafetería pequeña, donde se sirven excelentes comidas.

Una manzana hacia el norte de la plaza Bolívar, está la **Santa Capilla**, el mejor ejemplo de iglesia neogótica venezolana. Está en el lugar que antes ocupaba la capilla de san Mauricio, donde, según dicen, se celebró la primera misa después de la fundación de la ciudad. En su interior, en medio de luces de colores proyectadas a través de las vidrieras, se puede admirar una de las pinturas de Michelena: *La multiplicación de los panes*.

Al sur del Capitolio y al lado de la Biblioteca Central y la antigua Corte Suprema se encuentra la **iglesia de San Francisco**. Aunque su fachada fue renovada por Guzmán Blanco, todo el interior es el fiel reflejo de una iglesia colonial del siglo XVI. A lo largo de ambos muros hay una serie de retablos barrocos que figuran entre los mejores del país. Fue aquí donde Bolívar, con sólo 30 años, se proclamó en 1813 El Libertador, y a este mismo lugar también trajeron su cuerpo desde Colombia, donde había muerto de tuberculosis, en 1830, para celebrar un impresionante funeral en 1842.

Si va hacia el este por la avenida Universidad llegará al **Museo Bolivariano** y a la **Casa Natal**, con horario de visita de lunes a viernes de 09.00 a 12.00 y de 14.00 a 17.00 horas, y los fines de semana de 10.00 a 13.00 y de 14.00 a 17.00 horas. El museo exhibe recuerdos de Bolívar: uniformes, retratos, espadas, y de otras familias importantes de su época. Justo al lado hay una reconstrucción de la casa familiar de Bolívar, con muebles y pinturas de la época, pero pocos objetos personales. Aquí nació Bolívar, el 24 de julio de 1783, cuarto hijo de don Juan Vicente de Bolívar y su esposa María Concepción Palacios y Blanco; ambos murieron antes de que Bolívar cumpliera 10 años.

Un poco más arriba se llega a la plaza El Venezolano: aquí Bolívar pronunció un discurso apasionado después del terremoto de 1812. Para los interesados en el personaje de Bolívar también vale la pena ir, dando un largo paseo, a la **Cuadra Bolívar**, que está al sur de la plaza Bolívar, esquina Bárcenas en Oeste 18 y Sur 2. La antigua casa de verano de la familia, la Quinta, donde Simón y sus amigos solían montar a caballo, se restauró de un modo similar a la Casa Natal, con algunos muebles extraordinarios del siglo XIX. El horario de visitas es el mismo.

Generalmente los turistas omiten el **Museo Fundación John Boulton**, que contiene una amplia colección relacionada con Bolívar, muebles de época, pinturas de Michelena y una colección, de categoría mundial, de porcelana y cerámica. El museo está en la planta 11 del edificio, en la esquina El Chorro, con un horario de visita de lunes a viernes de 08.30 a 11.30 y de 13.30 a 16.30 horas.

Al oeste del Capitolio está el «barrio» (en sentido peyorativo) de El Silencio. La ironía del nombre no se refiere a los caraqueños. Aquí, tras salir de la avenida Urdaneta, está el palacio presidencial construido por el general Joaquín Crespo durante la década de 1880, que murió antes de verlo terminado. Se conoce como el **palacio de Miraflores**. El parque más antiguo de Caracas se encuentra en una colina al sur del palacio y debe su nombre, El Calvario, a una de las estaciones de la Cruz que se encontró en su cima, donde se encontraban los peregrinos. Ahora, lamentablemente, aquí se reúnen sólo maleantes de los barrios cercanos; es mejor no acercarse, a no ser que le interese participar en la redistribución de la riqueza.

Entre las demás atracciones próximas al centro antiguo figura el **Panteón Nacional**, donde yacen los cuerpos de 138 padres fundadores de Venezuela; la mejor hora para visitarlo es alrededor de las 17.00 horas, coincidiendo con el desfile de los guardias. Aún hay dos tumbas vacías, en espera de los restos mortales de los héroes de la Independencia Francisco de Miranda y José Antonio de Sucre. El sarcófago de bronce de Bolívar ocupa el lugar de honor en el coro. El candelabro del techo, especialmente confeccionado para la celebración del centenario de su nacimiento, tiene más de 4.000 piezas de cristal y 230 luces. El Panteón se encuentra a seis manzanas al norte de la plaza Bolívar.

Parque Central y Bellas Artes

A 25 minutos caminando en dirección este desde la plaza Bolívar, o en un breve viaje en metro hasta Bellas Artes, se hallan dos torres de vidrio reflectante, de 56 pisos, en medio de manzanas de torres blancas. Como una oda al modernismo en la época de su concepción, en 1970, el complejo del Parque Central se diseñó a fin de proveer de viviendas y lugares de entretenimiento céntricos a la población de la ciudad que crecía con rapidez. En estas torres se encuentra el corazón cultural de la ciudad.

El Museo de Arte Contemporáneo y el Museo de los Niños son los más importantes de los cinco museos que se encuentran en el complejo principal, que incluye además el Museo del Teclado, el Museo Audiovisual y el Museo Criminológico. En la oficina, en el sótano 1 de la torre occidental, puede solicitar permiso para subir a la planta 53 y ver la ciudad desde arriba. En general, si no hay indicaciones en contra, los museos abren de martes a viernes a las 09.00 horas, y los fines de semana a las 10.00 horas, hasta las 17.00 horas.

El **Museo de los Niños**, al oeste, es un museo práctico y bien diseñado para niños, con exposiciones que cubren temas como la física, la comunicación y la ecología. Hay un nuevo ala, igualmente impresionante, dedicado a la ciencia y a la tecnología. Los martes está cerrado, y también al mediodía entre las 12.00 y las 14.00 horas. A poca distancia, en dirección al oeste, está el nuevo **Museo de la Estampa y del Diseño Carlos Cruz Díez**, con una colección muy variada de diseños, grabados, litografías y obras del famoso Cruz Díez.

El **Museo de Arte Contemporáneo Sofía Imber**, situado en la esquina nordeste del complejo del Parque

Central, contiene una de las mejores colecciones de arte del continente latinoamericano. Aquí se pueden admirar obras de grandes pintores europeos como Moore, Léger, Braque, Matisse y Chagall, así como de los «pesos pesados» latinoamericanos, entre los que destacan Botero, Cruz Díez y Jesús Soto, líder del movimiento cinético. En una de las salas más admiradas se encuentran más de dos docenas de grabados de Picasso de la década de 1930, por ejemplo, la serie del Minotauro. También hay excelentes exposiciones temporales, y en la cafetería del jardín, en medio de esculturas, sirven comidas ligeras.

Cerca de la entrada al museo, al lado del Hilton, hay una pasarela que va al **complejo cultural de Teresa Carreño**. Las agujas suspendidas de color amarillo metálico de Soto dominan su gran atrio. Las dos grandes salas principales se usan para actuaciones del teatro nacional, de la orquesta sinfónica nacional y de diversos grupos de danza, así como para espectáculos esporádicos de compañías extranjeras: orquestas, óperas o ballet. El complejo ofrece una gran vista al parque Los Caobos, donde durante los intervalos, los espectadores se reúnen para charlar. Se ofrecen visitas con guía. Al lado del Teresa Carreño está el **Ateneo de Caracas**, con otra gran sala para conciertos, el teatro Rajatabla, y otros grupos de danza, un cine, una librería, una cafetería, una biblioteca y dos bares.

Al salir del Ateneo gire a la derecha y camine por la avenida arbolada donde los artesanos instalan sus puestos los fines de semana. Al final de la avenida está la plaza Los Museos, con el **Museo de Ciencias Naturales** y la **Galería de Arte Nacional** y la entrada al delicioso parque Los Caobos. El primero es un museo general de ciencia, recientemente reanimado con la exhibición de un dinosaurio robot para los niños; está cerrado de 12.00 a 14.00 horas y a partir de las 13.00 horas los martes. El segundo contiene una gran colección permanente de artistas y escultores exclusivamente venezolanos, en especial del siglo XIX. Las galerías forman un patio interior donde se ofrecen recitales los domingos por la tarde. En el museo también está la Filmoteca Nacional, el archivo nacional de películas, y además se proyectan películas de arte y ensayo extranjeras.

Detrás de la Galería de Arte Nacional se sitúa el **Museo de Bellas Artes**, una ultramoderna construcción colindante al parque Los Caobos. Tal vez resulte difícil de creer, pero fue el mismo arquitecto venezolano, Carlos Raúl Villanueva, quien diseñó tanto la galería como el museo, aunque con un intervalo de casi medio siglo. El Museo de Bellas Artes se dedica principalmente a exposiciones temporales de artistas modernos y, además, hay una terraza en la azotea con una amplia vista al parque.

Para ir al **Museo de Arte Colonial** es mejor tomar un taxi cerca de la estación de metro Bellas Artes. Es un camino ascendente de media hora hasta alcanzar la Quinta de Anauco, una hacienda colonial en el distrito de San Bernadino. Pero el esfuerzo vale la pena, y se compensa con la visita a una vieja mansión de cultivadores de café, adorablemente restaurada, que antes se encontraba en medio de las verdes colinas de la ciudad y que Bolívar solía visitar con frecuencia. El guía no sólo informa sobre los detalles de los muebles de la época y la decoración, sino también de los aspectos prácticos de las cocinas, del suministro de agua y de los establos que hay en la parte posterior. En la planta baja suelen ofrecerse recitales de música de cámara los domingos a las 11.00 horas (consulte el periódico *El Universal* los sábados para más detalles).

Al sudoeste de San Bernadino está el barrio que lleva el nombre de la **iglesia de la Candelaria**, en la avenida Urdaneta. Sus retablos llaman la atención por su gran belleza. Muchos venezolanos acuden aquí para visitar la tumba de José Gregorio Hernández. A este médico, que nació cerca de Valera, en el estado andino de Trujillo, en 1864, se le considera el fundador de la bacteriología y de la ciencia experimental del país. Se hizo muy popular por su labor entre los pobres. Tras su muerte, en 1919, se le atribuyeron numerosos milagros y muchos venezolanos lo consideran un santo.

Los alrededores del centro

El **bulevar de Sabana Grande** (también avenida Abraham Lincoln), de unos 2 km de longitud, se extiende entre la plaza Venezuela y la plaza Chacaíto. Familias jóvenes, adolescentes, parejas, turistas y jugadores de ajedrez pasean entre sus tiendas, librerías, heladerías y puestos callejeros. En el extremo occidental, dominado por la Torre Previsora con su reloj digital, hay varias cafeterías al aire libre, ideales para una comida ligera. La más famosa, el Gran Café, sirve el capuchino más elaborado de la capital, y es el lugar de moda para tomar una copa después del trabajo. Por la noche y durante los fines de semana el bulevar alcanza su momento de máxima animación.

Al sudoeste de la fuente y de las esculturas modernistas de la plaza Venezuela (caminando en dirección oeste después de salir de la estación de metro Plaza Venezuela), en la entrada al complejo de la Universidad Central de Venezuela (UCV), está el **Jardín Botánico**, que es un agradable lugar de descanso del tráfico y de la muchedumbre. Sólo una parte del parque se abre al público; en sus jardines se cultivan 2.200 especies, también hay un herbolario y un invernadero con orquídeas. Abre de 08.30 a 17.00 horas.

En realidad, la **UCV** es una miniciudad que alberga unos 60.000 estudiantes, comparable a Brasilia por su integración de forma y función. Es un diseño del omnipresente arquitecto Villanueva, y se construyó en más de 12 años y se completó en 1957. En el interior de los edificios se pueden admirar vidrieras, murales y esculturas, creaciones de los dos grandes artistas venezolanos Otero y Soto, pero también hay obras de Kandinsky, Léger y Laurens.

Al sur de Chacaíto, en el extremo oriental del bulevar, está el barrio de El Rosal, donde los caraqueños sofisticados suelen ir a cenar; si continúa en dirección al sur, por debajo de la autovía, llegará al barrio de Las Mercedes, una zona relativamente tranquila, llena de galerías de arte durante el día y que, por la noche, la gente joven suele convertir en el corazón de neón más vibrante de la ciudad.

El este de Caracas

El distrito federal de Caracas llega hasta Chacaíto, pero desde luego la ciudad no termina aquí. En la parte superior y al este de Chacaíto, en el Country Club, se pueden ver algunas de las mansiones más lujosas de la capital en medio de frondosos jardines. La zona está delimitada en ambos lados por el desarrollo urbano.

Chacao es un barrio residencial y comercial, con un animado mercado en la calle Cecilio Acosta todos los jueves por la mañana. No obstante, lo más destacable, para los venezolanos adictos a las compras, son los dos centros comerciales más nuevos de la capital: el **Centro Lido**, al nordeste de Chacao, y el monumental **Centro Sambil**, una manzana al sur de la estación de metro, que se considera el mayor de toda Latinoamérica.

Al este de Chacao, en el barrio de **Altamira**, cerca de la avenida Francisco de Miranda, hay grandes restaurantes, bares y atracciones culturales. Subiendo las colinas se llega al barrio de Ávila, tranquilo y residencial, que junto con Los Palos Grandes y Sebucán, situados algo más hacia el este, es uno de los barrios más solicitados de la capital.

La **Casa de Rómulo Gallegos** (CELARG), el corazón cultural de Altamira, está más arriba de la gran plaza Altamira, en la avenida Luis Roche; ofrece un programa variado de conciertos, exposiciones de arte, conferencias y películas. Cerca de la plaza, en el interior de los muros de la antigua hacienda La Floresta, se encuentra el **Centro de Arte La Estancia**, dedicado al diseño gráfico, las artes plásticas, la fotografía y el arte tridimensional. La atracción principal, sus encantadores jardines, finalizan con una deliciosa comida en su pequeño restaurante popular, ☎ (02) 2086922; abierto de martes a domingo de 09.00 a 16.00 horas.

Si los jardines de La Estancia le han hecho sentir el gusto por el aire libre, siga en dirección al este, por la avenida Miranda, a pie, en autobús o en metro, hasta el **Parque del Este** (también llamado Rómulo Betancourt), diseñado por Roberto Burle Max, el arquitecto paisajista brasileño, durante la década de 1960, con una superficie de 80 ha de una antigua hacienda. El resultado es un parque urbano extraordinario, con senderos, césped, bosques, lagunas, una isla con monos, una fosa con jaguares, un serpentario e incluso con una réplica de la carabela Santa María, el barco de Cristóbal Colón. Si quiere mirar las estrellas, aproveche un fin de semana para ir al **Planetarium**; abre de martes a domingo a las 05.30 horas para los deportistas que hacen *jogging*, y a las 08.00 horas, para el público. Cierra a las 17.00 horas.

En el extremo oriental del parque hay un camino que va al **Museo del Transporte**, donde se expone una gran colección de coches antiguos, muchos de ellos usados hace tiempo por presidentes y dictadores. También hay viejas locomotoras a vapor, así como carrozas y carros de caballo. Sólo abre los miércoles de 08.30 a 12.30 horas, y los domingos, de 09.00 a 16.30 horas.

Más allá del Parque del Este, al sur de Los Dos Caminos, se encuentra otra atracción turística, la residencia presidencial **La Casona**, que muestra una bonita colección de arte venezolano y de muebles antiguos. En el caso de que se hayan reanudado las visitas con guía, vale la pena verlos. Para más información, llame al ☎ (02) 2867822 o consulte a Corpoturismo.

El sur de Caracas

En medio de los suburbios del sudoeste, se encuentra el **Parque Zoológico de Caricuao**, el mayor zoo de Caracas y el más extenso de todo el país, con una superficie de 480 ha. Aquí se pueden ver especies autóctonas de aves, mamíferos, reptiles, así como otras de África, por ejemplo elefantes y jirafas. El zoo está al lado de la terminal de la línea 2 de metro, a un corto paseo desde la estación del Zoológico, y está abierto de martes a domingo de 09.00 a 16.00 horas. Los fines de semana lo puede recorrer en un minitren.

El museo de la **Fundación de Etnomusicología y Folklor** (FUNDEF) le ofrece una excelente introducción a las culturas indígenas de Venezuela. Aquí se pueden ver instrumentos musicales y artesanía como cerámicas, tejidos y tallas de madera. Es lo más cercano a un museo antropológico, de lo que lamentablemente carece la capital, y en él se pueden admirar las colecciones más completas de la producción creativa indígena del país. El museo, ubicado la Quinta Micomicona, en la avenida Zuloaga, dos manzanas al este de la parada del metro de la línea 3, La Bandera (haga transbordo en la plaza Venezuela), está abierto de lunes a viernes, de 08.30 a 12.00 horas y de 14.00 a 16.00 horas.

DE COMPRAS

En el monumental centro comercial de Sambil hay un gran número de tiendas de diseñadores, pero todo lo puede comprar más barato al regresar a casa.

No obstante, uno de los mejores comercios de artesanía es la **Casa Caruba**, edificio Everi, avenida Andrés Bello, entre las Transversales 1 y 2, Los Palos Grandes, con artículos muy por encima de los artesanales comunes. Si busca una selección un poco más económica y sencilla, puede ir al **Mercado Guajiro**, justo al oeste de la plaza Chacaíto, en el paseo Las Flores, donde ofrecen una gran selección de hamacas y chinchorros (hamacas de redes de pesca) y de camisetas, así como también una gran variedad de objetos artesanales.

El **Centro CEPAI**, ☎ (02) 4811389 (llame por teléfono antes de ir), Quinta Etey, avenida Monte Elena, en el barrio El Paraíso, al sur del centro y alejado de los lugares turísticos, no siempre tiene artículos artesanales pero reembolsa el dinero cobrado directamente a los artistas originales del estado de Amazonas. Aquí se vende toda clase de artesanía, y también miel, salsas picantes, nueces y aceite de palma, que se pueden encontrar en el Mercado Indígena en Puerto Ayacucho. La tienda de la **Audubon Society**, ☎ (02) 9932525, en La Cuadra, centro comercial paseo Las Mercedes, es otro comercio pequeño pero interesante, también para libros y mapas. A **Hannsi**, en El Hatillo, un gran almacén de artesanía y recuerdos, es mejor llamar antes.

Desde la perspectiva turística, la mejor librería de Caracas es **Tecni-Ciencia Libros**, ☎ (02) 9595547/5035, planta C-2 de la CCCT, Chuao o en el Centro Sambil. Sin duda tiene la mejor selección de libros de viaje y publicaciones sobre Venezuela, así como diccionarios y mapas.

ALOJAMIENTOS TURÍSTICOS

Si no tiene problemas financieros, los hoteles de Caracas le parecerán excelentes y confortables. Los de cuatro y cinco estrellas pueden competir perfectamente con cualquier otro de Latinoamérica de la misma categoría. En general, a excepción del Hilton, los hoteles más lujosos de cinco estrellas se encuentran en la parte oriental de la ciudad, en los barrios de Altamira, Chacao y Las Mercedes.

Si busca algo de precio más moderado, aún puede escoger entre un gran número de hoteles, aunque con una mayor restricción geográfica. En el área de la periferia del centro (entre Sabana Grande y Chacaíto) hay muchos hoteles de categoría media, pero lamentablemente el barrio ha ido empeorando durante los últimos años. No obstante, durante el día sigue siendo bastante seguro.

También hay algunos hoteles económicos en esta zona, pero la mayoría de ellos o está demasiado cerca de la terminal de autobuses el Nuevo Circo, o se encuentra al norte de la avenida México, algo mejor, pero aún con toque de queda a horas avanzadas de la noche.

Muchos de los hoteles más caros en los que se hospedan ejecutivos y hombres de negocios, tienen descuentos de hasta un 50 % los fines de semana.

PÁGINA ANTERIOR: El propietario de Los Caracoles a la espera de sus clientes.

De lujo

Entre todos los hoteles de lujo de Caracas, el **Caracas Hilton,** ☎ (02) 5035000, LLAMADA GRATUITA (800) 44586, FAX (02) 5035003, www.hilton.com, avenida Libertador y Sur 25, El Conde, tiene la mejor ubicación en el centro, además de poseer una reputación excelente por su servicio y confort. Su torre domina toda la zona del Parque Central. Entre sus múltiples servicios se cuentan un restaurante francés y otro japonés, una piscina, pistas de tenis y tiendas con la última moda. El personal del servicio de información está entre los mejores del país, siempre dispuesto a ayudar. El Hilton también dispone de un anexo, las **Residencias Anauco Hilton**, con habitaciones y apartamentos, la mayoría de ellos con cocina completa, y precios económicos.

En el área de la periferia del centro está el **Gran Meliá Caracas,** ☎ (02) 7628111/11779, LLAMADA GRATUITA (800) 63542, FAX (02) 7623737, www.granMelia.com, avenida Casanova y calle El Recreo, Sabana Grande, recientemente inaugurado y en ampliación, que figura entre los mejores. Este moderno y ambicioso hotel dispone de 432 habitaciones y un complejo adicional de apartamentos-*suites* y cuenta con todo el confort imaginable, incluido un centro de *fitness*, una sauna, dos piscinas, restaurantes y un importante centro para negocios. La decoración es opulenta, pero no demasiado. Sus huéspedes suelen ser sobre todo empresarios, pero también hay turistas.

Construido durante la década de 1950, en la colina del extremo del elegante barrio para cenas y bailes de la avenida Principal de Las Mercedes, está el **Tamanaco Inter-Continental**, ☎ (02) 9097111, LLAMADA GRATUITA (800) 12132, FAX (02) 2087116, www.inter-conti.com, caracas@interconti.com, avenida Principal de Las Mercedes, recientemente restaurado y renovado se sigue considerando como una de las mejores opciones de lujo. Todas las habitaciones son confortables y amplias, y desde la planta superior se disfruta de una maravillosa vista de las montañas de Ávila. En la amplia planta baja está la piscina con una gran zona decorada con palmeras y plantas tropicales. La única desventaja es la autovía que pasa justo delante de sus puertas, con el consiguiente ruido y contaminación.

Lo último en Altamira, actualmente de moda, es el **Four Seasons Hotel Caracas,** ☎ (02) 2865264, FAX (02) 2869020, www.fourseasons.com, avenida Francisco de Miranda y avenida Luis Roche, en la esquina de la plaza Altamira, en forma de llamativa torre brillante, con habitaciones y *suites* con todo el confort de la cadena Four Seasons. Al ser el hotel más reciente, se puede esperar toda clase de facilidades así como un servicio siempre dispuesto a complacer.

Caro

En la avenida George Washington, distrito de San Bernadino, el **hotel Ávila,** ☎ (02) 5155119/5173, FAX (02) 523021, combina exclusividad y tranquilidad. Su decoración es superior, y además cuenta con jardines tropicales, piscina y un restaurante excelente. El Ávila, originalmente construido por la familia Rockefeller, fue uno de los primeros hoteles de lujo de la ciudad, y gracias a su importante remodelación, es muy posible que siga siendo uno de los mejores de su categoría y con seguridad, también uno de los más elegantes. Su ubicación, en la colina de San Bernardino, comporta cierto sacrificio a la hora de trasladarse al centro a cambio de paz y tranquilidad. Pero vale la pena.

En la periferia del centro, un poco más arriba de la plaza Venezuela, se halla el **hotel Atlántida,** ☎ (02) 793-3211, FAX (02) 7813696, avenida La Salle, Los Caobos; es una buena elección con habitaciones espaciosas y confortables. Tiene restaurante, piscina y cuenta, además, con pistas de tenis. A pesar de su ubicación, no hay demasiado ruido. En la zona de Sabana Grande, la elección más sofisticada después del Meliá es el **hotel Lincoln Suites,** ☎ (02) 7628575, FAX (02) 7625503, avenida Francisco Solano, entre San Jerónimo y Los Jabillos, con un buen servicio y habitaciones cómodas, aunque la decoración parece un poco pasada de moda. No tiene piscina.

En el distrito de Las Mercedes, si el Tamanaco no entra en su presupuesto, el **hotel Paseo Las Mercedes,** ☎ (02) 9936644, FAX (02) 9930341, avenida Principal de Las Mercedes, en el interior del centro comercial Las Mercedes, que es de cuatro estrellas, es una buena opción; y a tan sólo unos cuantos pasos hay galerías de arte, tiendas, restaurantes y espectáculos nocturnos. Sin embargo, como el Tamanaco, también sufre los ruidosos efectos de la cercana autovía.

En Altamira, el **Hotel Continental Altamira,** ☎ (02) 2616019/9091, FAX (02) 2620243, hotelcontinental@cantv.net, avenida San Juan Bosco, con piscina, restaurante y habitaciones confortables, combinados con su ubicación privilegiada en el distrito de los restaurantes más sofisticados y de la animada vida nocturna, hace que supere a competidores de precios similares en la misma zona.

Moderado

Si se hospeda en el centro, deberá aceptar el toque de queda no oficial por la noche. Durante los fines de semana aún se puede ver bastante gente por las calles, que van del restaurante a cualquier bar, pero cuando vea que se dirigen a casa, siga su ejemplo.

La mejor elección en el centro antiguo, con todas sus características y un muy buen restaurante en la última planta, es el **Hotel Plaza Catedral,** ☎ (02) 5641797, en la esquina La Torre, bulevar plaza Bolívar. Disfruta de una ubicación privilegiada cerca de la catedral, sus habitaciones no son de lujo, pero sí confortables, y el servicio es amable.

En el distrito de Sabana Grande hay una infinidad de hoteles de categoría media. Uno de los pocos con piscina, aunque muy pequeño, es el **hotel Las Américas,** ☎ (02) 9517387, FAX (02) 9511717, calle Los Cerritos, Bello Monte, al sur del Bulevar de Sabana Grande. Las ha-

PÁGINA SIGUIENTE: Figuras de inspiración clásica decoran la parte superior del Teatro Nacional.

Casa Farruco

bitaciones y las tarifas son aceptables. Otra elección acertada es el **hotel Coliseo,** ((02) 7627916/7/8/9, FAX (02) 7617333, avenida Casanova, entre las calles Coromoto y Primera de Bellomonte, con un servicio eficiente y amable.

En dirección este, en Altamira, el **Hotel Residencia Montserrat,** ((02) 2633533, FAX (02) 2611394, está en avenida Ávila, Sur plaza Altamira, y ofrece un buen servicio con una serie de habitaciones, algunas con cocina, a buen precio. Es una elección que está bien si piensa quedarse más tiempo. El hotel es comprensiblemente popular en esta parte alta y segura de la ciudad; se recomienda hacer la reserva antes. Al lado está el **hotel La Floresta,** ((02) 2631955, FAX (02) 2621243, una alternativa aceptable.

Económico

Los hoteles económicos de Venezuela suelen funcionar como «hoteles del amor»; las habitaciones se alquilan por horas o por fines de semana. Si realmente necesita una habitación barata, llame antes o evite el fin de semana. Los hoteles económicos se encuentran en torno a la terminal de autobuses Nuevo Circo.

El mejor de los hoteles económicos situados en el centro es el **hotel Inter,** ((02) 5640251/7031, esquina Calero, a una manzana si sube por la avenida Urdaneta. En comparación, es un hotel seguro y tranquilo, a un paso de las animadas tascas y restaurantes de La Candelaria. También el **hotel Metropol,** ((02) 5628666, plaza López a Socorro, está cerca de aquí, aunque al lado de la avenida Fuerzas Armadas, algo más ruidosa. Sus precios son aceptables.

La mejor zona para buscar un hotel económico es la avenida Las Acacias (Prolongación Sur), que se extiende hacia el sur desde la estación del metro Plaza Venezuela. Aunque esta zona se convierte en un distrito de luz roja, especialmente los fines de semana, resulta aceptable excepto para las mujeres que viajan solas. Desde el cruce de la avenida Las Acacias y la avenida Casanova, en dirección descendente encontrará más o menos una docena de hoteles. Pida que le enseñen antes las habitaciones. Entre ellos hallará el **hotel La Mirage,** ((02) 7932733 y el **hotel Ariston,** ((02) 7827022 (al final), ambos ofrecen habitaciones limpias con aire acondicionado (muchas veces ruidoso), televisión y agua caliente. También el **hotel Odeon,** ((02) 7931322/45, FAX (02) 7819380, es una buena solución para excursionistas; al lado hay un restaurante colombiano bastante bueno.

El **hotel Cristal,** ((02) 7619131, pasaje Asunción, a poca distancia del bulevar de Sabana Grande y cerca de la estación del metro de Sabana Grande, tal vez no sea sofisticado, pero es confortable y limpio, con habitaciones dobles con aire acondicionado, televisión y agua caliente: una buena elección en esta zona.

RESTAURANTES

Tal vez Caracas sea la capital con mayor número de restaurantes *per capita* entre todas las ciudades latinoamericanas. También su variedad es sorprendente, y refleja la herencia de los inmigrantes a la ciudad; además, a sus habitantes les encanta comer fuera. Tanto si se trata de cocina tradicional venezolana, *haute cuisine* francesa o de la refrescante cocina italiana, la china, la japonesa, la árabe o la tailandesa, el problema en Caracas no es morirse de hambre, sino mimarse.

Si le preocupa su alimentación, compre un ejemplar de la *Guía gastronómica de Caracas* de Miro Popic, en la que se comentan exhaustivamente todos los restaurantes de la ciudad, los cines, los locales nocturnos y los museos; se vende en casi todas las librerías. Los restaurantes también se pueden consultar en www.miropopic.com.

De lujo

Los restaurantes más sofisticados se encuentran en el distrito de Las Mercedes y en Altamira (incluyendo La Castellana y Los Palos Grandes). A los caraqueños les encanta vestir bien y exhibirse con los últimos modelos de moda, y en los restaurantes indicados a continuación los caballeros deben llevar chaqueta y generalmente también corbata.

En los mejores restaurantes de la capital se sirve cocina extranjera, encabezada por la francesa, en la que destaca **Le Gourmet,** ((02) 2087242, en el interior del hotel Tamanaco. Le Gourmet tiene una reputación envidiable y una clientela muy leal. El menú, aunque dominado por platos tradicionales, tampoco tiene miedo de aventurarse con recetas nuevas. En **Le Petit Bistro de Jacques,** ((02) 2638695/2660321, lepetit bistro@ cantv.net, en avenida San Felipe, Quinta n.º 24, La Castellana, se ofrece una cocina tradicional francesa, con *foie gras* y *confit du canard*, en un ambiente que emocionará a los enamorados de París. Es difícil superar a El Bistro, que además tiene una lista de vinos envidiable y un servicio muy atento, aunque tal vez sus precios sean algo excesivos.

Pisándoles los talones a los dos restaurantes anteriores, está el más novedoso e inventivo, **Cathay,** ((02) 2869715, Centro Comercial Las Cúpulas, Avenida 2 con Transversal 4, Los Palos Grandes; una combinación perfecta de platos de los países de la costa del Pacífico con algunos toques franceses. El Cathay atrae a clientes sofisticados que desean ser vistos durante su comida en su espacioso y moderno interior, decorado con vidrio y madera.

En cuanto a la cocina mediterránea, los reyes de los restaurantes italianos son el **Vizio,** ((02) 2855675, en el interior del CELARG, avenida Luis Roche, subiendo de la plaza Altamira, siempre excelente y amistoso; y, algo más extravagante, **L´Operetta,** ((02) 2653293, calle El Bosque con la avenida Principal de La Castellana, La Castellana, donde la opulenta decoración, las antigüedades, el murmullo de sus huéspedes durante la comida y la cocina tradicional no deben conformarse con un segundo lugar.

PÁGINA ANTERIOR: Una fachada llamativa anuncia las delicias gallegas de Casa Farruco.

Si le gusta la comida oriental, el restaurante **Tambo**, ☎ (02) 9524243, Torre Europa, avenida Francisco de Miranda, cerca de Chacao, ha conquistado a Caracas enseguida con sus combinaciones de guisos peruanos y japoneses, conocidos como «Nikkei». Aunque siga siendo demasiado popular, su decoración elegante y moderna lo convierten en uno de los restaurantes más frecuentados de la ciudad, con un bar de *sushi* en la planta superior y una carta de más de 140 platos para elegir.

Para disfrutar de la comida japonesa, existen muy pocos restaurantes del nivel del **Hatsuhana**, ☎ (02) 264-1214, avenida San Juan Bosco con Transversal 5, Altamira, con su decoración estilista de madera y bambú y su *tepanyaki* fantástico, sus *chefs* de cocina blandiendo cuchillos, su *sushi* y su nueva terraza con vistas.

La bonita decoración en la azotea y los jardines orientales del **Ara**, ☎ (02) 9533270, en la octava planta del Centro Lido en el distrito El Rosal, hace juego con sus menús exquisitamente presentados de cocina japonesa e internacional, tal como lo comprueban sus huéspedes de la *jet-set*. Los aficionados a la cocina china declaran al **Chez Wong**, ☎ (02) 7614194, edificio Isabelita, avenida Francisco Solano, Sabana Grande, el rey de todos, aunque la competencia aumenta día a día. Sus platos creativos combinan la cocina sichuan y hunan con ingredientes y especies insospechados.

Probablemente **El Tajín**, ☎ (02) 9930442, calle California con calle Perijá, en Las Mercedes, con una presentación impresionante que difícilmente se puede encontrar fuera de México, es el mejor restaurante mexicano de Caracas, y su decoración con sus múltiples antigüedades mexicanas es de lujo. La reina de la belleza y gusto por la cocina tailandesa es el **Samui**, ☎ (02) 2854600, Multicentro Los Palos Grandes, avenida Andrés Bello, entre avenida Francisco de Miranda y Transversal 1. El *New York Times* lo calificó como el mejor restaurante tailandés de Sudamérica; también se ofrece un menú muy económico al mediodía.

Moderado

En Sabana Grande hay un sinfín de posibilidades, pero no siempre son excelentes ni demasiado buenas. Los siguientes restaurantes están situados a lo largo de la avenida Francisco Solano, que se extiende paralelamente, una manzana más al norte, del bulevar. Hay una cocina vasca excelente y con muy buena reputación en el **Urritia**, ☎ (02) 710448, esquina Los Manguitos, que es el mejor fuera de La Candelaria, con un muy buen servicio. Las cenas son más caras. Entre las múltiples opciones italianas figuran **El Rugantino**, ☎ (02) 7614411, en el interior del hotel Tampa, con música en directo los fines de semana, y **Da Guido**, ☎ (02) 710937, con un servicio atento y amable y una pasta fresquísima.

Si quiere degustar los platos venezolanos en un local con una decoración de estilo colonial español complementado con artesanía de Venezuela, diríjase a **El Portón**, ☎ (02) 9520027, avenida Pichancha,18, El Rosal. Para empezar, pruebe el aguacate relleno con camarones, siga con un pabellón criollo o a la parilla y para finalizar, puede deleitarse solicitando el excelente postre bienmesabe.

Y nuevamente en Las Mercedes hay muchas posibilidades de elección. Entre los cientos de lugares, el **Bar Sí**, ☎ (02) 9932740, calle Madrid, entre Veracruz y Caroní, con su pescado fresco y sus deliciosos cortes de carne, preparados con un estilo de influencia asiática y un gusto por la innovación, se sitúa por encima de sus competidores.

Para saborear algunas de las mejores carnes de esta zona, es muy difícil superar al **Maute Grill**, ☎ (02) 991-0892, avenida Río de Janeiro, Las Mercedes. Ignore los bares de estilo americano (hay muchos de ellos en este distrito, con nombres como Texas y Cowboys en la entrada). Al fondo hay un bello patio con árboles donde puede pedir un excelente y jugoso filete.

No hay un acuerdo general sobre el mejor restaurante italiano de Las Mercedes, pero uno ellos es **Il Cielo**, ☎ (02) 9934062, calle La Trinidad, por su buena selección de vinos, su servicio agradable, su menú abundante y sus deliciosos postres.

Entre la oferta de restaurantes en los distritos de Altamira y La Castellana, hay un gran número de ellos que sirven una buena comida al mediodía a un precio razonable. Si busca algo más sofisticado, visite el **Altamar**, ☎ (02) 2621813, Transversal 3 con avenida Luis Roche, que durante mucho tiempo se ha considerado el mejor restaurante de pescado y mariscos de su categoría; mientras que **La Estancia**, ☎ (02) 2611874, avenida Principal de La Castellana, justo al sur de la plaza La Castellana, sirve la mejor carne del estado de Zulia.

Económico

A la hora de buscar un restaurante en su recorrido por el centro de la ciudad, existen dos museos que ofrecen una alternativa más elegante que las numerosas *luncherías* y *areperas*: el pequeño **Café Sacro**, situado en el interior del Museo Sacro, en la plaza Bolívar, y el **Café del Museo**, ☎ (02) 5775710, en la terraza del MACCSI, en el Parque Central. En **Caracas Típica**, justo al lado del Ipostel Correo de Carmelitas, al norte de la plaza Bolívar, puede saborear una buena comida criolla. El restaurante suizo, **Les Grisons**, situado en la última planta del Hotel Plaza Catedral, en la plaza Bolívar, también sirve platos internacionales y, además, ofrece una panorámica insuperable de la ciudad.

La mejor zona para disfrutar de platos abundantes es La Candelaria (a unas tres manzanas de la estación del metro Parque Carabobo), donde predominan las tascas y los restaurantes españoles con una gran diversidad de platos excelentes. La mayoría de ellos son negocios familiares desde que los primeros inmigrantes españoles, durante la primera mitad del siglo XX, reclamaron esta zona como su propiedad. Muchos de estos restaurantes están cerrados los domingos.

Las tascas son menos formales que los restaurantes; generalmente hay mucha gente al mediodía. Se sirven tapas y raciones en la barra (pequeñas porciones de calamares, gambas, patatas condimentadas, berenjenas fritas) si desea tomar algo ligero. La cocina en la

Candelaria ofrece excelentes platos de pescado fresco, pero también otros guisos tradicionales del norte de España, como cordero, conejo, salchichas picantes, pimientos rellenos y estofados de carne.

El **Bar Basque,** ☎ (02) 5765955, Alcabala a Peligro, La Candelaria, es una auténtica institución en esta zona desde hace generaciones, y siempre está muy lleno a la hora de comer; cierra los domingos y es necesario reservar antes, ya que las seis mesas evidentemente son todo un premio. Puede esperar en la barra y tomar algo antes. Tiene fama por sus guisos como, por ejemplo, la lubina en salsa verde (a la donostiarra). No se vaya sin probar uno de sus mejores postres: queso Camembert con miel.

Otros restaurantes populares en este distrito son **La Tertulia,** ☎ (02) 5741476, y **La Cita,** ☎ (02) 5728180, ambos en la esquina sudeste de la plaza La Candelaria. Una manzana hacia el sur y al este, entre las esquinas Peligro y Puente República, está **Casa Farruco,** ☎ (02) 57293 43, que se cuenta entre los mejores de la zona para platos tradicionales españoles.

En el popular distrito Sabana Grande hay un gran número de restaurantes aceptables donde se sirve buena comida. Pruebe el **Sorrento,** con sus sabrosos guisos venezolanos, que está en el extremo occidental de la avenida Francisco Solano, o también **Da Vito,** de cocina casera italiana.

El **Café Estancia,** ☎ (02) 2086922, avenida Francisco de Miranda, enfrente de la Primera Avenida de los Palos Grandes, Altamira, en el interior del Centro La Estancia de diseño gráfico, abierto de martes a domingo, tiene muy buena reputación por sus comidas ligeras, además de contar con la decoración incomparable de los jardines tropicales de la vieja hacienda.

SUPERIOR: La antigua iglesia de la Santísima Trinidad en medio de calles pobladas por torres de cemento, en el centro.

VIDA NOCTURNA

Con una población tan joven la vida nocturna de Caracas dura toda la noche, y no solamente los fines de semana.

En Caracas, los locales nocturnos cambian tan rápidamente como la gente cambia sus calcetines y los más *in* siempre están a la expectativa del último lugar de moda donde exhibirse. No obstante, aparte de los ruidosos clubes y vídeo-bares, hay muchos locales para la gente mayor y más sofisticada, que sólo desea tomar una copa y escuchar algo de música. En Caracas, la fiesta no empieza antes de medianoche. Por lo general hay que vestirse elegantemente, así que nada de zapatillas de deporte, y a veces tampoco se admiten tejanos.

Para averiguar el último local para «*rumbear*» o conocer los próximos conciertos musicales, **Urbe**, www.planetaurbe.com, es la biblia de los «pavitos», una revista semanal que se puede adquirir en casi todos los puestos de periódicos. El *Daily Journal* publica información sobre los cines y las galerías de arte, y también el *Date en Caracas* puede ser muy útil. *Feriado*, el suplemento de la edición dominical de *El Nacional*, muchas veces informa sobre los últimos restaurantes y bares, y su sección «Cultura» comenta todos los eventos culturales, www.elnacional.com.

Los locales del centro no son aconsejables para tomar una copa por la noche ni para bailar, a excepción de la zona de Bellas Artes, alrededor del Ateneo. En la primera planta del Ateneo se encuentra **La Terraza**, con música en directo todas las noches, patrocinada por artistas. Al lado del Ateneo está el favorito de los bohemios, el **Café Rajatabla**, que sólo está abierto hasta medianoche, pero es uno de los mejores lugares informales de la capital para charlar y tomar una copa.

En Sabana Grande dominan los bares y clubes de salsa y merengue, como **El Mani es Así**, calle El Cristo, Las Delicias (al norte de la avenida Francisco Solano), la catedral de la salsa, donde llegan los peregrinos para bailar el mejor y más vivo ritmo caribeño de la ciudad. Es un local pequeño, íntimo y caluroso, y aunque no entre bailando, seguramente saldrá bailando.

Para algo más sedante, está el **Juan Sebastián Bar**, ☎ (02) 9515575, avenida Venezuela, El Rosal, al sur de la avenida Francisco de Miranda, que es el bar de música de *jazz* más largo (no hay asientos, hay que estar de pie) de la ciudad; también tiene restaurante. Es recomendable ir los jueves por la noche, que no se llena tanto, cuando a veces acuden los mejores músicos de *jazz* para sus sesiones de improvisación en directo.

La relación de locales nocturnos en Altamira crece día a día, con la terraza de **El León** en la plaza La Castellana, un lugar de encuentro popular para tomar una copa temprana y charlar. Muy cerca está uno de los clubes de moda, **The Flower**, con música *tecno*, merengue y salsa hasta el amanecer, pero también unas grandes noches *ska*. Desde hace algún tiempo destaca el **Café L'Attico**, avenida Luis Roche, al sur de la Primera Transversal, que es a la vez restaurante, pero durante los fines de semana la mayoría de la gente acude a divertirse, algo que saben hacer con estilo.

Antes de llegar a Las Mercedes, hay otro bar que merece la pena mencionar, pues es uno de los más elaboradamente decorados y sofisticados de la capital. **Barrock**, ☎ (02) 2661851, Transversal 4, entre la Cuarta Avenida y la avenida San Felipe, Prados del Este, se encuentra al sur del centro comercial Concresa, cerca de la autopista Prados del Este. Es un bar caro, al igual que sus bebidas. Pero si quiere sentirse parte de Caracas y tomar un cóctel en medio de una decoración lujosa y decadente al estilo del siglo XVIII, éste es el precio que deberá pagar. Una alternativa, igualmente elegante es el **Citron**, en el Centro Sambil.

Entre toda la profusión de bares, restaurantes y clubes de Las Mercedes, una de las alternativas más tranquilas es el **Zoe Caffe**, avenida Río de Janeiro, entre las calles Veracruz y Caroní, con un ambiente calmado y relajado donde sirven comida vegetariana hasta muy tarde. Para algo más ruidoso, el **Liverpool** es una discoteca establecida desde hace tiempo, que ocupa varias plantas, en la avenida Principal, así como **Ozono**, en la calle Madrid, y **Vértigo**, que está muy próximo, y lleno de gente joven los fines de semana.

CÓMO LLEGAR

El aeropuerto internacional Simón Bolívar se encuentra al otro lado de las montañas en Maiquetía, cerca del puerto de La Guaira, en la costa. El recorrido suele durar una hora. Todos los vuelos internacionales y nacionales a Caracas llegan aquí; hay diversos servicios de autobuses y de taxis entre la capital y el aeropuerto.

Ahora, **La Bandera** es la terminal para todos los autocares de larga distancia que van a las ciudades del centro o de la parte occidental del país, por ejemplo, a Maracay, Valencia, Coro, Mérida, Maracaibo, Puerto Ayacucho; mientras que desde **Nuevo Circo** (la caótica terminal del centro) sólo salen las líneas para distancias menores (por ejemplo a La Guaira, San Francisco de Yare, Higuerote o El Junquito). Para llegar a La Bandera, coja el metro de la línea 3, que conecta con la línea 1 en la estación Plaza Venezuela. La terminal está cerca de la salida del metro, y aunque parezca un poco desordenada, es infinitamente superior a la poco segura, ruidosa y sucia terminal Nuevo Circo.

En la **Terminal del Oriente**, ☎ (02) 2432606, se hallan los autocares que van al este de Venezuela (Barcelona, Puerto La Cruz, Cumaná), así como al sureste (Ciudad Bolívar, Ciudad Guayana [Puerto Ordaz], Santa Elena de Vairén), y se encuentra en el extremo oriental de la ciudad, en la autopista a Barcelona. Para desplazarse hasta allí, tiene que coger el metro hasta Petare y luego seguir en autobús o en taxi. No es recomendable pasar por Petare durante la noche: en ese caso es mejor coger un taxi desde el centro o desde la terminal de su llegada. Hay un servicio de autobuses que hace el recorrido de ida y vuelta de Nuevo Circo a la Terminal del Oriente.

Algunas compañías con servicio de autocares con aire acondicionado, televisión, vídeo y lavabo tienen sus propias terminales y ofrecen un viaje de primera clase, aunque posiblemente se congele por el aire acondicionado: se recomienda ir abrigado.

Los **Aeroexpresos Ejecutivos,** ((02) 2663601/9011, avenida Principal de Bello Campo, al sur de la estación del metro Altamira, viajan a varias ciudades, entre ellas Valencia, Barquisimeto y Puerto La Cruz, al igual que **Rodovías de Venezuela,** ((02) 5777011/6622, www.rodovias.com.ve, en la avenida Libertador, paseo Amador Bendayan, cerca de la estación del metro Colegio de Ingenieros, que hace rutas similares.

EL ÁVILA

Muchos turistas, mientras tratan de abrirse camino entre la multitud y el tráfico de Caracas, miran con vehemencia hacia las verdes colinas de la montaña de El Ávila. Es fácil llegar a la montaña, protegida por el parque nacional El Ávila de 85 km^2, con una excelente infraestructura y muchos senderos para caminar y hacer excursiones. La cordillera de la costa, se eleva de forma impresionante en los límites del norte de Caracas para desplomarse en el Caribe, al otro lado. Hay senderos que llevan a sus picos, cuya altura varía entre los 2.478 m del pico Occidental y los 2.765 m del pico Naiguatá, que primero atraviesan bosques de árboles de hoja caduca, después pasan entre nieblas por zonas boscosas y húmedas, para terminar en terrenos pantanosos castigados por el viento.

Durante la subida se puede observar una gran profusión de aves de más de 200 especies distintas, además de diversos mamíferos, monos e incluso grandes felinos, y también una bella cascada de aguas cristalinas. Las maravillas de El Ávila no son ningún secreto en una capital de más de cinco millones de habitantes, pero nunca verá a mucha gente en esa zona.

INFORMACIÓN TURÍSTICA

Diríjase al señor Contreras del **Centro de Excursionistas de Caracas,** ((02) 2353155/9853210, para averiguar todo lo que desee saber sobre las excursiones en El Ávila y sus horarios de salida. En el folleto de Corpoturismo El Ávila se publican textos y un mapa de los senderos; Inparques también ofrece un mapa más detallado para el excursionista. La infraestructura más extensa del parque se encuentra en el Centro Recreacional Los Venados, al oeste del mismo. En la cima de la montaña, las temperaturas pueden bajar drásticamente, y el agua suele escasear, así que se recomienda llevar ropa impermeable y de abrigo y agua.

VISITAR EL ÁVILA

Cuando contemple la montaña desde la ciudad, notará que encima de uno de sus picos hay una torre. Este edificio de 14 pisos es el hotel Humboldt: construido en 1956, lleva el nombre del explorador alemán que escaló la montaña en 1800. Al inaugurarse este hotel de lujo, también se construyó un teleférico que lo comunicaba con la ciudad por un lado y con la costa por el otro. Lamentablemente, en 1988 dejó de funcionar, y a pesar de los rumores de una pronta reanudación de su servicio y de una remodelación del hotel, poco se ha hecho en este sentido. En la actualidad hay un proyecto para convertirlo en el único casino de Caracas y reanudar el servicio del teleférico.

Puesto que debe prescindir del teleférico sólo le quedan sus propios pies para subir a la montaña, o casi. Si desea disfrutar de las vistas desde la cima sin demasiado esfuerzo, existe un servicio de todoterrenos desde la cima de la zona de San Bernadino, al final de la avenida Peñalver, en Cotiza. Hay una carretera empinada pavimentada que sube a la estación del teleférico, con un desvío para visitar el poblado de Galipán, dedicado al cultivo de flores. Desde la cima, camine por la columna vertebral de la montaña y pase por el pico Occidental. Desde este punto puede elegir entre volver por la ruta de Sabas Nieves para ir a Altamira o continuar al pico Oriental y descender por la ruta de la cascada de la Quebrada de Sebucán, o incluso seguir hacia el este por los senderos que pasan por el pico Goering y el pico Naiguatá. Si sale por la mañana temprano, puede estar de vuelta por la tarde.

En la zona occidental se puede seguir el viejo Camino de los Españoles, para ver las ruinas de viejas haciendas y de fuertes del siglo XVIII, y continuar de bajada hasta llegar a Maiquetía. Por razones de seguridad, emprenda el recorrido de esta ruta sólo si forma parte de un grupo.

Pero si quiere algo más fácil y que no le agote, diríjase hacia la entrada de Altamira. Desde la plaza Altamira hay unos *carritos* (autobuses) que suben a la avenida San Juan Bosco con Transversal 10. Camine en dirección oeste para alcanzar la entrada. Los fines de semana está lleno, pero los demás días es fácil encontrar un sendero tranquilo, con una bonita cascada a media hora de camino.

EL HATILLO

Ahora, la pequeña aldea de El Hatillo, en las colinas al sudeste de Caracas, con su iglesia restaurada y sus casas multicolores, está rodeada de elegantes urbanizaciones y clubes campestres. Durante los fines de semana se llena de caraqueños que invaden sus tiendas de artesanía y curiosidades, y acuden a comer a las docenas de restaurantes que se han establecido en la última década. El resto de la semana, a excepción de los lunes, cuando todos los comercios están cerrados, las viejas calles y la plaza sombreada son tranquilas y agradables, ideal para una escapada y tomar aire fresco.

VISITAR EL HATILLO

Las viejas pero encantadoras calles de El Hatillo se extienden alrededor de la plaza Bolívar, con la iglesia

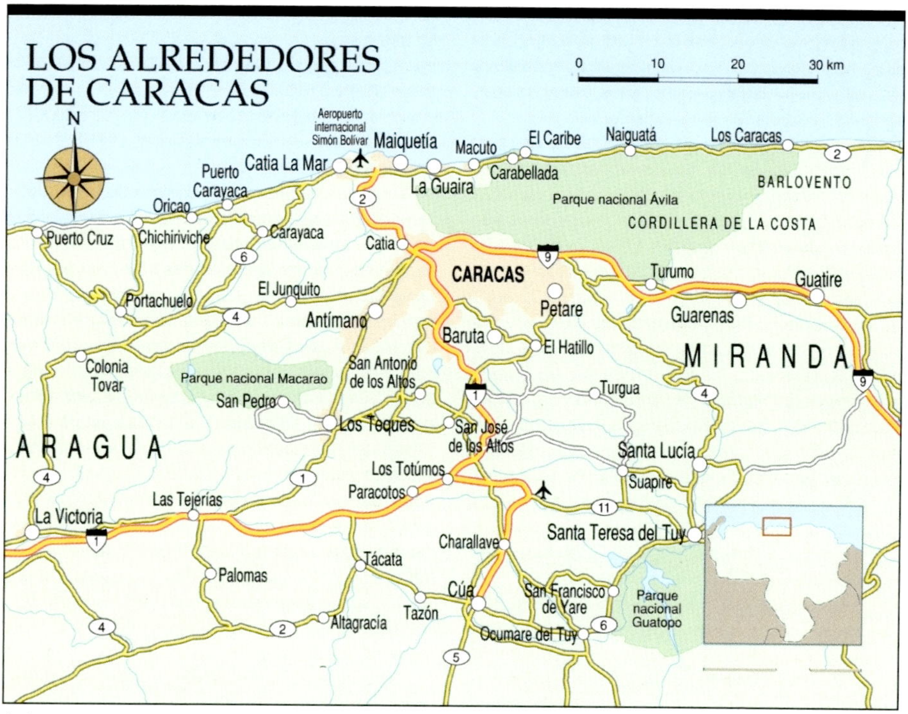

de Santa Rosalía de Palermo en su lado oeste. Casi todas sus casitas, de un solo piso, pintadas de color azul, verde y ocre, se han convertido en tiendas de antigüedades, galerías de arte, comercios de artesanía, cafeterías y restaurantes. El mayor centro de artesanía de Venezuela, **Hannsi**, calle Bolívar, 12, cerca de la esquina nordeste de la plaza Bolívar, está lleno hasta el techo de los artículos más diversos, lo que convierte la compra en una experiencia emocionante. La calidad puede variar, pero innegablemente la gran selección es impresionante. La calle 2 de Mayo, que se extiende paralelamente al norte de la plaza, y la calle Comercio, al sur, ofrecen la mayor concentración de interesantes tiendas que harán la delicia de los más desprendidos.

RESTAURANTES

Moderado

Últimamente se han abierto muchos restaurantes sofisticados que desean atraer a los caraqueños ricos. Sorprende la diversidad de la cocina, desde el jengibre y la hierba luisa de la cocina tailandesa del **So-kuthai**, ☎ (02) 9635698, calle Miranda sur, hasta la cocina tradicional suiza de **L´Arbalette**, ☎ (02) 9637278, calle Santa Rosalía (oeste), con su amplia terraza con vista sobre las colinas.

Para algo típicamente venezolano (carne asada de cerdo y de ternera), con música de los Llanos en vivo durante las noches de los fines de semana, **La Romana Hatillana** ☎ (02) 9611816, en la calle Miranda, es uno de los favoritos de siempre. En el otro extremo está la elegante terraza moderna del restaurante japonés **Sake**, ☎ (02) 9635551, calle Sucre, 8, que ofrece un excelente y sano *sushi* y *tepanyaki* auténtico japonés.

Económico

La señora Ninette de **La Gorda**, ☎ (02) 9637476, justo antes de llegar a L'Arbalette en la calle Rosalía, sirve el típico pabellón criollo y pollo frito. Si le apetece tomar unas pastas dulces o unos pastelitos y contemplar la playa mientras tanto, **Das Pastelhaus**, ☎ (02) 9635486, se dedica a prepararlos mejor que nadie desde hace más de una generación. En el **Oker's**, ☎ (02) 9632249, calle Bolívar, se sirven toda clase de platos de cocina española, desde tapas hasta los guisos más diversos de pescado y carne; es un lugar muy agradable para tomar una copa por la noche.

CÓMO LLEGAR

El camino más fácil y más económico para llegar a El Hatillo es en metrobús, ruta 12, que sale desde la estación de metro de Chacaíto. También puede negociar con un taxista el viaje de ida y vuelta.

EL LITORAL CENTRAL

El estado de Vargas comprende la franja de la costa caribeña al norte de Caracas, entre Puerto Maya en el oeste y Chuspa en el este. Esta zona se conoce como el litoral central.

Vargas es el estado más joven de Venezuela, pero también el más trágico. A finales de 1999, unas prolongadas lluvias torrenciales en toda la costa, como nunca antes se habían visto, provocaron unos deslizamientos de tierra y de lodo que arrastraron miles de viviendas al mar y causaron el mayor desastre natural en toda la historia del país. Hubo más de 20.000 muertos y más de 100.000 heridos. En la zona entre Catia La Mar y Los Caracas se calculan unos 6.000 desaparecidos. Ya era un estado pobre, que tenía que luchar contra una infraestructura insuficiente y contra las chozas mal construidas donde la gente vivía, cuando las lluvias de 1999 causaron este enorme desastre humano. Todavía hoy, hay muchas carreteras obstruidas, y la gente comienza ahora a reconstruir su viviendas.

Rara vez los turistas extranjeros iban más allá de los hoteles que se encuentran en los alrededores del aeropuerto de Maiquetía, y las costas salvajes de Vargas eran un secreto que muy pocos conocían, lo que resulta sorprendente, ya que están muy cerca de la capital. Los pueblos del este pertenecen al área conocida como Barlovento, la tierra de los africanos negros de Venezuela, donde los pueblos dedicados a la pesca y a la agricultura únicamente se despertaban de su somnolencia para celebrar las fiestas de san Juan en junio (*véase* BARLOVENTO, pág. 186).

Se necesitarán años para reconstruir el puerto histórico de La Guaira. Más allá de Carabellada, los daños por la inundación fueron menores, y su vieja carretera sigue transitable hasta llegar a Chirimena y a Higuerote. Primero se pasa por el pequeño pueblo de Los Caracas, el intrigante lugar de veraneo del gobierno, construido por el dictador Pérez Jiménez, y después le siguen los pequeños pueblos, con sus grandes playas, de Osma, Todasana, La Sabana y Caruao.

DEPORTES Y ACTIVIDADES AL AIRE LIBRE

Para los entusiastas de la pesca en alta mar, hay varias compañías que organizan excursiones de un día o más al alfaque de La Guaira. La mejor época para la pesca con honcejo es entre febrero y noviembre, aunque los «tarpones» (pez que abunda en aquellas aguas), los «wahoos» y los lucios abundan durante todo el año. **Yachting Tours**, ☎/FAX (02) 3940591, tiene oficinas en el interior del hotel Sheraton y en el Gran Caribe las tiene **Venezuela Marlin Safari**, ☎ (02) 3948868, FAX (02) 3944078, marlinsafari@cantv.net.

Gigi Charters, ☎ (02) 944689, FAX (02) 948970, mail@gigifish.com.ve, www.gigifish.com. ve, se encuentra al oeste del Sheraton. Todas estas compañías ofrecen excursiones a alta mar con guías bilingües. Una excursión familiar de tres días en una embarcación alquilada le puede costar menos de lo que se imagina.

ALOJAMIENTOS TURÍSTICOS Y RESTAURANTES

Los hoteles alrededor de Macuto y al este de Carabellada son muy apropiados para turistas que llegan tarde por la noche o quieren tomar un vuelo a primera hora de la mañana. Son una alternativa para no hospedarse en Caracas. Entre los hoteles de categoría internacional figuran el **Macuto Sheraton**, ☎ (800) 74372, (LLAMADA GRATUITA), FAX (02) 3944317, sheratonmacuto@telcel.net.ve, www.sheraton.com/Macuto (de categoría internacional), sector Caribe, Carabellada, y en Macuto, el **hotel Quince Letras**, ☎ (02) 3341551, FAX (02) 3341432, Hqletras@att.com.ve, de tres estrellas, situado en la avenida La Playa.

Se recomienda a los turistas que cuando llegen a Maiquetía, comprueben su situación actual en la oficina de Corpoturismo y la confirmen. La entrada de turistas es más vital para esta región desde el gran desastre natural.

Una de las múltiples posadas a lo largo de la carretera, el **Aloe Spa**, ☎ (02) 9523741, www. aloespa.com, un poco cara pero excelente, justo al oeste de Caruao, figura entre los mejores alojamientos de todo el país. En los amplios jardines alrededor del establecimiento hay áloes y una profusión de plantas y hierbas medicinales que se emplean en la preparación de los deliciosos platos de gran *gourmet*. En el precio del hospedaje se incluye desayuno y comida sana, aunque no siempre vegetariana, además de Hatha yoga y sesiones de *tai-chi* por la mañana y por la tarde. Las caminatas, excursiones en barca, terapias y masajes (que comprenden hidromasajes, aromaterapia y baños de lodo, así como tratamientos de exfoliación y de *chakras*) son opcionales, pero se pueden solicitar allí mismo. También, si así lo desea, se ocupan del transporte desde Caracas o Maiquetía a su hotel.

En Chirimena pida que le informen sobre la carretera a Chirere. Después de unos diez minutos de camino ascendente y detrás de las colinas está el **hotel Playa Chirere**, ☎ (014) 9340258 (llamar entre las 17.00 y las 20.00 horas exclusivamente; es indispensable hacer la reserva con antelación). Este atractivo hotel dispone de 14 habitaciones dobles, pintadas con colores alegres, y de dos dimensiones distintas, las mayores tienen espacio para poner un colchón en el suelo. Sólo dispone de electricidad para el aire acondicionado a partir de las 17.00 horas; mientras que las cabañas con tejado metálico son verdaderos hornos durante el día. El entorno es agradable (tal como se puede esperar de una empresa de propiedad suiza), y dispone de una piscina y una zona de descanso con un bar, además de una escalera que durante la noche conduce a una hermosa playa privada.

LAS PLAYAS OCCIDENTALES

Tras las desastrosas inundaciones en el este del estado de Vargas, en 1999, las playas del litoral occidental con sus tramos arenosos y sus pequeñas caletas empezaron a atraer a la gente durante los fines de semana. Uno de los lugares más visitados es Puerto Maya. Para llegar, simplemente vaya hacia el oeste, en dirección a Catia La Mar, y cuando llegue a la costa, cerca del aeropuerto de Maiquetía, tome el desvío situado a unos 8 km antes de la Colonia Tovar.

Las carreteras de Tovar podrían estar en mejores condiciones, pero la de Puerto Cruz es transitable, incluso con un coche pequeño. Para compensarlo, se atraviesan densos bosques envueltos en nubes y cubiertos de bromelias. De vez en cuando pasará por algún poblado pequeño, donde la gente vende los productos que elaboran desde el umbral de su casa, pero en general hay poquísimas personas en medio de este gran entorno natural.

Al llegar a Tovar, y si planea recorrer gran parte de la costa, es recomendable llenar el tanque de su automóvil, ya que la siguiente gasolinera se encuentra en Cayaraca.

PUERTO CRUZ Y PUERTO MAYA

Entre los numerosos pueblos aislados de pescadores que se encuentran en esta parte de la costa, Puerto Maya es uno de los favoritos. Aparque su coche en Puerto Cruz y vaya en busca de una barca con capitán para que le lleve alrededor del farallón hasta la bahía del Puerto Maya. También hay una carretera que comunica ambos pueblos, pero se necesita un coche en perfectas condiciones.

Todos los habitantes del pueblo parecen estar emparentados, y sus casas, que se encuentran en una caleta perfecta para una fotografía, aprovechan la sombra de las altas palmeras. Las colinas escarpadas al fondo aíslan esta pequeña bahía, de aguas tranquilas y arenas suaves, que contrastan con el brillante azul del cielo. Pídale a la gente del pueblo que le indique los senderos para llegar a los ríos y a las bellas cascadas de los alrededores.

Alojamientos turísticos y restaurantes

Hasta ahora, la única posada en Puerto Maya es la **Gua-K-Maya,** ☎ (02) 9931695/5866, FAX (02) 9790323, de la cadena Eco Posadas de Caracas, que también tiene servicio de transporte. Es sencilla, pero tiene habitaciones amplias, y si le gusta estar a orillas del mar con amplias zonas para descansar, es una buena elección. Su servicio de comidas ha variado en los últimos años, así que averigüe si incluye desayuno o comidas. En La Negra, un restaurante informal en medio de la playa, se sirven empanadas y pescado fresco.

CHICHIRIVICHE DE LA COSTA

Para evitar confusiones con el Chichiriviche más conocido en el estado de Falcón, a este pequeño pueblo de pescadores se le agregó «de la Costa». Desde Puerto Cruz la carretera resulta bastante intransitable, y probablemente es aconsejable tomar el desvío después de la bifurcación a Colonia Tovar en la carretera de El Junquito. Como en el caso de la carretera de Puerto Cruz, la vista de las montañas, de los bosques y del mar compensan el mal estado del pavimento. Algunas veces también se ha de cruzar el río Chichiriviche, pero son aguas poco profundas. El poblado con su iglesia se halla a un lado de la bahía en forma de media luna, así que muchas de las casas cercanas a la playa se pueden alquilar.

Alojamientos turísticos y restaurantes

En la parte oriental de la playa, el **hotel El Montero**, ☎ (02) 8620436, limpio y agradable, dispone de diez habitaciones dobles y dos cabañas con nevera, para grupos de seis personas, así como de una piscina de buenas dimensiones y un restaurante para comer pescado fresco. No muy lejos se halla la **Posada de Loli**, ☎ (02) 9450541, con siete habitaciones y cocina casera.

AL OESTE DE CHICHIRIVICHE

La carretera de la costa a La Guaira y Maiquetía comienza en Chichiriviche, y la parte oriental está pavimentada. Después de la bahía de **Oriaco**, ahora convertida en un club de playa privado, aunque legalmente tiene el derecho de acceso a la playa, hay una bifurcación. Continúe por la carretera de la costa en dirección a **Tarma** y **Carayaca** para darse un baño en Punta Tarma o Bikini. O si no, tome la bifurcación derecha y continúe por la ruta en dirección sudoeste, para volver a Colonia Tovar.

AL OESTE DE CARACAS

Desde Caracas y en dirección al oeste, en poco tiempo se encontrará en medio de las suaves colinas onduladas y de los bosques de la Cordillera de la Costa. Si va en dirección a Maracay, o si tal vez quiere regresar a Caracas, hay unas cuantas carreteras, en mal estado pero con un paisaje rural impresionante, que comunican la antigua ciudad de La Victoria con Colonia Tovar y las playas orientales del estado de Aragua. Para ir a La Victoria, una ciudad colonial, vaya por la vieja carretera Panamericana, cerca de la autopista 1 a Maracay, tras dejar Caracas. Después de media hora en coche, se llega a Los Teques, fundado en 1703. Desde aquí hay una vieja ruta (antiguamente un camino real de los españoles) que baja hacia los valles verdes y pasa por los pequeños pueblos antiguos de Las Tejerías y El Consejo hasta La Victoria, a unos 24 km de Los Teques.

COLONIA TOVAR

Al pasar entre árboles de hojas verdes, tejados triangulares con vigas a la vista, el campanario de una iglesia y los balcones con postigos se puede tener la impresión de un idilio alpino, como aparecen en incontables cajas de galletas y calendarios. Podría pensar que se encuentra en lo más profundo de Baviera, aunque en realidad sólo está a 30 km del caos tropical de Caracas.

Después de las playas del litoral, la Colonia, descrita en la novela de Isabel Allende, *Eva Luna*, es probablemente el destino más popular de los caraqueños que desean pasar un día fuera de la ciudad. Los fines de semana y durante el período vacacional se llena de gente que busca pasar unos días al fresco de las montañas. En los restaurantes se sirven salchichas fritas, y naturalmente, cervezas. Antes Tovar era un pueblo pequeño y tranquilo, pero ahora resulta difícil desprenderse de

esa sensación de estar atrapado en una trampa turística. No obstante, una serie de posadas bien administradas y los senderos serpenteantes para pasear por los bosques de sus colinas lo convierten en un lugar de escapada ideal para la gente de la capital.

Antecedentes históricos

Tras los años devastadores de las guerras de independencia, Venezuela modificó sus leyes de inmigración para atraer a campesinos y colonos europeos. La gente de la Colonia Tovar era el producto más raro de esta legislación. Un rico terrateniente criollo, Martín Tovar, había convenido que unos inmigrantes alemanes pudiesen cultivar sus tierras, y Agustín Codazzi viajó expresamente a Europa para hacer los arreglos pertinentes. Los campesinos eran originarios de la comunidad de Kaiserstuhl, de la Selva Negra alemana, y el 11 de enero de 1843, 392 personas llenas de esperanza se embarcaron en Le Havre, rumbo a Venezuela.

Poco después de su partida, se presentó la desgracia en forma de una grave epidemia de viruela, que causó 70 muertos, y al llegar a la costa venezolana el barco se sometió a cuarentena. Tras los 40 días, se les permitió desembarcar en Puerto Colombia. Mientras tanto, la noticia de su enfermedad se había extendido por todas partes, y en lugar de una calurosa bienvenida, los inmigrantes se encontraron con gente reservada y poco dispuesta a ayudar. Finalmente, después de subir desde la costa por las montañas, pudieron llegar a su nuevo hogar, el 8 de abril de 1843.

Entre los colonos hubo maestros en toda clase de habilidades prácticas necesarias para el mejor desarrollo de la comunidad, desde sastres hasta curas, desde carpinteros hasta impresores y herreros. Lamentablemente, nunca les perdonaron a los venezolanos su rechazo inicial, y

SUPERIOR: La única iglesia de tipo alpino de San Martín, en Colonia Tovar.

la Colonia Tovar, como se llamaba, siguió siendo una isla de cultura, de tradición y de lengua alemana durante todo el siglo siguiente.

Finalmente, durante los años de la segunda guerra mundial, se estrechó el contacto de los inmigrantes con su entorno. El español se convirtió en el idioma oficial y se autorizó contraer matrimonio con venezolanos, antes prohibido. Alrededor de 1963, al acabarse la construcción de la carretera desde Caracas, se terminó el aislamiento de la colonia, y cada vez llegaron más caraqueños curiosos, al mismo tiempo que la comunidad de origen alemán vendía sus productos en los mercados de la capital.

En las calles aún se puede ver gente de aspecto alemán que siguen hablando su idioma, pero una gran

parte de la autenticidad del pueblo se ha ido perdiendo a raíz del auge turístico de las dos últimas décadas.

Visitar la Colonia Tovar

La **iglesia de San Martín**, con entramado de madera, se encuentra en el corazón de la ciudad y lleva el nombre del santo patrón y del fundador de la colonia, Martín Tovar. Las vigas de madera negra son únicas en Venezuela y una copia de la iglesia de Emmendingen en Alemania. Obsérvense las naves perpendiculares gemelas en el interior para separar a hombres y mujeres. En las fiestas patronales, alrededor del 11 de noviembre, se celebra una procesión con la estatua del santo, que trajeron los primeros colonos alemanes hace más de 150 años.

Desde las colinas, donde está situado el **cementerio**, se aprecia una hermosa panorámica de la ciudad y sus alrededores. Si quiere hacer un poco de historia, observe la humildad de las cruces de madera en las tumbas de los primeros colonizadores y la prosperidad de las lápidas mucho más labradas de épocas posteriores.

Más arriba, en las colinas, en medio de los comercios de artículos artesanales de la calle Museo, está el **Museo de Historia y Artesanía** de Néstor Rojas, que solamente abre los fines de semana y los días de fiesta de 09.00 a 18.00 horas, y ofrece una buena visión sobre la historia de esta colonia única. Entre otros, se pueden ver contratos redactados con hermosas letras adornadas, herramientas y utensilios antiguos, así como una vieja imprenta. Dos de las casas más antiguas de la colonia están enfrente de la iglesia: Agustín Codazzi vivía en la **Casa Jahn**, mientras que Alexander Benitz ocupaba la otra. Benitz fue el fundador de la primera cer-

vecería de Venezuela, un auténtico héroe nacional. Más abajo de la iglesia se encuentra el primer hotel de Tovar, el **Selva Negra**, y muy cerca también, a orillas del río Tuy, están los molinos, donde se molía el café, el trigo y el grano.

Aproximadamente hacia la tercera semana de marzo, en la colonia se celebra un gran **Festival Internacional de Música de Cámara**, cuya importancia y fama aumenta año tras año. Durante la época del **carnaval**, los bufones alemanes de Tovar, los *jokili*, llevan máscaras de madera y se visten con trajes adornados con cascabeles.

El paisaje de alrededor de la colonia y los **petroglifos** despiertan mucho interés. El Codazzi, que cuenta con 2.425 m de altura, es el pico más elevado de la región y desde él, en los días claros, se puede contemplar toda la cordillera y también la costa. Abundan las aves. Los petroglifos, descubiertos por el naturalista Hermann Karsten durante el siglo XIX, están un poco lejos de la ciudad, en dirección al sudeste. Es mejor que pida información en la posada o en el hotel para averiguar el camino.

Alojamientos turísticos

Muchas de las posadas de la Colonia Tovar son empresas familiares, algunas con años de experiencia. Es difícil encontrar habitaciones con tarifas económicas, y la mayoría son de precios moderados.

El **hotel Selva Negra**, ☎ (044) 551415, FAX (044) 551338, es el más antiguo de Tovar y se encuentra al sur de la iglesia. La familia Gutmann lo ha ido ampliando a lo largo de los años, y ahora dispone de más de 40 habitaciones. Las mejores tienen calefacción, agua caliente y televisión vía satélite; todo el hotel se ha construido y decorado al estilo de la Selva Negra.

En la carretera principal, antes de llegar a la ciudad, está la **posada Don Elicio**, ☎ (044) 551254, FAX (044) 551073, de excelente reputación y tarifas reducidas. Aquí, la familia Cruz Delgado ha convertido sus habitaciones en unas de las mejores de esta zona: uno se siente como en una casa particular, pues las habitaciones son acogedoras y cómodas, cada una con su balcón propio. También la comida es buena. Muchas veces, especialmente los fines de semana o durante los períodos vacacionales, exigen un hospedaje mínimo de dos noches, que el viajero disfrutará.

Más cerca de la ciudad, si coge el desvío a La Ballesta, hay un cartel que anuncia «cabañas» cerca de la Medicatura. Las **Cabañas de Pina**, ☎ (044) 551036, cuentan con habitaciones de diferentes dimensiones, bien decoradas y limpias, a precios módicos. Las cabañas de mayor tamaño tienen una cocina completamente equipada.

En la carretera de salida de Tovar, en dirección a La Victoria, está el **hotel Bergland**, ☎ (044) 551229, que ha conservado su buena reputación a lo largo de los años; sus precios se pueden considerar módicos. Aparte de las 15 habitaciones dobles, luminosas y espaciosas, todas con balcón, hay varias unidades recientemente remodeladas de tipo cabaña; las más bonitas son las individuales.

Restaurantes

Probablemente, el restaurante **El Molino**, a orillas del río, es el más famoso de Tovar. Se preparan comidas sabrosas, que los fines de semana y en épocas vacacionales atraen a muchas familias numerosas. **Kaiserstuhl**, **El Codazzi** y **Perolón** sirven platos tradicionales alemanes, mientras que el **Café Munstall**, enfrente de la iglesia, vende deliciosos pasteles los fines de semana. El **Alta Baviera**, cerca del hotel Bergland, ofrece platos sabrosos, típicos de la cocina de los países alpinos.

Cómo llegar

Colonia Tovar está cerca de Caracas. Los fines de semana, los coches circulan lentamente cuando todos los caraqueños intentan huir de la ciudad. Busque cerca de la estación de metro La Yaguara el cartel a El Junquito, despues la gran intersección de La Araña (el carril derecho va en dirección a La Guaira).

Hay *carritos* (autobuses) que salen de la terminal Nuevo Circo a El Junquito.

PÁGINA ANTERIOR IZQUIERDA: Bienvenido a la Colonia Tovar. PÁGINA ANTERIOR DERECHA: Un mural de un bailador con máscara de diablo. SUPERIOR: Los portales principales de la «Caja de Chocolate» de la Colonia Tovar.

AL SUR DE CARACAS

Aunque un gran número de las ciudades al sur de Caracas son poco más que ciudades-dormitorio, desde donde la gente sale en masa por las mañanas para volver por la noche, el paisaje del estado de Miranda aún conserva algunas partes verdes, con colinas cubiertas de bosques, tan esenciales para la generación del agua en la capital.

PARQUE NACIONAL GUATOPO

La columna vertebral de la Serranía del Interior, que se desvía de la Cordillera de la Costa en dirección hacia el sur, alcanza una altura de más de 1.400 m. Los bos-

ques pluviales del parque nacional Guatopo, bajo protección desde 1958, son ideales para hacer una excursión de un día desde Caracas; sólo está a dos horas de viaje. La carretera serpentea entre árboles altísimos, enredaderas colgantes y una exuberante vegetación principalmente tropical.

La infraestructura del parque figura entre las mejores del país, con un puesto de información del «guarda parque», rastros de interpretación, senderos, varios espacios para acampar y unos cuantos refugios. Los días laborables, el parque está prácticamente desierto, mientras que los fines de semana recibe más visitantes. Es el lugar predilecto de los observadores de aves, con colibríes, guacamayos y pájaros carpinteros. También el águila real se ha visto en esta zona. La fauna es abundante, hay serpientes —tenga cuidado al caminar—, jaguares, pecaríes, monos chillones, armadillos, tapires y perezosos, por nombrar sólo algunos de los animales que se podría encontrar en su camino.

Para más información sobre la vida salvaje, diríjase a la cabaña de información de Inparques en La Macanilla o póngase en contacto con la Venezuela Audubon Society (*véase* EXCURSIONES ORGANIZADAS, pág. 52, en USTED ELIGE). Las áreas de recreo se cierran a las 15.00 horas los días laborables, y a las 16.00 horas los fines de semana. Debido a razones de seguridad, Inparques recomienda a los que acampen que no se separen de los grupos relativamente numerosos. Además, en el parque suelen caer lluvias fuertes: un suministro de agua importante para el valle del Tuy (hay algunos embalses cerca). Lleve ropa impermeable, incluso durante marzo y abril, los meses más secos.

SAN FRANCISCO DE YARE

En el mapa, San Francisco de Yare parece poco importante. Pero esta ciudad del estado de Miranda tiene una reputación diabólica. Al aproximarse, hay una cabeza de diablo de 6 m de altura que le indica que algo raro ocurre. En realidad, San Francisco es la «central de la danza del diablo».

Aunque estas danzas se ejecuten en muchas ciudades del centro de Venezuela, las de San Francisco son las mejores de todo este grotesco ritual cultural. Durante las dos semanas antes de Corpus Cristi, el día más importante del año (*véase* FIESTA Y FESTIVIDADES pág. 46, en USTED ELIGE), la ciudad se llena de gente.

Los miembros disfrazados de la hermandad local, con sus máscaras y trajes pintados a mano, salen desde la Casa de los Diablos Danzantes en la calle Rivas, en una procesión ruidosa y llena de colorido, hasta que llegan a la iglesia. Este evento simboliza la sumisión del diablo a la Eucaristía, y los participantes, de rodillas, se van acercando al cura para susurrarle sus promesas de fe al oído. Hay mucha gente que se desplaza hasta esta ciudad para ver este ritual, y la fiesta continúa hasta bien entrada la noche.

En otras épocas del año se puede observar cómo los artesanos confeccionan las máscaras de papel maché y madera, los símbolos más famosos del festival. En la **Casa de los Diablos Danzantes**, al lado de la comisaría de policía, hay una exposición de máscaras y fotos, que abre los martes y los jueves, de 07.00 a 11.00, y de 14.00 a 16.00 horas, y los domingos sólo de 07.00 a 11.00 horas. Si estuviera cerrada, pídale al vecino de al lado que la abra; así le contará más cosas sobre el festival y, además, le podrá indicar dónde encontrar a los Sanoja, la famosa familia de artesanos.

Cómo llegar

Si viaja en coche, San Francisco está a medio camino entre Santa Teresa del Tuy y Ocumare del Tuy. También puede coger un autobús en la terminal de Nuevo Circo, en Caracas, para dirigirse a cualquiera de estas dos ciudades. Hay otra línea de autobuses más pequeños que también hace el recorrido entre estas dos ciudades, y que le puede dejar en San Francisco. El viaje, bajo circunstancias de tráfico normales, no dura más de dos horas.

SUPERIOR: Una cara amistosa de Barlovento.
PÁGINA SIGUIENTE: Un loro pequeño de cola larga se deja admirar por los turistas.

El centro

MÁS DE LA MITAD DE LA POBLACIÓN DEL PAÍS VIVE EN «EL CENTRO», la región del norte de Venezuela; y aquí también se encuentra la mayor parte de la industria y la agricultura, mientras que justo delante de la costa, al norte del aeropuerto de Maiquetía, y a una hora de viaje en coche, están las aguas azules de Los Roques, el mayor parque marino nacional de Venezuela.

LOS ROQUES

Si Dios al crear e iluminar el mundo dispuso de una paleta de colores, ciertamente perfeccionó el color azul en las islas de Los Roques. Tanto si sobrevuela las islas en avioneta, como si navega entre ellas en barco, cada uno de los matices de las tonalidades celestes, de aguamarina, de turquesas y de azules cobalto se han aplicado con meticulosa habilidad y se podría decir que con intención divina.

Bajo la superficie, los corales y las esponjas, los peces papagayo y los angelotes integran un hermoso mosaico de color ocre y marrón, y en las playas, las tortugas entierran sus huevos en sus suaves arenas blancas. Fragatas, golondrinas de mar y pelícanos se precipitan en picado y revolotean con el viento, que también ayuda a alejar a los mosquitos y las moscas, además de mantener la temperatura agradablemente fresca. Todo esto combinado con las posadas de Gran Roque, que figuran entre las mejores del país, le harán entender por qué tanto estrellas de Hollywood como viajeros humildes se entusiasman por Los Roques.

EL PARQUE NACIONAL ARCHIPIÉLAGO LOS ROQUES

El archipiélago Los Roques está a unos 128 km al norte de La Guaira y Maiquetía, media hora de viaje en avión. Esta región, declarada parque nacional en 1972, con más de 40 islas y con una superficie de 225.000 ha, es una de las mayores reservas marinas del Caribe.

En las islas hay más de 92 especies de aves, y 50 de ellas suelen emigrar entre esta zona y Norteamérica. La mayoría son especies marinas como las golondrinas marinas; las gaviotas, los pelícanos y las garzas, pero también se pueden ver canarios de los manglares. En las islas de Canquises se congregan colonias de resplandecientes flamencos que aprovechan para descansar de su largo viaje desde el continente hasta las Antillas Holandesas. El entorno inhóspito de la isla y la falta de alimentos reducen la fauna a sólo reptiles, a excepción de una especie de murciélagos. Las lagartijas y las iguanas verdes corren por la arena en busca de un escondite a la sombra.

Los Roques tiene uno de los hábitats de vida marina más ricos del Caribe: un paraíso para los buceadores. Gracias a la protección que recibe como parque nacional, corales, algas, anémonas y esponjas cubren el fondo del mar y ofrecen una amplia gama de colores. Abundan los peces, desde el esbelto pez trompeta hasta el largo y escurridizo *bonefish*, tan apreciado por los pescadores.

INFORMACIÓN TURÍSTICA

Tras la llegada y desembarco en Los Roques, todos los visitantes tienen que pagar una cuota de entrada al parque en las oficinas de Inparques. Los buceadores, además, deben solicitar una autorización en las oficinas generales de Inparques (llamada La Autoridad Única Los Roques), que están situadas en el extremo occidental de la playa. La pesca con arpón está prohibida. En Gran Roque no hay bancos, así que debe llevar dinero en efectivo, aunque en casi todas las posadas cambian cheques de viaje y aceptan dólares. En cambio, sólo aceptan tarjetas de crédito si hace la reserva a través de una agencia de viajes.

Los vuelos a Los Roques resultan caros si tenemos en cuenta su corta duración, por lo que merece la pena quedarse por lo menos dos o tres días en las islas. En la mayoría de las agencias de viajes de Venezuela se pueden reservar los vuelos y el alojamiento según su presupuesto. Las líneas aéreas que vuelan a Gran Ro-

que, por lo general organizan sus propias excursiones (*véase* CÓMO LLEGAR, pág. 99). Las tarifas suelen ser más elevadas durante los fines de semana y en vacaciones; además, los vuelos se retrasan con frecuencia, así que es aconsejable no hacer la reserva antes de tener que tomar un vuelo internacional. Si prevé quedarse unos días, lo más económico es buscar una posada cuando llegue a Gran Roque. Las agencias de viajes tienden a trabajar con las más caras, y el turista puede ahorrarse algo si se preocupa personalmente de encontrar un alojamiento en la pequeña ciudad y de contratar a algún pescador para hacer excursiones alrededor de la isla.

VISITAR GRAN ROQUE Y LAS ISLAS

Gran Roque

En el extremo norte del archipiélago, Gran Roque es la única isla de origen volcánico de esta región y el centro tanto para los alojamientos como para los transportes. En la parte sur de la isla, de 3,5 km de longitud y 1 km de ancho, está la pequeña ciudad de Gran Roque, con sus seis calles arenosas y sus casas pintadas de color azul y rosa y también algunas de terracota; la mayoría son posadas.

No hay mucho que ver, aunque como siempre se llega a la plaza Bolívar. En la punta occidental se encuentran dos elevaciones rocosas de más de 100 m de altura: desde ellas se disfruta de una fantástica vista de la ciudad, las islas de alrededor, los arrecifes y el mar. También hay un viejo faro holandés. El agua, en este clima seco y árido, escasea y es muy valiosa; además la planta de desalinización y los generadores no son muy fiables.

Las islas

Con el fin de proteger el hábitat marino del archipiélago se ha creado un área recreativa dentro del par-

PÁGINA ANTERIOR Y SUPERIOR: Arena y *surf* en Los Roques.

que nacional, que comprende una serie de islas cerca de Gran Roque, donde se realizan todas las actividades turísticas. Otra isla, por cierto la única que se puede visitar sin tener que solicitar un permiso especial, es **Dos Mosquises**, en el extremo sur del archipiélago; en ella se encuentra la **fundación científica Los Roques**, ☎ (02) 2639729, FAX (02) 2613461, con sus enormes tanques para la cría de tortugas verdes (hasta la fecha ya se han criado más de 6.000) y otras especies amenazadas como la concha reina. La fundación abre los fines de semana y en vacaciones.

Las principales actividades de los turistas que vienen a Los Roques son practicar el **esnórqueling** y el **submarinismo** en sus aguas cálidas, con una temperatura media de 20 a 28 °C. El único lugar en el archipiélago con servicios para el buceo es **Sesto Continente**, ☎ (02) 7311507 (014) 9241853, www.scdr.com, situado cerca de las oficinas principales de Inparques en Gran Roque, a no ser que alquile una embarcación preparada con reserva para volver a llenar sus tanques. Inpar-ques goza de una buena reputación tanto para organizar «paquetes» con todo incluido, como para cursos de PADI, o simplemente para el alquiler del equipo necesario. Los buceadores tienen que solicitar un permiso especial, y el número máximo de los grupos es de 10 personas, con profesor o guía incluido. Una de las zonas más populares es Cayo Sal, pero debido a la gran irregularidad del fondo marino por todo el archipiélago, existen numerosos lugares impresionantes para bucear.

También la **pesca** del *bonefish* se está convirtiendo en una actividad cada vez más popular en Los Roques, donde las aguas poco profundas entre las islas ofrecen unas condiciones ideales. Los peces locales son el pez ratón y el macabí, y la temporada alta para la pesca es de junio a diciembre. Inparques extiende asimismo los permisos tanto para la pesca normal como para la de altura. Muchas de las posadas en Los Roques se encargan especialmente del servicio a los pescadores, por ejemplo el **Albocora Lodge**, ☎ (014) 3709797, y el **Pez Ratón Lodge**, ☎ (02) 9750082, FAX (02) 9750355, pezraton @ven.net, www.gataven.net/pezraton, muy acogedor pero caro.

ALOJAMIENTOS TURÍSTICOS

Una noche en Los Roques cuesta hasta el doble de lo que cobran en el continente por una habitación similar. También dispone de muchos alojamientos de primera categoría en Gran Roque, y tanto el servicio como la atención en general son excelentes.

Muchos de los hoteles de primera categoría también ofrecen excursiones a las islas más cercanas, todo incluido en el precio de la habitación, así que vale la pena preguntar por ellas. Como regla general, cuanto más cara sea la posada, más alejada estará del centro de Gran Roque. Téngalo en cuenta en temporada alta.

De lujo y caro

Mediterráneo, ☎ (02) 9750906/0082, FAX (02) 9750355, elero@telcel.net.ve, www. tarpon.com.ve/posadame diterraneo, combina la elegancia y el estilo con un servicio amable y una excelente cocina, por lo que es uno de los mejores hoteles de la isla. Aparte de sus muebles de madera alabeada y sus antiguos portones y puertas, dispone de una buena biblioteca para informarse exhaustivamente de la ecología marina o de Venezuela en general. En la azotea, desde donde se aprecia una bella vista panorámica, hay un telescopio para regocijo de sus huéspedes. Sus tarifas comprenden excursiones a los cayos más próximos; las excursiones de pesca son opcionales.

La posada **Arrecife**, ☎ (014) 3730303/3285471, es otra oferta tentadora para los pescadores y buceadores, así como para los turistas que prefieren un alojamiento original y de lujo: cómodas antiguas, cerámicas, lavabos pintados a mano y televisión directa con vídeo, servicio de caja fuerte y teléfono. Sus seis habitaciones se reservan con todos los servicios incluidos. Muy cerca está **La Corsaria**, ☎ (02) 9936373/5879, dirigido por Reinaldo Calcaño, un hombre muy agradable. Las paredes (pintadas de color rojo oscuro y azul regio) y los muebles son audaces, pero sin ser abrumadores. Dispone de ocho habitaciones, sólo con agua fría, cada una con una pequeña nevera, caja fuerte, televisión y ventiladores en los techos, también se reserva con todos los servicios incluidos.

Al norte de la Autoridad Única está el exclusivo, bellamente diseñado y bien administrado **Bequeve Los Roques**, ☎ (02) 7310636/0863, caremorf484@cantv.net, www.losroquesbequeve.com. Hay un total de ocho habitaciones. La posada también dispone de una tribuna a la sombra en Noronquí, en la parte occidental del área recreativa, reservada para sus huéspedes, y su cocina es de las mejores de la isla. El precio del paquete incluye todas las comidas, así como el traslado a Noronquí en yate, en lugar del «barco peñero» común.

Moderado

Uno de los mejores de esta categoría es el **Piano y Papaya**, ☎ (014) 9116467, y también la posada **Acquamarina Los Roques**, ☎ (014) 2004882, posada @intercon. net.ve. Piano y Papaya, dirigido por una joven pareja italiana, tiene cinco habitaciones dobles, con la opción única en la isla de masajes *shiatsu* y de otras terapias similares. Toda la casa está rodeada por un ambiente relajado, con zonas muy espaciosas, tal vez para compensar la posible falta de espacio en las habitaciones. Acquamarina es otra alternativa joven, dirigida a los amantes de la música. Tiene cinco habitaciones con camas de caña, ventiladores en los baños y en el techo, y una de las terrazas más agradables de la isla. Se reserva con todo incluido.

Económico

Es difícil encontrar algo recomendable en Los Roques con una tarifa inferior a 50 dólares, aunque el **Paraíso Azul**, ☎/FAX (014) 9032283, info@paraisoazul.com, dispone de cuatro habitaciones sencillas con ventiladores en el techo (tres con baño), todas con agua fría. Los propietarios, muy agradables, hablan inglés e italiano y preparan desayunos y comidas a precios módicos. Otra opción decente es **Turismo Doña Carmen**, ☎ (014) 9382284, en la plaza Bolívar, que dispone de seis habitaciones con baño individual equipadas con ventilador. El desayuno y la cena están incluidos en la tarifa diaria.

Cámping

Algunas islas están especialmente dotadas para los aficionados al cámping. Póngase en contacto con Inparques para que le envíen una lista. La mayoría de las islas están habitadas o sirven de base para los pescadores locales. Puede negociar con ellos tanto si necesita algún medio de transporte como si desea comprar pescado o agua potable.

CÓMO LLEGAR

Los vuelos a Los Roques salen de la terminal nacional de Maiquetía o de Porlamar, en Margarita. Hay líneas que cobran un extra por el equipaje con peso superior a 10 kg. Si no quiere gastar mucho dinero, puede negociar con una de las embarcaciones pesqueras que salen de Carabellada o de La Guaira, rumbo a la isla Los Roques.

Entre las líneas aéreas figura **Líneas Turísticas Aerotuy (LTA)**, ☎ (02) 7618043/6231, FAX (02) 7625254, www.tuy.net, edificio Gran Sabana, 174, Bulevar de Sabana Grande, Caracas, que ofrece una serie de casas de huéspedes, con tarifas «estándar» y «superior» en Gran Roque; **Rutaca**, ☎ (02) 3551838, FAX (02) 3551643, en **Porlamar**, ☎ (095) 691346, FAX (095) 691245; **El Sol de América**, ☎ (02) 9933703, elsoldeamerica@internet.ve, www. losroquestravel. com; y **Chapi Air**, ☎ (02) 3552786/1965.

Una alternativa para visitar las islas es viajar en yate. El precio para un grupo reducido equivale más o menos a lo que costaría pasar las noches en un hotel de Gran Roque, con la ventaja de que se dispone de más tiempo para conocer las islas. El personal de **Alpi Tour**, ☎ (02) 2831433/31733, FAX (02) 2856067, www.alpi-group.com, tiene años de experiencia en navegación y pesca en alta mar y se pueden encargar de alquilarle la embarcación que se ajuste a sus necesidades.

MARACAY

Maracay, la cuarta ciudad más grande de Venezuela y la capital del estado de Aragua, con sus parques, sus amplios paseos y sus frondosas avenidas tiene el sobrenombre de «la ciudad jardín». No obstante, la realidad es algo distinta, aunque gracias a los planes del dictador Juan Vicente Gómez, la ciudad es muy agradable, pero hubiera podido serlo mucho más si hubiese conservado algo de su arquitectura colonial.

La mayoría de los turistas pasan por esta importante ciudad industrial, de aproximadamente medio millón de habitantes, cuando se dirigen a Choroní o a la costa de Cata. Vale la pena hacer un pequeño alto en el camino a las playas o a los bosques para admirar sus atracciones culturales.

ANTECEDENTES HISTÓRICOS

Los nombres de Aragua y Maracay se deben a los indios locales y a su jefe, que se encontraron con los primeros españoles. Oficialmente, la ciudad se fundó en

SUPERIOR: La cúpula y la torre de la catedral de Maracay.

1701, aunque su población ya se había establecido antes en este valle. Si no hubiera intervenido Juan Vicente Gómez, sin duda Maracay habría continuado siendo un productor importante de índigo, tabaco, caña de azúcar, algodón y café para la colonia. Pero el caudillo tuvo otros planes. En 1908, poco después de alcanzar el poder, Maracay se convirtió *de facto* en la capital de Venezuela, y Gómez, con el fervor común de todos los dictadores con planes de modernización, inició la construcción de varios edificios, como la plaza de toros, el zoo, la ópera, la escuela de aviación y, naturalmente, su propio mausoleo.

De hecho, el edificio de la Ópera no se concluyó hasta la década de 1970, cuando Maracay, con una autovía que comunica la ciudad con Caracas, ya se había transformado en una ciudad industrial moderna. Y, en la actualidad, sigue creciendo.

INFORMACIÓN TURÍSTICA

La oficina de turismo se encuentra en el distrito de Soledad, y no vale la pena trasladarse hasta allí. Para asuntos monetarios, los grandes bancos se encuentran al sudoeste de la plaza Girardot, y para Amex, el Banco Consolidado está en la avenida Bolívar y Fuerzas Armadas. Si planea acampar en el parque nacional de Henri Pittier, la oficina de **Inparques**, ☎ (043) 413933, está en el Parque Zoológico, en el distrito de Las Delicias, al norte de la ciudad, en la carretera a Choroní.

VISITAR MARACAY

Por una vez, el corazón de la ciudad no es la plaza Bolívar, sino la **plaza Girardot**. Esta plaza, junto con el parque Bicentenario, que está justo al lado, forman un atractivo espacio abierto en el centro de la ciudad. El obelisco en medio de la plaza conmemora a los voluntarios norteamericanos ejecutados después de un desembarco fallido en la costa de Ocumare, en 1806, bajo el mando de Francisco de Miranda. En el lado oriental de la plaza está la **catedral** con su brillante fachada blanca, que se terminó de construir en el año 1743. Lamentablemente, en Maracay ya no queda casi nada de arquitectura colonial.

En el lado sur de la plaza está el **Museo de Historia**, que es decepcionante, pero por fortuna en el **Instituto de Antropología e Historia**, justo al lado, se exhibe artesanía y cerámica muy interesante de la época prehispánica, así como de los indígenas de hoy y de los warao

del delta. Los museos abren de martes a viernes, de 08.00 a 12.00 horas y los fines de semana, de 09.00 a 13.00 horas.

Al norte de la plaza Girardot, en la avenida 19 de Abril, está la gran **plaza de toros La Maestranza**, obra del famoso arquitecto venezolano Carlos Villanueva, inspirada en la plaza homónima de Sevilla. Si no puede encontrar ninguna entrada, diríjase a la puerta trasera, en la parte oriental del coso, ya que realmente vale la pena ver el interior de esta estructura. Si nunca ha asistido a una corrida de toros, éste es el lugar para hacerlo.

Dos manzanas al este de la plaza de toros, está el **Complejo Cultural**, con toda clase de actividades culturales para la juventud; y también el **Museo de Arte Maracay** así como el **Museo de Arte Contemporáneo**, ambos siempre cuentan con alguna exposición interesante. Los museos abren de martes a domingo, de 08.00 a 17.00 horas.

Al final de la avenida se encuentra el **Museo Aeronáutico**, construido por Gómez, un fanático de la aviación. Aquí se puede admirar una colección va-riopinta de aviones, incluso un antiguo modelo francés del año 1910. El museo abre los fines de semana pero no tiene horario fijo; inténtelo a cualquier hora, a excepción de la hora de comer.

De vuelta a la parte oriental de la plaza Girardot, se encontrará frente al **santuario de la madre María de San José**, el monumento más visitado por los venezolanos para admirar el sarcófago de vidrio con la única santa de Venezuela, beatificada con mucho entusiasmo en 1995. La madre María, que nació y creció en Choroní, fundó el primer hospital de Maracay; murió en 1967, a la edad de 92 años. Cuando sus restos fueron desenterrados para depositarlos en el santuario, éstos estaban sorprendentemente, tal vez de manera milagrosa, intactos. Las horas de visita, de martes a domingo, son de 08.30 a 11.30 horas, y de 14.30 a 17.00 horas.

Al otro lado del parque Bicentenario está la **casa de Dolores Amelia**. Aunque no se puede visitar (está ocupada por una compañía de seguros), intente convencer a alguien para que le permita entrar y admirar la interesante arquitectura neosevillana.

Si camina por la avenida Bolívar en dirección oeste, llegará a la **plaza Bolívar**, la mayor de Venezuela y tal vez de toda Latinoamérica. Es otro proyecto de Villanueva, que se completó en 1930, junto con el hotel Jardín, actual **Palacio del Gobierno**. Esta zona fue el eje principal en las planificaciones de Gómez en su objetivo de convertir a Maracay en la nueva capital del país. En 1960, el hotel se remodeló para sus nuevas funciones, y si le interesa, puede intentar persuadir a uno de los guardias para que le permita ver el interior.

El punto culminante en las insensateces de Gómez es el **Teatro de la Ópera**, en la esquina sudoeste de la plaza, cuya construcción duró más de cuatro décadas. En el teatro, de 860 plazas, diseñado para poder competir con los de Caracas, se pueden ver toda clase de espectáculos folclóricos, óperas, obras de teatro y ballets.

ALOJAMIENTOS TURÍSTICOS Y RESTAURANTES

En Maracay hay muchos hoteles céntricos; también hay otros, de menor categoría, en el barrio de Las Delicias, al norte de la ciudad, camino a Choroní.

El primero en la lista de categoría moderada es el renovado **hotel Maracay**, ☎ (043) 416211/411464, FAX (043) 410865, en la avenida Las Delicias, con campo de golf y una piscina en la azotea. Pero también las plantas bajas son agradables con habitaciones alegres y confortables. En los restaurantes de esta zona probablemente le servirán comidas más animadas que en el hotel.

El **hotel Princesa Plaza**, ☎ (043) 332357/322052, FAX (043) 337972, en la avenida Miranda, una manzana al este de la plaza Bolívar, es moderno y sus precios, moderados; es quizás el mejor en esta zona. Tiene 100 habitaciones con aire acondicionado. Otra opción similar

PÁGINA ANTERIOR: Entre las palomas, en la plaza Girardot de Maracay.

es el **hotel Wladimir,** ☎ (043) 461115/462566, en la avenida Bolívar, y le sigue el **hotel Caroní,** ☎ (043) 544465, en la avenida Ayacucho Norte, 19. El **hotel Mar de Plata,** ☎ (043) 464313, en la calle Santos Michelena Este, 23, cerca de la plaza Girardot y la plaza de toros, es el mejor entre los hoteles económicos: sus habitaciones con aire acondicionado tienen precios razonables.

Los mejores restaurantes de Maracay se encuentran en la avenida Las Delicias, en especial **El Riacho** y **El Bodegón de Sevilla**, así como **La Terraza del Vroster**, todos con precios moderados. **Brasilandia**, en la avenida Bolívar cerca del hotel Cristal, es un lugar popular para comer parrilladas y guisos de pollo. También el restaurante del hotel Wladimir goza de buena reputación. Alrededor de la plaza Girardot encontrará muchas fondas que sirven comidas económicas; el Biergarten Park, en la parte este de la plaza Bolívar, prepara platos alemanes e italianos.

CÓMO LLEGAR

El aeropuerto de Maracay se encuentra al oeste de la ciudad, en la base aérea Mariscal Sucre. **LAI,** ☎ (031) 524746, tiene dos vuelos diarios desde Caracas, que generalmente hacen escala en Maracay y continúan a Mérida; aparte de éstos, no hay muchas más opciones.

Maracay dispone de un buen servicio de autobuses que salen de la terminal y se dirigen a la parte sur del centro de la ciudad. Es probable que sea más fácil trasladarse en un pequeño autobús que caminar desde la plaza Bolívar. Hay servicios frecuentes y regulares a Caracas (dos horas) y a Valencia (una hora), así como a Barquisimeto, Maracaibo, San Cristóbal y a San Fernando de Apure. Si quiere ir a Puerto La Cruz o a Ciudad Bolívar, la línea de los **Aeroexpresos Ejecutivos**, ☎ (043) 322977, en la avenida Bolívar Este, al este de la ciudad, es la más confortable. Para ir a Ocumare y Choroní hay un servicio de autobuses durante todo el día, con salida desde la terminal de la ciudad.

EL PARQUE NACIONAL HENRI PITTIER

El parque nacional Henri Pittier, famoso por ser un paraíso para los observadores de aves, abarca más de 1.000 km² y ocupa la mayor parte del estado de Aragua, al norte. Sus zarcillos se extienden hasta Maracay. Fue el primer parque nacional del país, y aquí se encuentran más del 40 % de las 1.360 especies de aves de Venezuela.

El parque rebosa de aves y murciélagos, que se ocupan de fertilizar la gran profusión de árboles en flor que cubren sus colinas envueltas por las nubes y sus exuberantes valles verdes. Más de un 6 % de todas las especies de aves del mundo, entre ellos cucos, loros de alas anaranjadas, jacamares, y guacos, son capaces de entretener al aficionado a las aves a lo largo de su vida y entusiasmar al amante de la naturaleza durante varios días. Aquí se encuentran decenas de especies de orquídeas, bromelias, epifitos y palmeras (entre ellas la palmera sagrada y la prapa), así como también las hojas inmensas de la hiedra gunnera, típica de Venezuela. Además de los grandes mamíferos, como jaguares, ocelotes, tapires, y monos aulladores, que buscan refugio en el parque.

INFORMACIÓN TURÍSTICA

La estación biológica de Rancho Grande ofrece el mejor punto de partida para iniciar la exploración de las partes menos frecuentadas del parque, pero también puede contratar un recorrido desde Choroní o Puerto Colombia. Para más información sobre el parque, contacte con la **Sociedad Conservacionista de Aragua**, ☎/FAX (043) 831734, socaragua@tycom.com.ve, www. tycom.com. ve/socaragua. También organizan excursiones con voluntarios para controlar y etiquetar las aves del parque. La infraestructura dentro del parque es mínima, pero aun así hay muchos senderos para caminar desde diferentes puntos de salida. **Tierra Viva** es una organización venezolana, no-gubernamental, que juntamente con las comunidades locales de la zona ha trabajado en varios proyectos ambientales excelentes. Si desea conocer más sobre este tema, puede llamar a Anita Reyes, ☎/FAX (02) 9512601, livearth@gn. apc.org.

RANCHO GRANDE

Tras salir de Maracay, siga las indicaciones para ir a **El Limón**, en la carretera que atraviesa el parque nacional Henri Pittier en dirección al oeste. La carretera está en mejores condiciones que la de Choroní, es más amplia e igualmente bella. Poco después del primer refugio de Inparques, en Guamitas, verá el letrero de Rancho Grande. Justo detrás gire hacia la derecha para llegar a la estación biológica de Rancho Grande, ☎ (014) 9477330, FAX (043) 453242.

Hable con Jesús Manzanilla (en el número de teléfono arriba indicado), y vea si es posible pasar una o varias noches en una de las espartanas habitaciones con derecho a cocina y cuarto de baño comunitarios. La estación se encuentra encima de un viejo hotel construido durante la época de Gómez, ahora bastante abandonado. Para ser honestos, es un lugar algo ruinoso y hasta un poco espeluznante, pero no hallará mejor opción que ésta si realmente quiere ver un amanecer sin igual o acampar en medio del bosque.

Al otro extremo del aparcamiento, se inicia un pequeño sendero marcado: es un breve paseo entre gigantescos árboles, reforzados con contrafuertes. También hay otros dos trayectos más largos para caminar por Henri Pittier desde Rancho Grande. Uno se desvía del sendero de Andrew Field para subir al **pico de Guacamaya**, a 1.828 m de altura.

Diríjase a los guardias de Inparques para obtener información sobre el sendero a **Portachuelo**; éste conduce al puerto ubicado bajo el pico de Guacamaya, que

PÁGINA ANTERIOR: El sorprendente colorido de la heliconia, en los bosques del oarque Henri Pittier.

forma parte de la ruta principal de las aves migratorias y es el mejor lugar del parque para la observación de aves. Para más información contacte con la Sociedad Audubon (*véase* EXCURSIONES ORGANIZADAS, pág. 52, en USTED ELIGE).

LA COSTA DE CHORONÍ

A la salida de Maracay hay dos carreteras que atraviesan el Henri Pittier y conducen a la costa. La carretera occidental llega a Ocumare y a sus playas (*véase* LA COSTA DE OCUMARE, pág. 108), mientras que la oriental serpentea a través de la cordillera para llegar a los pueblos de Choroní y de Puerto Colombia, en la costa. Ambas, con curvas muy cerradas y autobuses que no paran de tocar el claxon, ofrecen impresionantes vistas y pasan por riachuelos poco profundos. Los venezolanos se refieren a ellas, tanto a Choroní como a Puerto Colombia, con el nombre de «Choroní».

ANTECEDENTES HISTÓRICOS

La historia de la costa central tiene que ver con el líquido espeso y oscuro de tantas dietas bien intencionadas: el chocolate. El cacao, considerado el mejor del mundo, cultivado en las haciendas de Aragua, inicia desde aquí su largo camino a las mejores fábricas de chocolate de Europa y Estados Unidos.

Muchos de los poblados más antiguos de la costa central, tales como Choroní y Chuao, se encuentran entre las colinas. Debido a los continuos asaltos a los pueblos de la región por parte de los piratas, durante todo el siglo XVIII, la gente abandonó las orillas del mar para buscar refugio en las colinas.

CHORONÍ

Después de descender de las montañas boscosas y cuando el follaje deja de ser tan enmarañado y permite un poco más la entrada de la luz diurna, se entra en Choroní, un pueblo colonial encantador con las casas pintadas de colores pastel. Las pinturas intrincadas que se aprecian en el techo y en los muros interiores de la iglesia de Santa Clara, situada en la plaza principal, figuran entre las mejores de todo el país. El momento ideal para apreciarlas es durante la tarde, cuando los rayos del sol se filtran por las altas ventanas. Santa Clara, fundada en 1622, está considerada como una de las parroquias más antiguas de toda Venezuela.

Alojamientos turísticos

La mayoría prefiere hospedarse en Puerto Colombia o en sus alrededores, y así estar cerca de las playas. No obstante, Choroní es una buena y tranquila alternativa, alejada del bullicio de la costa, y con sólo bajar durante media hora por la colina, se llega a la playa.

MODERADO

Al salir del pueblo, a cinco minutos de camino por la carretera, verá a la izquierda el letrero del hotel hacienda El Portete. Es la carretera al cementerio y a la playa de El Diario; y justo donde comienza, se encuentran dos de los mejores alojamientos de Choroní, ubicados en los terrenos de una antigua hacienda dividida por dos familias.

El primero, y el menos caro, es la **posada La Casa de los García**, ✆ (043) 911056 o ✆/FAX (02) 6622858, llerandi@telcel.net.ve, www.posada-garcia.rec.ve, con ocho habitaciones distribuidas a lo largo de un pasillo de una vieja mansión de muros encalados, que data de la época del cacao. El patio interior se ha diseñado con gran exquisitez, decorado con una fuente y muchas flores. Las habitaciones son bastante espaciosas, con servicio de agua caliente y ventiladores. Están en proyecto tres nuevas habitaciones, en el jardín, que dispondrán de aire acondicionado.

Al lado, está la parte moderna de la hacienda, dirigida por Richard Mayerstone: el **hotel hacienda El Portete**, ✆/FAX (043) 911255, portete@telcel. net.ve. Un amigo mío, vecino de aquí, lo llama el «Choroní Hilton». En esta parte de la hacienda hay 24 habitaciones, tres de ellas son muy espaciosas, y todas decoradas con obras de arte, aunque no con demasiada imaginación; además tienen aire acondicionado, agua caliente y una hamaca. El Portete es un gran lugar para familias; tiene una gran piscina y una zona de ocio, sin mencionar la piscina para niños, un salón de juegos y televisión y vídeo exclusivos para los pequeños.

ECONÓMICO

Al lado de la plaza Bolívar, está la **posada Colonial Choroní**, de la compañía Cacao Travel, ✆ (02) 9771234, FAX (02) 9770110, cacaotravel@cantv.net, www.cacao travel.com, una posada pequeña pero encantadora, con un decorativo patio interior y una piscina junto a un pozo. El director está especializado en la observación de aves, así como en excursiones por la naturaleza de las colinas del parque Henri Pittier.

PUERTO COLOMBIA

En los últimos veinte años, Puerto Colombia se ha transformado de un pequeño pueblo de pescadores en una ciudad turística. Ahora tiene una gasolinera, una comisaría de policía y también una posada apta para todos los bolsillos. La plaza Bolívar y sus alrededores gozan de un cierto encanto del Viejo Mundo; la gente del pueblo es muy amable, y el ambiente resulta agradablemente caribeño.

Con toda probabilidad, Puerto Colombia, junto con Santa Fe, en el estado de Sucre, es uno de los mejores lugares para relajarse en la playa después de unos agitados días de viaje. Sus alojamientos económicos, sus restaurantes de pescado y sus playas, sin duda de las mejores del país, son ideales para turistas jóvenes. Y cuando llegan los venezolanos, el fin de semana o en vacaciones, hay grupos musicales por todas partes, y las fiestas en las playas duran hasta la madrugada.

Si hay demasiada animación en Playa Grande, puede alquilar un *peñero* («barca»), llenarlo de alimentos y bebidas, y pasar una semana en una de las playas cercanas, desiertas y naturales.

Visitar Puerto Colombia

Playa Grande, una playa en forma de herradura bordeada de palmeras que figura en muchos folletos de viajes, está a 10 minutos de camino al este de la ciudad. Cruce el río y camine por la carretera hasta llegar a esta bellísima playa que compite con cualquiera de las mejores playas caribeñas de Venezuela. Lamentablemente, tras un fin de semana o al terminarse las vacaciones, está llena de basura. Pero el resto del tiempo es un lugar idílico, ideal para colgar la hamaca y dejarse arrullar por la brisa del mar. Por lo general, la

PÁGINA ANTERIOR: Las callejuelas serpenteantes y estrechas de Choroní. SUPERIOR: Las extensas playas de Playa Grande, en Puerto Colombia.

parte más alejada queda a salvo de las multitudes, ya que los venezolanos suelen reunirse cerca de los restaurantes y los bares que están en la entrada de la playa. Si se instala allí, tenga cuidado con la fuerte resaca del mar. Otra playa en esta zona es la de **El Diario**.

Tras una mañana en la playa, por la tarde, tal vez prefiera pasear, carretera arriba, hasta llegar a Choroní y admirar la pintura interior de su iglesia; antes de la puesta de sol, visite el malecón, donde los artesanos y vendedores de recuerdos montan sus paradas.

Casi todos los fines de semana, y especialmente alrededor de los días 23 y 24 de junio, cuando se celebran las **fiestas de san Juan Bautista**, todos los grupos musicales de Puerto Colombia salen a la calle, y todo el pueblo, junto con la mucha gente que viene de otras partes del país para divertirse, se congrega en una enorme fiesta popular. También hay bandas musicales que improvisan conciertos en plena calle.

Cuando vaya a la pequeña aldea de El Charal, verá un pequeño sendero de tierra, justo delante del mercado El Saman. Siga por este sendero hasta llegar al **Pozo de los Colores**, un lugar para bañarse. Al otro lado está la **hacienda El Tesoro**, con un terreno de 400 ha. Sus dueños, Willy y Tanya Harcourt-Cooze, un matrimonio británico que cambió su hábitat londinense por las junglas de Choroní, adquirieron la hacienda en 1996 para restaurarla. Sin duda cuando esté terminada (incluso se prevé la reparación de la vieja maquinaria utilizada para el cacao y la caña de azúcar), la hacienda será uno de los hospedajes más exclusivos de esta región. Llame al ✆/FAX (014) 4630013 para más información.

Alojamientos turísticos

Tenga en cuenta que los precios varían de acuerdo con la temporada; en los hoteles más económicos son a menudo negociables. Si viaja en un grupo de cuatro personas o más, puede preguntar por un apartamento con derecho a cocina, que suelen tener buenos precios. Muchos propietarios de hoteles estarán encantados de organizarle una excursión en barca o una buena caminata por la naturaleza.

MODERADO

Justo antes de entrar al pueblo de Puerto Colombia, en el lado derecho de la curva de la carretera, hay un arco de entrada. Siga por el camino de tierra que conduce a la **Estancia Akelarre Choroní**, ✆ (043) 911292 (es necesario reservar con antelación). La posada fue inaugurada en 1996 y está muy bien decorada al estilo de una hacienda, aunque su construcción es completamente nueva. Dispone de seis habitaciones, ambientadas con bonitas obras de arte, sillas de mimbre y muebles de madera oscura; tienen aire acondicionado y dan a un patio central, pintado de decorativas tonalidades terrosas.

Justo en el centro de la ciudad, en la plaza Bolívar, se encuentra el novísimo y elegante **hostal Casa Grande**, ✆ (043) 911251, un edificio restaurado por Francisco Guiliano, su entusiasta propietario, dedicado a la importación de muebles mexicanos. El hotel se halla repleto de antigüedades y decorado con imponentes puertas, bancos de madera carcomida y un sinfín de objetos y artículos originales. Todo esto combinado con el arte moderno produce un efecto impresionante. Hay ocho habitaciones alrededor del patio con piscina de piedra, todas con aire acondicionado, agua caliente y con un toque muy personal: una elección excelente.

Por último está la **posada Humboldt**, ✆ (043) 911050, FAX (043) 939716, establecida desde hace mucho tiempo. Es indispensable reservar con antelación. Se encuentra cerca de la *alcabala*, aunque no haya nada que lo indique. La construcción es de tipo colonial, con un patio interior decorado con flores y una fuente. Tiene fama por su buena cocina, pero sus precios son elevados en comparación con otros restaurantes.

DE MODERADO A ECONÓMICO

Entre la plaza y el malecón, a lo largo de la calle Morillo, la calle principal de Puerto Colombia, parece que todas las casas sean posadas. Aquí está el **Xuchytlán**,✆ (043) 911114 o ✆/FAX (02) 9771694, diseñado por su propietario, Flavio Borquéz. La atractiva entrada presenta las mismas características que los antiguos zaguanes de piedra de las casas coloniales, que ya casi no se encuentran en Venezuela. El servicio es excelente por el precio que cobra, e incluye desayuno y una copa de bienvenida en el bar.

Enfrente está la recepción del **Hotel Club Cotopetrix**, ✆ (02) 9528617/2628, FAX (02) 9516226, en constante ampliación. Es uno de los hoteles más concurridos de la ciudad; ofrece paquetes especiales con desayuno, comida y cena incluidos y con una excursión diaria. Dispone de tres pabellones de huéspedes, ideales para familias o para celebrar grandes fiestas, de categoría superior al resto de habitaciones del hotel.

ECONÓMICO

Sin duda, la mejor opción en esta categoría es la **posada Cataquero**, ✆/FAX (043) 911264, en calle Morillo, 26, renovada con gusto y con cuidado por sus encantadores dueños, Alejandra y Alfredo. Consta de dos pisos y cuenta con un total de ocho habitaciones con ventilador. Los arreglos florales, los nidos de pájaros colgados en los rincones, las obras realizadas por artistas venezolanos (entre ellos, el famoso Cruz Díez), las paredes blanqueadas y otros detalles hogareños, como guardar las llaves de la habitación en una pequeña cesta, colocan a esta posada en una categoría superior a la de sus competidores. Tal vez, el único problema sea el gallo del vecino, que empieza a cantar de madrugada —se reparten tapones para los oídos.

La **Casa Blanca** (sin teléfono), amigo de los excursionistas, se encuentra a un lado de la plaza Bolívar (debe buscar el cartel con su nombre en la ventana); tiene cinco habitaciones de diferente tamaño y cuartos de baño en el exterior; hay ventiladores, agua corriente (fría) y un patio central cubierto de hierba. Se permite

PÁGINA SIGUIENTE: Botes de pesca amarrados en la desembocadura de Puerto Colombia.

el uso de la cocina. Vale la pena tener una charla con el agradable propietario, Nadjim.

Restaurantes

La mayoría de los hoteles, a excepción de los más económicos, tienen servicio de restaurante. Otras opciones son el **restaurante Araguaney**, en la avenida de los Cocos, que prepara un pescado frito muy sabroso, y también el **restaurante Isla Feliz**, que está cerca, así como **El Kiki** (también conocido como «Wili's», por el nombre de su propietario alemán), justo detrás del puente. Si quiere preparar su propia comida, compre el pescado fresco que venden en la playa por la tarde.

Cómo llegar

Hay servicio de autobuses desde la terminal de Maracay con destino a Puerto Colombia y a Choroní durante todo el día. Intente coger uno de los más nuevos. Si no tiene suerte, llévese para distraerse y para no ponerse demasiado nervioso durante el viaje, un buen libro o una radio, ya que el conductor no dejará de tocar la bocina en cada curva. Recuerde que los fines de semana se forman enormes colas en la parada de Puerto Colombia, y si quiere tomar el autobús el domingo por la tarde, es recomendable empezar a hacer cola al mediodía. Si no quiere viajar por la carretera tras la puesta de sol, espere al día siguiente.

Los alrededores de Choroní

Cuando Playa Grande empieza a llenarse demasiado, mucha gente se dirige hacia las playas más solitarias, que no están muy lejos, entre ellas las de **Chuao**, **Cepe**, **Tuja**, **Aroa**, **Uricao** y un poco más alejada **Cuyagua**. Las tarifas varían según la distancia, pero, por lo general, se pueden negociar los precios y, además, cobran por toda la embarcación y no por persona.

Chuao, el pueblecito más interesante de todos, se encuentra a 1,5 km de la playa. Es famoso por su chocolate —visite el museo detrás de la iglesia—, por sus fiestas de **san Juan**, en junio, con sus danzas de los diablos. **Cepe**, más pequeño todavía, se halla en la siguiente bahía. Todas las playas son ideales para acampar y vivir en plena naturaleza al estilo de Robinson Crusoe, al menos unos cuantos días.

Tanto en Puerto Colombia como en Choroní es fácil organizar excursiones de un día para observar aves u otros animales y visitar de paso algunas de las hermosas cascadas, viejas haciendas o estanques. Rommer, un joven guía que le dará muchos consejos, trabaja en la pizzería Robin Hood, y le acompañará encantado.

Alojamientos turísticos

La **posada Puerto Escondido**, ☎ (043) 414645/(02) 413-614, FAX (02) 7307495, jfischer@telcel.net.ve, www.puertoescondido.com.ve, que se encuentra en Cepe, en medio de un jardín bien cuidado, tiene cuatro habitaciones con agua caliente; y está justo delante de la playa. Los paquetes pueden incluir submarinismo, así como caminatas por las colinas.

LA COSTA DE OCUMARE

Después de recorrer 23 km por una carretera llena de curvas y tras haber pasado Rancho Grande, se llega a una bifurcación. La carretera derecha baja hacia **Ocumare de la Costa**, que está a 13 km. El pueblo tiene una bonita iglesia, una sombreada plaza Bolívar y una agradable posada donde sirven platos decentes: el **restaurante y posada María Luisa**, ☎ (043) 931184, FAX (043) 931073.

El Playón

Si sigue por la misma carretera y en la glorieta toma el desvío a la izquierda, llegará al pequeño pueblo de El Playón, con una playa popular. Diríjase al extremo occidental, donde está la mejor playa, **La Punta**.

Alojamientos turísticos

La **posada de la costa Eco-Lodge**, ☎/FAX (043) 931986, delacosta@etheron.net, está en la calle de la costa (calle California), y lo administra Fernando Nocua; es un buen enclave para recorrer la costa y explorar el bosque. Cuatro de las doce habitaciones renovadas no se encuentran en la casa principal: son las mejores. Generalmente, hay ofertas de paquetes de dos o cuatro días, con todas las comidas y excursiones incluidas, en especial una a la bahía de La Ciénaga, con bellos corales. Asimismo facilitan el equipo para el buceo, alquilan motos acuáticas y se encargan de los traslados desde Caracas.

Cata y Cuyaga

La idílica bahía de Cata, en forma de herradura, se halla a 6 km por la carretera de la costa; en este tramo hay un enorme bloque de apartamentos, construido durante la década de 1970. De acuerdo con los comentarios de un periodista venezolano, este edificio incita a la piromanía. Se ha de tener en cuenta que, en teoría, aún estamos dentro del área del parque nacional. Pero tan pronto llegue a la playa de Cata, olvidará este edificio de 30 pisos.

La última playa en esta extensión es la de Cuyagua, cuyo nombre para los jóvenes caraqueños es sinónimo de practicar *windsurf*. Aunque suele estar bastante solitaria durante la semana, la playa bordeada de palmeras presenta un buen oleaje para el *surf* durante todo el año. En la desembocadura del río hay un quiosco que vende bebidas y algo de comida, pero eso es todo: usted, el mar y el *windsurf*.

Alojamientos turísticos

Si no viaja con tienda de campaña, puede encontrar alojamiento en la **posada Cuyagua Mar**, ☎/FAX (02) 861-1465/(016) 6204491 (es necesario reservar con antelación), situada en el pueblo de Cuyagua, al final de la calle principal; tiene 26 habitaciones limpias y económicas, con agua fría y ventiladores en el techo, y un restaurante. Está en proyecto un bar en la terraza.

Cómo llegar

Hay una línea regular de autobuses entre la terminal de Maracay y Ocumare y la costa. Desde aquí hay un servicio de autobuses más pequeños que se dirigen a El Playón, La Boca, Cata y Cuyagua. La glorieta cerca de la gasolinera de El Playón es un buen lugar para esperar, o tal vez encuentre a algún automovilista que le lleve. Si quiere ir a Cata, bájese en el cruce cercano a la playa y no en el pueblo, que está más lejos.

VALENCIA

Hace unos 4.000 años, el valle cálido y húmedo de alrededor del lago de Valencia era el hogar de una gran población de indios, que grabaron petroglifos sobre las rocas, tal vez para que los hombres del futuro supiesen de su existencia. Ahora, este mismo valle se llena del humo de las fábricas.

Valencia es la ciudad más importante de Venezuela en lo referente a industria ligera. Aquí se fabrica de todo: desde tapones para botellas hasta automóviles. La ciudad ha ido creciendo año tras año hasta convertirse en la tercera ciudad más grande del país, con una población de más de un millón de personas. Como fue la primera capital de Venezuela tras el derrumbe de la Gran Colombia de Bolívar, Valencia ocupa un lugar destacado en la historia del país y posee varios monumentos importantes. Por desgracia, muchos turistas la ignoran después de visitar Caracas para viajar en dirección oeste; Valencia se merece algo más, por lo menos una mirada a la Casa de los Celis, una mansión bellamente restaurada que compensa con creces el tiempo invertido en este pequeño desvío, en lugar de salir corriendo en dirección a los Andes o a Coro.

ANTECEDENTES HISTÓRICOS

Si estudia un poco la historia de Valencia, es probable que le extrañe que haya podido sobrevivir. Poco después de que Alonso Arias de Villacinda fundara la ciudad en 1555 (a la que dio el mismo nombre de su ciudad natal), Lope de Aguirre, sanguinario y obsesionado por El Dorado, le hizo una visita, la saqueó y masacró a cientos de sus habitantes. Más tarde, la ciudad sufrió más calamidades: una epidemia de viruela, ataques de los indios caribeños y asaltos de los piratas franceses. Se dice que, a principios del siglo XIX, Valencia contaba con tan sólo unos 6.000 habitantes; y aún le esperaban más desastres.

En 1812 fue el terremoto que diezmó la población de todo el país el que también dejó a Valencia en ruinas. Pero lo más siniestro fueron las guerras de Independencia, con 35 batallas en sus alrededores y con el saqueo de la ciudad por el general llanero, José Tomas Boves, «el Carnicero», quien, según dicen, llegó a matar incluso a los heridos del hospital. Finalmente, con la decisiva batalla de Carabobo, que se libró en junio de 1821, a unos 32 km al sudoeste de Valencia, se pudo quebrantar finalmente el poder de la defensa española en la provincia.

En total, Valencia fue tres veces la capital del país. La primera vez durante la corta vida de la Primera República, en 1811; después, en 1830, tras la disolución de la Gran Colombia; y nuevamente, entre 1858 y 1859, cuando se derrocó al presidente José Tadeo Monagas. Finalizada la segunda guerra mundial, las autoridades caraqueñas preocupadas por la cada vez mayor contaminación de Caracas, trasladaron gran parte de las empresas dedicadas a la industria a Valencia. Esto coincidió con el inicio del rápido crecimiento económico del país, y Valencia se convirtió en el importante centro neurálgico que es en la actualidad, donde se produce una cuarta parte de toda la manufacturación venezolana. Si además se tiene en cuenta su fuerte sector agrícola, no es extraño que la ciudad siga creciendo.

INFORMACIÓN TURÍSTICA

La **Dirección General de Turismo de Valencia**, ☎ (041) 577501, se encuentra en la Torre Empresarial, piso bajo, avenida Cedeño, 102, con Avenida Montes, pero también hay una sucursal en el **parque Humboldt**, a orillas del río Cabriales, una atracción por sí mismo. En el parque se encuentra la antigua estación del ferrocarril, construida por los alemanes a finales del siglo XIX; el servicio de información, ☎ (041) 589590, está en un antiguo vagón. Asimismo, la oficina de **Inparques**, ☎ (041) 574609, está muy cerca de la vieja estación y le pueden dar toda clase de referencias sobre el Cerro Pintado (petroglifos prehistóricos), cerca de Guacara, así como información acerca del parque nacional San Esteban, poco concurrido, que se halla al noroeste de Valencia, aunque también tiene acceso desde Puerto Cabello (*véase* PUERTO CABELLO, pág. 111).

Todos los bancos están alrededor de la plaza Bolívar. Los viernes, *El Carabobeño*, el periódico local, publica información sobre los próximos eventos culturales, así como una larga lista de restaurantes.

Una vez al año, a finales de marzo, se celebra la **Semana de Valencia**, en honor a su herencia agrícola.

SUPERIOR: Un árbol de Tapara con sus frutos; las duras cáscaras son excelentes para hacer cuencos.

El programa comprende una feria de agricultura, eventos culturales, desfiles y corridas de toros. La segunda fiesta importante de Valencia con una gran procesión de la Virgen, ataviada con sus mejores ropajes, por las calles principales se celebra a mediados de noviembre. En septiembre, el Ateneo de Valencia (avenida Bolívar), una institución importante de ámbito nacional, suele celebrar el **Salón Michelena** con una gran variedad de espectáculos visuales.

VISITAR VALENCIA

Como siempre, se empieza en la plaza Bolívar, con la **catedral** que data de 1580 y que es una de las primeras del país, en su parte oriental. La estatua de la Virgen del Socorro, del siglo XVI, fue la primera coronada por el Papa en Venezuela; el valor de su corona con incrustaciones de piedras preciosas es tal que sólo en ocasiones muy especiales ve la luz del día.

Una manzana al sudeste de la plaza —intente divisar los perezosos en los árboles— está la **Casa Páez**, una casa muy bien restaurada, antiguamente residencia del héroe de la Guerra de Independencia. Los nueve murales que encargó para conmemorar las batallas libradas dominan la casa. El museo está abierto de martes a viernes, de 09.00 a 12.00 horas y de 15.00 a 17.30 horas, y los fines de semana, de 09.00 a 14.00 horas.

En 1874, el presidente Guzmán Blanco prohibió todas las órdenes religiosas y confiscó sus propiedades. Así el **Capitolio**, al oeste de la Calle 99 Páez, se convirtió en propiedad del Estado. En su sala de actos puede ver un retrato de Bolívar, montando en su yegua blanca Paloma, probablemente el cuadro más famoso de todos, pintado por Arturo Michelena. Tal vez pueda convencer a uno de los guardias para que le permita echar una ojeada desde la entrada en la plaza Sucre.

Al otro lado de la plaza Sucre, en medio de otros edificios de época, está el gran **Teatro Municipal**, parecido a la Ópera Garnier de París, que se terminó de construir en 1894. Puede que el mural del techo del auditorio, que representa a los héroes de las Artes, pintado por Antonio Herrera Toro, no sea de Poussin, pero es de los mejores del país.

Siga una manzana hacia el oeste, por la calle Colombia, y después al sur, por la avenida Sou-blette para alcanzar la **Casa de la Estrella**. Este edificio, en la actualidad aún en restauración, ocupa un lugar importante en la historia del país y de todo el continente. Fue aquí donde el Congreso de 1812 redactó la Constitución de la Primera República; y en este mismo lugar, el Congreso de 1830 excluyó a Venezuela de la República de Gran Colombia, destrozando así el sueño de Bolívar de un gran estado en el norte de Sudamérica.

Una manzana más al sur está la joya de Valencia, la **casa de los Celis**. Si sólo quiere visitar un lugar de Valencia, deténgase en esta mansión colonial restaurada, una de las más hermosas de todo el país. Ahora es el **Museo de Arte e Historia**, de una elegancia irresistible, con sus altos techos y con su gran jardín en el patio interior. Era tan grande que cuando el coronel Pedro Celis la compró, en 1837, vendió la mitad. La mansión se restauró hace poco; en el museo se pueden admirar piezas arqueológicas halladas en la cuenca de Valencia y de arte colonial, así como obras de pintores del siglo XIX. Está abierto de martes a viernes, de 08.00 a 14.00 horas y los fines de semana de 09.30 a 12.30 horas.

La **plaza de toros Monumental** es el orgullo de los valencianos por ser la segunda plaza, por sus dimensiones, de América. Lamentablemente, toda la zona alrededor de la plaza no es demasiado segura, tenga cuidado. En el **Museo de Antropología** se pueden ver fósiles y piezas de arte prehistóricas interesantes.

LOS ALREDEDORES DE VALENCIA

Los carabobeños están orgullosos de su campiña, y con razón, ya que comprende parte de la Cordillera Central. En general, los turistas suelen prestarle poca atención a esta región, a pesar de sus múltiples atracciones históricas y naturales, entre ellas: las termas calientes de **Las Trincheras** y las colinas boscosas de **San Esteban**. Pida más detalles en la oficina de turismo.

Campo Carabobo

Todos los niños venezolanos saben qué es Campo Carabobo y dónde está. Fue en estos campos, el 24 de junio de 1821, donde se libró la batalla decisiva de la Guerra de Independencia. Aquel día, y para enfatizar aún más la importancia de la batalla, todos los hombres de la tropa se vistieron con sus trajes ceremoniales —es difícil entender cómo pudieron luchar con esas vestimentas. Buena parte de la victoria se debe al gran valor de los lanceros de Páez y a la gran experiencia de los legionarios británicos; allí, Bolívar, con tan sólo 36 años, salió triunfante. El campo de batalla se encuentra en el camino a Tinaco, 32 km al sudoeste de Valencia. Si le interesa la historia, seguramente le encantará pisar esta tierra tan histórica.

ALOJAMIENTOS TURÍSTICOS

Valencia presenta una amplia gama de hoteles, la mayoría de ellos para hombres y mujeres de negocios. Los más lujosos se encuentran al norte de la ciudad.

El hotel de mayor prestigio es el **Intercontinental Valencia**, ☎ (041) 211533/681, FAX (041) 211151, avenida Juan Uslar, en el barrio La Viña, con 173 habitaciones, bonitos jardines y una piscina. Al igual que en el de Caracas, sus restaurantes son muy apreciados y el servicio es eficiente y amable. Tal vez, la decoración no sea la más elegante, pero es muy confortable. Otra buena opción en el mismo barrio, es el **Apart-Hotel Ucaima**, ☎ (041) 227082, FAX (041) 220461, avenida Boyaca, cerca del centro comercial La Viña, con grandes *suites* y habitaciones amplias, todas muy luminosas.

Uno de los mejores hoteles en la categoría moderada es el **Stauffer Valencia**, ☎ (041) 234022/5044, FAX (041) 234903, en la avenida Bolívar, en medio de la zona de restaurantes y de comercios y cerca del centro histórico. El **hotel Carabobo**, ☎ (041) 588860/684467, calle Libertad, 100-37, es uno de los mejores en la categoría económica, en los alrededores de la plaza Bolívar. El **hotel Le París,** ☎ (041) 215655/224757, avenida Bolívar y Calle 128, está en las afueras y es más caro.

RESTAURANTES

Dado que hay muchos empresarios, no sorprende que se encuentren muchos restaurantes excelentes con precios moderados. Si quiere comer marisco o un pescado excelente, un entorno elegante, vaya al **Marchica,** ☎ (041) 225288, en la avenida Bolívar Norte, o tal vez prefiera comer cocina francesa en **La Grillade,** ☎ (041) 216038, callejón Peña Pérez, al este de la avenida Bolívar, que prepara excelentes platos de carne, ensaladas abun-

dantes y postres deliciosos. El bar se anima mucho por la noche, y es un buen lugar para tomar una copa. La **Casa Valencia,** ☎ (041) 234823, recientemente restaurada, está al final de la avenida Bolívar Norte, cerca de la glorieta de Redoma de Guaparo, de cocina tradicional venezolana, es una buena elección.

Cerca de la plaza Bolívar y a lo largo de la avenida Bolívar hay numerosas fondas para comer por poco dinero, entre ellas **La Rinconada**, en la misma plaza, y **Fego**, en el 102-75 de la avenida. Si le gusta la comida vegetariana, vaya al **Bufé vegetariano**, en la calle Independencia y la avenida Urdaneta; los mejores dulces de la ciudad se venden en la **pastelería Andreína**, avenida Díaz Moreno, cerca del hotel Don Pelayo.

CÓMO LLEGAR

El aeropuerto de Valencia está a unos 7 km al sudeste del centro de la ciudad. **Aserca,** ☎ (02) 9537097, tiene tres vuelos diarios a Caracas, mientras que Aserca y **Aeropostal,** ☎ (041) 345164, vuelan a Barcelona, Porlamar, Maturín, Puerto Ordaz, Barquisimeto y Maracaibo. **Servivensa,** ☎ (02) 5613366, realiza vuelos internacionales a Aruba, Bogotá y Miami.

La terminal de autobuses se encuentra en el centro comercial Big Low, un amplio edificio de aspecto singular al este del centro de la ciudad. **Aeroexpresos Ejecutivos,** ☎ (041) 715767/558, vuela a Caracas nueve veces al día, en aviones rápidos, confortables y con aire acondicionado; también cubre la línea a Puerto La Cruz, con cuatro vuelos diarios.

PUERTO CABELLO

Durante mucho tiempo, Puerto Cabello ha desempeñado un rol importante en la vida económica de Venezuela; desde sus primeros días como uno de los mejores puertos del Nuevo Mundo, hasta la actualidad como uno de los puertos de mayor movimiento del país, que muchas veces supera el tonelaje de La Guaira en el litoral. Si no hubiera sido por un alcalde previsor de la década de 1980, el puerto no tendría ningún interés para los turistas. Gracias a su importante programa de restauración, el número de turistas que acude a ver su antigua arquitectura colonial, sus placitas sombreadas, sus fuertes y playas, es cada vez mayor.

ANTECEDENTES HISTÓRICOS

Existen algunas divergencias sobre el origen del nombre del puerto. Cualquiera que éste sea, no hay duda acerca de la excelente situación del mismo, con salida al mar pero a salvo del viento y del oleaje, y como decía Humboldt: «uno de los mejores del mundo».

Durante el siglo XVIII, los españoles reclamaron el puerto a los comerciantes holandeses, bajo el nombre de la Compañía Real Vasca de Guipúzcoa, a la que la Corona le concedió un monopolio virtual de todo su comercio. Al poco tiempo iniciaron la protección de su inversión con la construcción de los fuertes de Solano y San Felipe; así mejoraron la infraestructura del puerto, y el volumen del comercio creció notablemente.

Tras su derrota en la batalla de Carabobo, en 1821, las tropas del rey se retiraron a Puerto Cabello, donde aguantaron hasta que por fin, en 1823, el general llanero Páez y sus lanceros obligaron a los españoles a rendirse y abandonar su último punto de resistencia.

Puerto Cabello fue creciendo a lo largo de todo el siglo XIX, ya que su comercio con índigo, cacao, algodón y café, que se cultivaban en los fértiles valles de San Esteban, de Aguas Calientes y de los ríos de Borburata, florecía. A finales del siglo pasado, los muelles de Puerto Cabello cubrían más de 200 ha, contando con un total de más de 30 muelles y numerosos astilleros.

En la actualidad, la presencia de la marina venezolana, cuya base se halla en la parte oriental del

IZQUIERDA: La flor de color rojo oscuro del plátano.

puerto, también da un impulso importante para la economía de la región.

INFORMACIÓN TURÍSTICA

La **Dirección General de Turismo**, ☎ (042) 613921, FAX (042) 613255, abierta de lunes a viernes, de 08.00 a 17.00 horas, se encuentra en el interior del edificio del gobierno de Carabobo, calle Ricaurte con la plaza Bolívar. Sus servicios no están pensados para los turistas. Para el cambio de Amex, encontrará el **Banco Consolidado** en la parte nueva de la ciudad, cerca de la Avenida 2 Municipio, mientras que el **Banco Unión** está en la avenida 6 Valencia y calle 12 Sucre.

piezas de época precolombina y armas y mapas de los tiempos coloniales. El horario de visitas es de lunes a viernes de 08.00 a 12.00 horas, y de 15.00 a 18.00 horas, los fines de semana, de 08.00 a 12.00 horas.

Al final de Los Lanceros (o Bolívar) se encuentra la encantadora **iglesia del Rosario**, con su cúpula de cobre y su campanario de madera. La construcción de la iglesia encalada data de 1780, y su campanario es único en toda Venezuela. Siga por la calle Bolívar en dirección norte para llegar a la **plaza del Águila**.

Al otro lado de la plaza está la imponente **Casa Guipuzcoana**, que ahora alberga la biblioteca pública. El edificio, terminado alrededor de 1830, fue el cuartel general de la compañía hasta que ésta perdió su monopolio. No obstante, los fuertes que construyó para pro-

VISITAR PUERTO CABELLO

El corazón de la vieja ciudad, que se ha ido restaurando durante las últimas décadas, está al norte de la **plaza Bolívar**. En la parte oriental de la plaza está la **iglesia de San José**, que se ha remodelado varias veces durante los últimos siglos, lo que hace difícil descubrir su auténtico estilo. Sin embargo, vale la pena ver su interior. Desde la plaza, camine una manzana al sur para llegar al **Teatro Municipal**, en la calle Girardot. Éste se construyó durante la década de 1880, y se ha restaurado recientemente para devolverle la elegancia de antaño.

La entrada al **Museo de Historia Colonial** está en la calle de Los Lanceros, 43, al norte del teatro. El museo está ubicado en el interior de una de las mansiones coloniales del puerto más antiguas, una construcción de 1790. Se accede a él por la pasarela, en el segundo piso, hasta el edificio en la calle Bolívar; allí se exhiben

teger su inversión en la colonia son los monumentos mejor conservados. El **fortín San Felipe** (también conocido como el castillo Libertador), que se encuentra al otro lado del agua desde la plaza del Águila y desde el parque Las Flores, sigue siendo impresionante. Hay un servicio de lanchas de la marina para llegar al fuerte, en el interior de la base. Pero este servicio es esporádico, así que es aconsejable consultar en la oficina de turismo e informarse sobre la mejor manera de visitar el fortín.

Es posible que ahora ya se haya inaugurado el **Museo de la Marina**. El segundo fuerte más importante construido por la compañía, **fortín Solano**, se encuentra sobre una colina al sur de la ciudad y es uno de los últimos fuertes construidos en Venezuela. Lamentablemente, no quedan muchos restos de la construcción inicial, pero la vista fantástica sobre el puerto y la bahía compensan un viaje en taxi a la cima de la colina por la noche.

Quizandal es la playa más próxima al puerto, y desde aquí puede trasladarse a la encantadora **isla Larga**, para hacer esnórqueling. También el **parque nacional San Esteban** está bastante cerca; puede ir en «carrito» desde la esquina junto a la terminal de autobuses en Puerto Cabello, para llegar al pueblo de San Esteban.

ALOJAMIENTOS TURÍSTICOS

Por desgracia, Puerto Cabello carece de una posada o un hotel en la parte colonial. Tal vez, el **Restaurant La Fuente** haya terminado la remodelación de una mansión antigua, ((042) 616889. La mayoría de los hoteles están al sudoeste del centro histórico de la ciudad.

Moderado

El **hotel Suite Caribe**, ((042) 643278/454, FAX (042) 643910, avenida Solom, 21, el mejor hotel de Puerto Cabello, se encuentra al este del aeropuerto y tiene más de 60 habitaciones confortables con aire acondicionado, frigorífico y televisión. El hotel también tiene varios restaurantes, además de contar con una piscina, sauna y un gimnasio.

Económico

El mejor hotel de esta categoría es el **hotel y restaurante Isla Larga**, ((042) 613290/741, FAX (042) 6144416, en la calle Miranda, cerca de la terminal de autobuses; dispone de habitaciones confortables, aire acondicionado y una piscina recién construida, todo lo necesario para sentirse cómodo. Después está el **hotel El Fortín**, ((042) 614356, en la misma calle Miranda con la Avenida 9: habitaciones con todo lo necesario y precios aceptables; el **hotel Bahía Azul**, ((042) 614034, más sencillo. El **hotel Venezia**, ((042) 614380, en la avenida Santa María, es más económico.

RESTAURANTES

Los dos restaurantes de mayor afluencia en Puerto Cabello son: el **restaurante Mar y Sol**, al final de la calle Mercado, con precios moderados, donde sirven excelente pescado y marisco, incluso langosta, mientras se disfruta de una bella vista sobre la bahía; y el **Briceño Ven**, en el malecón, con precios más económicos: en realidad no tiene nada especial para destacar, pero preparan deliciosos platos de cocina criolla en un entorno muy agradable. El **restaurante Venezuela**, en la plaza El Águila, es recomendable por su pescado y su marisco, así como por su aire acondicionado. También el **restaurante Lanceros** (con mejor vista desde el piso superior) y la **Lunchería La Fuente** son buenas opciones en la zona colonial.

CÓMO LLEGAR

El aeropuerto de Puerto Cabello está situado 7 km al oeste del centro de la ciudad, pero no hay vuelos regulares. La terminal de autocares está en la avenida La Paz, al sudoeste del centro colonial. Hay viajes regulares a Valencia (transbordo para ir a Caracas), San Felipe, Barquisimeto y Tucacas; mientras que los *carritos locales* («autobuses») salen de una esquina muy cerca de la terminal. La zona al norte de la terminal, en dirección a Playa Blanca, es peligrosa para los turistas: mejor no acercarse.

PÁGINA ANTERIOR Y SUPERIOR: Los patos emulan a los venezolanos que esperan el autobús.

El noroeste

SI HAY UN ESTADO DE VENEZUELA QUE REALMENTE ESTÉ «LLENO DE CONTRASTES», ÉSTE ES FALCÓN. Tan sólo después de unos cuantos días de viaje por Falcón, se puede cambiar de Robinson Crusoe a Beau Geste, o de Bolívar a Tarzán. Y para algo muy diferente, a menudo omitido en los folletos turísticos, están los estados de Lara y Yaracuy, aunque el segundo en menor grado, que tienen un papel muy importante en la agricultura venezolana. En el mercado de Barquisimeto se vende más de la mitad de la producción agrícola del país: cereales, legumbres y otros. El lago de Maracaibo domina el estado de Zulia y ocupa un lugar especial en el corazón de los venezolanos. No solamente es el mayor lago de Sudamérica, sino que también es el más rico de todo el mundo y fuente de la gran riqueza del país: el petróleo. La explotación de sus enormes reservas ha convertido a Zulia en el estado más rico del país, y su capital, Maracaibo, es la segunda ciudad más grande. Zulia es uno de los lugares más cálidos del continente sudamericano, con una temperatura media de 30 °C, donde sólo la suave brisa que sopla al atardecer y por la noche suaviza un poco el asfixiante calor.

Pero el estado tiene algo más que calor y petróleo, como deja claro un paseo por sus mercados. Todavía es uno de los pocos lugares de Venezuela donde puede ver a los indígenas con sus trajes y vestidos tradicionales; los guajiros, los yupka, los bari y los paraujanos se consideran los pueblos más independientes del país. Muchos paraujanos aún conservan su forma de vida tradicional, tan ligada a sus botes y al agua, y construyen sus casas sobre pilares en la laguna de Sinamaica, al noroeste de Maracaibo.

EL PARQUE NACIONAL MORROCOY

El parque nacional Morrocoy se fundó en 1974 para proteger una superficie de 320 km² de islas formadas por corales y detritos de conchas. Tiene la forma de un arco que se extiende desde la ciudad de Tucacas, pasa por el norte alrededor del cerro de Chichiriviche y llega hasta la ciudad de Chichiriviche; cubre una parte de la superficie continental, pero también las islas e isletas de la costa; es un refugio de las aves acuáticas y zancudas, y un remanso de paz para los buceadores.

Cuenta con cerca de 30 islas o cayos. Algunas de ellas son lo suficientemente grandes para desarrollar un ecosistema de manglares, con áreas de sombra, y otras, en cambio, no pasan de ser un simple banco de arena. Hay lugares donde las aguas son poco profundas y tibias como en una bañera, ideales para que jueguen los niños, y también los adultos.

Cada vez más venezolanos acuden para descansar a estas playas arenosas de aguas prístinas, pero lamentablemente las dejan llenas de basura. Evite los fines de semana y la temporada de vacaciones. Las cooperativas de barqueros de ambas ciudades ofrecen sus servicios de transporte a las islas más próximas y le informan sobre todas sus ofertas y facilidades. Recuerde el nombre de su barco y especifique día y hora para que le vayan a recoger; por lo general son fiables.

Con toda probabilidad, **cayo Sombrero** es el más popular de todos los cayos. En la parte del mar abierto hay buenos arrecifes para practicar submarinismo, mientras que, por el otro lado, hay suaves olas que bañan las playas. También las ligeras brisas suelen ser favorables, un factor a tener en cuenta a la hora de controlar a los mosquitos. La época de noviembre a febrero suele ser la peor respecto a estos bichos. Las mejores islas para practicar submarinismo son **cayo Borracho** y **cayo Peraza**, así como **Playa Mero** y **Playuela**.

En la parte occidental del parque, en medio del **Refugio Cuare**, al norte del cerro de Chichiriviche, está la reserva de más de 300 especies de aves. En la temporada de lluvias, los flamencos, los ibis de color escarlata y las espátulas de color rosado acuden a buscar alimento

a los bancos de arena y a las aguas saladas poco profundas, con lo que colorean el mar con el reflejo de sus brillantes colores. Se ha llegado a contar 7.000 flamencos. Esta vasta extensión de más de 11.853 ha comprende pantanos de manglares, el hábitat del amenazado cocodrilo de la costa (*Crocodylus acutus*), así como bosques de árboles de hoja semicaduca, en el cerro de Chichiriviche, hogar de agutíes, monos aulladores, venados y de otras especies.

Debido a la gran importancia de la zona para la vida salvaje, el turismo se vigila y se controla. El belga Laurent Vaudevyère posee un permiso para guiar a grupos de turistas por los canales y los manglares. Su empresa, **EcoMundo**, ☎ (016) 6424985 o (042) 830131 (para mensajes), está en Playa Norte, en Chichiriviche. Sus excursiones en canoa suelen salir temprano por la mañana, y la observación de la vida salvaje en su entorno natural es lo más emocionante de todo el viaje. La mejor época para esta excursión es de octubre a febrero.

DEPORTES Y ACTIVIDADES AL AIRE LIBRE

La principal actividad es el **submarinismo**, pero muchos turistas ya se conforman con el tubo y unas aletas. Las islas exteriores parecen ser las menos afectadas por la decoloración ocurrida hace unos cuantos años; muchos culpan a una planta química propiedad del Gobierno, que se encuentra en esta zona, de contaminar el agua o calentarla demasiado; pero aún se pueden ver algunos corales bellísimos.

Submatur, ☎ (042) 830082, FAX (042) 831051, calle Ayacucho, 6, en Tucacas, propiedad de Mike Osborn con 20 años de experiencia, organiza cursos PADI, que por lo general duran cuatro días e incluyen todo lo necesario para las inmersiones diurnas, así como el alquiler del equipo. Mike también organiza excursiones a Los Roques y a las islas de Las Aves, ambos lugares fantásticos para el submarinismo.

En Chichiriviche está **Agua-Fun Diving**, ☎ (042) 86265, aguafun@cantv.net, www.ourworld.compu serve. com/homepages/pierreclaude, dirigido por Pierre y Mónica, ambos muy agradables. También alquilan habitaciones en su escuela de submarinismo.

ALOJAMIENTOS TURÍSTICOS Y RESTAURANTES

Es preferible hospedarse dentro de los límites del parque nacional, o por lo menos cerca de ellos, antes que buscar un alojamiento en las ciudades menos atractivas de Tucacas o Chichiriviche. En el kilómetro 71 de la autovía de la costa, a unos 7 km al norte de Tucacas, en dirección a Chichiriviche, hay un desvío a la derecha que se dirige hacia el parque, siguiendo la línea costera de la bahía de Morrocoy y a la sombra del cerro de Chichiriviche. Hay muchos puertos deportivos a lo largo de esta extensión, que llega hasta la punta de Tucacas y a un sendero de la playa de Mayorquines.

En este trayecto hay tres lugares atractivos y agradables para hospedarse, a precios moderados y con fácil acceso al parque. Los tres tienen ofertas que incluyen comida y bebida, el traslado a las playas, el equipo para submarinismo, y tumbonas y parasoles en la playa. Si lo desea también se encargan de los traslados desde el aeropuerto de Caracas y de regreso. El primero de los tres es **El Paraíso Azul Posada**, ☎ (042) 8509 29 o (02) 9521490 (para reservas), FAX (02) 9536677, después de pasar por delante de la parada de la Guardia Nacional, suba el tramo empinado a la izquierda. Aquí lo más impresionante es la amplísima vista desde el restaurante, en la colina, que abarca toda la bahía de Morrocoy.

Las habitaciones son sencillas pero confortables, pero de calidad inferior a las demás posadas, así que tal vez sea preferible quedarse sólo a comer.

Un poco más adelante se llega a la **Villa Mangrovia**, ☎ (014) 9415176, FAX (049) 91470, con un largo muro de color blanco que destaca en el lado derecho de la carretera. Las cabañas se encuentran en medio de un bello paraje animado por el canto y el grito de las aves (aquí hay más de 70 especies). La propietaria de la villa es Irina Jackson. Sólo hay tres habitaciones dobles, decoradas con mucho gusto. Su restaurante tiene buena fama; las cenas se sirven a la luz de las velas en el edificio princi-

PÁGINA ANTERIOR Y SUPERIOR: Visitantes a su llegada a cayo Sombrero, parque nacional Morrocoy.

pal. Irina habla varios idiomas y atiende personalmente a los huéspedes. Haga la reserva con suficiente antelación.

Julia y Carlos de Valdés disponen de cinco habitaciones con aire acondicionado en la última posada, **La Acacia**, ☎ (014) 9431601 o (016) 6424534, en la pequeña aldea de Lizardo. En la parte posterior del edificio principal hay una gran terraza decorada con bellos mosaicos: es el comedor; mientras que las áreas sociales se encuentran a la sombra de enrejados intercalados de plantas y esculturas. La cocina es excelente y la bienvenida calurosa.

Por último, y fuera del parque, está **El Solar de la Luna**, ☎ (016) 6472741/40915 o (02) 9862861, que también vale la pena tener en cuenta. Está situado en Bella Vista, un pueblo poco atractivo al que se accede por un desvío perfectamente indicado en la carretera de Tucacas a Sanare, cerca de una gasolinera. Siga por la carretera hasta llegar al pueblo y continúe por una carretera llena de baches hasta una bifurcación, continúe por la derecha y, enseguida verá la llamativa mansión de la posada, a su derecha.

Desde su amplia terraza se tiene una maravillosa vista sobre toda la bahía de Morrocoy. A un lado, burbujea el *jacuzzi*, mientras que plantas y antigüedades abundan en este espacio al aire libre decorado con maravillosas vigas de madera, que al mismo tiempo es la zona de cocina. La propietaria, Bertapaula García, es una persona agradable y vivaracha, a la que le encanta que sus huéspedes se encuentren tan a gusto como en su propia casa. La comida es deliciosa, con extraordinarios platos de la cocina colonial «Mantuana». Desde aquí también se encargan del traslado a las islas, de recoger huéspedes en la ciudad de Tucacas o incluso en lugares mucho más alejados.

Otra alternativa para quedarse unos días en las islas es hacer cámping. Contacte con Inparques, ☎ (800) 84847 (LLAMADA GRATUITA), para averiguar todos los detalles respecto a las normativas que necesitará saber con antelación.

CÓMO LLEGAR

Si viene del sur, el acceso al parque es por Tucacas, por la autovía de la costa. Es un pequeño paseo que cruza el puente hacia el cayo Punta Brava y el parque. La oficina de venta de billetes para la embarcación se encuentra a la izquierda del acceso al parque en automóvil. Las tarifas son por barca, no por persona, así que es posible que deba esperar hasta que se forme un grupo de varias personas para el precio estipulado. Infórmese en la posada del pueblo, o pídales consejo a los buceadores sobre sus cayos favoritos.

Otro punto de entrada al parque está al norte, en Chichiriviche. Los cayos más próximos a la ciudad son: Borracho, Sal, Los Muertos, Peraza y Pelón, así como el popular Sombrero. Las dos cooperativas de barqueros en Chichiriviche (una en el centro de la ciudad y en Playa Sur la otra) también se encargan de llevar a los turistas al refugio de la reserva natural de Cuare para visitar las dos cuevas: la cueva de los Indios con sus intrigantes petroglifos y La Piedra de la Virgen, venerada por los pescadores locales. Después, el viaje continúa a los pantanos de manglares para observar a las aves. Es mejor hacer esta excursión a primera hora de la mañana para ver el mayor número de aves posible.

TUCACAS

Ni Tucacas ni Chichiriviche son ciudades atractivas: al contrario, son una pesadilla para cualquier arquitecto urbano, ya que las dos, debido al gran auge turístico, crecieron sin planificación ni medidas de seguridad. Dada la gran popularidad de las playas de Morrocoy, Tucacas se expande con gran rapidez, y las nuevas obras se centran al sur de esta ciudad. La avenida Libertador, la arteria principal de la ciudad, se extiende desde la autovía de la costa, y pasa por el puente hasta el cayo Punta Brava. Aquí se hallan la mayoría de los comercios y hoteles.

INFORMACIÓN TURÍSTICA

En Tucacas no hay oficina de información turística, así que lo mejor es consultar con **Varadero Tours**, ☎ (042) 834745, FAX (042) 833881, avenida Libertador cerca del hotel Esperanza, o con **Inparques**, ☎ (042) 830069, cuyas oficinas están en la avenida Libertador.

Una observación muy importante: el cambio de moneda puede ser frustante tanto en Tucacas como en Chichiriviche (y en casi todo el estado de Falcón). Si quiere sacar dinero en efectivo con las tarjetas de crédito Visa o Mastercard, puede ir al **Banco Unión**, en Libertador, cerca de la autopista, pero es difícil encontrar a alguien dispuesto a cambiar cheques de viaje o dinero en metálico a un cambio justo.

ALOJAMIENTOS TURÍSTICOS

Durante la temporada alta, que también es la época vacacional de los venezolanos, la situación, de por sí difícil, se complica más. Además, los precios que ya son ligeramente altos se ven incrementados.

Moderado

Entre todas las grandes instalaciones hoteleras que se encuentran en los alrededores de Tucacas, las dos mejores son el **Morrocoy Coral Reef**, ☎ (042) 830301, FAX (042) 830491, al lado de la autopista, y el **Sun Way Morrocoy**, ☎ (042) 830001, FAX (042) 830005, en el kilómetro 58 de la autopista. Ambos son excelentes, con amplias zonas verdes, piscinas, gimnasios y pistas de tenis; fuera de temporada sus precios suelen ser bastante razonables. Los dos alquilan el equipo para los deportes acuáticos y organizan excursiones en las embarcaciones más lujosas. Es fácil olvidarse de Tucacas si no sale del agradable entorno del hotel.

Económico

Si solamente quiere bucear y gastar poco, póngase en contacto con André, un muchacho muy agradable que trabaja en la tienda Submatur, y el encargado de **Submar Inn**, ☎ (042) 831754, que dispone de 10 habitaciones; está cerca del hospital. Las habitaciones tienen todo lo esencial, incluso un ventilador, y son muy limpias. También hay un jardín agradable. Para algo más ajustado está el **hotel La Suerte**, ☎ (042) 831332, cerca de la avenida Libertador, así como la **posada Johnathan**, ☎ (042) 830325, calle Sucre; ambos correctos, y sus habitaciones cuentan con aire acondicionado.

RESTAURANTES

Un buen lugar para comer pescado y marisco es el **Varadero**, que cuenta con aire acondicionado; se encuentra en el interior del hotel Punta Brava. También

el **Tito's**, en la calle Sucre, al este de la avenida Libertador, es recomendable; y asimismo lo es el **Venamar**, cerca del puente.

CÓMO LLEGAR

Hay un servicio frecuente de autobuses durante todo el día; en dirección este a Valencia y en dirección oeste, a Coro.

CHICHIRIVICHE

Chichiriviche es la otra ciudad de acceso a los cayos de Morrocoy. Es más pequeña, pero no es más agradable que su vecina del sur, Tucacas. El alojamiento sale algo más caro aunque las tarifas de las embarcaciones para ir a las islas son más asequibles. Hay una larga carretera elevada que conduce a la ciudad y comunica con la autopista de Sanare–Tucacas. A ambos lados de la vía se extiende parte del refugio de la reserva natural de Cuare, con kilómetros de pantanos cubiertos de manglares y llanos que se cubren de agua al subir la marea.

La calle principal de Chichiriviche, la avenida Zamora, lleva al centro de la ciudad, a los muelles y al embarcadero. Al aproximarse a la ciudad, hay una carretera con un carril central que se dirige hacia la izquierda para alcanzar la Playa Norte, una zona en desarrollo. Más abajo de Zamora, la bifurcación derecha, delante del hotel Garza, conduce al área conocida como Playa Sur o Fábrica de Cemento. Por aquí se llega al embarcadero del sur.

INFORMACIÓN TURÍSTICA

Tampoco aquí hay información turística oficial, y lo mejor es dirigirse a **Varadero Tours**, ☎ (042) 830770, en la avenida Zamora. Si necesita cambiar dinero en efectivo, el Banco Industrial de Venezuela está cerca; no aceptan cheques de viaje, y solamente adelantan dinero con la tarjeta de crédito Visa.

ALOJAMIENTOS TURÍSTICOS

En temporada alta, los precios son más elevados. A veces, en el hotel organizan excursiones en barco, que suelen ser más económicas que las del embarcadero.

Moderado

El hotel más nuevo de Chichiriviche, el elegante **Coral Suites**, ☎ (042) 86766, avenida Cemento, cuenta con 120 habitaciones, una piscina enorme con tobogán, pistas de tenis y cuatro restaurantes. Aparte de las habitaciones, muy cómodas, dispone también de varias *suites* completamente equipadas, que son una excelente opción para una familia.

Más abajo, en la avenida Cemento, está el **Apart-Hotel Villa Marina**, ☎ (042) 86759, ideal para familias, ya que las habitaciones, con cocina, son para entre dos a nueve personas, y se encuentran alrededor del área de la piscina. Las habitaciones, sencillas y luminosas, tienen aire acondicionado y agua caliente.

Económico

Dirigida por un alemán y su agradable esposa venezolana, la **posada Alemania**, ☎ (042) 524067, posada alemania@cantv.net, se encuentra en la zona de Playa Sur. Además de las habitaciones sencillas pero bonitas, con jardines alrededor, también tienen servicio de restaurante y organizan excursiones.

En Playa Norte cada vez hay más posadas, pero sólo vale la pena mencionar dos de ellas. Para llegar allí: vaya por la carretera elevada, y gire a la izquierda donde están todos los letreros indicadores de los demás hoteles; siga por esta misma vía hasta llegar a la playa. Aquí, a la izquierda, está la **posada Morokkué**, ☎ (042) 86492, dirigida por una joven pareja franco-venezolana, que cuenta con cinco habitaciones. Está bien decorada con obras de arte originales y muebles de madera muy vistosos. El salón está en la planta superior, con una extraordinaria vista sobre el mar. En esta misma calle de la playa, pero algo más al sur, está **Kanosta**, ☎ (042) 830131, una casa de huéspedes encantadora de los italianos Patrizia Barsanti y su marido, Guido. Las dos habitaciones son sencillas, con aire acondicionado, cuarto de baño y mucho espacio para colgar hamacas. Patrizia, justificadamente orgullosa de su cocina italiana, prepara todas las comidas.

Restaurantes

El restaurante de más categoría a orillas del mar es **Txalupa**, con excelentes platos de pescado y marisco; un poco más abajo está **Casa Mare**, el mejor de todos, donde sirven *pizzas* y platos de carne. Más lejos, en la avenida Zamora, está **La Nota Azul**, que tiene fama por sus parilladas; mientras que la **heladería Roma** sirve helados deliciosos. La **Gelatería Italiana Paradise** prepara buena pasta y comidas rápidas.

Cómo llegar

A Chichiriviche se llega por la autopista principal. No obstante, los autobuses procedentes de Coro no paran en Chichiriviche, por lo que hay que bajarse en Sanare, para seguir con *buseta*, que sale de Tucacas y recorre los 22 km hasta la ciudad. Si quiere ir de Caracas a Chichiriviche, tome el autobús hasta Valencia, donde deberá hacer trasbordo.

CORO

En un país que ha descuidado tanto su herencia histórica como Venezuela, la ciudad de Coro, capital del estado de Falcón, no sólo es preciosa sino también destacable. El corazón de la ciudad, bellamente restaurado, fue declarado Patrimonio de la Humanidad por la UNESCO en 1993, y es una auténtica joya de la arquitectura colonial influida por el estilo de las Antillas Holandesas del siglo XVIII.

Justo al norte, siempre amenazando con enterrar la ciudad bajo sus arenas, están los grandes médanos, que cambian de forma constantemente por el efecto de los fuertes vientos de la costa. En el lenguaje de los indios caiquetío, los habitantes originales de estas tierras, *coro* significaba «viento».

PÁGINA ANTERIOR: Con una temperatura media de 28 °C, las bebidas refrescantes son un buen negocio para los vendedores ambulantes en Coro. SUPERIOR: La iglesia de San Clemente, que data del siglo XVIII.

Coro es una ciudad de una relativa tranquilidad, que cuenta con muchos estudiantes que ayudan a conservar el arte y todo el ambiente de la ciudad. Con una temperatura media de 28 °C, es un lugar muy caluroso, y las siestas siempre figuran en el orden del día, aunque los vientos procedentes del mar se encargan de que el calor no sea demasiado asfixiante.

Antecedentes históricos

Coro compite con Cumaná por el estatus histórico de «yo fui la primera», pero la ganadora es Coro, ya que fue el primer poblado de Venezuela y de todo el continente sudamericano que estuvo habitado de manera continua. No obstante, como la mayoría de las ciudades del país, la primera parte de su historia es una plétora de desastres humanos y naturales.

Juan de Ampiés fundó la ciudad en 1527, y en sus inicios evolucionó mucho mejor que Cumaná, gracias a la política de amistad del gobernador con los indios caiquetío. Y en 1528, cuando Carlos I de España proclamó la provincia de Venezuela, Coro asumió su lugar como capital de ésta.

Hasta el siglo XVIII, la riqueza de Coro fue disminuyendo cada vez más debido a los repetidos saqueos de los piratas. El gobernador y el obispo abandonaron la ciudad en 1578 y en 1659, respectivamente, para establecerse en Caracas. Pero con el tiempo, y debido al comercio ilegal con las colonias holandesas de Curaçao, Bonaire y Aruba, Coro volvió a recuperar parte de su pasado glorioso. Desde el puerto La Vela, al este de la ciudad, se exportaba cacao, tabaco y caballos, y las familias de mercaderes empezaron a construir las grandes mansiones que se pueden admirar todavía.

Información turística

La **Secretaría de Turismo** para todo el estado de Falcón, ✆ (068) 511132, FAX (068) 515327, se encuentra en la zona peatonal del paseo Alameda, al norte de la plaza Bolívar. Su horario es de 08.00 a 12.00 horas y de 14.00 a 17.00 horas, de lunes a viernes. Asimismo ofrece folletos y mapas del país. Para más información visite www.funflc.org.ve/visita_falcon/ o www.coroweb.com/coro.htm.

La oficina de **Inparques**, ✆ (068) 79582, está en el Jardín Xerófilo, al este de la ciudad, en el camino a La Vela. La mayoría de los bancos se encuentran en la plaza Bolívar, y la agencia de **Budget** para el alquiler de coches está cerca del hotel Miranda Cumberland.

Las fiestas patronales de Coro se celebran durante la última semana de julio. Y a principios de diciembre, en la **Feria de los Pesebres**, se hacen concursos al belén mejor decorado y a los mejores coros y cantantes de villancicos.

Visitar Coro

Es aconsejable empezar el día lo más temprano posible para disfrutar del fresco de la mañana. La parte restaurada del centro está alrededor de la **plaza San Clemente**, al norte de la plaza Bolívar, y se extiende a lo largo de la Calle 14 Zamora, en dirección oeste, hacia el teatro y la iglesia de San Nicolás de Bari.

Sin embargo, si quiere recorrer el centro de la ciudad a pie, debería comenzar por la **catedral**, una construcción austera e impresionante; ésta, junto con la de La Asunción, en isla de Margarita, son las más antiguas de Venezuela, y están entre las más antiguas de América. Tal vez la construcción, que no se terminó hasta 1632, recuerde más a una fortaleza que a un lugar para venerar a Dios; pero en el siglo XVII, durante los repetidos ataques de los piratas, la población solía refugiarse en el interior de la catedral.

Al salir de la catedral, gire a la izquierda y camine por el paseo Talavera hasta el **Museo de Arte de Coro**, una «sucursal» del Museo de Arte Contemporáneo de Caracas, que se halla en el interior de una bella mansión. Su balcón fue restaurado hace poco y vuelve a lucir con toda su belleza. La mansión se conoce como «el balcón de Bolívar», en recuerdo de la estancia de El Liberador en 1826. Siempre se celebran exposiciones temporales en el museo, y también hay una tienda de regalos. Se puede visitar de martes a sábado, de 09.00 a

12.30 horas y de 15.00 a 19.30 horas, y los domingos, de 09.00 a 16.00 horas.

Justo enfrente, en el interior de otra mansión antigua, se encuentra un anexo del **Museo de Arte Alberto Henríquez**. La parte principal del museo, pequeño pero interesante, está en la calle Zamora, junto al Museo Diocesano. Aquí, aparte de las diversas exposiciones, puede visitar la sinagoga judía, restaurada en 1980, con su suelo cubierto de arena y sus bellísimos muebles de madera. Fue una de las primeras sinagogas del Nuevo Mundo. El museo tiene el mismo horario que el Museo de Arte de Coro, antes mencionado.

Al llegar a la sombreada plaza Falcón, gire a la izquierda y camine dos manzanas en dirección norte hasta la calle Zamora, a la izquierda. Justo al lado de la **iglesia de San Francisco**, de aguja puntiaguda, un antiguo monasterio alberga al mejor museo de la ciudad, el **Museo Diocesano de Coro Lucas Guillermo Castillo**. Aquí se puede admirar abundante arte religioso, además de obras seculares, y 22 salas con artículos de plata y vidrio, muebles y esculturas, pinturas y campanas coloniales. Hay visitas con guía. El museo está abierto de martes a sábado, de 09.00 a 12.00 horas, y de 15.00 a 18.00 horas; los domingos sólo de 09.00 a 13.00 horas.

Si atraviesa la plaza en dirección oeste, eche un vistazo a la vieja cruz de madera dentro de un «pabellón» de yeso. Se dice que la cruz se hizo con la madera del árbol de *cují* (el árbol de mesquite, de la familia de las acacias) bajo el cual se celebró la primera misa después de la fundación de Coro, en 1527. En el lado opuesto verá la encantadora **iglesia de San Clemente**, construida en el siglo XVIII, exactamente en el mismo lugar que había una iglesia del siglo XVI, destruida por los piratas.

Si continúa caminando en dirección oeste, en la próxima esquina encontrará la **Casa de Los Arcaya**, de balcones muy elaborados, que ahora alberga el **Museo de Cerámica Histórica y Loza Popular**, con cerámicas prehispánicas y porcelanas de fechas posteriores. Los horarios de visita coinciden con los del Museo Diocesano. En el otro lado de la calle están la **Casa del Sol** y la **Casa Nazaret**, ambos edificios de construcción antigua, que ahora sirven de oficinas.

En la calle Zamora sobresale la imponente fachada de la **Casa de las Ventanas de Hierro**, con su gran portal de yeso finamente elaborado de 8 m de altura, uno de los más bonitos de toda la zona caribeña. Las rejas de hierro forjado bellamente decoradas se trajeron de Es-

PÁGINA ANTERIOR: La fachada bellamente decorada de la Casa de las Ventanas de Hierro. SUPERIOR IZQUIERDA: Un sonriente niño criollo. SUPERIOR DERECHA: Figura mutilada de un santo en el Museo de Cerámica.

paña, vía Santo Domingo, en el siglo XVIII. En el interior de la mansión hay verdaderos tesoros de antigüedades y recuerdos de la familia. El horario de visita es de martes a sábado, de 09.00 a 12.00 horas y de 15.00 a 18.00 horas, y los domingos, de 09.00 a 13.00 horas, como el **Museo de Tradición Popular**. Hay visitas con guía a lo largo del día, y en los salones contiguos se pueden adquirir obras de arte de los artistas locales. También se pueden comprar ejemplares de *Coro, donde empieza Venezuela*, de Carlos González Batista, una excelente guía sobre la historia y la arquitectura de la ciudad.

En la siguiente esquina de Zamora con Colón está la **Casa del Tesoro**, construida por Andrés de Talavera en la década de 1770. Se la conoce, asimismo, como la Casa del Obispo. En el interior de la casa hay obras de arte contemporáneo; pregunte a los guardias por el «tesoro» en su nombre. Las horas de visita son de 09.00 a 18.00 horas de lunes a sábado, y los domingos, de 09.00 a 15.00 horas.

Siga a la izquierda y después a la derecha hasta la calle Falcón, donde está la pequeña y encantadora **iglesia de San Nicolás de Bari**, con su bella fachada. Aproveche para dar un corto paseo por el bonito cementerio.

Si sus pies aguantan, continúe por Zamora y después de cinco manzanas se encontrará en la Calle 23 de Enero, delante del **cementerio judío**, declarado monumento nacional en 1970. Es el cementerio en uso más antiguo de todo el continente sudamericano.

En las afueras de Coro, saliendo por la carretera hacia La Vela, está el **Jardín Xerófilo**, un excelente jardín botánico que pertenece a Inparques, abierto diariamente, excepto los lunes, de 08.30 a 11.30 horas, y de 14.00 a 15.30 horas; hay paseos con guía. Venga preparado con suficiente repelente para insectos.

ALOJAMIENTOS TURÍSTICOS

Aunque debería contar con ello, Coro carece de una bella mansión antigua restaurada y convertida en posada para turistas. De modo que no hay alojamientos especialmente atractivos en este sentido, pero tiene la alternativa de seguir viajando hasta alcanzar las refrescantes colinas de la Sierra de San Luis.

Moderado

El **hotel Miranda Cumberland**, ☎ (068) 523022, FAX (02) 7616681, avenida Carnevalli, delante del aeropuerto, al norte del centro colonial, es el alojamiento de mejor categoría y una buena opción. Las habitaciones se han modernizado y son confortables. En el interior del hotel hay además un restaurante, una piscina grande y varias tiendas.

Económico

El siguiente en la escala es el **hotel Intercaribe**, ☎ (068) 511844, FAX (068) 511434, de situación muy céntrica, en la avenida Manaure con calle Zamora, y es el favorito entre los hombres y mujeres de negocios.

En general, las habitaciones son aceptables, pero pida verlas antes.

Su restaurante y también su tasca son populares a la hora de comer, y la pequeña piscina es un agradable extra para los huéspedes.

En cuanto a los demás hoteles del centro, ni el Capri ni el Colonial ni el Roma son recomendables. Pero existe la alternativa de una pequeña fonda en la calle Comercio, 46, **La Fonda Coriana**, ☎ (068) 526245, una empresa familiar, con ocho habitaciones sencillas alrededor de un patio interior.

La **posada El Gallo**, ☎ (068) 529481, calle Federación, 26, es un lugar de encuentro de excursionistas. Los dueños son una pareja franco-venezolana. La posa-da tiene nueve habitaciones con lo más indispensable. Eric también alquila bicicletas y, además, es una buena fuente de información local.

RESTAURANTES

Coro es famosa por sus especialidades preparadas con leche de cabra, entre ellas: el queso coriano, el queso de cabra; la nata, mitad mantequilla y mitad crema salada; y la favorita de los niños, el dulce de leche. El plato más típico de la región es el chivo en coco, un cabrito preparado con leche de coco.

El restaurante del interior del aeropuerto, el **Aero-Club**, ofrece una buena relación calidad-precio; mientras que el restaurante del **hotel Miranda Cumberland** es más clásico y tiene una buena reputación. **El Portón de Arturo** está especializado en carne preparada a la parrilla en un agradable entorno rústico, con un pequeño grupo musical que toca durante los fines de semana. Para algo poco sofisticado pero muy agradable, pruebe **La Colmena** en la calle Comercio, con un patio sombreado donde hay una galería, una agencia de viajes y tiendas. En la calle Josefo Camejo, en el **Taco Taco**, se sirven sabrosos platos mexicanos. La mejor panadería de la ciudad es la **Costa Nova**, enfrente del hotel Intercaribe.

CÓMO LLEGAR

El aeropuerto de Coro, muy cerca del centro, frente al Miranda Cumberland, no es precisamente una colmena llena de actividad, aunque Avensa ofrece dos vuelos diarios a Caracas, vía Barquisimeto, donde puede hacer transbordo hacia otras ciudades del país. También puede hacer un breve viaje con **Aero Falcón**, ☎ (068) 517884, para saltar a las islas ABC: Aruba, Bonnaire y Curaçao, las tres de nacionalidad holandesa. Una alternativa acertada es el aropuerto Las Piedras (*véase* PUNTO FIJO, pág. 128) con mejores comunicaciones hacia el resto de Venezuela.

La terminal de autobuses está en la avenida Los Médanos, a unos 20 minutos de viaje en uno de los pequeños autobuses desde el centro antiguo de la ciudad. Existe una línea de autobuses, con varias salidas diarias, que se dirige al este y al oeste de Maracaibo, y también otros con destino a Mérida y a los Andes. Para ir a la península de Paraguaná hay una línea regular a Punto Fijo, mientras que Adícora es menos popular. Y por supuesto aquí también hay todoterrenos que van hacia el sur, a la Sierra de San Luis y a Curimagua.

EL PARQUE NACIONAL MÉDANOS DE CORO

Los médanos de Coro, un entorno fuera de lugar en medio de este país tropical y exuberante, ofrecen una excelente oportunidad de sentirse como en el desierto. El parque nacional, establecido en 1974 para proteger este entorno único, cubre la enorme dimensión de 912 km^2 con sus grandiosas dunas de arena salpicadas esporádicamente por algún cacto o alguna planta xerófita (capaz de sobrevivir con un mínimo de humedad).

El parque se extiende desde las fronteras al norte de Coro, del «cuello del gigante» del istmo de Paraguaná, hasta Adícora en la costa oriental de la península. Con la última luz de la noche, o con los primeros rayos del sol de la mañana, la combinación del efecto de los fuertes vientos de la región con las líneas onduladas de las dunas constituye una experiencia inolvidable. Dado que se han registrado algunos asaltos a turistas, es aconsejable no apartarse demasiado de los puntos de entrada al parque, en especial si viaja solo.

CÓMO LLEGAR

Hay dos puntos de acceso al parque. Para llegar a la entrada oriental, que es la más popular, tome en la calle Falcón el autobús que lleva el letrero de «Carabobo», baje después de pasar el Monumento a la Federación. Desde aquí, camine por la amplia avenida hasta la glorieta del Monumento a la Madre, donde hay quioscos y vendedores ambulantes que ofrecen refrescos. En lugar del autobús, también puede coger un taxi desde el centro de la ciudad, las tarifas son razonables. La entrada del norte está cerca de la autopista a Punto Fijo, una prolongación de la avenida Los Médanos

PÁGINA ANTERIOR Y SUPERIOR: La Casa del Tesoro, construida alrededor de 1770. PÁGINAS SIGUIENTES: Los cambiantes médanos, al norte de Coro.

de Coro, al norte de la plaza La Concordia. Esta entrada es mucho más tranquila y limpia.

LA PENÍNSULA DE PARAGUANÁ

La forma de la península de Paraguaná, la mayor de Venezuela, al contemplarla en el mapa, se parece al perfil de una cabeza humana que sobresale de la costa del estado de Falcón. Buena parte de la extensión de Paraguaná es árida, con viejas iglesias encaladas y blanqueadas, bajo un sol implacable y un cielo de color azul metálico. No existe ni un solo río permanente, y solamente llueve durante 40 días al año. Es una extensión plana, con una única montaña, el cerro Santa Ana, de 815 m de altura sobre el nivel del mar, que se alza imponentemente. La mayor parte de la vegetación es xerófita, dominada por las columnas en forma de dedo del cacto «cardón». No obstante, en las pendientes de la montaña se pueden encontrar algunas especies propias de las selvas pluviales.

Aunque la modernidad de los tiempos actuales haya llegado en cierta forma con las refinerías de petróleo de la costa occidental, las viejas ciudades coloniales de Santa Ana, Moruy, Jadacaquiva y Baraived, en el interior, parecen haberse quedado atrapadas en el tiempo. En las orillas orientales, cerca de Adícora, los fuertes vientos de la región atraen a aficionados al *windsurf* de todo el mundo. Toda la península es un lugar estéril y espectacular. Si tiene suficiente tiempo, alquile un coche en Coro para explorar las viejas ciudades de la península y sus iglesias y quédese a comer en Adícora.

PUNTO FIJO

Aunque Punto Fijo sea la mayor ciudad de la península, con transporte y buenos entretenimientos, desde luego no es una ciudad para turistas. Para ser honestos, es una ciudad de paso hacia las Antillas Holandesas. Es una tierra extensa y polvorienta con pocos rasgos distintivos.

Información turística

El **Banco Unión** se encuentra en la Calle 79, cerca de la Avenida 21. Si quiere cambiar dinero, lo mejor es ir a la Casa Fukayama, avenida Bolívar, entre las calles Altagracia y Girardot y, para los cheques de viaje el **Banco Consolidado**, en la calle Falcón con avenida Bolívar.

Alojamientos turísticos

Si necesita pasar la noche aquí, Punto Fijo tiene una serie de hoteles económicos. Reserve con suficiente antelación, ya que, independientemente de la temporada turística, las habitaciones suelen estar siempre ocupadas. El mejor es el **hotel El Cid**, ☎ (069) 455245, en la calle Comercio con avenida Bolívar, con aire acondicionado, televisión y habitaciones decentes. El **hotel Presidente**, ☎ (069) 458964/5156, situado en la avenida Perú con la calle Cuba, resulta ligeramente más económico.

Cómo llegar

El aeropuerto de Punto Fijo está a unos 10 km al norte de la ciudad y se conoce como Las Piedras. **Avensa**, ☎ (069) 461893, vuela a Caracas y a las islas ABC; también hay vuelos a Maracaibo y se prevé un vuelo regular a Mérida.

La parada de autobuses para ir a otras ciudades de la región está cerca del mercado, al sur del centro de la ciudad. También las *busetas*, que cubren la ruta a otros poblados de la península, salen desde aquí. Pero las compañías de autocares de largas distancias, que se dirigen a la mayoría de las ciudades de oriente y occidente, tienen sus terminales propias: **Expresos Occidente**, en calle Comercio, cerca del hotel Caribe, y **Expresos Alianza**, en la avenida Colombia.

LOS ALREDEDORES DE PARAGUANÁ

Los tres picos del cerro Santa Ana dominan la península. Alrededor de la montaña hay pequeños pueblos con viejas iglesias, donde sus gentes descansan a la sombra de las casas. La autopista, tras pasar el estrecho istmo de la península, se divide en el tramo oriental, que va a Adícora, y el occidental, a Punto Fijo. Cuando vaya a **Santa Ana**, no deje de visitar la iglesia de Santa Ana, la más antigua de la península, cuyos gruesos muros de fortaleza blanqueados y brillantes datan del siglo XVIII. También merece la pena ver la iglesia colonial y remodelada y las tiendas, donde venden sillas hechas de cacto «cardón», de **Pueblo Nuevo**, así como las iglesias de Moruy, Jadacaquiva y Baraived. El camino más fácil para subir al cerro de Santa Ana sale de Moruy. Infórmese en **Inparques**, ☎ (069) 86185, en Santa Ana.

ADÍCORA

De todas las ciudades de la península, Adícora es la única con hospedajes atractivos. Si a este hecho le añadimos buenas playas y los esfuerzos realizados últimamente en la restauración de mansiones antiguas, no es de extrañar que la ciudad de Adícora sea cada vez más popular entre los turistas nacionales. Los extranjeros se sienten más atraídos por el pequeño pueblo de pescadores, donde los vientos soplan con fuerza durante todo el año y los **surfistas** pueden disfrutar de condiciones perfectas, en especial entre enero y julio.

Durante siglos, la ciudad fue el puerto principal de Paraguaná, y desde aquí se exportaban maderas nobles y sal a las colonias holandesas. La influencia de las Antillas se refleja en la arquitectura de las encantadoras casas a orillas del mar, con sus techos a dos aguas, sus florones, rejillas y postigos y, naturalmente, sus paredes pintadas de colores brillantes.

Alojamientos turísticos

El lugar más agradable en el centro de la ciudad es una de las dos posadas de los Kitzberger, una familia muy amigable. La primera, situada a orillas del mar y conocida como la **Casa Rosada**, ☎ (069) 88004, tiene sólo dos habitaciones alrededor de un patio y un bonito restaurante donde sirven sabrosos platos. La segunda, la **Casa Carantona**, ☎ (069) 88173, una manzana detrás, tiene 10 habitaciones recientemente decoradas, la mitad con aire acondicionado. Ninguna de las dos tiene agua caliente, pero seguramente no va a necesitarla.

El edificio principal del **Posadas Vacaciones Moustacho**, ☎ (069) 88210, FAX (069) 88054, moustacho@eldish.net, www.pfo.eldish.net/moustacho, está en la calle Charaima, bien indicado en toda la ciudad. Aparte de ofrecer una gama de habitaciones de distintos tamaños y de apartamentos con cocina, dispone de otras habitaciones y apartamentos en toda la ciudad, y también alquila todo lo necesario para la playa, como tablas para practicar *windsurf*. Además organiza excursiones por la isla así como excursiones en embarcaciones.

Hay dos lugares en la playa al sur de Adícora que son ideales como base para los surfistas. El primero, **Windsurf Adícora**, ☎ (069) 88224, www.adicora.com, con cuatro habitaciones con ventiladores y cuartos de baño compartidos, es del joven alemán Alex Hausmann y de su esposa venezolana, Zully; también alquilan equipo para *windsurf* y organizan excursiones por la península. Un poco más lejos está **Archie's**, ☎ (014) 6912137, que tiene dos casas separadas, con cocina equipada, para dos o tres parejas.

Por último, aunque bastante alejada de la ciudad, está la **hacienda La Pancha**, ☎ (014) 9692649 o (02) 987 0081, haciendapancha@hotmail.com, que se encuentra a unos 4 km de Adícora, a la izquierda de la carretera a Pueblo Nuevo. Es fácil encontrarla, ya que la posada, probablemente la más encantadora de la península, está en la cima de la colina de una región poco habitada. Se ofrecen platos de cocina francesa y catalana. Haga la reserva con antelación, pues se trata de una posada bastante solicitada y los dueños, por lo general, sólo abren los fines de semana.

Cómo llegar

Desde las primeras horas de la mañana hasta la noche hay una línea regular de autobuses, de ida y vuelta, a Coro (una hora), y también a Punto Fijo; además hay buses pequeños a Pueblo Nuevo.

LA SIERRA DE SAN LUIS

Desde los llanos de la costa al sur de Coro, se elevan las montañas de la Sierra de San Luis con un área boscosa, fresca y húmeda, y algunos viejos pueblos típicos, con senderos, cascadas, cuevas subterráneas, aves que cantan y unos cuantos lugares encantadores para descansar. Tras el calor de la costa, las temperaturas frescas y los anocheceres neblinosos de la sierra son como una brisa de aire fresco y reconfortante. Incluso si sube por las montañas desde Coro, sus esfuerzos se verán recompensados por la vista sin igual de la costa, en los días de buena visibilidad.

Si tenemos en cuenta la importancia de la sierra, por el agua que genera, sorprende que el **parque nacional Juan Crisóstomo Falcón** no se creara hasta 1987. El parque cubre una superficie boscosa de 20.000 ha con numerosas cascadas, aves, entre ellas los guácharos, papagayos pequeños, y lagartos y serpientes; y una parte del viejo **Camino de los Españoles**.

SUPERIOR: La iglesia de Santa Ana en Paraguaná, es de un blanco deslumbrante.

INFORMACIÓN TURÍSTICA

Los tres grandes poblados de la sierra: San Luis, Curimagua y Cabure, forman un triángulo al sudoeste del parque, con excelentes lugares para ser explorados. Si quiere visitar Cabure, es una buena opción ir por Curimagua y San Luis, a pesar de que la carretera está en bastante mal estado, para después volver a Coro por la ruta oriental.

Todos los propietarios y encargados de las posadas indicadas más abajo también organizan excursiones por estas zonas o le pueden aconsejar cómo llegar a los lugares más interesantes. Aunque los medios de transporte sean aceptables, si alquila un coche en Coro, podrá ver más cosas e ir a su aire.

VISITAR LA SIERRA

De todos los poblados de la sierra, **San Luis** es uno de los más atractivos. Se fundó en 1590 y se encuentra en medio de una colina; tiene una iglesia encantadora y varias casas antiguas alrededor de la plaza, recientemente restauradas. La gente del pueblo le indicará cómo llegar a la cueva de Peregüey y a las cascadas.

Se cree que el **Haitón de Guarataro**, que se encuentra en una vieja carretera de tierra entre Curimagua y San Luis, es una de las más profundas de este tipo de formaciones geológicas. El «sumidero» llega hasta los 305 m de profundidad, con un ancho de tan sólo 12 m. Desde la cabaña de Inparques, en la carretera, hay un pequeño sendero con letreros indicadores.

Después de visitar las cascadas en las montañas, la mayoría de la gente se dirige a las **cataratas de Hueque**, a unos 7 km al este de Cabure. No vaya los fines de semana. Hay una vieja ruta española, el **Camino de los Españoles**, que atraviesa la Sierra de San Luis. Los propietarios de las posadas locales le pueden guiar o indicarle las mejores rutas para una caminata.

ALOJAMIENTOS TURÍSTICOS Y RESTAURANTES

En la sierra no hay ningún hotel de lujo, pero la amabilidad genuina y el amor de los propietarios de las posadas por estas pequeñas montañas maravillosas compensan con creces la falta de detalles lujosos.

En Curimagua hay varias opciones. A la derecha, si llega procedente de La Negrita y Coro, se encuentra la **finca el Monte**, ✆/FAX (068) 518271 (mensajes), de una pareja suiza, Úrsula y Ernesto, que cuenta con tres habitaciones confortables a precios razonables, en medio de su finca ecológica. También organizan excursiones para conocer las atracciones del lugar.

La posada de aspecto más auténtico de todas, construida de acuerdo con el método tradicional de *bahareque*, es **La Soledad**, ✆/FAX (014) 6908889 (es indispensable reservar con antelación) su nombre está más que justificado, ya que se encuentra más adelante, en la carretera (debe llamar por teléfono para que le indiquen el camino). La posada ofrece una vista impresionante de la costa y es muy acogedora, aunque la decoración interior de esta casa de piedra y vigas de madera es bastante espartana. Pol Acosta y su hermano han dedicado mucho trabajo a este lugar y además conocen la zona perfectamente. Aparte de las excursiones en todoterreno, también organizan recorridos a caballo.

CÓMO LLEGAR

En la terminal de autobuses de Coro hay un servicio de todoterrenos en dirección a Curimagua, y también hay algunos a San Luis (por la carretera occidental) y a Cabure (por la carretera oriental). El transporte entre las ciudades de la sierra es bastante esporádico, pero hay *carritos* que comunican los tres pueblos a diario.

BARQUISIMETO

Barquisimeto, una de las primeras ciudades de Venezuela, fundada en 1552 y la cuarta ciudad más grande, tiene fama de ser una de sus capitales musicales y también de ser el granero de toda la producción agrícola del país. Debido a los graves daños sufridos durante el terremoto de 1812, queda poca arquitectura colonial, y los urbanistas modernos se han encargado de destruir sus restos. No obstante, el área alrededor de la plaza Lara aún conserva el encanto del Viejo Mundo. Y desde luego, la ciudad de Barquisimeto, con toda su música y su mercado, merece ser el orgullo local.

INFORMACIÓN TURÍSTICA

La **oficina de turismo** de la ciudad, ✆ (051) 537544, se encuentra al nordeste del centro histórico, cerca del

Parque Ferial, en el edificio Fundalara, avenida Libertador; abre de lunes a viernes, de 08.00 a 12.00 horas, y de 14.30 a 18.00 horas. Para desplazarse hasta allí desde el centro de la ciudad, coja el autobús de la línea 12. Vale la pena ir si quiere información sobre algún concierto u otro evento. Como alternativa, puede comprar un periódico local. En la oficina de **Inparques**, ((051) 548118, en el interior del parque del Este, cerca de la avenida Los Leones, al sur del Parque Ferial, le informarán sobre los importantes parques nacionales de Lara, el Yacambú y el Terepaima.

La mayoría de los bancos se encuentran a lo largo de la avenida Vargas, entre las Avenidas 23 y 20. La agencia de viajes **Turisol**, al lado del hotel Hevelin, también cambia cheques Amex.

El acontecimiento mayor de Barquisimeto es la **Fiesta de la Divina Pastora**, que se celebra alrededor del día de la santa patrona, el 14 de enero. Hay una procesión con la imagen de la Virgen María que va desde la iglesia del pueblo de Santa Rosa hasta la catedral, pasando por todas las iglesias de la ciudad. Es la mayor celebración de Barquisimeto, con grandes eventos deportivos en el Parque Ferial, conciertos y una gran feria agrícola. Durante el mismo mes de enero, también se celebra un gran **concurso de canto y de coros**. Además, vale la pena mencionar la **Fiesta de la Zaragoza**, el 28 de diciembre, cuando la gente, vestida con trajes multicolores y acompañada por bandas de músicos, invade las calles de la ciudad.

VISITAR BARQUISIMETO

La sombreada plaza Bolívar está rodeada por edificios modernos, a excepción de la **iglesia de la Concepción**, al sur de la plaza. El terremoto de 1812 destruyó la iglesia anterior, una construcción del siglo XVI, la primera catedral de la ciudad, que más tarde se volvió a construir. Una manzana al sur está el **Museo de Barquisimeto**, situado en el interior de un edificio enorme, en sus orígenes un hospital (por este motivo tiene una capilla) construido alrededor de 1910. Actualmente, en el museo se pueden ver objetos históricos, y también se celebran exposiciones culturales y artísticas; además es posible admirar la impresionante colección de arte y artesanía precolombina de La Salle. Abre de lunes a viernes, de 09.00 a 12.00 horas, y de 15.00 a 18.00 horas; y los fines de semana, de 10.00 a 17.00 horas.

Hacia el este se halla la **plaza Lara**, uno de los lugares más agradables de la ciudad, con sus edificios históricos restaurados, entre los cuales destaca la **iglesia de San Francisco**. Al este de la plaza está el **Centro de Historia Larense** con sus dos patios, y desde donde se puede admirar una colección ecléctica de objetos históricos, armas y muebles; mientras que el **Ateneo**, se dedica a toda clase de eventos culturales. Bajando la colina, al este de la plaza, se llega a la **Concha Acústica**, allí se puede asistir a conciertos y bailes.

La **catedral** de la ciudad, de estilo modernista, se construyó después del derrumbe de la iglesia de San Francisco durante uno de tantos terremotos. Es difícil no verla, en la esquina de la avenida Venezuela (Carrera 26) y la Calle 29. Su innovador diseño parabólico no revela precisamente el buen gusto arquitectónico, pero su interior, de color cobalto debido a las vidrieras azules con una gran figura de Cristo suspendida, causa una

PÁGINA ANTERIOR Y SUPERIOR: Cacto «cardón» en las colinas, al pie del cerro Santa Ana.

mejor impresión. Hay misa todas las tardes, alrededor de las 18.00 horas.

Barquisimeto, asimismo, dispone de varios espacios verdes, para sentarse a leer, o para una pequeña siesta. El parque más pequeño, el **Bosque Macuto**, con sus elegantes palmeras reales, está al sur del río Turbio; mientras que el **parque zoológico Bararida** y el **Parque del Este**, ambos muy agradables, están situados al nordeste del centro histórico. El zoo está abierto de martes a domingo, de 09.00 a 17.00 horas. Muy cerca hay un lago artificial y varios parques con juegos infantiles.

En el **mercado Terepaima**, cerca de la catedral, puede ver un pequeño reflejo de la gran riqueza agrícola de la ciudad. El sábado es el mejor día de mercado y también el de mayor movimiento.

ALOJAMIENTOS TURÍSTICOS

Barquisimeto no tiene hoteles impresionantes, pero son bastante buenos, en general, y además, no suben los precios durante la temporada alta.

Caro

El mejor hotel es el **Barquisimeto Hilton**, ☎ (051) 536022, FAX (051) 544365, Urbanización Nueva Segovia, Carrera 5 entre 5 y 6, con frecuentes ofertas. El hotel no está muy cerca de los lugares de interés, pero ofrece un ambiente muy agradable y cuenta con piscina, pistas de tenis y acceso al campo de golf. Se recomienda su restaurante francés, Le Provençal, mientras que el criollo, El Turbio, ofrece una hermosa vista sobre el río.

Moderado

Entre los diversos hoteles del centro destaca el **hotel Príncipe**, ☎ (051) 312111, FAX (051) 311731, Calle 23 con Carreras 18-19, de cuatro estrellas, que cuenta con casi 100 habitaciones, un restaurante clásico italiano y una piscina. En el caso de que estuviera completo, vaya al **hotel Bonifran**, ☎ (051) 316809/317509, en Carrera 19 con Calle 31, también muy céntrico.

Económico

Una de las mejores opciones en esta gama es el **hotel Florida**, ☎ (051) 329804, en la Carrera 19 entre las Calles 31 y 32. Todas las habitaciones tienen aire acondicionado y televisión. El **Hotel del Centro**, ☎ (051) 314525, en la Avenida 20 con Calle 26, tiene habitaciones dobles, pequeñas y limpias, todas con aire acondicionado, a precios razonables. Si solamente está de paso y necesita un hospedaje cerca de la terminal de autobuses (que no es precisamente la zona más recomendable), el **hotel Yaguara**, ☎ (051) 453956, es muy sencillo pero aceptable.

RESTAURANTES

En la avenida Lara, en el área este del centro histórico, hay varios restaurantes buenos, donde la gente de la ciudad acude los fines de semana. Uno de ellos, **El Llanero**, tiene fama por sus sabrosas parilladas. **La Casarella**, Carrera 15 con Calle 25, más céntrica, prepara sabrosos platos italianos, mientras que la **Villa del Mar**, en la Avenida 20 con Calle 19, es uno de los mejores restaurantes de la ciudad con un menú de pescados y mariscos, además por las noches hay música y baile. Para los vegetarianos está el **Centro Integral Tiempo Natural**, en Carrera 15 entre las Calles 24 y 25. Y si quiere desayunar o tomar un café, lo mejor que puede hacer es ir a visitar la **pastelería Café Majestic**, en Carrera 19, entre las Calles 30 y 31.

El **Tequila Club**, un club nocturno muy animado, en Carrera 18, entre las Calles 31 y 32, ofrece una gran variedad de música y además noches especiales.

CÓMO LLEGAR

El aeropuerto de Barquisimeto está 4 km al sudoeste del centro de la ciudad. Aproximadamente hay nueve vuelos diarios a Caracas, así como salidas, con Avensa, a Coro, Barcelona, Porlamar, Puerto Ordaz, Maturín y Maracaibo. También hay agencias de alquiler de coches en la ciudad como Hertz.

La terminal de autobuses de Barquisimeto se halla al noroeste del viejo centro de la ciudad, y hay muchos *carritos* para llegar allí (ruta 15). Hay carreteras por todo el país, y no hay problemas para viajar en autobús a los Andes (Valera, Mérida, San Cristóbal), o hacia el oeste (Maracaibo), al norte a Coro, o hacia el sur de los Llanos (Guanare y Barinas). Hay un gran número de líneas de autobuses con ruta a diversas ciudades.

CHIVACOA

La pequeña ciudad de Chivacoa, 60 km al este de Barquisimeto, en la carretera a Valencia, sería completamente desconocida si no fuera por la figura misteriosa de María Lonza. En las montañas al sur de la ciudad hay miles de seguidores de los cultos más extraños de Venezuela, que se reúnen en sus respectivos santuarios. El día más importante para ellos es el Día de la Raza, que se celebra el 12 de octubre, aunque muchos creyentes también acuden durante los fines de semana y en época de vacaciones, especialmente en Semana Santa.

Alojamientos turísticos

Si piensa pasar una noche aquí, hay algunos lugares decentes y económicos cerca de la plaza Bolívar. El **hotel Leonardo**, ☎ (051) 830866, en Avenida 9 con Calle 11, y el **hotel Venezia**, ☎ (051) 830544, en Avenida 9 con Calle 12, son aceptables.

Cómo llegar

Si coge el autobús más rápido que va de Barquisimeto a Valencia, tendrá que bajarse en la autopista, unas cuantas manzanas al norte de la plaza Bolívar; pero si viaja en uno de los más pequeños o por puestos que comunican Barquisimeto con Chivacoa, la parada se encuentra más cerca de la ciudad.

CERRO DE MARÍA LONZA

Geográficamente, las montañas con su exuberante vegetación situadas al sur de Chivacoa forman parte del Macizo de Nirgua, pero en realidad y en todas partes se conocen como el cerro de María Lonza. El culto a María Lonza es una amalgama intrigante, que combina prácticas cristianas con creencias indígenas precolombinas y vudú africano, con una pizca de exótica oriental y también de santería cubana.

A María Lonza, a la que generalmente se describe como una hermosa mujer que cabalga sobre un tapir, también se le llama «La Reina», y entre su corte podemos ver figuras históricas como el jefe indio Guaicaipuro y Negro Miguel, un esclavo que encabezó una rebelión en 1552. Tras estos Tres Grandes, van otras figuras, como el eminente doctor José Gregorio Hernández; la santa patrona de Venezuela, la Virgen de Coromoto, e incluso el mismo Simón Bolívar. Después les sigue una lista cada vez más larga de otras deidades menores.

En la montaña, hay dos grandes áreas que se consideran los santuarios principales de «La Reina» y su corte: **Sorte** y **Quibayo**. Es más facil llegar a Quibayo, donde incluso hay una oficina de Inparques. Es importante tener presente que los seguidores del culto se toman su devoción muy en serio, y es probable que no sean muy amables con los turistas curiosos.

Cómo llegar

Hay un servicio de todoterrenos con varias salidas a la semana, que sale de la plaza Bolívar de Chivacoa y va hasta la entrada del santuario de Quibayo. Aquí esperan a los pasajeros para llevarlos de vuelta a la ciudad. El viaje dura algo menos de media hora.

SAN FELIPE

San Felipe, la capital del estado de Yaracuy, se encuentra a mitad de camino entre Chivacoa y la ciudad costera de Morón, y sigue siendo el centro comercial del estado, aunque su importancia actual dista mucho de la que tenía en sus días gloriosos, durante el siglo XVIII, cuando se regodeaba de ser el cuartel general regional de la importante Compañía Guipuzcoana. Hasta el momento del declive de la industria del cacao, su influencia en la economía del centro de Venezuela fue esencial.

Después del gran terremoto de 1812, toda la ciudad quedó virtualmente destruida, y la nueva ciudad se construyó en unos terrenos al norte de la anterior. Ahora, las ruinas antiguas forman parte del encantador **parque El Fuerte**, y vale la pena visitarlo si le viene de paso. Desde la ciudad también tiene acceso a la parte sur del **parque nacional Yurubí**.

AL SUDOESTE DE BARQUISIMETO

Las colinas verdes, parte de un espolón andino, al sudoeste de Barquisimeto, aportan una dosis de aire fresco a los habitantes de la ciudad durante los fines de semana; mientras tanto, en los valles se cultiva café, patatas, aguacates y flores. En toda la región se pueden encontrar huellas históricas, como muchas iglesias antiguas en medio de los pueblos, y restos de viejos poblados indígenas. De hecho, toda la cerámica de Quíbor está inspirada en los hallazgos descubiertos durante la década de 1960.

TINTORERO

Tintorero está situado al oeste y a media hora de viaje de Barquisimeto, y es conocida en todo el país por sus tejedores y tintoreros, los cuales confeccionan hamacas, alfombras y mantas que se cuentan entre las más bonitas de toda Venezuela. Muchos habitantes de la ciudad son artesanos, dedicados a la fabricación de muebles y a la elaboración de instrumentos musicales, como por ejemplo la peculiar guitarra de cuatro cuerdas, la *cuatro*, tan adorada por los músicos venezolanos. Hay una feria internacional de artesanos a finales de junio, que literalmente inunda la ciudad.

QUÍBOR

Si continúa por la autopista 7 en dirección oeste, la siguiente ciudad es Quíbor, famosa por las cerámicas halladas durante las excavaciones en un antiguo cementerio indio. La **iglesia de Nuestra Señora de Altagracia**, del siglo XIX, se encuentra en la plaza Bolívar, y no muy lejos de ella hay varios talleres donde se venden imitaciones de estas cerámicas tan peculiares.

PÁGINA ANTERIOR: Un parrandero en las fiestas de la Divina Pastora en Barquisimeto, orgulloso de su sombrero de hoja de palma.

En el **Museo Arqueológico** se exhibe la mayor parte de la cerámica hallada en el cementerio indio, con extraños diseños, como jarras con tres pies y figuras humanas. El museo se encuentra a dos manzanas en dirección norte de la plaza Bolívar, en la Avenida 10, y está abierto de martes a viernes, de 09.00 a 12.00 horas, y de 14.30 a 18.00 horas.

Si continúa por la avenida en dirección norte, se llega a la capilla achaparrada, pero muy ornamentada, de la **ermita de Nuestra Señora de Altagracia**, que domina toda la gran plaza de la ciudad. Solamente tendrá la oportunidad de admirar el interior si llega un 18 de enero, el día del santo de la patrona, aunque si su fecha de llegada es otra, podrá verlo también si escucha misa por la mañana.

Al salir de Quíbor tiene la opción de seguir por la autopista 7, para ir a El Tocuyo; seguir en dirección sudoeste a Sanare, o hacia el sur, hasta Cubiro.

El Tocuyo

Si lo contemplamos ahora, parece casi imposible que El Tocuyo, 30 km al sudoeste de Quíbor, haya sido la capital de la provincia de Venezuela (de 1546 a 1577), y una de las primeras ciudades de las Américas. No obstante, si se combina su nombre completo y bastante ostentoso de Nuestra Señora de la Pura y Limpia Concepción del Tocuyo con los fértiles valles alrededor de la ciudad (donde se plantó la primera caña de azúcar de Venezuela), las siete iglesias y las grandes mansiones que se encontraban en la ciudad, seguramente se podrá imaginar su importancia..

Lamentablemente, en 1950 un terremoto destruyó una gran parte de la arquitectura colonial de El Tocuyo; y siguiendo las órdenes del dictador Marcos Pérez Jiménez, todos los edificios dañados fueron demolidos a fin de crear espacio para construir una ciudad más «moderna».

Visitar El Tocuyo

La **iglesia de Nuestra Señora de la Concepción**, reconstruida después del terremoto, es la más importante de la ciudad; está ubicada en una gran plaza a dos manzanas en dirección oeste de la plaza Bolívar. Tiene una maravillosa fachada de color rosa y un campanario muy ornamentado; en su interior, detrás del altar, luce un bellísimo retablo: uno de los mejores ejemplos de talla en madera de todo el país, en especial notable por la ausencia de decorados pintados.

En la **Casa de la Cultura**, instalada en un viejo convento en la plaza Bolívar, se exhiben fotografías de la gran devastación causada por el terremoto; y en el **Museo Arqueológico J. M. Cruxent** se puede ver una modesta colección de cerámicas de los indios, así como otras piezas de la época hispánica. El museo está abierto de miércoles a viernes, de 15.00 a 18.00 horas, y los fines de semana, de 09.00 a 14.00 horas. El **Museo Lisandro Alvarado**, en la Calle 17, es otro pequeño museo sencillo donde se expone una colección de objetos históricos; abre de martes a viernes, de 09.00 a 12.00 horas y de 14.30 a 17.00 horas, los fines de semana, de 10.00 a 16.00 horas.

La fiesta mayor de la ciudad de El Tocuyo atrae a gente de todas las regiones de Venezuela y del extranjero. Se celebra el 13 de junio, el día de san Antonio de Padua, y la gente del lugar, vestida con coloridos atuendos, lo celebra con el **Tamunangue**, un baile compuesto por siete partes.

Alojamientos turísticos

Uno de los lugares más agradables de toda la región para hospedarse es la **posada Colonial**, ☎ (053) 632495, avenida Fraternidad, entre Calles 17 y 18, que ocupa una bella mansión antigua al lado de la Casa de la Cultura. Las tarifas son económicas. Los propietarios, muy agradables, disponen de 24 habitaciones con aire acondicionado y cuarto de baño, aunque sin agua caliente. La comida de su restaurante es buena, y en el jardín posterior de la casa hay una piscina.

SANARE

Después de abandonar El Tocuyo, siga la carretera serpenteante primero en dirección sur y después hacia el este; o si sale de Quíbor, vaya hacia el sur directamente, hasta la ciudad de Sanare, en medio de las colinas. Es un lugar agradable, y vale la pena visitar su pequeña iglesia de Santa Ana. En el barrio conocido como El Cerrito, alrededor de la plaza Bolívar, se han hecho algunas renovaciones en los últimos años. Sanare también es la ciudad «trampolín» para entrar al parque nacional Yacambú.

Alojamientos turísticos y restaurantes

La mejor opción en Sanare es la **Posada Turística El Cerrito**, ☎ (053) 49016, cerca de la plaza Bolívar, una construcción de estilo colonial, con habitaciones sencillas pero agradables, con agua caliente y televisión. El propietario también se encarga de organizar recorridos por la ciudad y sus alrededores, así como por el parque nacional Yacambú.

Muy cerca, al lado de la plaza, está el **restaurante Yacambú**, que prepara sabrosos platos, y el **Cántaro de Miel**, donde se pueden tomar ligeros tentempiés y dulces, miel.

EL PARQUE NACIONAL YACAMBÚ

Yacambú, otro de los fantásticos parques nacionales de Venezuela, combina los dos elementos de los ecosistemas de los Andes y de la zona costera. Las montañas del parque alcanzan una altura de más de 2.000 m, y una parte de ellas se conoce como la Sierra Portuguesa. Para más detalles sobre excursiones y cuestiones de conservación, póngase en contacto con la Sociedad Audubon en Caracas (*véase* EXCURSIONES ORGANIZADAS, pág. 52, en USTED ELIGE).

Cómo llegar

El transporte para la ida y vuelta del parque es irregular. Lo mejor es ir en coche o *por puesto* desde Sanare, pero es recomendable que antes de ir haga las gestiones pertinentes para el viaje de regreso.

CUBIRO

Si se inclina por la tercera opción de salida desde Quíbor, hay una bonita carretera que conduce a la pequeña ciudad de Cubiro, a 18 km de distancia, en el extremo norte del parque nacional Yacambú. Cubiro, es una agradable ciudad de montaña, con numerosos senderos para explorar las colinas de los alrededores, aunque algo menos pintoresca que Sanare. Es interesante mencionar que su fundador, Diego de Losada, abandonó la ciudad para fundar otra, Caracas.

Alojamientos turísticos y restaurantes

Las posadas de Cubiro son muy sencillas; no obstante, hay dos que vale la pena mencionar, y además sus propietarios son muy agradables y están siempre dispuestos a ayudar. La **posada Agua Viva**, ☎ (053) 48065, calle Palermo con calle Agua Viva, destaca por sus muros exteriores de color pardo. Aunque sólo disponga de una habitación confortable, su ubicación, con vistas espectaculares al valle y a las montañas, y la sensación de bienestar general en la posada, son inmejorables.

El **hotel Diego de Losada**, ☎ (053) 48142, FAX (02) 793 2191, una vieja mansión restaurada, está en la calle Sucre, a una manzana bajando de la plaza Bolívar. El hotel cuenta con un atractivo restaurante, un patio agradable y ofrece una hermosa vista a los alrededores. El propietario, Francisco Leitz, dispone de una serie de habitaciones dobles y también de *suites*, todas muy bien decoradas y con agua caliente. Tal vez le apetezca probar los platos del restaurante de la **Posada Turística La Flor Serrana**, en la calle Consuelo.

CÓMO LLEGAR

Hay un servicio regular de autobuses que comunica todos los poblados antes mencionados, únicamente tiene que preguntar por la parada. Desde luego, si alquila un coche en Barquisimeto puede explorar toda la región, con sus parques y poblados, a su aire. Lo que asimismo significa que puede continuar por la autopista 7, al sur de El Tocuyo, hasta Biscucuy, en el estado de Portuguesa. Sin duda, la carretera al sudoeste, que va de Biscucuy a Boconó, es uno de los accesos más bellos que le dirigirán a los Andes (*véase* EL ESTADO DE TRUJILLO, pág. 144, y DE RUTA POR LA CARRETERA, pág. 34, en USTED ELIGE).

CARORA

Si viaja por la autopista 17 en dirección a Maracaibo, Carora, la segunda ciudad mayor del estado de Lara, se encuentra a unos 100 km al oeste de Barquisimeto. Aunque la parte moderna de la ciudad no ofrece nada que valga la pena mencionar, toda la parte antigua, recientemente restaurada, renovada, readoquinada y acicalada, es una agradable sorpresa para casi todos los viajeros. La ciudad se fundó en 1569 a orillas del río Morere, y los campesinos de esta región siempre han sabido arreglárselas para sobrevivir en estas tierras resecas.

PÁGINA ANTERIOR: Un barrendero limpia la calle Carabobo, en el barrio colonial de Maracaibo.

VISITAR CARORA

La parte histórica de la ciudad se halla al noroeste de los distritos de construcción más reciente. La **iglesia de San Juan Bautista**, sencilla pero encantadora, que se encuentra en la plaza Bolívar, sigue conservando su fachada original del siglo XVII. Hay otros edificios históricos alrededor de la plaza, identificados con una placa con su nombre. La mansión más antigua, la **Casa Amarilla**, alberga una librería pública; y la casa colonial del **Balcón de los Álvarez**, donde Bolívar «pasó la noche», está en el lado este de la plaza.

Si camina toda la Calle 3 hasta el final, llegará a la pequeña **Capilla del Calvario**, de estilo barroco, construida en 1787, y una de las iglesias más bellas del país. Si estuviera cerrada, pida las llaves en la floristería de enfrente, pues vale la pena entrar para admirar los retablos de excepcional belleza.

Las **bodegas Pomar**, ((052) 212191/211889, FAX (052) 217014, están a unos cuantos kilómetros al sur de Carora. Se organizan excursiones con guía para visitar sus instalaciones y bodegas.

ALOJAMIENTOS TURÍSTICOS Y RESTAURANTES

No hay hoteles cerca del centro histórico, lo que significa tener que hacer un pequeño recorrido en autobús. El **hotel Irpinia**, ((052) 323602, en la avenida 14 de Febrero, con Carrera 9 Lara, es el mejor de la ciudad y muy céntrico. La **posada Madre Vieja**, ((052) 212590, un poco más en las afueras, en la avenida Francisco de Miranda, dispone de 16 habitaciones dobles y de un buen restaurante.

Si quiere comer en la ciudad, pruebe **El Casolar**, en la avenida 14 de Febrero, a la vuelta de la esquina del hotel Irpinia; o también el **D'Angelis Pizza**, a tres manzanas tras bajar por la Carrera 9 en dirección al centro antiguo. Y el **hotel Bari**, también en la avenida 14 de Febrero, es una buena opción para degustar una parrillada.

CÓMO LLEGAR

Carora está al lado de la autopista 17, que va de Barquisimeto a Maracaibo. La nueva terminal de autobuses está cerca de la autopista, y durante todo el día hay un servicio regular de autobuses pequeños que cubren la ruta del centro de la ciudad a la terminal. También hay rutas para llegar a los Andes.

MARACAIBO

Maracaibo es famosa tanto por el petróleo como por la música. La ciudad, un pequeño pueblo insignificante a principios del siglo XIX, se ha transformado en una gran metrópolis, moderna y próspera, que ya supera los dos millones de habitantes. Está situada en la orilla noroeste del lago Maracaibo, tiene un clima caluroso y es una ciudad bulliciosa que provoca la actitud de «o me quieres o me dejas».

Maracaibo, como Caracas, es un lugar de contradicciones; por un lado, es hipermoderna, con enormes centros comerciales, rascacielos y vías rápidas, y por el otro, cuenta con una población de indios locales profundamente tradicional. La ciudad es famosa por su música de gaita, que en el resto del país sólo se escucha durante la época navideña, y en Maracaibo a lo largo de todo el año. Antiguamente se cantaba acompañada de textos religiosos que exaltaban a santos y a otras figuras religiosas, pero ahora son mucho más profanos e irreverentes, una combinación del famoso ingenio rápido de los maracuchos, mezclados con su característico humor y machismo.

ANTECEDENTES HISTÓRICOS

El primer crecimiento de la ciudad se debió a su comercio con las regiones andinas. Todos los productos procedentes de las montañas se cargaban en los buques de vapor anclados en los ríos al sur del lago. Desde aquí se transportaban a través del lago hasta los muelles de la ciudad. Aun ahora, sigue siendo el tercer puerto más importante del país.

El lago Maracaibo desarrolló un papel muy importante durante la Guerra de Independencia, cuando el 24 de julio de 1823 los venezolanos, con la inestimable ayuda de los colombianos, pudieron vencer a la flota española.

Esta victoria, la batalla de Trafalgar de los venezolanos, junto con la del general Páez en Puerto Cabello, marcó definitivamente el final del poder español en Venezuela.

El descubrimiento del petróleo, en 1914, en el terreno de Zumaque 1 significó un gran auge para el país. Más tarde, en 1922, hubo un segundo y mayor hallazgo en Los Borrosos; muchos inversores extranjeros acudieron aquí en busca de suculentas ganancias, en la «SaudíVenezuela» del siglo XX. Durante la época de la segunda guerra mundial, Venezuela ya ocupaba el segundo lugar como productor y el primero como exportador de petróleo de todo el mundo. Se cree que sus reservas de este preiado líquido son las mayores de todo el hemisferio occidental.

INFORMACIÓN TURÍSTICA

La ciudad de Maracaibo tiene una doble personalidad. La ciudad antigua, mucho más interesante que la moderna, se encuentra al sur del centro de las construcciones más recientes y modernas con sus rascacielos, a orillas del lago. La mayoría de los turistas prescinde del centro moderno y se queda en la parte más antigua, donde hay viejas mansiones restauradas y donde se respira la agradable atmósfera de tiempos pasados.

La **Dirección de Turismo (Corpozulia)**, en el centro, ☎ (061) 921811/40, está en el piso noveno del edificio Corpozulia, en la avenida Bella Vista, entre las Calles 83 y 84, un corto viaje en autobús desde el centro de la ciudad antigua. Para más detalles sobre los parques nacionales de Zulia, contacte con **Inparques**, ☎ (061) 619 298, en el parque Paseo del Lago en la avenida El Milagro, al nordeste del centro histórico. Hay varios bancos al sur de la plaza Bolívar, pero también puede cambiar bolívares por pesos colombianos en las casas de cambio situadas en la terminal de autobuses.

La fiesta mayor y más importante de la ciudad es la **Feria de la Chinita** en honor a la santa patrona del estado de Zulia, la Virgen de Chiquinquirá. Se celebra el día 18 de noviembre, pero dura una semana, pues comienza tres días antes y termina tres días después.

PÁGINA ANTERIOR: El teatro Baralt, recientemente restaurado. SUPERIOR: La iglesia de San Francisco.

Durante las fiestas, en toda la ciudad se celebran numerosos concursos de belleza, desfiles de carrozas, conciertos, procesiones y corridas de toros, y un gran número de ellos alrededor o dentro de la basílica, en el centro histórico. El santo de Maracaibo es **San Sebastián**, y su fiesta se celebra el 20 de enero: hay misas especiales en la catedral y procesiones con la imagen del santo en la plaza Bolívar.

La época navideña es el tiempo para la gaita por excelencia, y en todas las esquinas de la ciudad los grupos musicales se reúnen para componer, tocar y ensayar, y en ocasiones, incluso para pelearse. **San Benito**, el santo negro de Venezuela, se celebra en los pueblos de alrededor de Zulia, entre ellos El Moján, Cabimas, Lagunillas y Gibraltar, entre el 27 y el 31 de diciembre. Los tambores son los instrumentos dominantes durante estas fiestas, y muchas veces hay varios grupos competidores; mientras en Bobures y Gibraltar, la gente se viste con trajes de gran colorido y no para de hacer ruido durante todas las noches.

VISITAR MARACAIBO

La visita a la ciudad deberá empezar temprano por la mañana para aprovechar el fresco y visitar los mercados. El más interesante de todos, el **mercado de los guajiros**, se empieza a instalar al amanecer en la parte del lago de la avenida El Milagro con Calle 96, al oeste de la plaza Bolívar. Aquí acuden las mujeres guajira con sus vestidos parecidos a caftanes de gran colorido y se instalan en sus chillones puestos para vender sombreros hechos a mano, ropa y también amuletos. Se van a media mañana, cuando el calor empieza a apretar. Otro mercado que no se debe perder es el **mercado de las pulgas** de la ciudad, una mezcla caótica de colores y chucherías, de gente y artículos, muy desconcertante para el extraño, pero sin duda alguna excitante.

El **paseo de las Ciencias**, que se extiende a lo largo de siete manzanas, con la catedral en su extremo oriental y la basílica de Chiquinquirá en el occidental, se construyó con cierta polémica después de haber derribado el viejo distrito de El Saladillo, a principios de los años setenta, con lo que se creó un gran espacio para jardines, bancos, estatuas y quioscos para bandas musicales. El único edificio que pudo escapar del derribo fue la **iglesia de Santa Bárbara**, que permanece erguida e intacta en medio del paseo con toda su grandeza solitaria.

La **catedral**, donde se halla una de las imágenes más veneradas de la ciudad, el Cristo Negro o Cristo de Gibraltar, está en el extremo oriental. Hay varios edificios grandes que dominan el lado norte de la plaza. El **Palacio de las Águilas**, con sus columnatas, se construyó en 1841, y la **Casa Morales** o la **Casa de la Capitulación**, justo al lado, es la única mansión colonial que existe en Maracaibo. Esta casa restaurada, uno de los grandes atractivos de la ciudad, con sus muebles de época y pinturas de la Guerra de Independencia, está abierta de lunes a viernes, de 08.00 a 17.00 horas. Justo enfrente está el grandioso **teatro Baralt**, que data de 1883, y que hace poco se volvió a abrir después de años de restauración; se puede visitar para admirar sus suntuosos interiores.

Infórmese en la oficina de turismo sobre los horarios de visita al **Museo Arquidiocesano**, de la diminuta **capilla del templo bautismal Rafael Urdaneta** con su museo, y también del **Museo Antropológico**. Aparte de la catedral, Maracaibo tiene otras dos iglesias muy bonitas: **Santa Ana**, en el extremo oriental de la Calle 94, y la **basílica de Chiquinquirá**. La Feria de la Chinita, como se le llama aquí a la Virgen con mucho afecto, se celebra el 18 de noviembre.

ALOJAMIENTOS TURÍSTICOS

Los hoteles de categoría se encuentran al norte del centro histórico; es muy difícil encontrar alguno correcto en el centro de la ciudad.

Caro

El hotel con situación más céntrica entre todos los de lujo es el **hotel Del Lago Inter-Continental**, ☎ (061) 924 002, LLAMADA GRATUITA (800) 12132, FAX (061) 914551, en la Avenida 2 El Milagro, a orillas del lago. Las habitaciones son amplias, con vistas al lago; hay un gimnasio, un club nocturno y un amplio espacio alrededor de la piscina que el huésped puede emplear para relajarse o entretenerse.

El **hotel El Paseo**, ☎ (061) 922220/919744, FAX (061) 919453, Avenida 1 B y Calle 74 en el sector Cotorrera, algo más lejos del centro, tiene el único restaurante giratorio del país, que se encuentra en el último piso del edificio. Desde aquí, así como desde las confortables *suites*, hay una vista inigualable de la ciudad.

Moderado

La mejor opción en esta categoría es el **hotel Kristoff**, ☎ (061) 972911, LLAMADA GRATUITA (800) 57478, FAX (061) 981614, Avenida 8 y Calle 67 en el distrito de Santa Rita, que ofrece un servicio de cuatro estrellas al precio de tres; también tiene un buen restaurante, un club nocturno muy animado y una piscina.

Económico

El único hotel en el centro de la parte antigua de Maracaibo es el **hotel Victoria**, ☎ (061) 229697, en la plaza Baralt. Lamentablemente no se ha hecho mucho para su conservación, por lo que ahora es sólo una sombra de lo que fue hace tiempo. No obstante, es el único lugar con algo de carácter, y si tiene la suerte de conseguir una habitación con balcón, aún tiene algo de encanto.

Si no consigue la habitación con vistas, puede ir al **hotel El Milagro**, ☎ (061) 228934, también en el centro, cerca del templo Santa Ana, en la Avenida 2.

RESTAURANTES

Maracaibo refleja la opulencia de sus residentes y tiene algunos de los mejores restaurantes del país, en los que se sirven tanto platos nacionales y regionales como otros internacionales. Como ocurre con los hoteles, también los restaurantes de mejor categoría se encuentran al norte de la ciudad antigua. Hay una serie de ellos alrededor de la Calle 77 (avenida 5 de Julio) y la Avenida 4.

De caro a moderado

El Girasol, ☎ (061) 924422, en la última planta del hotel El Paseo, con una vista insuperable de la ciudad y del lago, encabeza la lista por su excelente cocina y sus precios. Los mejores cortes de carne y los mayores filetes se sirven en el restaurante popular **Mi Vaquita**, ☎ (061) 911990, en la Calle 74 y Avenida 3H, cerca de la plaza La República, que cuenta con un gran ambiente, muchas veces con una banda de música y baile.

Si quiere probar los platos típicos de Zulia a precios razonables, puede ir a **El Tinajero**, ☎ (061) 915362, Avenida 3C cerca del hospital, y pida chivo y coco, un cabrito en salsa de coco. Por último, el **hotel San José**, ☎ (061) 914647, Avenida 3Y y Calle 82, también es una buena opción, que cuenta con un gran ambiente los fines de semana, además de una galería de arte.

Económico

El Zaguán, ☎ (061) 231183, justo en el centro de la calle restaurada, Carabobo, 6-15, es una combinación de restaurante y cafetería, por lo que es ideal para hacer un pequeño descanso durante el recorrido por la ciudad. Pero también es un lugar agradable para acudir por la noche. Muchas veces hay música en directo en su jardín, y el bar se anima mucho. Otro lugar popular en la ciudad vieja es **Bibas**, ☎ (061) 928791, cerca del centro de Bellas Artes, en la Calle 70 y Avenida 3F, que siempre se llena de gente después de la función. Es ideal para tomar uno o dos cócteles, que se sirven acompañados de un pequeño menú de ensalada y carne a la parrilla.

PÁGINA ANTERIOR: La catedral de Maracaibo, que data del siglo XIX.

Vida nocturna

Aparte de los lugares con música en directo ya mencionados, en el *Panorama*, el periódico local de Maracaibo, se anuncian todos los conciertos y eventos culturales. Podría ser de gran interés asistir a una función en el **teatro Baralt**, recientemente restaurado, o ir al **Centro de Bellas Artes** o al **Centro de Arte Maracaibo**, donde hay actuaciones de diversos grupos de danza contemporánea y de la orquesta sinfónica de la ciudad.

En la Calle 94, cerca de El Zaguán, se encuentra otro bar recomendable decorado con antigüedades, **Lo Nuestro**. Para lugares más animados y para escuchar un poco de música de gaita, puede ir al **Palacio de la Gaita**, situado en la Calle 77, entre la Avenida 13 y 13A, que es muy popular, y las bandas musicales son buenas.

Cómo llegar

El aeropuerto de Maracaibo, con mucho tráfico aéreo, está unos 12 km al sudoeste de la ciudad. No hay servicio de autobuses, sólo de taxis. Hay vuelos de conexión a todas partes del país. Servivensa también tiene líneas de vuelo directo a Miami, Aruba y Curaçao.

La terminal de autobuses de pasajeros de Maracaibo está situada en el centro, al sudoeste de la Calle 100 Libertador. En el embarcadero de la Avenida 100 Libertador, al final de la Avenida 10, hay un servicio de lanchas a Altagracia, una pequeña ciudad situada en la parte oriental del lago.

LOS ALREDEDORES DE MARACAIBO

Desde Maracaibo, es posible hacer diferentes excursiones a los alrededores tal como lo hacen los maracuchos para escapar del bullicio de la ciudad. Su máximo orgullo es el **puente Rafael Urdaneta**, que con sus 8 km de longitud es el puente de hormigón pretensado más largo del mundo, una proeza impresionante de ingeniería. Los viajeros que se dirigen a la ciudad procedentes de oriente, pueden contemplar el fantástico espectáculo del lago y de la ciudad, como en San Francisco.

Altagracia

Altagracia, frente a Maracaibo, al otro lado del lago, es una pequeña ciudad que se ha empezado a restaurar poco a poco. El modesto **Museo de Historia** está en la casa más antigua de la ciudad. Antes de construir el puente, Altagracia funcionaba como el puerto principal para el transporte de mercancías y pasajeros a través del lago. Ahora, hay lanchas rápidas que van y vienen de Maracaibo durante todo el día. Si da un paseo por la tarde, conocerá la ciudad, con la plaza Miranda y sus casas pintadas en el centro.

Las ciudades petroleras

Las ciudades petroleras, que también se encuentran en el lado este del lago, pero al sur del puente de Rafael Urdaneta, se establecieron en la primera década del siglo XX. No son una atracción turística por sí mismas, pero la vista de los cientos de plataformas y las torres de perforación que decoran el lago es impresionante, incluso para un tejano. El mejor lugar para verlas es desde el dique construido para proteger las ciudades, que se están hundiendo como consecuencia de las perforaciones en **Cabimas**, **Tía Juana** o **Lagunillas**, de las aguas «invasoras». Hay una línea de autobuses que comunica Cabimas con Maracaibo, y también puede tomar un *por puesto* para visitar otras ciudades más pequeñas.

San Carlos Fort y Sinamaica

En las orillas occidentales del lago, y en dirección al norte hacia el golfo de Venezuela, hay dos lugares atractivos y populares para los maracuchos. Es preferible que vaya a visitarlos cualquier día laborable: estará más tranquilo. El primero, el fuerte colonial de **San Carlos de la Barra**, se encuentra a unos 30 km al norte de Maracaibo, en la isla de San Carlos. **El Moján**, también conocido como San Rafael, es el punto de salida de las barcas regulares a la isla. Camino a la ciudad se pasa por el impresionante **Complejo Científico, Cultural y Turístico** (cerrado los lunes), que cuenta con un museo antropológico, un planetario y un área enorme con actividades para los niños.

La segunda atracción, que sigue ocupando un lugar muy especial en el corazón de los venezolanos, es la **laguna de Sinamaica**. Es el único lugar que queda en el país donde aún se pueden ver *palafitos* construidos sobre pilotes en la laguna, con techo de paja y paredes hechas con esteras de junco. Los *palafitos* de los indios warao en el delta del Orinoco son mucho más tradicionales. El embarcadero para hacer un viaje en barca está en un pequeño muelle conocido como **Puerto Mara**, 5 km más allá de El Moján, justo antes de llegar al río Limón; o un poco más lejos todavía en **Puerto Cuervito**, en el pueblo de Sinamaica.

Al norte de la frontera colombiana

Si viaja en dirección al norte, la siguiente ciudad es **Paraguaipoa**, a 95 km de Maracaibo y cerca de la frontera colombiana; es la capital de la península guajira de Venezuela, donde habitan los indios guajiros, el mayor grupo de indígenas de toda Venezuela. Cada lunes al amanecer acuden a vender sus productos al mercado, al otro lado de la ciudad.

La frontera que pasa por **Maicao** tiene la peor fama de todo el país, pero si viaja en dirección a la costa caribeña de Colombia, no le quedará más remedio que atravesarla. Evite llegar a la frontera de noche y cerciórese de tener toda la documentación en regla. La ofici-

na de turismo en Maracaibo le informará de todos los detalles con respecto al cruce de la frontera.

EL SUDOESTE DE ZULIA

La autopista 6, en su salida de Maracaibo en dirección hacia el oeste, es una vía solitaria que serpentea alrededor del lago Maracaibo. Una cadena montañosa cubierta de bosques se eleva abruptamente desde la sabana hasta una altura de 3.500 m al oeste. El **parque nacional Sierra de Perijá**, declarado parque nacional en 1978, cubre un área de 2.950 km^2 a lo largo de la frontera colombiana. En Inparques en Maracaibo le darán más información sobre el parque; es aconsejable consultarles sobre cuestiones de seguridad, ya que se producen bastantes atracos.

Más hacia el sur, el **parque nacional Ciénagas de Catatumbo** protege una gran extensión de tierras pantanosas al sudoeste del lago Maracaibo. Lo mejor para visitarlo es participar en una excursión de dos días, organizada por una agencia en Mérida.

El área de Catatumbo también es famosa por el extraño fenómeno que antiguamente se conocía como el **Faro de Maracaibo**, o también como el **Relámpago de Catatumbo**. La causa de este espectáculo visual aún se debate, pero el efecto de cientos de flechas luminosas atravesando el cielo sólo es comparable a la aurora boreal, y se puede ver desde muy lejos, incluso desde los alrededores de Mérida, en los Andes.

SUPERIOR: Coloridos *palafitos* en la laguna de Sinamaica construidos sobre pilotes.

Los Andes

AL SUBIR POR LOS ANDES DEBERÁ ATRASAR SU RELOJ: entra en un mundo casi inalterado por los petrodólares, por las reinas de los concursos de belleza y los centros comerciales de la «otra» Venezuela. Al llegar al estado de Trujillo, sus montañas, pocas veces visitadas, anuncian un país de ciudades coloniales, con las calles adoquinadas, tejados de terracota, hábiles artesanos y una cornucopia de cultivos de clima tropial. Más hacia el sur, el estado de Mérida es la región alpina de Venezuela por excelencia, donde están los picos nevados más altos del país. La fascinante autopista Transandina, sinuosa, atraviesa todo el estado siguiendo el curso del río Chama. Al sur de Mérida, se extienden las cordilleras de la Sierra Nevada y de la Sierra La Culata, que se unen en el valle del estado de Táchira, cuyas ciudades en las montañas y colinas sembradas de café, el orgullo nacional de sus gentes, son impresionantes, al igual que la reputación de los caudillos y dictadores cultivada y promovida desde el estado.

La temporada de sequía, que va de diciembre a abril, es la mejor época, con el mejor clima para explorar los Andes; es cuando las cimas de las montañas se cubren de ráfagas de nieve y lucen en todo su esplendor. Durante estos meses, las noches claras y los cielos llenos de estrellas son tan sorprendentes como el frío reinante. Los meses de mayo a junio están poco definidos: es posible asarse bajo el sol o mojarse con las lluvias torrenciales. En cambio, desde finales de junio hasta los últimos días de julio hay otra breve época de sequía. Los páramos a más de 3.000 m de altura muestran su máximo esplendor e incluso impresionan más durante los meses de septiembre y octubre, al florecer los frailejones, que colorean y avivan por completo toda la región.

EL ESTADO DE TRUJILLO

Trujillo, un estado pequeño con una superficie de sólo una cuarta parte del parque nacional Canaima del estado de Bolívar, compensa su falta de espacio geográfico con una gran belleza. La ciudad de Biscucuy, en el estado de Portuguesa, es el punto de partida ideal si desea explorar Trujillo. Para llegar a Biscucuy hay dos accesos; uno por las montañas andinas al sudeste de Guanare, la capital del estado de Portuguesa, o por el norte, vía la Transandina, que pasa al sudoeste de Barquisimeto y atraviesa las ciudades de Quíbor y El Tocuyo, hasta Biscucuy.

Desde aquí, la carretera sube hasta Campo Elías, pasa por el valle del río Boconó para después dirigirse hacia el sudoeste. Al sur de esta carretera está el parque nacional Guaramacal, con numerosas aves, como el hermoso guaco «con casco» y el periquito de cabeza amarilla, otras especies de animales poco frecuentes, por ejemplo el oso andino con su pelaje característico alrededor de los ojos, el puma y los cervatos. A 42 km de distancia de Campo Elías está Boconó.

PÁGINA SIGUIENTE: En las colinas andinas, demasiado empinadas para los tractores, aún se trabaja con bueyes para arar el campo.

BOCONÓ

Si necesita una razón para decidirse por la ruta occidental en su llegada a los Andes, y la campiña no es suficiente, con toda seguridad la ciudad montañesa de Boconó sí que lo será. La ciudad, en medio del valle del río Boconó, vivió en un maravilloso aislamiento hasta que se acabó de hacer la autopista de enlace con Trujillo, así como la carretera a la población de Guanare, en los Llanos.

Las fértiles colinas de Boconó, en sus orígenes una de las regiones del estado de Trujillo que Bolívar llamaba «los jardines de Venezuela», y su clima fresco y agradable comportaron su independencia desde su fundación en 1563.

INFORMACIÓN TURÍSTICA

Aunque en la alcaldía de la plaza Bolívar hay una pequeña **oficina municipal de turismo**, la mejor información, así como mapas de la región, la obtendrá de los propietarios, muy agradables, de la posada **Machinipé**, en la Calle Bolívar. El Banco Unión está una manzana al norte de la plaza Bolívar, en la Calle 4.

VISITAR BOCONÓ

La cerámica artesanal figura en primer lugar en la visita a Boconó: ésta se vende en varias plazas de la ciudad. La mayor variedad y los mejores precios se ofrecen en el **Centro de Acopio Artesanal**, en el interior del mercado de la Calle 5 con avenida 5 de Julio (cerrado los lunes), y en la cooperativa de artesanos, el **Centro de Servicios Campesinos Tiscachic**, tres manzanas al norte, justo antes de llegar al puente. También en el **Atenco de Boconó**, en la calle Páez, encontrará cerámica artesanal, e incluso hay un taller para observar a los artesanos durante la elaboración de sus obras. Aquí también le darán la dirección de la casa familiar de los Briceño, al norte de la ciudad. Los Briceño son los mejores ceramistas de la región y les encanta recibir visitas.

Justo al norte de la plaza Bolívar está **La Vieja Casa**, con un museo y un restaurante en un ambiente muy agradable, donde se pueden ver antigüedades y otras piezas históricas (sólo abierto por las mañanas, cerrado los jueves), mientras que en el **Museo Trapiche de los Clavos**, bajando por la colina en la calle Jáuregui, cerca de la iglesia, se puede admirar una exposición botánica sobre la producción del café y del azúcar, todo en medio del entorno restaurado de un bello trapiche del siglo XIX. El horario de visita es de martes a domingo, de 08.00 a 12.00 horas, y de 14.00 a 17.00 horas.

ALOJAMIENTOS TURÍSTICOS

Hay una gama sorprendente de lugares para hospedarse en Boconó, tanto en un entorno rural como en el

centro de la ciudad. Los mejores se indican a continuación. En temporada alta debe reservar antes, sobre todo en Semana Santa, ya que hay una gran afluencia de visitantes deseosos de admirar el espectáculo de la Pasión en la pequeña ciudad de Tostós (*véase* AL SUR DE BOCONÓ).

Moderado

Justo después de cruzar el puente, en las afueras, al norte de Boconó, está el **Hotel Campestre La Colina**, ☎/FAX (072) 522695, que es el más atractivo y bucólico de la zona. Tiene cabañas con capacidad para hasta 6 personas, y todas las habitaciones poseen cuarto de baño con agua caliente y una terraza con vistas a una gran área con numerosas aves revoloteando.

Económico

La mejor posada entre el gran número existente en Boconó, la **posada Machinipé**, ☎ (072) 521506, pintada de color rosado, está a tres manzanas de la plaza Bolívar. Eduardo y Marisa Parra-Ganteaume, sus propietarios, disponen de numerosas variedades de habitaciones y apartamentos. Le pueden dar toda clase de información sobre los artesanos de Boconó e igualmente sobre los caminos y los pueblos de los alrededores; también facilitan a todos sus huéspedes un mapa de la zona. Además, poseen una finca en las montañas, donde se pueden alquilar caballos para explorar los alrededores y el parque nacional Guaramacal.

RESTAURANTES

El mejor lugar para comer en la ciudad está en el museo **La Vieja Casa**; también **La Alameda** en la avenida Ricaurte con la calle Bolívar goza de una buena reputación. La comida más económica se puede encontrar en el mercado, en un comedor para los campesinos. Si sólo desea tomar un pequeño tentempié delicioso, como, por ejemplo, leche de burra (una mezcla de leche, huevo, alcohol, especias y azúcar), o una torta de pan, diríjase a la tienda de **Artesanía Antojitos Andinos**, en la avenida Colombia, dos manzanas al oeste de la plaza Bolívar.

CÓMO LLEGAR

Para complicar un poco las cosas, en Boconó no hay terminal de autobuses. Las paradas están repartidas por toda la ciudad. Los dueños de la posada Machinipé le pueden informar.

DE BOCONÓ A TRUJILLO

Desde Boconó, varias son las opciones para dirigirse hacia el sur, al estado de Mérida, y hacia las alturas andinas. Si no quiere viajar por la ruta arriesgada hacia el sur, vía Niquitao y Jajó hasta la autopista Transandina, al norte de Timotes (*véase* AL SUR DE BOCONÓ), tome la bella carretera a través de las montañas, al oeste de Trujillo.

La ruta al nordeste de Boconó es la continuación de la autopista 7 de Guanare, en el estado de Portuguesa. Es una ruta sinuosa y espectacular, que pasa por bosques húmedos, montañas verdes y, también, por varios poblados coloniales, en los que podrá detenerse de vez en cuando para visitarlos y pasear.

SAN MIGUEL DE BOCONÓ

San Miguel está a unos 27 km de distancia de Boconó, unos cuantos minutos por la autopista. El retablo de su **iglesia** que representa a un conjunto policromado de santos e hileras de nichos con arcángeles, está decorado con motivos llamativos y estatuas talladas. San Miguel, aparte de su iglesia, también es famoso por sus **romerías de pastores y payasos**, que se celebran entre el 4 y el 7 de enero, las mejores fiestas del país (*véase* FIESTAS Y FESTIVIDADES, pág. 47, en USTED ELIGE).

BARBUSAY

El siguiente pueblo cuya iglesia vale la pena visitar es el pequeño Barbusay. Tras el desvío de San Miguel, siga por la derecha y circule durante unos 10 minutos. El pueblo, fundado en 1597, se siente muy orgulloso de un impresionante retablo que se halla en el interior de su iglesia colonial. Para comer y para dormir, vaya a la **posada de la Loba**.

SANTA ANA

De vuelta a la carretera, a 55 km de Boconó o a 38 de Trujillo, se llega al desvío hacia Santa Ana. En la plaza Sucre, entre los tejados sesgados, se puede descubrir una pequeña pero bellísima iglesia colonial.

AL SUR DE BOCONÓ

Al sudeste de Trujillo, tras atravesar las verdes colinas empinadas y alcanzar el páramo Tuñame, a 3.750 m de altura, la carretera se convierte en un camino de tierra, que continuúa hacia el fértil valle del río Motatán, cerca de Jajó. Desde aquí, la carretera se vuelve a unir a la Transandina, al sur de La Puerta, donde puede volver a Valera o seguir hacia el sur a Timotes y hacia las grandes alturas en el estado de Mérida. A lo largo del camino podrá visitar más poblados si le interesa ver detalles de la vida y de la historia de los pobladores andinos.

NIQUITAO Y TOSTÓS

En Niquitao, 35 km al sur de Boconó, con su **iglesia de San Rafael de la Piedra** y con sus edificios alrededor de la plaza Bolívar, hallará varias muestras admirables de arquitectura colonial, todas muy bien conservadas gracias al aire fresco de las montañas. La ciudad, fundada en 1625 por dos hermanos, aún sigue causando la sensación de que todo el mundo está emparentado. La ciudad misma y los diversos cami-

nos de sus alrededores constituyen uno de los parajes más bellos de toda esta región.

Tostós, a medio camino entre Boconó y Niquitao, es otro pueblo pequeño oculto entre las montañas. No tan pintoresco como Niquitao, es famoso por sus fiestas de **San Isidro** y por su **Semana Santa** (*véase* FIESTAS Y FESTIVIDADES, pág. 46, en USTED ELIGE). Una excursión a pie a la **Teta de Niquitao** hará felices a todos los que amen la aventura.

Alojamientos turísticos y restaurantes

La mejor posada en Niquitao y, además, la más nueva y de precios económicos es la **Posada Turística de Niquitao**, ☎ (9072) 523288, omarj@cantv.net, en la esquina de la plaza Bolívar. Sus 16 confortables habitaciones, dispuestas alrededor del patio central de una casa antigua, que aún conserva gran parte de sus características, convierten esta posada en una buena opción entre el resto de ofertas más sencillas de la ciudad. En su restaurante, en la planta baja (abierto al público), se sirven deliciosos platos de la región. La **posada Güiriguay**, ☎ (016) 6720773, en la calle Bolívar, al sur de la plaza, que ya lleva tiempo abierta, es una alternativa buena y más económica.

POR EL PÁRAMO

El siguiente pueblo en esta ruta es **Las Mesitas**, al que se accede tras recorrer una carretera pavimentada, pero en mal estado, que poco a poco escala hacia un paisaje cada vez más frío, más inhóspito, aunque en su conjunto más impresionante. Después de atravesar Las Mesitas, la carretera, cada vez en peor estado, atraviesa el agreste páramo en dirección a **Tuñame**.

Desde la aldea de Tuñame, único contacto con la civilización de las comunidades agrícolas que viven en regiones aún más remotas, se puede elegir entre el camino para todoterrenos que cruza el páramo hasta Pueblo Llano, un poco más al sur (sólo recomendable si no le importa perderse), o seguir por una carretera en mejores condiciones, pero muy serpenteante, que baja entre las montañas, pasa por Durí y llega a Jajó.

JAJÓ

Si ha estado buscando una ciudad colonial «perfecta», escondida entre colinas y lejos del siglo XXI, Jajó hará saltar su corazón de alegría. Entre todas las ciudades de Trujillo, ésta es uno de los ejemplos más bonitos (y sin aglomeraciones), con sus casas encaladas y sus calles empedradas, que puede competir con cualquier ciudad de los Andes, incluso con Jají, de nombre similar pero situada al noroeste de Mérida.

Las casas y las calles de Jajó, fundada en 1611, se restauraron hace poco, después de que sus 4.000 habitantes se diesen cuenta del enorme potencial turístico de su ciudad. El lugar es muy tranquilo y agradable aparte de las fiestas de **san Isidro**, el 15 de mayo, y de **san Pedro**, el 29 de junio, que atraen a los turistas. A la belleza del paisaje, con sus campos cultivados en terrazas y los eucaliptos cubiertos de musgo, agréguele el pequeño **Museo Casa Colonial**, que se encuentra en la vieja y estrecha calle Real —orgullo y satisfacción del señor Sánchez—, y se sentirá como la primera persona que acaba de descubrir este poblado memorable en medio de la montaña. Si el museo estuviese cerrado, pídale a alguien que le muestre su casa.

Desde Jajó también hay acceso al bello y agreste páramo de Cabimbú para llegar al pueblo de La Quebrada, situado al norte (*véase* AL SUR DE TRUJILLO, pág. 151), donde hay varios caminos en dirección hacia el sur, a lo largo del valle de Motatán.

Alojamientos turísticos y restaurantes

A finales del año 2000 se acabó de construir una posada nueva en la plaza, pintada de color turquesa, que por su aspecto supera las opciones existentes. En la plaza Bolívar, en el lado opuesto de la iglesia, está el **Hotel Turístico Jajó**, ☎ (014) 7271593, de precios económicos, aunque con una arquitectura que, por desgracia, desentona con el ambiente colonial de la ciudad. Sin embargo, sus habitaciones son las mejores de la ciudad. En su restaurante, demasiado oscuro, se sirven buenas truchas. La **posada Marysabel**, ☎ (071) 56999 o (014) 7413603, en calle Páez, dos manzanas al norte de la plaza, propiedad de una simpática pareja, es una opción más económica. Dispone de 8 habitaciones sencillas con baño y agua caliente, una tasca en la planta baja y se organizan excursiones a las montañas de los alrededores. La mejor trucha se sirve en el **Restaurante de la Abuela**, en la avenida Bolívar, al subir la calle, en el lado derecho de la iglesia.

Cómo llegar

Aparte de la ruta de Niquitao y la opción de pasar por el páramo, hay un camino de acceso más fácil desde el oeste. Si sale de Valera, por la carretera en dirección al sur, tras atravesar el valle de Motatán hay una bifurcación, siga por la izquierda: Jajó está a 39 km. Esta carretera enlaza con la Transandina, que también pasa al sur de Valera, a unos 10 km al sur de La Puerta; de este modo podrá retornar fácilmente al norte del desvío a Jajó. Si va desde Mérida, preste atención a la bifurcación de la carretera poco después de la indicación a Mesa de Esnujaque, algo menos de 10 km al sur de Timotes.

Si viaja con transporte público, el camino más fácil para llegar a Jajó es salir de la Calle 8 y Avenida 4 en Valera.

VALERA

A pesar de ser la ciudad más importante del estado de Trujillo, Valera comparte poco del encanto y de la arquitectura colonial de la capital del estado. Para ser honestos, no tiene ninguno. Valera es el centro regional más importante del comercio y el transporte. Con su infraestructura moderna, su aeropuerto bien comunicado, y su terminal de autobuses, Valera puede ser una excelente base para alquilar un coche y explorar los poblados poco visitados de Trujillo.

PÁGINA SIGUIENTE: La catedral de Trujillo brilla bajo el sol de la montaña.

El **Centro de Información turística**, ☎ (071) 54286, avenida Bolívar entre las Calles 10 y 11, en el interior del centro comercial que hay cerca de la gran plaza de los Estados, está abierto de 09.00 a 12.00 horas, y de 14.00 a 17.00 horas. En dirección hacia el norte, por la avenida Bolívar y a la izquierda de la Calle 8, se llega a la **plaza Bolívar**; en su lado sur, se encuentra la **iglesia de San Juan Bautista**, de estilo neogótico. Aquí, el Banco de Venezuela tiene una ATM para las tarjetas de crédito Visa. En las dos últimas semanas de agosto hay una gran **feria agrícola** en Valera donde se reúnen los agricultores de todo el estado. En los hoteles las habitaciones suelen ser escasas durante este período.

Budget, para el alquiler de coches, tiene sus oficinas en el aeropuerto, ☎ (071) 442364, o en el centro, en la calle Buenos Aires, ☎ (071) 211135.

Vale la pena que haga una excursión a la pequeña ciudad de **Isnotú**, 15 km al oeste de Valera. Aquí, en 1864, nació el médico más famoso de Venezuela: José Gregorio Hernández, que fundó la ciencia de la bacteriología en el país, pero a quien por encima de todo se le admira por su labor incansable en los hospitales y por su ayuda a los pobres de Caracas. La mayoría de los venezolanos le consideran un santo. Hay una iglesia y un museo dedicados a Hernández, donde se congregan cientos de peregrinos que acuden desde la ciudad para recordar su cumpleaños, cada 26 de octubre.

ALOJAMIENTOS TURÍSTICOS Y RESTAURANTES

En Valera, el primero de la lista es el **hotel Camino Real**, ☎ (071) 52260/52815, avenida Independencia, Sector La Planta, que con sus 60 habitaciones y su ubicación en el centro es una buena elección a precios moderados. En su restaurante de cocina internacional se sirven platos sofisticados en un ambiente formal; hay un piano-bar en la última planta, con una bella vista de la ciudad.

El **hotel El Palacio**, ☎ (071) 52923, Calle 12, entre las Avenidas 10 y 11, en el Miami Center, con 25 habitaciones, todas con aire acondicionado, un restaurante decente y aparcamiento propio, es de precios económicos y muy popular entre la gente de negocios; mientras que el **hotel Aurora**, ☎ (071) 315675, avenida Bolívar, entre las Calles 10 y 11, con habitaciones sencillas pero impecables, es más económico y el mejor en esta categoría.

Además de los restaurantes en los hoteles antes mencionados, uno de los mejores es **Don Pedro**, en la Calle 9, junto con el **Atenas**, en el Miami Center, y **El Guacamayo**, en Avenida 11, entre las Calles 5 y 6, que merece la pena investigar.

CÓMO LLEGAR

El aeropuerto de Valera está situado al nordeste del centro de la ciudad, en la vieja carretera a Trujillo, vía La Cejita. Vía Barquisimeto, hay dos vuelos diarios a Caracas. La terminal de autobuses también está en el nordeste de la ciudad, pero más cerca del centro.

TRUJILLO

La historia de Trujillo es un cuento de siete ciudades, ya que éste es el número de veces que la capital del estado intentó establecerse en el fértil valle de los Cedros, en 1572. La ciudad cuenta con una extensión a lo ancho de tan sólo dos avenidas, lo cual hace pensar que su fundador, Diego García de Paredes, no albergaba demasiadas esperanzas para su ciudad. Pero creció; y se benefició del clima tropical de las montañas, donde todo lo que se sembraba, germinaba y crecía. Los 56.000 habitantes de Trujillo viven a su acostumbrada manera provinciana, sin prisas y, aparentemente, sin preocuparse por el crecimiento impresionante de su vecina Valera durante el último siglo. En el centro de Trujillo, se conserva gran parte de su herencia histórica, y entre todas las ciudades coloniales de la región es una de las más bonitas.

INFORMACIÓN TURÍSTICA

La **oficina de turismo oficial** de Trujillo, ☎ (072) 34411, se halla en la pequeña ciudad colonial, parcialmente restaurada, de La Plazuela, a 3 km en dirección norte, en la carretera a Valera. También hay una caseta de información cerca de la terminal de autobuses, en el límite de la ciudad si llega desde Valera. Ambas están abiertas de lunes a viernes, de 8.00 a 16.00 horas.

VISITAR TRUJILLO

El centro histórico de la ciudad se halla dentro de los confines de las dos avenidas que se extienden hacia el este (avenida Independencia) y hacia el oeste (avenida Bolívar). En el extremo oriental de ambas, está la plaza Bolívar, con su **catedral** y sus casas coloniales. La fachada blanca e iridiscente brilla con el mismo esplendor que hace tres siglos. Lamentablemente, en el interior queda muy poco de la decoración original.

En la avenida Independencia hay una impresionante mansión antigua que desempeñó un papel muy importante durante la Guerra de Independencia. Fue aquí, en 1813, donde Bolívar firmó el *Decreto de Guerra a Muerte:* todas las tropas reales capturadas serían ejecutadas. La mansión se convirtió en el **Museo de Historia** de Trujillo, donde se pueden ver mapas antiguos, armaduras, muebles coloniales y cerámica prehispánica, así como la mesa donde Bolívar firmó el decreto. El horario de visitas es de 09.00 a 12.00 horas, y de 14.00 a 17.00 horas, de lunes a viernes. Más adelante, la avenida se une con la avenida Bolívar, para convertirse en la avenida Carmona. En el **Museo de Arte Popular**, cerca del hotel Trujillo, se exhiben obras de numerosos artesanos de gran talento de Trujillo.

Mientras pasea por Trujillo le resultará imposible ignorar la gran figura de la Virgen en la colina que domina la ciudad, vestida de azul y con una paloma blanca. Esta estatua monumental de la **Virgen de la Paz**, de 47 m de altura, se terminó en 1983. En el interior de esta estructura, hay una escalera que lleva a varios puntos de observación. Desde allí hay unas vistas sin igual: en un día claro, se alcanza a ver el lago Maracaibo y las cimas blancas de Sierra Nevada. En la base de la estatua hay una cafetería. Existe un servicio de transporte regular de todoterrenos, que sale de la avenida Carmona, cerca del hotel Trujillo. El horario de visita de la estatua es de 08.00 a 17.00 horas todos los días.

ALOJAMIENTOS TURÍSTICOS Y RESTAURANTES

El **hotel Trujillo**, ☎ (072) 33574, de categoría económica, en la avenida Carmona, en un extremo de la parte antigua de la ciudad, ofrece las habitaciones más confortables del centro, con aire acondicionado, y la mayoría de ellas con balcón y buenas vistas. También tiene un restaurante y una piscina, ambos abiertos al público. La **posada Valle de los Mukas**, ☎ (072) 33148, en la avenida Bolívar con la Calle 11, en el interior de una antigua mansión restaurada, dispone de ocho habitaciones muy bien decoradas, a precios económicos. El restaurante, en el patio, sirve sabrosos platos regionales y, también, trucha. El **hotel Los Gallegos**, ☎ (072) 33193, en la avenida Independencia, al lado del Museo de Historia, ofrece habitaciones sencillas y limpias, con ventilador o aire acondicionado y agua caliente, a precios muy económicos.

En el camino al monumento de la Virgen de la Paz, poco después del desvío de la carretera principal, está la **Posada Turística La Troja**, ☎ (014) 9712990/731959, una buena alternativa si desea estar fuera de la ciudad, pero con la misma categoría de precios. Los propietarios disponen de seis excelentes habitaciones, con ventilador, televisión, cuarto de baño y agua caliente, en un ambiente muy acogedor. También preparan comidas en su terraza, donde tienen, en un lado, una cocina abierta de estilo rústico.

CÓMO LLEGAR

La terminal de autobuses está al nordeste de la ciudad y es mucho más tranquila que la de Valera, que se encuentra a unos 30 km.

AL SUR DE TRUJILLO

Al salir de Trujillo, hay una pintoresca carretera de montaña que serpentea primero hacia occidente, luego hacia el sur para alcanzar casi el páramo Cabimbú y bajar después al pequeño pueblo de tipo bohemio, La Quebrada. Desde aquí, continúa bajando hasta unirse con la carretera de Valera y el valle de Motatán, unos 12 km al norte del desvío a Jajó. A lo largo de su recorrido, atraviesa dos de los poblados antiguos más bonitos del estado de Trujillo: **San Lázaro** y **Santiago**. Los orgullosos residentes de ambos pueblos hacen lo posible para conservarlos impecables.

En Santiago, la carretera de asfalto se convierte en una calzada de tierra, por la que puede circular un turismo; atraviesa bosques, pasa por campos de patatas y alubias, donde arados tirados por bueyes labran la tierra, hasta, finalmente, llegar a Loma del Medio, a una altura aproximada de unos 2.000 m.

Cerca de Loma se halla el **Nidal de las Nubes I**, ☎ (014) 7232844, que no debe dejar de visitar. Vale la pena hacer el recorrido por esta carretera de tierra sólo por la posada, una de las más originales y agradables de todo el país. Esta posada de la familia Pozsoniy ofrece unas vistas fantásticas; las 18 habitaciones tienen chimenea, cuarto de baño con agua caliente, espejos, cerámicas y muebles de estilo. Aunque tenga mucha prisa, sería un crimen no detenerse aquí para tomar algo —llame antes e infórmese también sobre el alquiler de caballos.

En la siguiente ciudad, La Quebrada, se inicia el descenso hasta la carretera del valle de Motatán, en la Quebrada de Cuevas.

EL ESTADO DE MÉRIDA

Mérida es el punto de destino número uno de los Andes, donde se disfruta de sus mejores galas en todos los colores: desde el blanco brillante y las tonali-

dades azuladas del hielo, pasando por los matices grises y marrones de los páramos, hasta seguir por las colinas de color esmeralda y el ocre quemado de las montañas. Los estados vecinos de Mérida, Táchira y Trujillo no se quedan atrás en lo que concierne al paisaje, la comida, la aventura o sus gentes, pero por alguna razón, Mérida siempre va un paso por delante. Las cimas de sus montañas son un poco más altas, la comida un poco más variada, las tradiciones más intrigantes. En Venezuela, Mérida es los Andes.

INFORMACIÓN TURÍSTICA

Aunque la temperatura media de Mérida es de 19 °C —que los venezolanos consideran «helado»—, para

PÁGINA ANTERIOR: El lago glacial de Mucubají y las cimas cubiertas de nieve y hielo de Sierra Nevada, al fondo. SUPERIOR: La Virgen de la Paz de Trujillo.

subir a las montañas se necesita ropa de abrigo. No es mala idea llevar también algún impermeable, independientemente de la época del año.

FIESTAS Y FESTIVALES

A los andinos les gustan las fiestas, tanto tradicionales como religiosas, y es muy probable que de repente se encuentre en medio de alguno de los festivales del estado de Mérida. Si puede, programe su estancia en este estado de Venezuela para que coincida con alguno de ellos (*véase* también FIESTAS Y FESTIVIDADES, pág. 46, en USTED ELIGE).

En Mérida se celebra la fiesta más importante de toda la región andina: la **Feria del Sol**, que dura cinco

días y termina el Miércoles de Ceniza. Hay corridas de toros, bailes folclóricos y música. Muchos pueblos de alrededor de Mérida poseen sus propias fiestas y días festivos. Tanto el **Baile de Las Locaínas**, en Pueblo Llano, el 1 de enero, como el **Día de los Reyes**, en Tabay, el 6 de enero, pueden competir con cualquier otro festival del país por su bello colorido y el gran fervor de sus gentes.

Los días de **Semana Santa** son particularmente festivos en numerosas ciudades, en especial en Lagunillas, donde cada año se representa La Pasión. Los días dedicados a algún santo también son motivo de celebración. Entre ellos destacan las fiestas de **san Isidro**, el 15 de mayo, en Lagunillas, Apartaderos, Tovar y Jají; **Los Negros de Jerónimo** en Santo Domingo, el 30 de septiembre; y **San Rafael de Mucuchíes**, el 24 de octubre. La famosa fiesta de Mucurubá, la de **la Inmaculada Concepción**, alumbrada con velas, se celebra el 7 de diciembre; mientras que **Santa Lucía** se venera en Mucuchíes y en Timotes, el 13 de diciembre; el 28 y el 29 de diciembre ambas ciudades celebran también los coloridos **Giros de San Benito**, con bailarines enmascarados y disfrazados de esclavos.

SUPERIOR: Muchas veces los andinos creyentes construyen pequeñas capillas al lado de la carretera. PÁGINA SIGUIENTE: La montaña más alta de Venezuela lleva el nombre de Bolívar.

MÉRIDA

La ciudad de Mérida, la capital de los Andes, se encuentra en una altiplanicie a 1.625 m de altura, a la sombra de la cima más alta de Venezuela, llamada, como es de esperar, Bolívar. Aunque la ciudad cuente con casi un cuarto de millón de habitantes, su carácter está más en la línea de una ciudad pequeña. El ambiente es relajado e informal, con tendencias tradicionalistas y conservadoras, aunque a veces bastante bohemio. Una quinta parte de los merideños son estudiantes, y los campus de la Universidad de los Andes, una de las mayores de todo el país, están repartidos por toda la ciudad: hay gente joven por todas partes, que anima las plazas, los bares y clubes, así como los eventos culturales. El clima fresco fomenta la mentalidad dinámica, un cambio refrescante tras el calor y el acostumbrado «mañana» de las tierras calientes.

El centro de la ciudad, con ausencia de joyas arquitectónicas y de rascacielos, es compacto y accesible. Su planificación cuadriculada facilita la orientación. Cualquier turista se puede orientar después de uno o dos días y, al cabo de una semana, está como en casa.

Mérida, con tantas oportunidades para practicar actividades al aire libre, actúa como la capital del turismo de aventura del país. En temporada alta, la ciudad se llena de gente que llega de todo el mundo; hay incontables operadores, muchos de ellos con años de experiencia, que ofrecen excursiones, caminatas y recorridos por las montañas.

ANTECEDENTES HISTÓRICOS

Los inicios de Mérida son poco propicios. Juan Rodríguez Suárez, el fundador original del pueblo de Las Lagunillas, muy cercano, casi muere fusilado en 1558. Por algún motivo, se despistó y no pudo presentar los documentos correctos, por lo que los «burócratas» (las autoridades) le sentenciaron a muerte, pero por fortuna Juan Rodríguez logró escapar a Trujillo: fue el primer caso de asilo político en las Américas. Oficialmente, los burócratas españoles no reconocieron la ciudad hasta que Juan Maldonado y Ordóñez le concedió el altivo título de «La Ciudad de Santiago de los Caballeros de Mérida», y le asignó el lugar de su actual ubicación.

Durante los dos siglos siguientes, Mérida formó parte de Nueva Granada, y así de la Colombia moderna, en contraposición a la Capitanía General de Venezuela. Los vínculos de unión con los vecinos andinos siguieron siendo fuertes, y el comercio entre ambas naciones floreció. A lo largo de la «guerra civil», la ciudad consiguió salvarse de los grandes estragos, a diferencia del resto del país, aunque no pudo hacer nada contra el gran terremoto que devastó Venezuela, en 1812.

Bolívar fue dos veces a Mérida. La serie de batallas de 1812 se iniciaron en los Andes y culminaron con su entrada triunfal en Caracas. Se hicieron famosas como la Campaña Admirable. Bolívar volvió a esta ciudad cuando regresaba para luchar en Colombia.

Mérida, una ciudad aislada y alejada del centro económico de Venezuela, creció con lentitud. Pero finalmente, gracias a la construcción de la red de carreteras durante la década de 1960, a su comunicación con todo el país y a su creciente comercio con Colombia, la ciudad inició una nueva vida más próspera.

INFORMACIÓN TURÍSTICA

Con toda probabilidad, el sector turístico en Mérida es el mejor del país: por toda la ciudad hay módulos de información turística, abiertos de lunes a viernes, de 08.00 a 12.00 horas, y de 14.00 a 18.00 horas. La oficina de **Cormetur**, ☎ (074) 630814, LLAMADA GRATUITA (800) 63743, FAX (074) 632782, cormetur@meridavenezuela.

com, www.merida venezuela.com, está en la avenida Urdaneta, cerca del aeropuerto. También tiene una oficina en la terminal de autobuses, en el teleférico, en el mercado principal, en el Jardín Acuario y en el campus de la universidad.

Inparques, ☎ (074) 529876, FAX (074) 528785, Calle 19, 5-44, está abierto de lunes a viernes, de 08.30 a 12.00 horas, y de 14.00 a 17.00 horas. La oficina expende permisos para acampar y también facilita toda clase de información sobre los parques nacionales del estado. También tiene una oficina al lado del teleférico, abierto de miércoles a domingo, entre 07.30 y 14.00 horas.

Los operadores turísticos locales y también las oficinas de Inparques venden mapas para rutas de *trekking*, en especial el *Mapa para excursionistas*, o el mapa MARNR, hoja n.° 5.941.

Si necesita cambiar dinero, el mejor lugar es **Italcambio** en el aeropuerto, tanto para dinero en metálico como cheques de viaje, pero le pedirán su recibo de compra. Para cobrar dinero en efectivo, con la Visa o con la MasterCard, lo mejor es ir al **Banco Unión** o al **Banco de Venezuela**, en la Avenida 4, delante de la plaza Bolívar. La **Abadía**, en la Avenida 3 entre las Calles 16 y 17, un café-restaurante con aire medieval es la mejor opción para navegar por Internet; le sigue **Inter2000**, en la Calle 21, al lado de CANTV.

Las compañías de alquiler de coches, con oficina en el aeropuerto, son **Budget**, ☎ (074) 631768; **Davila Tours**, ☎ (074) 634510, y **Los Brothers**, ☎ (074) 630546. Recuerde que estas oficinas cierran alrededor de las 18.00 horas, así que deberá llegar antes. La empresa **Buggys Bike & Motorcycle Rentals**, ☎/FAX (074) 639145, Viaducto Miranda, entre las Calles 3 y 4 (cerca del parque Glorias Patria), alquila motocicletas. Los todoterrenos, con tracción en las cuatro ruedas (generalmente Suzuki) son más caros que los coches de ciudad, y en Niva (Lada) tienen las tarifas más económicas.

VISITAR MÉRIDA

Durante la temporada alta, todos los museos están abiertos de lunes a domingo, mientras que durante el resto del año cierran los lunes.

La **catedral** de Mérida, alta y magnífica, está situada en la parte oriental de la plaza Bolívar. Su construcción se inició en 1800, pero debido a varios terremotos no se pudo terminar hasta 1958. Por ello la arquitectura es un pequeño popurrí de estilos. Justo al lado se halla el **palacio arzobispal**, con una exposición de objetos religiosos procedentes de todas las iglesias andinas; entre ellos, destaca una campana fundida en España en el año 909.

Al noroeste de la plaza, se encuentra la **Casa de la Cultura Juan Félix Sánchez**, que vende cerámica para promocionar a los artesanos de la región; observe las finas estatuas de madera de santos y generales, tan características, que se encuentran en muchos hogares andinos. En el modesto **Museo Arqueológico**, sito en la esquina de la Calle 23, en el interior del rectorado de la Universidad de los Andes, abierto de martes a viernes de 09.00 a 18.00 horas, y los fines de semana, de 15.00 a 19.00 horas, se exhiben piezas procedentes de las culturas precolombinas. Aún se pueden encontrar algunos vestigios de los indios que vivían en estas regiones cuando llegaron los primeros exploradores españoles; *mucu*, el prefijo de muchos poblados de la región, significa «lugar de», mientras que máscaras y maracas juegan un papel importante en todas las festividades tradicionales.

Dos manzanas al nordeste de la plaza, en la Avenida 4, se encuentra el **Museo de Arte Colonial**, abierto de martes a viernes, de 08.00 a 12.00 horas, de 14.00 a 18.00 horas, y los fines de semana, de 09.00 a 16.00 horas. En el interior de la **Casa Juan Antonio Parra**, uno de los mejores museos de la ciudad, se puede apreciar una interesante colección de muebles de época y de otras obras de arte.

Mérida se enorgullece de su apoyo al general Bolívar. Fue la primera ciudad en proclamarle El Libertador, el 23 de mayo de 1813. Al final de la Avenida 4, en la **plaza de las Cinco Repúblicas**, es posible ver el monumento más antiguo: la réplica de Venezuela a George Washington; el busto se colocó sobre el plinto en el año 1842.

De vuelta a la plaza, diríjase al Complejo Cultural, recientemente acabado, que alberga el **Museo de Arte Moderno**, abierto de martes a viernes, de 9.00 a 12.00 horas y de 14.30 a 18.00 horas, y los fines de semana, de

10.00 a 18.00 horas, con una colección pequeña de obras realizadas por artistas contemporáneos venezolanos.

No se pierda el **mercado principal**, en la avenida Las Américas, esquina Viaducto Miranda, que es el mayor y más importante de la ciudad, atestado de productos agrícolas de la región, amontonados en puestos, o en el suelo, y también de artesanía local. Es mejor que vaya cuando esté más concurrido, por la mañana o el fin de semana, para ir de puesto en puesto, o sentarse en el comedor de la planta superior para tomar algo.

Debe probar las delicias locales, por ejemplo los quesos y el jamón ahumados, los «dulces abrillantados», que son frutas acarameladas, los batidos de fresa y el vino de mora. Las típicas bebidas andinas para entrar en calor son el «calentado» (o calentaíto), un licor de anís (*miche*) con azúcar marrón y el «ponche andino», leche caliente con canela y miche.

Los merideños adoran tanto sus parques urbanos como sus montañas. En la ciudad hay varios; **Los Chorros de Milla** es el favorito, un lugar agradable para pasear después de recorrer la ciudad, no solamente por sus jardines bien cuidados y su cascada romántica, sino también por el jardín zoológico. La oficina de turismo le dará más información sobre los demás parques.

EL TELEFÉRICO

El teleférico de Mérida es el más alto y el más largo del mundo. Aunque sólo funcionen tres estaciones, algunas veces dos, el teleférico es una obligación para todos (para más detalles, *véase* CON EL TELEFÉRICO A LAS ALTURAS, pág. 16 en ATRACTIVOS PRINCIPALES).

En temporada alta, el teleférico está muy concurrido, y se recomienda reservar con antelación en el ☎ (074) 525080, o mediante su operador turístico. En la actualidad, la capacidad de los vagones es de 36 personas, con salidas cada 15 minutos, desde las 07.00 hasta las 12.00 horas, algunas veces un poco más temprano o más tarde, de lunes a domingo. En temporada baja, sólo funciona de miércoles a domingo. Es recomendable ir lo más temprano posible, ya que desde primera hora de la mañana se forman largas colas y, además, generalmente, el cielo suele nublarse a lo largo del día. El último viaje de bajada sale alrededor de las 14.00 horas. Pero si prefiere quedarse y disfrutar un poco más en las alturas, hallará un bonito camino de bajada, desde La Aguada.

Tenga en cuenta que subirá hasta más de 4.000 m de altura, en poco más de una hora. Si sólo va vestido con una camiseta, no se extrañe si tiene frío en la cima; y tómese las cosas con calma si empieza a sufrir el «soroche» (mareo por la altura).

DEPORTES Y ACTIVIDADES AL AIRE LIBRE

Mérida, la ciudad venezolana del turismo de aventura por excelencia, ofrece una gran variedad de actividades al aire libre, con o sin subidas de adrenalina.

Excursionismo y montañismo

Para todos aquellos aficionados a las botas de montaña y a caminar entre la neblina, el **parque nacional**

PÁGINA ANTERIOR: El teleférico de Mérida sube a 4.000 m de altura. SUPERIOR: De camino por las montañas y los valles en Sierra Nevada.

Sierra Nevada es el lugar indicado. Aquí se elevan los picos más altos de los Andes venezolanos, que reciben el nombre de un viejo cuento indio, **Las cinco águilas blancas**. El parque comprende una superficie de 2.760 km^2, entre la serranía de Santo Domingo, al norte, y Sierra Nevada de Mérida, al sur.

Naturalmente, las rutas más populares entre los escaladores son las más altas. Hay senderos que suben hasta el **pico Bolívar** y el **pico Humboldt**. Para este último, primero tiene que coger el autobús hasta Tabay, y desde aquí, un *por puesto* que le llevará a la estación de Inparques (*véase* TABAY, pág. 162), en la entrada de Mucuy al parque Sierra Nevada. Para los escaladores, la pared más popular cerca del pico Bolívar es **La Pared del Abanico**.

En el valle superior del Chama, cerca de Apartaderos, muchos excursionistas se sienten atraídos por la **Serranía de Santo Domingo**, que comprende una caminata al santuario de Juan Félix Sánchez, en El Potrero, al sur del pico Mucuñuque (*véase* SAN RAFAEL DE MUCUCHÍES, pág. 164).

A lo largo de la carretera, en dirección hacia el este, entre Apartaderos y Santo Domingo, hay cuatro lagos glaciales populares. El mayor se llama **laguna de Mucubají**. Desde aquí, parte un sendero que sube al pico Mucuñuque, de 4.672 m de altura, y también a otros picos: algunos de los más impresionantes de toda la región que no requieren conocimientos especiales de montañismo. La oficina de Inparques, en la entrada a la laguna de Mucubají, extiende permisos y facilita toda clase de información detallada sobre rutas y senderos (*véase* DE APARTADEROS A BARINAS, pág. 166).

El **parque nacional Sierra de la Culata** protege las pendientes occidentales de los Andes, con diferencia más secas que las orientales, la típica vegetación desértica del páramo y el pico del Pan de Azúcar, de 4.660 m (*véase* LOS ALREDEDORES DE MÉRIDA, pág. 160).

Parapente

Los folletos publicitarios de Mérida aseguran que el parapente en esta zona es de los mejores del mundo. Lo podrán confirmar los expertos, pero sin duda alguna los vuelos desde Las Gonzales (al sur de Mérida) son tremendos, y pueden durar una hora o más. Hay la posibilidad de apuntarse a un curso, o también es posible volar en tándem con un instructor experimentado. Raúl Penso, simpático y agradable, es de los mejores. Contacte con él a través de Bum Bum Tours. Asimismo, se puede practicar parapente desde La Aguada o desde Loma Redonda, subestaciones del teleférico.

Rafting y *Kayaking*

Estas dos variedades deportivas sólo se pueden practicar la época de lluvias, entre mayo y noviembre. Durante los meses más secos, hay unos recorridos tranquilos en barca en los ríos de los Llanos. Los mejores ríos pasan por la zona de Barinas, en Sierra Nevada, y lo más aconsejable para disfrutar de la belleza natural del entorno es hacer una excursión de dos días.

Equitación

En Mérida encontrará grandes rutas para recorrer a caballo. En la laguna de Mucubají y en pico Águila se alquilan pequeños caballos criollos que permiten pasear por los alrededores de las montañas. Algunas fincas tienen caballos apropiados para excursiones más largas; su agencia de viajes le dará más detalles.

Ciclismo

Algunos operadores turísticos alquilan bicicletas para hacer excursiones por los alrededores de Mérida, por ejemplo, visitar la zona de los Pueblos del Sur, al sur de Mérida, con varias rutas desafiantes para aquellos ciclistas aficionados. Si prefiere pedalear sin agotarse, escoja una bonita ruta hacia el norte, entre el pico Águila y Piñango hasta Timotes, o cualquier otra a lo largo de la Transandina, en dirección a Mérida.

Pesca

Hay numerosos lagos glaciales en Sierra Nevada muy populares entre los pescadores que esperan llevarse la trucha más grande. La época de pesca va desde mediados de marzo a septiembre. Pero necesita un permiso expedido por el Ministerio de Agricultura y Cría en Mérida; Inparques le dará más detalles.

EXCURSIONES

Mérida cuenta con 80 operadores turísticos y agencias de viaje. La competencia es feroz. Pida consejo o infórmese, aunque no pretenda usar sus servicios. A continuación, se indican los operadores turísticos recomendados, así como sus especialidades. Todos hablan dos idiomas.

Arassari Trek & Bum Bum Tours, ✆/FAX (074) 525 879, info@arassari.com, www. arassari.com y www.jvm. com/bumbum/, al final de la Calle 24, es uno de los mejores de la ciudad. Tom y Raquel Evenou, una pareja muy simpática, ofrecen excursiones muy interesantes. En 1996, los dos fueron los primeros en realizar *rafting* en el río Bum Bum, cerca de Barinas, y son los únicos que ofrecen esta práctica deportiva en la categoría IV (durísima y difícil). Últimamente han ampliado su programa con ofertas de *trekking* con los mejores guías especializados de todo el país. También alquilan bicicletas en buenas condiciones; sus recorridos por los Llanos son recomendables, al igual que sus vuelos en parapente.

Guamanchi Expeditions, ☎/FAX (074) 522080, geca@bolivar.funmrd.gov.ve, www.ftech. net/~geca, en la Calle 24 , 8-39, es otro operador turístico con gran experiencia, especializado en *trekking* y montañismo. José Luis Troconis de **Natoura Adventure Tours,** ☎ (074) 524216, FAX (074) 524075, natoura@ tel.cel.net.ve, www.natoura.com, también en la Calle 24, es un guía local experimentado, especialmente para *trekking*, montañismo y *rafting*.

Colibrí Expediciones, ☎ (074) 522606, FAX (074) 52 4961, colibri_merida@hotmail.com, en la Calle 19 entre Avenidas 2 y 3, con Ricardo Torres como director, también dispone de buenos guías; mientras que Jerry Keaton, un americano con mucha experiencia y buen conocedor de la sierra, dirije **Montaña Tours,** ☎/FAX (074) 661448/662867, andes @telcel.net.ve, Local 1, edificio Las Américas, avenida Las Américas, cuya especialidad, sin ninguna duda, es el *trekking* y el montañismo.

Es interesante comentar que los operadores turísticos de Mérida se dieron cuenta de que la mayoría de los turistas querían visitar las grandes planicies de los Llanos a fin de observar la vida salvaje, pero que desistían debido a los elevados precios de estas excursiones. Para solucionarlo, muchos operadores turísticos ofrecen excursiones de tres o cuatro días de duración (*véase* LOS LLANOS, pág. 175), con hospedajes económicos, en casas privadas, e incluso con la posibilidad de dormir en hamacas y con cuarto de baño compartido. Estas excursiones son muy populares entre los viajeros más jóvenes.

ALOJAMIENTOS TURÍSTICOS

Como complemento a su fresco clima, Mérida ofrece muchos alojamientos a precios «refrescantemente» razonables. Algunos de ellos aplican tarifas distintas en temporada alta y baja. En temporada alta, se recomienda reservar con suficiente antelación.

De lujo

El **hotel Tisure,** ☎ (074) 526072, FAX (074) 526061, www.andes.net/tisure/index.html, de cuatro estrellas, situado en la Avenida 2, es probablemente el más céntrico de la ciudad de Mérida. Con sólo 35 confortables habitaciones, con teléfono, televisión y decorativos muebles de acero pulido y madera de pino, el hotel resulta muy acogedor y muy exclusivo.

La Sevillana, ☎ (074) 663227, FAX (074) 523051, situado en las afueras de la ciudad, pero relativamente cerca, al final de la avenida Principal La Pedregosa, es un bonito y tranquilo retiro de madera donde comienzan los senderos que suben a las montañas. Con sus habitaciones románticas, decoradas con mucho gusto y al estilo colonial, obras de arte y acabados decorativos, en general, es una opción que difícilmente podrá llegar a resistir.

PÁGINA ANTERIOR: Los andinos se toman la vida con tranquilidad y le sonríen. SUPERIOR: El impresionante paisaje de Sierra Nevada, con el río Chama.

Moderado

El **hotel Mintoy**, ☎ (074) 520340/523545, FAX (074) 526005, Calle 25, en el centro, cerca del parque Las Heroínas, es el mejor hotel turístico de esta categoría. Puede resultar un problema durante los ruidosos fines de semana o en los días festivos, pero las habitaciones son luminosas, limpias y bien cuidadas. El **hotel Prado Río**, ☎ (074) 520633/704, FAX (074) 525192, al final de la Avenida 1, al norte de Mérida, recientemente renovado por Corpoturismo, cuenta con 13 habitaciones y 84 cabañas; tiene piscina y restaurante. El complejo hotelero, a pesar de su restauración, parece un poco pasado de moda, pero es un lugar tranquilo. La dirección corre a cargo de la escuela hotelera de la universidad, y todos los empleados son gente joven.

Económico

En Mérida existen muchas posadas atendidas por una familia, que en general ofrecen mejor servicio que los «hoteles» de su misma categoría.

Uno de los mejores ejemplos es **La casona de Margot**, ☎/FAX (074) 523312, casonamargot@hotmail.com, en la Avenida 4 entre las Calles 15 y 16. Tiene una atmósfera muy agradable, y las camas, los muebles y los accesorios son buenos. A su lado hay otra casa antigua, la **posada Los Bucares**, ☎/FAX (074) 522841, con 10 habitaciones sencillas, pero limpias y ordenadas; su cafetería, combinada con una pequeña tienda para venta de cerámica de artesanía, está en la esquina. La más reciente en la lista es la **posada La Montaña**, ☎ (074) 525977, FAX (074) 527055, en la Calle 24, entre las Avenidas 6 y 7, con 16 habitaciones agradables decoradas al estilo rústico, todas dispuestas alrededor de un patio central. Desde el salón se aprecia una hermosa vista de las montañas.

La opción más popular entre los hoteles y casas de huéspedes más económicos, muchos de ellos con cuartos de baño compartidos y derecho a cocina, es **Luz Caraballo**, ☎ (074) 525411, en la Avenida 2 con plaza Sucre. Las habitaciones, que dan al patio interior de la casa, son sencillas, pero impecables, y tienen agua caliente y televisión. Tanto la posada como su típico restaurante andino son recomendables.

RESTAURANTES

Al pasear por el gran mercado principal apreciará la gran abundancia de productos que hay en la ciudad, que se repite en los restaurantes, en forma de pescado fresco y platos andinos tradicionales y nuevos, pero también está presente la cocina internacional. Aunque existen pocos restaurantes de categoría superior, de presencia elegante y llamativa, hay mucho *glamour*.

Moderado

En **Los Tejados de Chachopo**, ☎ (074) 440430, Vía Chorros de Milla, aunque responda en cierta medida al clásico cliché turístico, sirve la típica cocina andina, como las deliciosas truchas, en un ambiente del Viejo Mundo, lleno de antigüedades, tal vez un poco exagerado. Los camareros vestidos con los trajes regionales, le atienden con diligencia en cualquiera de los distintos salones del restaurante.

La Chivata, ☎ (074) 529426, pasaje Ayacucho, en el centro, con sus paredes decoradas con obras de arte, la animada charla de sus clientes y, sobre todo, su menú imaginativo, es el restaurante favorito del lugar; mientras que **La Fonda de Tía Mila**, ☎ (074) 443308, avenida Principal Chorros de Milla, de atmósfera informal y enormes bistecs de más de un kilo de peso, causa locura entre los aficionados a la carne. Si le gusta comer con música de flamenco en directo, diríjase a **La Sevillana**, ☎ (074) 522667, avenida Tulio Febres Cordero y Calle 29, donde reina un agradable ambiente familiar. Y para probar la famosa trucha le resultará difícil encontrar un lugar mejor que el restaurante del **hotel Tisure**, ☎ (074) 526072, con un ambiente tranquilo y sofisticado.

Económico

La **Marisquería Tú y Yo**, Avenida 4 con Calle 28, goza de buena reputación porque sirve truchas a precios más económicos y en una atmósfera menos formal, que la del elegante restaurante del hotel Chama, el **Miramelindo**, ☎ (074) 524851, Avenida 4 y Calle 29.

Se podría decir que la mejor carne a la brasa se prepara en **Cheo´s** en Las Heroínas; por lo que se refiere a *pizzas* y pasta se pueden encontrar en cualquier parte. La nueva **Abadía**, Avenida 3, entre Calles 16 y 17, decorada como un monasterio y donde los camareros llevan sotana, sirve pastas y otros platos sabrosos. Es un lugar popular entre los estudiantes y la gente joven, es también cibercafé.

Los vegetarianos, que quizás echen de menos sus verduras y legumbres, pueden ir al **Rincón de Reverón**, Calle 19, con un ambiente muy propicio y platos sabrosos a buen precio; lo mismo se puede decir de **La Fonda Vegetariana**, Calle 29, entre las avenidas 3 y 4, que sirve arepas de trigo y toda clase de vegetales.

Mientras desayuna, o simplemente come tartitas en el balcón de **Bum Bum Tours** (desde aquí también puede enviar *e-mails*), disfrute de las vistas sin igual a los alrededores. Otro buen lugar para desayunar, donde se preparan las mejores *crêpes*, es **El Hoyo del Queque**, en la esquina de la Calle 19 y la Avenida 4, que por la noche se convierte en un popular bar.

Y, ahora, algo completamente distinto: cerveza, calabaza y whisky. ¿Le parece extraño? ¿Entonces qué le parece espaguetis, trucha y ajo? A primera vista, estos sabores parecen bastante normales. Pero cuando se encuentre frente al mostrador de una heladería en el momento de escoger un helado de entre cien, le resultará increíble. Pero no. Esto ocurre en la **heladería Coromoto**, Avenida 3, 28-75, donde ofrecen helados de 650 sabores distintos. Tal vez, el día que vaya, el señor Oliveira sólo tenga 60 sabores para elegir.

VIDA NOCTURNA

Con todos los estudiantes que viven en Mérida, que evidentemente no tienen nada mejor que hacer que divertirse, y con todos los jóvenes, y no tan jóvenes, dedicados al arte y a la vida bohemia, no resulta extraño que haya tantos cafés y bares, locales para bailar salsa, clubes nocturnos y conciertos en la ciudad.

Harrys Carmelo, ☎ (074) 522289, en la Avenida 4 y Calle 30, y **Alfredo´s Bar**, ☎ (074) 521412, Avenida 4 y Calle 19, en el centro, son lugares animados, donde se reúne la juventud para escuchar música y tomar apaciblemente un cóctel.

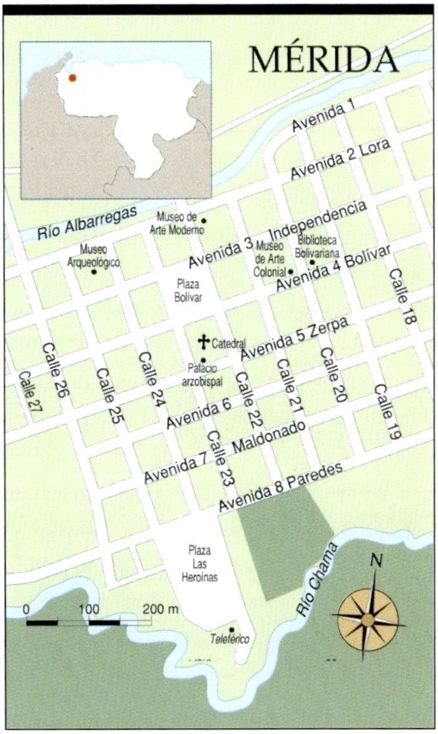

Después puede acercarse al **Bodegón de Pancho**, ☎ (074) 449819, avenida Las Américas, en la planta baja del centro comercial Mamayeya, con una banda que toca salsa en el bar del sótano los fines de semana, y una pista de baile en la planta superior que, entrada la noche, emerge automáticamente. Otros lugares para tomar una copa y bailar son **El Castillo**, ☎ (074) 662984, avenida Los Próceres, una discoteca muy animada, o **La Patana**, ☎ (074) 662746, avenida Andrés Bello, centro comercial San Antonio, al sur del aeropuerto; tiene música latina en directo y la gente no siente ningún complejo de cantar junto con la banda. Si le gusta la música fuerte, vaya al **Birosca Carioca**, Calle 24 con Avenida 2, que es toda una institución, allí se reúnen los estudiantes.

CÓMO LLEGAR

El aeropuerto de Mérida, que se halla aproximadamente 2 km al sudoeste del centro de la ciudad, ofrece un buen servicio y también buena comunicación de autobuses y taxis económicos. Por desgracia, y a causa de las malas condiciones climatológicas, los vuelos muchas veces se retrasan, o se ven obligados a aterrizar en El Vigía, que se encuentra al noroeste. Cuando esto ocurre, las líneas aéreas se encargan del transporte a Mérida. Los más afectados por el mal tiempo suelen ser los aviones con turbopropulsor de Servivensa. Las líneas aéreas con ruta a Caracas, el vuelo dura una hora,

PÁGINA ANTERIOR: Color y tradición en San Rafael de Mucuchíes.

son **LAI**, ☎ (02) 2632719, y **Santa Bárbara**, ☎ (02) 3551813; mientras que **Air Venezuela** también vuela a Maracaibo, Porlamar, Cumaná y Puerto Ayacucho.

La terminal de autobuses de Mérida está en el sudoeste de la ciudad, a 3 km del centro, con un servicio regular de autobuses a la ciudad (a la Avenida 2 y Calle 25, cerca de la plaza Bolívar). También los taxis cobran tarifas razonables.

LOS ALREDEDORES DE MÉRIDA

Los alrededores de Mérida, con numerosos y pequeños poblados, parques nacionales, parques temáticos, artesanía y color local, piden ser explorados. Recórralos como sea: en una excursión, en coche alquilado, en un *por puesto* o en autobús. Para los lugares de interés turístico a lo largo de la carretera al norte de Apartaderos, (*véase* EL NORTE DE MÉRIDA, pág. 161, o EL OESTE DE MÉRIDA, pág. 168), para información acerca de las ciudades de los Pueblos del Sur y las rutas al estado de Táchira.

EL PARQUE NACIONAL SIERRA DE LA CULATA

Muchas veces el parque nacional Sierra de la Culata, que se extiende paralelamente al parque nacional Sierra Nevada, se pasa por alto, aunque la ciudad La Culata se encuentre un poco más arriba de Mérida. El camino de subida desde el valle, cubierto de flores de todos los colores incluidos los matices grises y marrones del páramo, está al otro lado de la ciudad. A cinco horas de camino hay un cámping y una cascada. Solicite más información a un operador turístico.

En la entrada al parque nacional está el **Parador Turístico y Posada Los Pinos**, ☎ (014) 9742864 o (074) 52 0682, que cuenta con una tienda de artesanía y un restaurante de estilo rústico con una gran chimenea. Las tres habitaciones con calefacción, cuarto de baño y agua caliente se han decorado con el mismo estilo acogedor. Es un lugar ideal para permanecer un día o más.

LOS NEVADOS

Los Nevados, uno de los poblados más fotogénicos de los Pueblos del Sur, se está convirtiendo en una institución para los visitantes de Mérida. A pesar de su encanto, su plaza con la iglesia blanca encalada, durante la temporada alta, se parece más a un parque temático. Trate de evitar estas épocas de aglomeraciones, o continúe hacia el resto de poblados en este lado de Sierra Nevada.

Loma Redonda, la subestación del teleférico está a seis horas de camino de Los Nevados, ideal para todos los que quieren experimentar la aventura andina sin sufrir las consecuencias más tarde. Si le preocupan sus piernas, siempre le queda la opción de alquilar una mula. También puede alquilar un todoterreno de los «toyoteros» en el parque Las Heroínas de Mérida, que le subirán por los senderos montañosos de tierra; no es recomendable mirar hacia abajo en cualquiera de sus cerradas curvas. Esta ruta se puede recorrer en ambas direcciones.

En el pueblo, con sus calles empedradas y sus casitas de barro, hay varias posadas que ofrecen hospedaje y comida. La posada de **Guamanchi Expeditions** (*véase* EXCURSIONES, pág. 156, en MÉRIDA) es la mejor. También hay un cámping cerca. Para continuar el recorrido, es posible ir caminando a El Morro y a otros de los pequeños poblados cercanos, y desde allí, tomar uno de los *jeeps* que vuelven a Mérida.

JAJÍ

El pueblo de Jají, situado en medio de colinas verdes y torrentes, se terminó de reconstruir a finales de los

años sesenta con el estilo típico de los pueblos andinos: una pequeña iglesia, calles empedradas y muros encalados. En este proceso perdió un poco de su verdadera alma. En temporada alta y durante los fines de semana, las tiendas de recuerdos y los restaurantes alrededor de la plaza Bolívar se abarrotan de turistas. En los días restantes reina la paz y la tranquilidad.

Jají se encuentra a tan sólo 38 km al noroeste de Mérida, por lo que es ideal para una pequeña excursión. Si sube por la sinuosa carretera llegará a una bella cascada, y desde aquí hay varios caminos que permiten pasear entre bosques cubiertos de musgo. Muchos propietarios de las posadas de Jají alquilan caballos, si no le apetece caminar. Las fiestas patronales se celebran el 24 de septiembre, con procesiones religiosas.

En la ruta a Jají, a 12 km de Mérida, hay un letrero que indica el desvío a **Venezuela de Antier**. En este parque temático hay miniaturas de varias regiones del país, como por ejemplo un pueblo amazónico, el puente sobre el lago Maracaibo y la plaza Bolívar de Caracas. También hay actuaciones de actores disfrazados que representan a diferentes personajes. El parque supone una gran diversión para los niños, pero el elevado precio de sus entradas hace desistir a los adultos. Está abierto todos los días, de 09.00 a 17.00 horas.

Alojamientos turísticos y restaurantes

Cerca de Jají, en los alrededores de la Aldea La Playa (vaya por la calle, al sur del poblado, que pasa al lado de la iglesia), está la **hacienda El Carmen**, ☎/FAX (074) 635852 o (014) 9740196, hostecar@telcel.net.ve, de tarifas moderadas, un escondite bucólico en medio de las colinas, con el atractivo de pasar un día en una hacienda cafetera. La familia Monzón se encargó de re-

convertir la mansión del siglo XIX, con ocho habitaciones dobles y cuatro familiares, todas muy bien decoradas. Su restaurante sólo abre al público en Semana Santa, pero los huéspedes pueden disfrutar de su excelente cocina durante todo el año. El hospedaje también comprende una excursión con guía por todas las instalaciones cafeteras de la hacienda y la opción de montar a caballo. Para los niños hay una casa aparte con un salón de juegos, una mesa de billar, televisión y vídeos.

La **Posada Turística Aldea Vieja**, ☎ (074) 660072 o (014) 9746643, cerca de la plaza, de precios económicos, es la mejor de la ciudad, con siete habitaciones grandes en la segunda planta. El ambiente es rústico, con suelo y decoración de madera, pero los muebles son modernos, y todos los accesorios muy llamativos. Las habitaciones tienen baño propio y agua caliente. El restaurante, situado en la planta baja del local, goza de buena reputación.

El restaurante **El Bosque**, probablemente el mejor del poblado, prepara los sabrosos guisos de la región.

La Azulita

Si continúa subiendo por la carretera a través de los Andes y luego baja a la Panamericana, en dirección hacia el norte, llegará al pueblo de La Azulita, situado a unos 62 km de Jají. Se encuentra en lo alto de la Sierra de la Culata, con vistas hacia ambos lados, tanto al valle de Chama como al lago Maracaibo, que se halla situado al norte. En una noche clara, incluso se pueden admirar los bellos espectáculos luminosos de Catatumbo, al sur del lago.

Durante la década de 1970, hubo muchos artistas y «similares» que se retiraron a vivir en este lugar, de paisaje tranquilo y sereno. Es un área muy apropiada para la observación de aves, con más de 300 especies según la información de la Audubon; también hay muchos caminos para pasear o montar a caballo, y varios lugares donde sirven comida vegetariana. La mejor posada es **El Tao**, ☎ (014) 9605888, FAX (074) 97040.

Lagunillas

Al salir de La Azulita, la carretera hace un giro al sur, pasa por varios poblados situados al noroeste de Mérida hasta Lagunillas. El parque **Xamú Pueblo Indígena** es otro de los parques temáticos de Mérida, donde se pone la forma de vida de los indios mucujún; es muy interesante conocer cómo vivían y cultivaban el campo antes de la llegada de los españoles. Los horarios de visita han cambiado varias veces en los últimos años, así que es mejor consultar con la oficina de turismo.

EL NORTE DE MÉRIDA

La Transandina, que corre a lo largo del valle del río Chama, va subiendo más y más hasta alcanzar los páramos del paso El Águila, a 4.007 m de altura, la ruta más frustrante de toda Venezuela (*véase* DE RUTA POR LA CARRETERA, pág. 34, en USTED ELIGE).

A lo largo de la ruta del norte, hay muy pocas carreteras pavimentadas que conduzcan a los pequeños poblados, como Gavidia y La Mucuy, pero hay docenas de carreteras de categoría inferior o caminos de tierra. Entre todas integran la mayor concentración regional de alojamientos y restaurantes del país, literalmente con cientos de lugares para hospedarse y comer.

Si alquila un coche en Mérida, tendrá la libertad y la ventaja de explorar la región a su aire. Pero también existe un servicio regular de *por puestos* a todos los poblados; la terminal está en la Calle 19 y Avenida 4, en Mérida. Y gracias a la abundancia de alojamientos disponibles en la región, tenga por seguro que nunca se quedará sin cama.

PÁGINA ANTERIOR: De excursión por los senderos y ríos de Mérida. SUPERIOR: Las mulas se toman un bien merecido descanso en Los Nevados.

TABAY

Tras salir de Mérida y viajar por la sinuosa Transandina, se llega a Tabay, fundada en 1689. La ciudad aún conserva mucho de su carácter colonial, con su plaza sombreada donde los andinos discuten cualquier cosa a la sombra de su iglesia de dos torres, curtida por el sol, el viento y la lluvia.

La carretera, al este de la plaza Bolívar, se dirige hacia la entrada al parque Sierra Nevada, en La Mucuy.

A Tabay se la conoce gracias a sus tallas de madera, de estilo *naïf*, de santos y generales. Busque los letreros en los portales que anuncian artesanía, o pregunte por la **Casa de la Cultura**, al lado de la plaza. También

puede pedir información sobre las bonitas y cercanas fuentes termales.

Alojamientos turísticos

Poco antes de llegar a Tabay, gire a la derecha en dirección a Mucunatán, hasta la **Cabañas Xinia & Peter**, ☎/FAX (074) 830214, rodeada de árboles altísimos. Los precios son moderados. Desde el primer momento notará que es un lugar que provoca una sensación única y exclusiva: sólo tiene tres cabañas, con cocina propia y sala de estar. Los detalles son maravillosos, con una decoración excelente, de gran calidad, trabajos de artesanía en los alféizares, diseños con mucha imaginación; en resumen, todo delata un gusto exquisito e impecable. Ofertan excursiones y paquetes que se adaptan a cualquier necesidad, y en la misma puerta del hotel se inician varios senderos para caminar.

En Tabay se encuentran **La casona de Tabay**, ☎ (074) 830089, propiedad de la familia Monsalve, y en la plaza principal, su hermana gemela, la **Posada Turística Tabay**, ☎ (074) 830025, FAX (074) 830121, ambas con elementos del Viejo Mundo: vigas de madera, patios centrales de azulejos y buenos restaurantes. La casona se halla en las afueras del pueblo y tiene hermosas vistas del paisaje. El restaurante admite reservas.

La **Posada de la mano poderosa**, ☎ (074) 523804 o (014) 7422862, FAX (074) 524031, de Óscar y sus amigos, está a 10 minutos de viaje en las afueras de Tabay; sus precios son sorprendentemente económicos. Se halla situada en medio de un verde valle, atravesado por un riachuelo de aguas heladas, y ofrece unas fantásticas vistas de los picos situados al este, que se pueden contemplar con comodidad desde una hamaca. La mansión, una construcción reciente, pero de estilo tradicional, con muros encalados y vigas a la vista, tiene cuatro habitaciones, tres cuartos de baño y grandes estancias. Una mujer del pueblo se encarga de preparar deliciosos platos a los huéspedes.

Restaurantes

El Fogón de la Cachapa (sólo los fines de semana) al norte de la plaza, prepara las «cachapas» más dulces, con seis variantes, y sirve «calentaítos» al compás de la música del violín tradicional, en medio de un antiguo decorado andino.

DE LOS ALEROS A MUCUCHÍES

A 7 km de distancia de Tabay, en una montaña a la derecha de la carretera, se sitúa el parque temático Los Aleros, el primer parque de Mérida, que sigue siendo muy popular. Aquí es posible ver una réplica de un típico poblado andino de comienzos del siglo XX, con muebles de época; arte y artesanía; un cine; una oficina de correos e industria artesanal. También verá actores ataviados con trajes de época ocupados en sus quehaceres y, con un poco de suerte, incluso una boda. Es divertido e interesante, en especial para los niños; tal vez los adultos lo consideren demasiado «Disney». El horario del parque es de lunes a viernes, de 09.00 a 17.00 horas, y los fines de semana, de 08.00 a 17.30 horas.

Después de Los Aleros, el siguiente pueblo en la ruta es **Cacute**, con un centro colonial, a la derecha de la autopista, que se restauró hace poco. A continuación se llega a Mucurubá, pendiente aún de ser restaurada.

Alojamientos turísticos y restaurantes

Después de recorrer unos 13 km por la sinuosa carretera y de pasar por Mucurubá, hay una señal a la izquierda del camino que le llevará a los **Balcones de la Musui**, ☎ (014) 9740712 (si llega al letrero de El Vergel, ya se ha pasado), que está situado exactamente a una distancia de 2 km subiendo por esta carretera empinada y semipavimentada. Desde aquí, a una altura de unos 3.000 m, disfrutará de las vistas más impresionantes de todas las posadas de los Andes. El propietario, César Lemoine, dispone de seis habitaciones para «pasar la luna de miel», todas con grandes ventanales y vistas a las montañas. Los cocineros son buenos y, además, sirven excelentes vinos. En la entrada se puede leer un aviso de «alarma» en este sentido. También se organizan excursiones a las cercanas fuentes termales.

En el lado de la carretera, tras salir de Los Aleros y antes de llegar a Cacute, se encuentra **Catalina Delicatesses**, un negocio familiar y un emporio de productos locales, donde se pueden comprar deliciosas mermeladas caseras, conservas y *chutneys* (frutos agridulces para comer con carne, quesos, etc.), quesos ahumados y hasta pasteles.

MUCUCHÍES

Mucuchíes, una de las arquetípicas ciudades dormidas del valle de Chama, se fundó en 1596, y únicamente se anima durante los días de fiesta dedicadas a diferentes santos. En uno de los más ruidosos, el 29 de diciembre, los danzarines disfrazados y con sombreros llenos de flores celebran el día de san Benito mientras disparan viejos trabucos (sí, suelen ocurrir accidentes); y el 24 de noviembre, los bueyes de la región, debidamente engalanados, son trasladados a la iglesia para proceder a su bendición.

La ciudad también debe su fama a otro hecho: es el lugar de origen de los perros mucuchíes, una raza parecida al San Bernardo, famoso por su lealtad y ferocidad. En la plaza, al lado de la estatua del Libertador, hay otra de un niño indio de nombre Tínajaca y su perro mucuchíe, Nevado. Los dos partieron para luchar al lado de Bolívar, pero nunca regresaron. Murieron juntos en la batalla de Boyacá.

Cerca de Mucuchíes, hay un desvío de la carretera en dirección a Sierra Nevada y a **Gavidia**, un pueblo de montaña con calles empedradas, a 3.350 m de altura, al que sólo se accede por una carretera espectacular y serpenteante, recientemente descubierta por unos turistas aventureros.

Más arriba de Mucuchíes hay varias fuentes termales en las que podrá tomar un baño «surrealista» en este clima de altura, y también hay varios senderos hacia la Sierra de la Culata. La gente del pueblo, o los propietarios de las posadas, pueden indicárselos.

Alojamientos turísticos y restaurantes

En la salida de Mucuchíes, se encontrará frente a frente con la mayor locura turística de Mérida, el **Hotel Castillo San Ignacio**, ✆ (074) 810021 o (074) 820751, de precios elevadísimos, que emerge de entre la campiña. Las 30 habitaciones y *suites* son de lo más lujoso; la destreza de los picapedreros y de los artesanos es realmente tan admirable que asombra a todo el mundo. Puede gustarle o no, pero en cualquier caso es muy original. La decoración al estilo de los castillos medievales, las torrecillas, los postigos de madera, las armaduras, las grandes pinturas de paisajes e incluso los trabajos de vidrio emplomado —en pleno corazón andino— son sin duda alguna muy originales. Después de pasar por su gran restaurante, en el Gran Salón, con vigas de madera y mesas de caballete, donde camareros y camareras ataviados con trajes medievales le sirven los platos más selectos de la cocina internacional, podrá decidir si le gusta o no.

Piedras Blancas Ecological Refuge, también conocido como **Mesa Redonda**, ✆/FAX (074) 638633, patven@telcel.net.ve (sólo con reservas), está cerca de Mucu-

PÁGINA ANTERIOR y SUPERIOR: Vistas típicas del mejor parque temático de los Andes, Los Aleros.

chíes. El fundador de este refugio fue el francés Yves Lesenfants, y ahora lo administra el loable Programa Andes Tropicales. La posada, de construcción tradicional, tiene una ubicación privilegiada, con diversos caminos para montar a caballo y visitar las otras posadas de los alrededores. Existen varios caminos que suben al impresionante páramo; a los administradores de las posadas les encanta compartir con los turistas sus conocimientos sobre los diferentes ecosistemas y la vida salvaje. Las tarifas son de moderadas a elevadas.

SAN RAFAEL DE MUCUCHÍES

Cualquier venezolano al que le mencione el nombre del pueblo de San Rafael de Mucuchíes, a unos 7 km de distancia en la subida por la carretera del valle, con toda probabilidad hablará de la **capilla de Juan Félix Sánchez**. Esta original capilla se encuentra en el camino a El Tisure, en un lugar privilegiado por sus vistas singulares a los Andes venezolanos. La capilla, al igual que los bancales que observará en todas las áreas montañosas, se construyó laboriosamente piedra a piedra y roca a roca, una verdadera hazaña dada la edad de J. F. Sánchez —cumplió 83 años al terminar la obra. Pero la capilla encierra algo más. Visítela por la mañana, a media luz y entre tinieblas, o por la noche, cuando las nubes cubren todo el valle, y comprenderá por qué a Sánchez se le veneraba como a un brujo; incluso el Papa hizo escala en 1985 en este punto tan remoto de los Andes para visitarla.

La Toma se encuentra a mitad de camino de Mucuchíes a San Rafael, y desde aquí, parte una carretera pavimentada hacia el **CIDA**, el **observatorio astronómico**, ☎ (074) 712780/713883, www.cida.ve, que también es el **Museo del Espacio**. En temporada alta permanece abierto hasta las 22.30 horas todos los días, excepto los sábados; el resto del año cierra más temprano. Es mejor llamar antes e informarse. Si desea ir al CIDA, otra posibilidad es el desvío después de Apartaderos, que pasa por el pueblo de Llano del Hato, en el páramo. La mejor época para visitarlo es durante el primer cuarto del ciclo lunar. No hay transporte público para acceder al observatorio, que se encuentra en medio del parque nacional Sierra de la Culata, en la parte del estado de Mérida. **Viajes a las Estrellas**, ☎ (074) 524 771, organiza excursiones. Para situarse en la ruta a El Tisure, siga hasta La Mucuchaché, a cinco minutos por la carretera al norte de San Rafael. En el lado derecho, junto a un arroyo, hay una cruz blanca. Desde aquí es fácil encontrar el camino, que sube poco a poco hasta el puerto de La Ventana, a 4.000 m. Los operadores turísticos le ofrecerán más detalles.

Alojamientos turísticos y restaurantes

Tras visitar la capilla y a la salida de la ciudad, se encuentra el letrero de la **posada San Rafael del Páramo**, ☎ (074) 820938. Sus propietarios, Omar y Mary Monsalve, ambos personas cultas, han dedicado mucho tiempo y esfuerzo a su posada, decorada con mucho gusto, y con toda clase de técnicas tradicionales, por lo que esta posada ofrece un nivel superior al resto; el local está lleno de detalles: nichos para estatuas esculpidos en las paredes de yeso, gruesos troncos de árboles envejecidos por el tiempo en lugar de pilares y vigas, además de atractivos diseños florales. Hace poco inauguraron su restaurante, abierto sólo en temporada alta, que dispone de una terraza para los días soleados. Asimismo, organizan toda clase de excursiones y alquilan tiendas de campaña para todos aquellos que quieran pasar la noche en la montaña bajo las estrellas.

APARTADEROS

Con demasiada rapidez, para los que hayan viajado hasta aquí, se llega a una bifurcación en la carretera, 2 km al norte de una ciudad «comercializada», Apartaderos, con sus numerosas posadas, hoteles y tiendas de recuerdos que venden jamones curados, quesos (el queso blanco del páramo), ponchos y alfombras. Si llega directamente desde Mérida, el viaje de 62 km hasta alcanzar la altura de 1.850 m dura unas dos horas aproximadamente.

A unos 5 km después de Apartaderos, encontrará el desvío a **Mifafí Condor Center**, en el lado izquierdo de una carretera en mal estado. Aquí podrá visitar las instalaciones dedicadas a la cría de la mayor ave voladora del mundo y estudiar el programa para la reintroducción de estas criaturas, cuyo número sigue decreciendo en los Andes. María Rosa Cuesta, ☎ (074) 528355, FAX (074) 524084, le dará más información. Es dueña de una encantadora posada cerca de Tabay.

Camino a Timotes se pasa por el pueblo de **Cachopo**, famoso por sus fiestas en honor a la Virgen de Coromoto, la santa patrona de Venezuela, el 11 de septiembre. Este día, grupos de personas con ropajes indios representan el espectáculo de la visión milagrosa que se le apareció al jefe indio Coromoto.

En la bifurcación de la carretera, donde la Transandina continúa en dirección al norte, a Timotes, y hacia el este, a Barinas, es posible bajar caminando y pasear entre las casitas de tejados de terracota y los viejos muros inclinados del pueblo de Apartaderos. En la plaza, al lado de la iglesia de ladrillos, sobre una base de piedras y rocas, está la estatua de Bolívar.

EN DIRECCIÓN A TIMOTES

Al dejar Apartaderos y por la Transandina, se sube al **paso El Águila**, a 4.007 m de altura, el puerto de montaña más alto de las autopistas de Venezuela. La estatua de un cóndor marca el paso del ejército de Bolívar camino a Caracas para su liberación. El pico Águila está a la distancia de un breve paseo hacia el oeste, y en la misma dirección, a 47 km de distancia, ideal para recorrer en bicicleta, se halla el pequeñísimo pueblo de **Piñango**.

TIMOTES

Los venezolanos consideran que Timotes es la puerta de los Andes, los valles cálidos quedan más abajo. Aquí, en esta pequeña pero agitada ciudad, a 2.000 m de altura, se comienza a sentir el aire fresco de la montaña. La distancia entre Timotes y el pico Águila es de sólo 52 km, pero la diferencia de altura alcanza los 2.000 m, un camino con un sinfín de curvas cerradas.

A muchos les encanta Timotes, aunque realmente no ofrezca nada especial, aparte del carisma propio de una ciudad de montaña y un breve paseo hasta la plaza donde es posible ver su iglesia. No obstante, todo esto cambia el 29 de diciembre, durante las fiestas de los Giros de San Benito (el santo negro de Venezuela). Sus

PÁGINA ANTERIOR: La danza de los Negros de San Benito en Mucuchíes. SUPERIOR: En cualquier rincón de los Andes hay muestras de las distintas artesanías.

gentes, vestidas de indio emplumado, o pintadas de negro con faldas de hierbas, bailan alrededor de un *mayo* (árbol o palo adornado) para celebrar una de las fiestas más coloridas de los Andes.

Si llega procedente de Mérida con rumbo a Valera, el breve pero pintoresco desvío que sube a Jajó, un pequeño pueblo de montaña, resulta una auténtica tentación (*véase* JAJÓ, pág. 147).

Alojamientos turísticos y restaurantes

El **hotel Las Truchas,** ☎ (071) 89158, el favorito entre los viajeros desde hace 40 años, está en un lugar tranquilo en medio de las montañas. Es preferible hospedarse en la parte más nueva, que consta de 15 confortables cabañas de dos dormitorios, cuarto de baño y cocina. Y lo mejor de todo: tienen chimenea.

DE APARTADEROS A BARINAS

Deje Apartaderos, y desde la bifurcación continúe por la autopista 1 en dirección este, que baja de las alturas, a través de los valles y de las gargantas del río Santo Domingo, y llega a las calurosas llanuras de Barinas. Ésta es otra de las carreteras más bellas de Venezuela y es la ruta preferida por la gente que sube a Mérida procedente del centro del país.

A SANTO DOMINGO

Poco después de Apartaderos se halla la entrada a la **laguna de Mucubají** y al «distrito del lago», en la parte norte del parque nacional Sierra Nevada. Los autobuses que cubren la ruta entre Barinas y Mérida se suelen detener aquí por su excelente restaurante y las tiendas.

En la oficina de Inparques, cerca del lago, se extienden los permisos para pescar y acampar. Además le informarán de los caminos a Vitoria, Los Patos y Lagunas Negras. Allí mismo encontrará varios didácticos y excelentes paneles sobre la flora y fauna regional, se podrá comprar libros o ir a la pequeña cafetería. Al lado del lago se alquilan caballos, pero acostumbra a ser sólo en temporada alta.

Alojamientos turísticos y restaurantes

A mitad de camino entre Apartaderos y Santo Domingo, a unos 12 km, distinguirá la torre del hotel más famoso de Mérida, el **hotel Los Frailes**; las reservas se hacen a través de Hoturvensa en Caracas, ☎ (02) 9078 130/4, FAX (02) 9078140. El hotel se ha ido ampliando a lo largo de los años y, además, comprende las cabañas al otro lado de la carretera, aunque la mayoría prefiere las habitaciones del complejo antiguo, con sus pasarelas y vigas de madera alrededor de los adoquines y de la fuente en el patio. La cocina del restaurante de tipo casero goza de una excelente fama. En el mismo hotel se encargan de organizar excursiones a un páramo cercano: a pie o a caballo. Las tarifas son moderadas. Aunque no piense en pasar la noche aquí, ni en ir a su restaurante, es ineludible tomarse un «calentaíto» en su «english pub».

SANTO DOMINGO

Los 5.000 habitantes de Santo Domingo viven amontonados en un valle, donde destaca la torre de la iglesia de Santa Lucía. El pueblo, fundado en 1619, sigue fielmente las costumbres tradicionales andinas, pero el 30 de septiembre, cuando se celebra la **fiesta de los Negros de san Jerónimo**, sale de su tranquilidad. Entonces, los lugareños se pintan la cara de color negro, tocan una flauta hecha a mano, se visten de fiesta y se divierten a lo largo del camino al santuario que se encuentra al oeste de la ciudad. La gente de Santo Domingo vive sobre todo de la agricultura, de la cría de truchas y del turismo; hay buenos comercios dedicados a la artesanía local. También encontrará varios lagos en las cercanías que le permitirán pescar.

Alojamientos turísticos y restaurantes

En Santo Domingo hay dos alternativas excelentes para hospedarse a precios moderados. La primera,

La Sierra, ((073) 88110, FAX (073) 88050, en la calle principal de la ciudad, dispone de una amplia selección de *suites* de distintas dimensiones, las mayores con chimenea. Los alrededores son exuberantemente verdes, las vistas fantásticas y el ambiente de lujo; los precios son razonables. También el restaurante goza de buena fama.

A la salida de la ciudad, por la autopista principal, en dirección este, se llega a la segunda opción, **La Trucha Azul International Resort**, ((073) 88066 o (073) 881 50, FAX (073) 88067, un hotel administrado con gran profesionalidad y sin duda alguna uno de los mejores en el estado de Mérida: tiene sus cuatro estrellas bien merecidas. Situado en medio de las montañas dispone de todas las instalaciones que pueda esperarse. De verdad, es un gran lugar para pasar unos días. También organizan toda clase de excursiones y se encargan de efectuar transferencias.

Las demás posibilidades, con tarifas menores, comprenden el **Complejo Turístico Las cabañas**, (/FAX (073) 88133, en la entrada a la ciudad, con dos docenas de bonitas cabañas con capacidad para ocho personas en medio de un entorno verde y que cuenta con un restaurante aceptable; o también **El Halcón de Oro**, ((073) 88044, delante de La Trucha, en la calle principal, ofrece habitaciones con chimenea.

LAS PIEDRAS Y PUEBLO LLANO

A los 5 km de dejar Santo Domingo, se llega a la carretera en dirección norte que conduce a Las Piedras y Pueblo Llano, otros dos pequeños pueblos de montaña muy pintorescos. Pasada la población de Pueblo Llano hay unos senderos que suben al páramo La Estrella y continúan camino hacia abajo hasta Timotes. Otro de los senderos pasa por Tuñame (*véase* AL SUR DE BOCONÓ, pág. 146).

PÁGINA ANTERIOR Y SUPERIOR: La iglesia de Jajó y la plaza principal bañadas por la luz vespertina de color ocre.

EL OESTE DE MÉRIDA

Al sur de la Transandina, entre Bailadores y Mérida, se encuentran los poblados aislados que se conocen como los Pueblos del Sur, en medio de las montañas u ocultos en los valles, con tan sólo una única carretera en mal estado que les sirve de comunicación con el mundo exterior. Algunas de las montañas descansan resecas a la sombra de la lluvia, en contraste con las verdes colinas envueltas entre nubes en el norte del estado.

Ciclistas y practicantes de parapente se divierten en los caminos de tierra y en las corrientes ascendentes de aire caliente, respectivamente. Los *por puestos* se encargan del transporte a lo largo de las carreteras de los pueblos, pero es preferible alquilar un coche o un todoterreno en Mérida.

LOS PUEBLOS DEL SUR

Para un viaje de aventura al pequeño pueblo de **San José**, con su plaza, sus mulas y su iglesia, deberá tomar la carretera a Las Gonzales, 20 km al oeste de Mérida, parcialmente pavimentada. Después de San José siga subiendo al páramo San José, antes de iniciar la ruta de bajada a Mucutuy y Mucuchachí, situadas al sur. Haga un pequeño descanso durante el viaje y aproveche para pasear por la naturaleza y admirar las múltiples variedades de frailejones que crecen en este páramo, muchas veces envuelto en nubes.

El pueblo con el acceso más fácil es **Pueblo Nuevo**, un poblado colonial de calles empedradas, con muros encalados y una iglesia. La bonita carretera montañosa, bien pavimentada, lo comunica con Puerto Real y la Transandina. Pueblo Nuevo, en general tranquilo y adormecido, sólo despierta para la celebración de sus dos fiestas principales: la primera, antes de Navidad, y la segunda, el 22 de mayo, los Locos de Santa Rita, cuando los hombres del pueblo representan luchas increíblemente divertidas en su plaza. Al sur de Pueblo Nuevo hay una carretera en mal estado que atraviesa el páramo hasta Chocantá y Canaguá. Para ir a San José, situado al este, hay un camino de tierra para todoterrenos.

Siguiendo por la Transandina, después de pasar por **Estanques**, un pueblo colonial con una temperatura que sorprende por ser más elevada, se llega a la *alcabala* de La Victoria. Pregunte por la dirección de una vieja hacienda de café, La Victoria, que ahora alberga el **Museo de Café** y el **Museo de la Inmigración**. La mansión es uno de los mejores ejemplos de todo el estado, y los interesantes museos ocupan las habitaciones de alrededor del enorme patio central donde se secaba el café. En temporada baja, la hacienda abre de miércoles a domingo, de a 09.00 a 18.00 horas; en temporada alta, cada día con un horario diferente.

Si desea continuar por la carretera pavimentada, hacia el sur, tome la que hay detrás de la pequeña iglesia en Estanques (o en Santa Cruz) e inicie la impresionante subida desde el árido valle, a la sombra de las lluvias, atravesando las colinas fértiles donde se cultivan plátanos y café, y continúe por el camino ascendente hasta las heladas nieblas de páramo. Al otro lado se hallan los pequeños pueblos de **El Molino** y **El Rincón**, donde se crían toros negros para las corridas de toros. Hacia el sur, se accede a **Canaguá**, el mayor entre los Pueblos del Sur, con unos 2.500 habitantes, pero no espere encontrar una bulliciosa metrópolis, más bien se trata de una «Toyotapolis» que prospera como centro de los cultivos de café en esta región.

Para salir de Canaguá hay varias carreteras que atraviesan valles y colinas. Hacia el oeste, la Transandina le permite volver a Tovar, un tramo realmente espectacular, en especial la última parte que atraviesa el **parque nacional Páramos Batallón y La Negra**. Si tiene un todoterreno, siga al sur, pase por Pregonero, en el estado de Táchira, y cruce el páramo Zumbador.

Alojamientos turísticos y restaurantes

Si sueña con hospedarse en un lugar realmente bucólico, siga por el camino que atraviesa la corriente, al final de la calle principal, hasta la **posada Mochaba**, las reservas a través de Natoura Tours, ✆ (074) 524216, natoura@telcel.net.ve, de tarifas económicas. El entorno es bellísimo, con el río, para pescar truchas, y senderos, para caminar, desde la misma puerta de su cabaña. La posada dispone de cuatro cabañas y una pequeña casa; Natoura normalmente ofrece paquetes con todo incluido.

En El Molino, la **Posada Turística El Hato**, ✆ (075) 661001, es una oferta muy especial. Está administrada por Carlos Durán y su familia (cuando llame al número antes indicado, pregunte por él), y es muy sencilla; pero con su patio decorado con flores, sus platos deliciosos, sus habitaciones confortables y muebles nuevos y, desde luego, con sus sumamente agradables propietarios, le convencerá. Además, con aviso previo, le organizan excursiones a pie o a caballo a los distintos parajes locales. Los precios son económicos.

En Canaguá, varias posadas ofrecen camas en el centro del pueblo, pero la mejor está en las colinas, detrás de la escuela. Si va a la **posada turística Canaguá**, ✆ (075) 681055, disfrutará de una comida muy sabrosa en su «tasca-cum-restaurante»; además dispone de cuatro habitaciones económicas alrededor de un patio central, todas con cuarto de baño y agua caliente, que son mejores que el resto de opciones del pueblo. También organizan excursiones a caballo o a pie por el páramo y a lo largo de los ríos y en sus alrededores.

Tovar y Bailadores

Los dos últimos pueblos situados a lo largo de la Transandina, en el estado de Mérida, son importantes centros agrícolas con extensos campos cubiertos de flores y fresones. Tovar está situado más abajo, mientras que en Bailadores la carretera sube hasta 1.750 m de altura. Ambos son una buena base para explorar la campiña, con sus ríos, cascadas, bosques y campos.

En Bailadores, pida información sobre la ruta al parque La Cascada (también parque Páez), hacia el este de la ciudad, donde hay una hermosa cascada, poéticamente conocida como la Cascada o el Salto de la Doncella India, que murió por amor. En la ciudad, durante la segunda y tercera semana de agosto se celebra una feria agrícola. Vale la pena visitarla, pero haga la reserva del hotel con suficiente antelación u hospédese en uno de los pueblos vecinos.

Alojamientos turísticos

El mejor lugar de Bailadores es la **posada La Cascada**, ✆ (075) 70289 o ✆/FAX (014) 755-0070; sus habitaciones están decoradas con refinado gusto: camas de cuatro postes, cuarto de baño y agua caliente, todo al estilo *country* europeo. Llame antes por teléfono para averiguar la dirección.

EL ESTADO DE TÁCHIRA

A primera vista, si tenemos en cuenta la publicidad, la popularidad y las atracciones de Mérida, se podría pensar que el estado de Táchira no está a un nivel comparable. Sin embargo, el estado posee sus riquezas, tanto como centro comercial en los negocios con Colombia —la Panamericana llega hasta Bogotá— como en su gran variedad de pueblos, con sus respectivas festividades religiosas y artesanos de gran talento, y en los grandes paisajes abundantes en páramos, bosques y ríos. Súmele las tierras fértiles de la región, así como las diferentes condiciones climatológicas; sin duda alguna, Táchira no es ningún hermano menor. El estado es sobre todo agrícola, y su población rural se cuenta entre las más elevadas de todo el país, por lo que sus gentes están orgullosas de su pasado, de sus tradiciones y de sus tierras.

De Bailadores a San Cristóbal

De nuevo es la Transandina la que sale desde Bailadores hasta subir serpenteando hacia los páramos. Luego, en la bajada, atraviesa el pueblo comercial y de gran movimiento de **La Grita**. Más adelante está **El Cobre**. A unos 9 km de distancia al sur del pueblo hay un letrero que indica cabañas, corresponde a la **finca La Huérfana**, ✆/FAX (014) 9795350, administrada por la encantadora y agradable pareja Jenny Martínez y Manuel Tallafero. Es un lugar acogedor, con un buen restaurante que sirve galletas caseras, cereales de avena, pasteles y zumos, que venden también en su pequeña tienda de artesanía, todo de calidad excelente, así como las acogedoras cabañas. Sin duda, su finca es uno de los mejores alojamientos del país. Las tierras de Jenny y Manuel cubren un área de 80 ha, con senderos hacia el páramo. Llame antes por teléfono para negociar una tarifa. ¡No lo lamentará!

SAN CRISTÓBAL

Si llega a Venezuela procedente de Colombia, San Cristóbal no le resultará muy distinto, a excepción de las banderas, las placas de las matrículas y los números de teléfono: parece que no se haya cruzado la frontera. Y esto es más que verdad si tenemos en cuenta que, hasta el año 1777, la ciudad y la región pertenecieron a la provincia de Nueva Granada, la actual Colombia.

PÁGINA ANTERIOR: Hay mucha emoción en la feria de San Sebastián en San Cristóbal.

San Cristóbal, fundada en 1561 por Juan de Maldonado y Ordóñez, el hombre que legalmente también fundó Mérida, en las orillas orientales del río Torbes, creció con mayor lentitud que sus hermanas de oriente. Aunque no lleve mucho tiempo visitarla, la ciudad posee algunos ejemplos arquitectónicos y plazas informales interesantes, e incluso varios poblados antiguos y parques nacionales poco frecuentados en los alrededores. Muchos pasan por San Cristóbal camino de o hacia Colombia. La frontera está a 36 km al oeste, en San Antonio del Táchira.

INFORMACIÓN TURÍSTICA

La oficina de turismo local, **Cotatur,** ☎ (076) 562805, FAX (076) 562421, avenida España con avenida Universidad, se encuentra en el distrito Pueblo Nuevo, al nordeste del centro de la ciudad. Está abierta de lunes a viernes, de 08.00 a 12.00 horas y de 14.00 a 17.30 horas. Suelen ser muy amables y facilitan mapas de la ciudad y una lista de hoteles. También tienen pequeños puestos, menos fiables, en la plaza Bolívar, el aeropuerto Santo Domingo y la terminal de autobuses.

La ciudad tiene fama nacional por su **Feria de San Sebastián**, que se celebra durante las dos últimas semanas de enero y a la que acuden visitantes procedentes de toda Venezuela y de las regiones andinas para participar en las numerosas procesiones, fiestas, conciertos y espectáculos folclóricos.

Si desea alquilar un coche, diríjase a **Budget,** ☎ (076) 464741, con oficinas en el centro comercial El Parque, avenida 19 de Abril.

VISITAR SAN CRISTÓBAL

La **catedral** domina la más antigua de las plazas de la ciudad, la **plaza Maldonado**, en Carrera 3 y Calle 4. Cerca de la catedral se halla el **palacio episcopal**; en el lado norte de la plaza, está el imponente **Edificio Nacional**, que se vería mejor con una nueva capa de pintura, donde se encuentran los tribunales de justicia de la ciudad. Al otro lado está la plaza Urdaneta.

A tres manzanas hacia el este se llega a la plaza Bolívar, que no tiene nada destacable, aunque el decorativo edificio que ahora alberga al **Ateneo** se ha restaurado hace poco. En su interior hay una librería, una galería de arte y un pequeño teatro. Al otro lado de la plaza, dentro de una construcción extrañamente moderna, el **Museo de Artes Visuales y del Espacio**, abierto de lunes a sábado, de 08.00 a 12.00 horas y de 14.00 a 19.00 horas, los domingos de 08.00 a 13.00 horas.

Por la Calle 8, en dirección este, pase por delante de la **iglesia de San José**, con sus torres góticas, hasta la plaza Bicentenario, una manzana más al sur. Aquí se encuentra la diminuta pero encantadora **iglesia de San Antonio**. Al sudoeste vemos la plaza Sucre, el corazón del distrito estudiantil, en el centro, con los atractivos edificios de la Universidad Nacional Abierta y unas mansiones antiguas. El monumental **Palacio de los Leones**, al sur, ocupa la manzana oriental de la plaza.

En la avenida Universidad, al norte del complejo ferial donde se desarrollan gran parte de las actividades feriales, destaca el **Museo de Táchira**, con una buena colección de arqueología, folclore y arte andino. El museo, situado en el interior de la restaurada hacienda de Paramillo, está abierto de martes a viernes, de 09.00 a 12.00 horas y de 15.00 a 17.30 horas, y los fines de semana de 10.00 a 18.00 horas.

ALOJAMIENTOS TURÍSTICOS

De lujo

Al nordeste del centro de la ciudad está el **Castillo de la fantasía,** ☎ (076) 530848, FAX (076) 532032, Redoma España, cerca de la avenida España, que con razón recibe este nombre, ya que parece un simulacro de castillo europeo, rodeado por un gran muro de piedras. Las espaciosas habitaciones en su interior decoradas con un estilo ecléctico: van desde lo más ultramoderno, pasando por el clásico *country*, hasta el medieval. Definitivamente, es lo más lujoso de toda San Cristóbal y vale la pena coger un taxi y acercarse para comer en su acreditado restaurante de cocina internacional con influencia francesa.

Moderado

El **hotel El Tamá,** ☎ (076) 558366, FAX (076) 550446, en la avenida 19 de Abril, al este del centro de la ciudad, antes el más elegante de San Cristóbal, aún sigue ofreciendo muchas comodidades en sus más de diez plantas. Después de visitar el Castillo de la fantasía, El Tamá parece sobrio, sin embargo es una buena elección y está cerca del centro.

Económico

En San Cristóbal dispone de una serie de hoteles céntricos. Con toda seguridad, el mejor en esta categoría es el **hotel Dinastía,** ☎ (076) 441366/435333, FAX (076) 448994, en la Avenida 7 con Calle 14, que ofrece habitaciones confortables con aire acondicionado; le sigue el **hotel Horizonte,** ☎ (076) 430011, FAX (076) 430492, Carrera 4 con Calle 7: un poco más económico que el anterior, dispone de 70 habitaciones, muy populares entre los hombres de negocios, y de un restaurante con cocina venezolana en la planta baja.

Para algo muy económico, el **hotel Andorra** (no tiene teléfono), Carrera 4, 4-47, una manzana al este de la catedral, en el interior de una vieja casa con habitaciones sencillas delante de un patio central, es una buena elección.

RESTAURANTES

En el centro de la ciudad, en el distrito de alrededor de la plaza Los Mangos —conocido como el Barrio Obrero—, entre las Calles 10 y 14 y Carrera 23 (al nordeste de la plaza Sucre), encontrará numerosas fondas. Las mejores de ellas son: el **Pietro Restaurant**, la **Pizzería La Cotorra** y **La Hormiga Pub**, uno de los lugares más agradables para tomar una copa por la noche. También la avenida Libertador, al norte del centro, es otra zona popular para tomar una copa o cenar; **La Vaquera**, ☎ (076) 436769, es muy célebre si desea comer un plato de carne o de pescado y marisco. Si prefiere la comida china en medio de un decorado impresionante, acuda a **Nan King**, ☎ (076) 465357, avenida 19 de Abril, sector La Concordia, que es toda una institución en San Cristóbal.

CÓMO LLEGAR

El aeropuerto de Santo Domingo está en Santo Domingo, al sudeste de la ciudad. No obstante, el aeropuerto situado en la frontera, al nordeste de San Antonio, tiene más movimiento y está más cerca, a una hora de camino. Hay vuelos diarios a Caracas y, más o menos, unos siete a otras ciudades.

SUPERIOR: Una vidriera de la catedral de San Cristóbal representa la visita de Bolívar, en 1813.

La gran terminal de autobuses se encuentra al sur del centro de la ciudad, en la avenida La Concordia (antes avenida Libertador). Diariamente hay muchos autobuses a Mérida y al sur de los Llanos. La mayoría de los autobuses a Caracas, salen por la noche y van por la autopista 5 de los Llanos; el viaje dura 13 horas. Los Expresos Los Llanos ofrecen un servicio mejor, sin paradas. Los *por puestos* para ir a San Antonio, en la frontera, salen continuamente.

LOS ALREDEDORES DE SAN CRISTÓBAL

Los alrededores de San Cristóbal, por lo general olvidados tanto en los folletos informativos como por los mismos turistas, son ricos en historia, agricultura y vida salvaje. Al noroeste de la ciudad y al oeste de la autopista 1 a La Fría, los pueblos olvidados en el tiempo de **Peribeca** y **El Topón** (pida las direcciones en la *alcabala* de Copa de Oro) se han ido restaurando a lo largo de los últimos años y cuentan con muchos artesanos locales que venden sus obras. También hay sabrosas comidas en sus típicos restaurantes. Otra vía para acceder a estos pueblos va por un desvío que se coge antes de llegar a Capacho Nuevo (*véase* más abajo), que al norte enlaza con la autopista 1, más arriba de la población de Táriba.

Hacia el norte, dé una vuelta por el pueblo de **San Pedro del Río** (también de los Ríos) y haga un pequeño descanso en los baños termales del hotel Aguas Calientes: una excursión ideal para todo el día. Aparte de visitar la iglesia y pasear por sus calles empedradas, visite la escuela de música. En San Pedro son muy famosas sus celebraciones de Semana Santa, que se toman muy en serio, con procesiones nocturnas, vigilias y grandes pesebres.

En los pueblos de **Capacho Nuevo** y **Capacho Viejo** situados al oeste, en dirección a Colombia, en medio de la campiña, se produce una madera fantástica y también cerámica. En realidad, los dos se llaman Independencia y Libertad, respectivamente, pero todo el mundo sigue llamándoles por su antiguo nombre.

Pregunte en la oficina de turismo para que le indiquen el camino a **Rubio** y **Santa Ana**, al sur de San Cristóbal. Desde allí, se puede caminar por las colinas plagadas de abundantes aves del **parque nacional El Tamá**.

ALOJAMIENTOS TURÍSTICOS Y RESTAURANTES

En Peribeca, **La Posada de la Abuela**, ☎ (076) 880595, en la misma plaza, es un excelente ejemplo de una buena y confortable restauración, con una cafetería en la planta baja; en su restaurante se sirven deliciosos platos. Las ocho habitaciones en la planta superior son espaciosas y cómodas, con muchos detalles decorativos, cuarto de baño y agua caliente. Los precios son económicos.

La Posada Paseo La Chiriri, ☎ (076) 449403 o (077) 910157, FAX (077) 915204 (pregunte por Marilú de Morales), en la misma categoría de precios del anterior, es la posada más típica y acogedora de San Pedro de los Ríos, con nueve habitaciones sencillas pero aceptables, dispuestas alrededor del patio de una vieja mansión de dos pisos. Antes de llegar a San Pedro, busque el letrero de la **posada Valparaíso**, ☎ (077) 911032, una alternativa bucólica a las posadas del pueblo. Los alrededores son una delicia, con un pequeño riachuelo que atraviesa el bien cuidado jardín. Tiene seis habitaciones confortables con cuarto de baño y agua caliente; todo en un ambiente acogedor. Entre los diversos restaurantes del pueblo, **La Casona de los Abuelos** y **Río de las Casas** en la calle Real gozan de una buena reputación.

LA FRONTERA COLOMBIANA

La ciudad de **San Antonio del Táchira**, a orillas del río Táchira, marca la frontera con Colombia, a 36 km al oeste de San Cristóbal. La ciudad es muy comercial pero de poco interés para el turista.

INFORMACIÓN TURÍSTICA

Al cruzar la frontera colombiana, retrase su reloj una hora y vigile sus espaldas. La oficina DIEX, donde expiden los permisos de entrada, o le ponen un sello (y paga los impuestos), en la Carrera 7, entre la Calle 6 y 7, está abierta de 06.00 a 20.00 horas (evite llegar tarde por la noche, de lo contrario, encontrará las oficinas cerradas). En la parte colombiana, la oficina DAS se encuentra en el lado derecho, tras cruzar el puente. Lo mejor es coger un taxi o un *por puesto* para atravesarlo, ya que a veces roban a los peatones.

Si desea cambiar moneda, hay varias casas de cambio cerca de la oficina DIEX; y en el Banco Consolidado, en la plaza Bolívar, se pueden cambiar cheques de viaje. En el caso de que no sea posible seguramente se los cambiarán en San Cristóbal. También el Banco Unión está muy cerca.

ALOJAMIENTOS TURÍSTICOS Y RESTAURANTES

Entre la limitada selección de San Antonio, figura el **hotel Don Jorge**, ☎ (076) 714089, FAX (076) 791932, el mejor de este lugar en la Calle 5, 9-20; ofrece habitaciones con aire acondicionado, una pequeña piscina, salones de juego y restaurante propio. Sus precios son económicos. El **hotel Colonial**, ☎ (076) 713123, Carrera 11 cerca de Calle 3, es más barato y tiene habitaciones con ventiladores y cuarto de baño, y restaurante propio a precios económicos.

CÓMO LLEGAR

En Carrera 4, la calle principal, con Calle 6, hay dos agencias de viajes, por si quiere comprar billetes de avión para Colombia y Venezuela. El aeropuerto está situado al nordeste de la ciudad; hay cuatro vuelos diarios a Caracas y a otras ciudades. Si quiere ir a Colombia, Servivensa le ofrece vuelos diarios tanto a Medellín como a Bogotá. A mitad de camino al aeropuerto, en la nueva terminal de autobuses de San Antonio, podrá coger uno de los seis autobuses diarios directos a Caracas. Los *por puestos* a San Cristóbal salen sin interrupción, pero debe hacer un transbordo si quiere ir a Mérida.

Los buses y taxis compartidos salen desde su parada en la Calle 6 en dirección a Cúcuta en Colombia, a unos 12 km de distancia. Cuando llege a Cúcuta, puede cambiar a otras líneas de autobuses. Durante el trayecto en autobús, no pierda de vista su equipaje.

DERECHA Y PÁGINA SIGUIENTE: Un cacto espinoso y un cielo de color azul celeste.

Los Llanos

LOS LLANOS, QUE CUBREN UNA TERCERA PARTE DEL TERRITORIO VENEZOLANO, 300.000 km^2 de pradera entre los Andes y el delta del Orinoco, escasamente poblados, son el corazón geográfico y espiritual del país.

Sin duda, son el sueño de cualquier amante de la naturaleza, ya que su vida silvestre no tiene nada que envidiar a las otras regiones del continente sudamericano. Entre las aves, tal vez las más impresionantes sean las bandadas de ibis de color escarlata iridiscente y las espátulas rosadas, junto con los gansos, las jaracandas, los jabirúes (cigüeñas) y las garzas, pero también hay aves de presa, como halcones, quebrantahuesos y pigargos (águilas pescadoras). Aparte de las aves, se pueden encontrar capibaras o *chigüires*, los roedores más grandes del mundo; así como *babas*, una especie de cocodrilo; también hay una especie de tortugas pequeñas, las *toninas* o los delfines de río; y de vez en cuando, alguna nutria gritando en la orilla. Entre los mamíferos más asustadizos o nocturnos figuran el oso hormiguero gigante, el tapir, el armadillo (el endémico *cachicamo sabanero*), el pécari y gatos salvajes, como el ocelote y el jaguar. Muchas veces durante la noche, se oyen los gritos de los *araguatos*, que espantan a todos los vecinos del bosque. Entre los reptiles que habitan en los Llanos destaca la anaconda, la mayor serpiente del mundo, que alcanza la temible longitud de 12 m. En los ríos se pueden ver pirañas, que aunque no suelen atacar ni a los animales ni al hombre (sólo cuando sangran), no es aconsejable bañarse en sus aguas. A todos ellos se les añaden la anguila gigante y la raya venenosa; razón por la cual comprenderá a su guía cuando le advierta contra las frescas aguas de los ríos.

El llanero, «indomable y melancólico», pero duro como sus viejas botas, arrea a miles de reses desde los pastizales hasta los mercados. Al igual que los vaqueros del *Stage Coach* o los gauchos de Argentina, el llanero ya ha asumido su condición mítica, como parte de la identidad del país y de su herencia histórica.

Incluso descalzos son capaces de domar caballos salvajes, y después, a la hora del descanso, expresan su melancolía cantando para así reconfortar sus almas solitarias. Con instrumentos parecidos al ukulele (*cuatros*), maracas y pequeñas harpas acompañan sus canciones de soledad. Esta música de los llaneros se ha convertido en la música nacional de Venezuela, y la canción del *Alma llanera* en el himno nacional extraoficial.

En los Llanos sólo hay dos estaciones, ambas muy extremas. Durante los meses de verano y de gran sequía, los lagos y estanques se convierten en charcos lodosos, donde muchas anacondas sufren una muerte polvorienta en féretros de barro. El calor es implacable, y los animales se apiñan alrededor de los escasos charcos de agua, hasta que, finalmente, en mayo, los cielos se vuelven a abrir y se inicia un nuevo invierno. Para el mes de julio, las grandes extensiones de los pastizales ya se han convertido en pantanos y lagos que inundan grandes extensiones de terreno. Entonces, el ganado se lleva a tierras más altas, y los habitantes se ven obligados a trasladarse en canoas y lanchas.

Si decide visitar y conocer esta región, tanto si piensa hospedarse en un hato o rancho como si prefiere hacer un recorrido a través de un operador turístico de Mérida, es aconsejable la época de sequía, aunque sea con el inconveniente del calor. Pero no deje de visitar los Llanos de Venezuela, como tampoco omitiría el parque Kruger de Sudáfrica ni el Pantanal de Brasil.

RUTAS A TRAVÉS DE LOS LLANOS

La Guía de los Llanos vendida por Corpoturismo ofrece una información general de la región, incluye un mapa de carreteras con las cinco rutas opcionales que la atraviesan. Entre las cinco, tal vez la autopista 2, entre San Juan de Los Morros, la capital del estado de Guárico, y San Fernando de Apure, que también pasa por la vieja ciudad de Calabozo, sea la más indicada. Tras llegar a San Fernando, siga en dirección sur al Orinoco y atraviese el parque nacional Cinaruco-Capanaparo, o vaya por la autopista 19 hacia el oeste.

Al viajar por la 19, en dirección al oeste, una ruta bastante transitada, se atraviesa la pequeña ciudad de Mantecal, uno de los poblados de vaqueros más típicos de la región. Al oeste de aquí se llega a La Ye, donde la ruta del sur llega a Elorza y a los hatos tan populares de El Cedral y Doña Bárbara; mientras que la carretera del norte, después de atravesar Bruzual y Ciudad de Nutrias, conduce a las estribaciones de los Andes. En Boconoíto, entre Barinas y Guanare, se sale a la autopista 5 de los Llanos.

Si quiere volver a Caracas, siga por la autopista 5, que va a lo largo de las llanuras y tiene varias desviaciones; pero también puede subir a los Andes desde Guanare hasta llegar a Biscucuy, o desde Barinas hasta Apartaderos, pasando por Santo Domingo.

Para alojamientos, *véase* HATOS Y ALOJAMIENTOS EN PLENA NATURALEZA, pág. 182.

SAN FERNANDO DE APURE

San Fernando, la capital del estado de Apure, con una población de 100.000 habitantes y en crecimiento constante, se podría olvidar fácilmente, pero es el corazón de los Llanos. La mayoría de los turistas que acuden a

esta región pasan por ella, ya que su ubicación en un cruce importante, a orillas del río Apure, la convierte en un centro de comercio clave para esta parte de los bajos llanos. El mayor evento de la ciudad se celebra a mediados de abril, con una feria y una exposición agrícola de una semana de duración; llega gente de todas partes para ver los espectáculos de los *toros coleados*, una especie de rodeo, para observar o participar en la subasta de ganado, y también para el premio tan codiciado al mejor compositor y cantante de *contrapuntos*, canciones parecidas a los cuplés. Si puede estar en los Llanos en esta época, conseguirá muchas fotos interesantes de la vida en las llanuras.

INFORMACIÓN TURÍSTICA

La **Corporación Apureña de Turismo**, ☎ (047) 24827, FAX (047) 28309, edificio Julio Chávez, Mezanina B, se encuentra al sur del Monumento a los Llaneros, en el paseo Libertador, y está abierta en horario de oficina de lunes a viernes. Para informarse sobre los hatos o si necesita referencias mejores a las de la oficina de turismo, consulte la **Agencia de Viajes y Turismo Doña Bárbara**, ☎ (047) 413463, FAX (047) 412235, edificio Hotel La Torraca, paseo Libertador.

VISITAR SAN FERNANDO DE APURE

La ciudad, en general, no le impresionará, pero la **plaza Bolívar** es un lugar típico bajo la sombra de los árboles, donde la gente pasea. La catedral está en la parte oeste. La arteria principal es el paseo Libertador, a seis manzanas hacia el este. En el extremo norte del paseo, al lado del puente sobre el Apure, hay una gran rotonda con una fuente en forma de cocodrilo, que es el orgullo de la ciudad. A su lado se encuentra la estatua de bronce del **monumento a Pedro Camejo**, el héroe

Ejemplos de la rica vida salvaje en los Llanos. PÁGINA ANTERIOR: Un oso hormiguero. SUPERIOR: Una iguana descansa sobre la rama de un árbol.

llanero que popularmente se conoce como «Negro Primero», montado en una yegua y con una lanza en la mano. Camejo fue el primer negro en conseguir un reconocimiento en la Guerra de Independencia. Al otro lado de la fuente está el **palacio Barbarito**, muy elegante en su tiempo, que recuerda los gloriosos días de San Fernando a finales del siglo XIX.

ALOJAMIENTOS TURÍSTICOS

Todos los hoteles de San Fernando están equipados con aire acondicionado, tan esencial en esta región, las habitaciones son aceptables y los precios económicos.

El mejor de todos es el **Gran Hotel Plaza**, ☎ (047) 41 4968, en plaza Bolívar, de dos estrellas, con vistas a la plaza desde los pisos superiores. El **hotel Trinacría**, ☎ (047) 23578, avenida Miranda, una construcción moderna, es cómodo por estar cerca de la terminal de autobuses, mientras que el **hotel La Torraca**, ☎ (047) 22777, paseo Libertador, a dos manzanas de la fuente, ofrece grandes habitaciones con vistas al centro de la ciudad. Si le interesa una opción más económica, puede ir al **hotel Boulevard**, ☎ (047) 413803, paseo Libertador, cerca del Monumento a los Llaneros.

RESTAURANTES

Los bistecs gruesos o la *carne en vara* (piezas de carne de res asadas al fuego de leña) están a la orden del día en todos los restaurantes de los Llanos. También encontrará algún menú con *chigüire*. Entre los mejores restaurantes del paseo Libertador figura el **Europa**, enfrente del hotel La Torraca, que tiene un servicio amable y comida fresca. Cerca está el **Gran Imperio Romano**, bueno, barato y popular entre la gente de la ciudad, así como **La Taberna de Don Juan** en la avenida 1 de Mayo, al oeste del Monumento a los Llaneros.

CÓMO LLEGAR

El aeropuerto de San Fernando, Las Flecheras, está al este de la ciudad, a unos 3 km del centro. De lunes a viernes hay un vuelo diario a Caracas. La terminal de autobuses se encuentra entre el río y la ciudad. En general, los autobuses de gran distancia (San Cristóbal y Caracas) salen por la noche, cuando hace un poco más de fresco, pero también hay líneas a Maracay y a Barinas. Para la ruta del sur, en dirección a Puerto Ayacucho, que cruza varios ríos, hay que ir en transbordadores, en las llamadas *chalanas*.

LOS LLANOS CENTRALES Y OCCIDENTALES

Los llanos centrales y occidentales (al norte del río Apure) comprenden a los estados de Guárico, Cojedes, Portuguesa y Barinas, todos de tierras fértiles dedicadas a la agricultura. En los bosques se pueden encontrar troupiales, el ave nacional de Venezuela, guacamayos de colores resplandecientes y el pájaro cacique, que cuelga sus nidos tan característicos en las ramas de los árboles.

San Juan de los Morros, la capital del estado de Guárico, es la puerta de entrada del norte a los Llanos.

SAN CARLOS

La pequeña capital del estado de Cojedes es San Carlos de Austria, a medio camino entre San Juan de los Morros y Guanare, en la autopista 5, que en este tramo se parece más a una carretera de pueblo que a una autovía. La ciudad se fundó en 1678, cuando los españoles trataban de encontrar algún refugio para ocultarse de los indios locales. Fue también en esta ciudad de San Carlos donde Bolívar planeó la decisiva batalla de Carabobo (*véase* LOS ALREDEDORES DE VALENCIA, pág. 110). Es una pequeña ciudad muy tranquila con varias iglesias bonitas; vale la pena hacer un breve descanso en el viaje y visitarla.

Visitar San Carlos

En la plaza Bolívar se hallan la **iglesia de la Inmaculada Concepción**, la más antigua de San Carlos, y la **iglesia de San Juan Bautista**, con su decoración ornamental de los siglos XVII y XVIII. La **iglesia de Santo Domingo**, en la plaza Figueredo, es la más nueva de todas, pero aun así es encantadora. Enfrente de la iglesia de San Juan está la **Casa de la Blanquera**, una de las casas restauradas más bonitas de la época colonial. Fue exactamente aquí donde Bolívar estuvo elaborando sus planes para la batalla, y en el interior hay un pequeño museo de cerámica y antigüedades coloniales; abre de lunes a viernes, de 08.00 a 18.00 horas, y los fines de semana, de 08.00 a 16.00 horas.

GUANARE

El estado de Portuguesa es el «granero» de Venezuela. Su capital, Guanare, con una población de más de 700.000 habitantes y en expansión, ocupa un lugar envidiable entre las ciudades del centro de Venezuela y de los Andes. Portuguesa es una potencia agrícola, con una gran producción de arroz, maíz, sorgo, alubias, caña de azúcar y algodón; también tiene grandes industrias azucareras y de productos lácteos. Pero, «no sólo de pan vive el hombre».

Guanare se conoce como la capital espiritual del país. Fue aquí, cerca de la ciudad, en 1652, donde la Virgen se le apareció a Coromoto, el jefe de los indios cospes, y le pidió con insistencia que se bautizara junto con todo su pueblo. Para persuadirle dejó la huella de su imagen sobre un pergamino parecido al papiro. Coromoto, asustado y temeroso, ignoró su súplica y huyó a las montañas, donde le mordió una serpiente. En su lecho de muerte, Coromoto pidió que le bautizaran e instó a su pueblo a seguir su ejemplo.

Información turística

La **oficina de turismo del estado**, ✆ (057) 510324, está en la Calle 17, 3-14, entre Carreras 3 y 4; tiene también una pequeña caseta en la terminal de autobuses. El Banco Unión se encuentra en la Calle 16, al sur de la plaza Bolívar. El peregrinaje más importante de Guanare celebra la aparición de la Virgen, el 8 de septiembre de 1652. También el 2 de febrero es una fecha importante, cuando se conmemora el traslado de la imagen de la Virgen a la ciudad. Guanare tiene fama por sus fiestas de Carnaval, con carrozas gigantescas, disfraces, máscaras y tambores. Se ha convertido en una de las atracciones mayores del país, con decenas de miles de visitantes.

Visitar Guanare

La atracción principal de Guanare es el santuario neoclásico de la Virgen, la **Basílica Catedral de Nuestra Señora de Coromoto**, construida entre 1710 y 1742, virtualmente destruida en 1782 y reconstruida en 1807. En 1949, cuando el papa Pío XII declaró a la Virgen la santa patrona de Venezuela, se realizó una restauración meticulosa de la basílica. Actualmente, la iglesia se mantiene en pie con la ayuda de las placas conmemorativas que cubren sus muros.

PÁGINA ANTERIOR: Una hembra de venado en Caramerudo, los Llanos.

Su *pièce de résistance*, es el retablo principal, de tres niveles, una pieza de una maravillosa exuberancia de arte barroco. También vale la pena mencionar sus vidrieras de colores, hechas en Múnich, y también su tabernáculo de plata maciza. Hay varias estatuas de la Virgen que adornan la iglesia, una de ellas sujeta la pieza original del pergamino con la imagen aparecida a Coromoto. Es diminuta, y hay que mirarla con lupa.

Al lado de la catedral se encuentra la elaborada fachada del **convento de San Francisco**, que en la actualidad forma parte de la universidad local. El convento albergó al primer colegio de Venezuela, que se fundó en 1825, y el viejo patio interior aún conserva su antigua elegancia. En el otro lado de la calle está el **Museo de la Ciudad de Guanare**, donde se pueden ver fotografías antiguas, cerámica precolombina y algunas antigüedades. También merece la pena visitar la mansión **Casacoima**, del siglo XVIII, mientras que una manzana al norte de la plaza Bolívar está el **parque Los Samanes**, que invita a dar un agradable paseo. Bolívar y sus tropas estuvieron acampando aquí en 1813.

Alojamientos turísticos

En las afueras de Guanare, hallará muchos moteles económicos, los dos mejores son el **motel Portuguesa**, ☎ (057) 512152, FAX (057) 513516, avenida 23 de Enero con avenida Simón Bolívar, con piscina, restaurante, bar y cómodas habitaciones con televisión, teléfono y aire acondicionado, y un poco más lejos, en la avenida Circunvalación, el **motel La Sultana**, ☎ (057) 531723, tiene habitaciones con *jacuzzi*, televisión vía satélite y un restaurante al lado.

En el centro, aunque sin servicio de habitación, la **Posada del Reo**, ☎ (057) 515757, Carrera 3, es la más recomendable. Se encuentra en el interior de lo que en su día fuera la cárcel de la ciudad. Pero los interiores y el patio se han restaurado completamente, y ahora dispone de 30 habitaciones con aire acondicionado y baño, aunque sólo con agua fría. Un detalle cómico: las habitaciones tienen los números de las celdas, y las llaves cuelgan de unas esposas de plástico.

Cómo llegar

La terminal de Guanare ofrece una buena comunicación de autobuses que transitan a lo largo de la autopista, y se encuentra a unos 10 minutos de coche al sudeste del centro de la ciudad. Tome un *por puesto* desde la Carrera 5.

EL SANTUARIO DE LA VIRGEN DE COROMOTO

Aunque el santuario de la santa patrona de Venezuela aún permanece en la basílica, ahora el centro de atención de los peregrinos procedentes de todas partes del país es la nueva iglesia de dimensiones gigantescas, diseñada por el arquitecto venezolano Erasmo Calvani. Se dice que su altar está exactamente en el lugar donde la Virgen se le apareció a Coromoto, el jefe indio, y hay planes para traer el pergamino, ya desvaído con el paso del tiempo, a esta nueva iglesia.

A lo largo del día hay un servicio de autobuses pequeños que cubren la ruta entre Guanare y el santuario; facilitan la visita a este impresionante lugar, que se encuentra a 25 km al sur de Guanare. Primero se circula por la carretera principal hasta llegar a Barinas, donde se toma otro tramo de bajada de unos 15 km.

La gigantesca construcción moderna de hormigón, de líneas puntiagudas, conocida como el **Templo Votivo**, domina toda la campiña, y sus vidrieras de colores resplandecen bajo los rayos del sol. Se tardaron más de 20 años para terminar este templo, que el papa Juan Pablo II inauguró en presencia de 300.000 fieles, durante su visita a Venezuela, en 1996.

BARINAS

La capital del estado de Barinas, la ciudad epónima de 225.000 habitantes, vive tanto de sus riquezas naturales como de su privilegiada ubicación en las rutas de comercio principales. Aunque ahora le parezca increíble, hace 200 años Barinas fue la segunda ciudad más importante del país, después de Caracas, donde muchas familias terratenientes de grandes riquezas construyeron sus mansiones. Posteriormente, las guerras de independencia diezmaron la ciudad, que sólo pudo recuperar parte de su fortuna con el descubrimiento del petróleo a finales del siglo XX.

Por ahora, Barinas tiene poco que ofrecer al turista en busca de cultura o de naturaleza. No obstante, hay densos bosques impresionantes y ríos caudalosos que atraviesan sus montañas, lo que hace suponer que, sin duda, su potencial como destino ecoturístico recibirá más atención en el futuro. Por el momento, el operador de turismo de aventuras en Mérida lleva a sus clientes al río Bum Bum (es cierto, se llama así), al oeste de Barinas, para hacer *rafting*, mientras que los excursionistas que quieren atravesar los Andes recorren los caminos entre bosques y nubes. Para más información contacte con la Audubon en Caracas.

Información turística

La oficina principal de turismo de **Corbatur**, ☎ (073) 27091, FAX (073) 28162, se encuentra en la avenida Marqués del Pumar, cerca de la plaza Bolívar; está abierta de lunes a viernes, de 08.00 a 12.00 horas y de 14.00 a 18.00 horas. También tienen puestos en el aeropuerto y en la terminal de autobuses, y obsequian con mapas de la ciudad. Los bancos se encuentran en los alrededores de la plaza Bolívar y de la plaza del Estudiante, al este de la ciudad.

Visitar Barinas

La plaza Bolívar de Barinas, dominada por la **catedral** dedicada a la Virgen del Pilar desde 1780 —la única iglesia que ha sobrevivido a la destrucción de las guerras—, aún conserva parte de su encanto colonial.

Al otro lado de la plaza está el gran **palacio del marqués del Pumar**, que ocupa toda una manzana; en el siglo XVIII, fue la mansión más elegante de Barinas, y rivalizaba incluso con las de Caracas. Fue construido por el marqués de Riberas de Boconó y Masparro, don José del Pumar, que ahora tendría serios problemas si quisiera pagar con tarjeta de crédito.

Hay otros dos edificios importantes en la plaza. En un lado se halla el antiguo ayuntamiento con la prisión, que ahora es la **Casa de la Cultura** , con exposiciones temporales y conciertos. Y al otro lado de la plaza se encuentra el edificio bellamente restaurado de la **Escuela de Música**, antes la logia masónica de la ciudad.

De los dos museos de la ciudad, el **Museo Alberto Arvelo Torrealba** es el más interesante por su exposición sobre la cultura llanera y, también, por los poemas de Arvelo, cuya imaginación sigue cautivando a los lectores de nuestros días. Está en la calle 5 de Julio con avenida Medina Jiménez, y abre de martes a sábado, de 09.00 a 12.00 horas y de 15.00 a 18.00 horas, y los domingos, de 09.00 a 12.00 horas. El **Museo San Francisco de Asís** se encuentra en la misma avenida.

Alojamientos turísticos y restaurantes

Barinas ofrece una selección bastante buena de hoteles económicos. En el centro, el mejor es el **Hotel Internacional Barinas**, ☎ (073) 21749, calle Arzobispo Méndez (al norte de la plaza Bolívar, en la plaza Zamora), construido en la década de 1950, es de buena calidad; tiene habitaciones con aire acondicionado, un restaurante-bar y estacionamiento propio.

El **Hotel Residencia El Marqués**, ☎ (073) 26576, avenida Medina Jiménez, 2-88, también en el centro, es otra opción económica, como también lo es el **Hotel Plaza**, ☎ (073) 24918, en la calle Arzobispo Méndez, al sur de la plaza Bolívar.

La **Posada Rosa Elena**, ☎ (014) 5643723, www.members.xoom.com/reposada, Calle 13, al oeste del parque Moromoy —pídales que le indiquen cómo llegar o que le recojan en el centro—, también vale la pena: están especializados en hospedar a los turistas en viaje de aven-

PÁGINA ANTERIOR: El cráneo de una res en una hacienda. SUPERIOR: El vaquero posa para el fotográfo bajo el ardiente sol de los Llanos.

tura, que vienen en busca de emociones, y a viajeros interesados en explorar los Llanos. Los propietarios, Vivián Blanco y Víctor Sánchez, organizan varios tipos de excursiones a los Andes: en *kayak* por los ríos de las montañas, para pescar lubinas, en bicicleta, o simples caminatas por la naturaleza. Ambos, Vivián y Víctor, se dedican al turismo desde hace muchos años y conocen a la perfeccion toda la región.

Cómo llegar

El aeropuerto de Barinas no está lejos del centro, pues se encuentra al final de la avenida 23 de Enero. Hay dos vuelos diarios a Caracas, y ya está. La terminal de autobuses, con buenas conexiones a muchas ciudades, está 2 km al oeste del centro antiguo.

Si quiere subir a los Andes, el recorrido de Barinas a Apartaderos y a continuación a Mérida es uno de los más espectaculares del país. Puede alquilar un coche en **Budget**, en el aeropuerto, ☎/FAX (073) 26422, o en el centro, ☎/FAX (073) 335704, avenida Cuatricentenaria.

HATOS Y ALOJAMIENTOS EN PLENA NATURALEZA

Los propietarios de los hatos consideran los meses de sequía, más o menos de diciembre a mayo, como temporada alta, y ajustan sus precios de acuerdo a la época. Ya que la demanda internacional para visitar los Llanos es cada vez mayor, conviene que haga su reserva con suficiente antelación si quiere ir en esta época. Los turistas astutos reservan al final o al principio de la estación de lluvias para evitar tener que pagar precios altos. Por ejemplo, hacer la reserva para primeros de mayo es lo mejor que puede hacer si quiere gastar menos, pero recorrerlo todo.

Casi todos los alojamientos más sofisticados tienen tarifas por paquetes, generalmente de tres días y dos noches. Los operadores turísticos, las cadenas hoteleras y las agencias de viaje con base en Caracas suelen ser propietarios de algún hotel o alguna posada, o colaboran con varios de ellos. Sólo unos pocos tienen pista de aterrizaje, a fin de poder acceder durante todo el año. Aunque pueda parecer una extravagancia exagerada, muchos turistas, después de cinco horas de viaje por caminos polvorientos y con el trasero entumecido añoran no haber gastado unos cuantos dólares más. La mayoría de los hatos que se mencionan a continuación ofrecen servicio de transporte, que se paga aparte. Para hacerle la estancia aún más agradable, muchos también organizan tardes musicales con músicos locales llaneros, mientras le sirven platos típicos de la región.

A continuación, facilitamos una lista de los hatos recomendados, divididos por estados.

EL ESTADO DE COJEDES

El «antepasado» de los hatos, que se construyó en la década de 1960 como un simple refugio en medio de la naturaleza, es el **hato El Piñero** —haga las reservas en **Bio Tours**, ☎ (02) 9924413/4531, FAX (02) 9936668, hatopinerovzla@telcel.net.ve— que se encuentra a poca distancia de **El Baúl**, al lado de una de las carreteras más pintorescas de los Llanos. En El Piñero se preocupan mucho por la vida salvaje del entorno, que cuenta con una gran variedad de especies. También se dedican a investigaciones científicas. Al mismo tiempo es un maravilloso campamento con decoración rústica, muros encalados y toques artísticos. El hato cuenta con 11 habitaciones, todas con baño propio y ventilador. Los guías son bilingües. También disponen de una excelente biblioteca y organizan excursiones a caballo. Los precios son elevados.

EL ESTADO DE APURE

Caro

El hato El Frío (también conocido como la Estación Biológica El Frío), ☎ (014) 7435329, en Achaguas, ☎ (047) 81223, elfrio@cantv.net, a medio camino entre El Samán y El Frío, fue el rancho pionero en esta parte de los Llanos, ubicado justo en el centro de una gran hacienda de 80.000 ha. Ahora es famoso por su programa de cría de cocodrilos y anacondas, mientras que la fauna y avifauna corretea alrededor de los alojamientos. Las habitaciones, bien decoradas y agradables, con ventiladores y baño propio sólo con agua fría, se encuentran alrededor de un área central con mucho espacio para colgar la hamaca.

El Cedral, ☎ (02) 7818995, FAX (02) 7936032, hatocedral@cantv.net, www.hatocedral.com, avenida La Salle, edificio Pancho, piso 5 PH, Los Caobos, Caracas, es el antiguo rancho de la familia Rockefeller y otro mini-imperio particular al sur de La Ye, en la carretera a Elorza. El Cedral es uno de los mejores hatos del país; al prohibir la caza en sus tierras hace ya décadas, toda la vida salvaje y animales como las capibaras se pueden observar desde la habitación, con lo que no defraudrá sus expectativas. A sus viejas cabañas remodeladas hace poco, se agregaron 10 habitaciones completamente nuevas, muy bien decoradas y un poco más lujosas, todas con aire acondicionado, ventiladores en el techo y baño con agua caliente.

A dos horas de viaje por el río de Elorza, a orillas del río Arauco, está **Doña Bárbara**, ☎ (047) 413463, FAX (047) 412235, barbara@sfapure.c-com.net, que posee cierta herencia literaria. Rómulo Gallegos basó su novela *Doña Bárbara* en Francisca Vásquez, que vivió aquí. La familia Estrada, los propietarios y administradores de este rancho de 360 km^2 de tierra, dispone de 21 habitaciones sencillas con baño propio y ventiladores. Se puede montar a caballo, se organizan excursiones por el río o las llanuras, y en verano hay salidas especiales al criadero de anacondas.

Moderado

El **Campamento Sorocaima**, o **Capanaparo Lodge**, ☎ (047) 91037, a orillas del río Capanaparo, en la parte occidental de Apure, es muy popular entre los pescadores de caña, pero también dispone de alojamientos atractivos y confortables para los amantes de la naturaleza. En época de sequía se puede llegar por carretera, desde Elorza, y el resto del año en barca.

Los propietarios franceses disponen de ocho sofisticadas cabañas, todas con cuarto de baño, agua caliente y aire acondicionado; y los grandes espacios alrededor y la piscina invitan al descanso. Se puede montar a caballo o hacer maravillosas excursiones por el río.

Económico

Las Churuatas de Capanaparo, para reservas llame al ☎ (02) 2351287/2392019 (Floreal Matas), con su acceso privilegiado al parque nacional Cinaruco-Capanaparo al sur del estado de Apure, ofrece una experiencia «auténtica» de los Llanos. Edgar Rivero, el agradable administrador, se encarga de las siete *churuatas*, con cama o hamaca, y con baño propio. No hay electricidad, sólo un generador de emergencia, pero se puede montar a caballo y hacer excursiones en canoa por las colinas *galera* o el río Capanaparo.

EL ESTADO DE BARINAS

Caro

Uno de los hatos más nuevos y también uno de los más impresionantes de la región, el **Centenario**, ☎ (073) 22 338, reservas a través de **Alpi Tour** en Caracas, ☎ (02) 2831433, FAX (02) 2856067, alpitour@viptel.com, www.alpi-group.com, se encuentra al noreste de Puerto de Nutrias. Sus cabañas son espaciosas y equipadas con bellos detalles decorativos; el restaurante y demás espacios son igualmente atractivos. Las áreas verdes alrededor del hato se han convertido en hermosos jardines, incluso con un pequeño lago artificial, donde se congregan las aves y hay una bonita piscina.

Se organizan excursiones a caballo o en todoterrenos; y también se puede practicar el tiro al plato, seguro que es el primero en los Llanos.

Moderado

Al sudeste de Barinas, cerca del pequeño pueblo de La Luz, está el **hato La Madera**, ☎ (073) 330696, con la oportunidad de experimentar la vida «auténtica» en un rancho de los Llanos. Hay hamacas o camas elementales, cuarto de baño compartido y excelentes oportunidades para montar a caballo por la sabana o por el bosque de los alrededores.

PÁGINA SUPERIOR: Un vaquero al cuidado del ganado en los Llanos. PÁGINA ANTERIOR: Vista interior del techo de una *churuata*.

El Oriente

LA COSTA ESTE DEL CARIBE VENEZOLANO, QUE SE CONOCE COMO «EL ORIENTE» se extiende entre el este de Caracas y el «largo dedo» de la península de Paria, en el extremo oriental del país. Como puede imaginarse, es una región exótica y rica.

BARLOVENTO

Barlovento, como ya lo indica su nombre, se refiere a la extensión costera entre cabo Codera y la laguna de Unare, alrededor de las ciudades de Birongo y Curiepe, en la parte occidental del estado de Miranda. También comprende a Chirimena, Caruao y Chuspa, todos incluidos en el estado de Vargas. La región es sinónima de la cultura negra y de su folclore, una combinación ecléctica de los elementos del catolicismo con aquellos del vudú africano y con los rituales de la santería.

Esta cultura fuerte y notablemente sólida tiene su origen en los gloriosos días de las plantaciones de cacao: gloriosos para los propietarios del Gran Cacao, como se les conocía, pero miserables para los esclavos de las regiones de África central que se llevaban para trabajar en las plantaciones. La primera plantación de cacao de Venezuela floreció en el valle de Curiepe, y aunque Bolívar abolió la esclavitud en 1823, la verdadera liberación de los esclavos no se produjo hasta 1854.

Los negros se establecieron en poblados relativamente aislados, donde conservaban sus tradiciones y las siguen conservando en la actualidad. De acuerdo con los antropólogos, la influencia más marcada procede de los bantú, los yoruba (en Nigeria), y de los pueblos mandingo, también de África.

En las fiestas de san Juan, el día 23 y 24 de junio, las ciudades de Barlovento emergen de su estado somnoliento para un verdadero bautizo «a base de golpes». Los tambores de Barlovento son muy famosos y suenan sin parar durante todo el día y toda la noche, mientras que la gente, animada por el aguardiente y el ron, no deja de bailar al son de la música rítmica y sensual.

VISITAR BARLOVENTO

Probablemente, la mayor fiesta de san Juan (23 y 24 de junio) y también de san Pedro (27-29 de junio) se celebra en **Curiepe**. **Birongo**, situado en las colinas de la costa, es conocido como el centro de la magia, la brujería o del vudú de Barlovento (*véase* EL LITORAL CENTRAL, pág. 86).

Para llegar al **monumento natural Cueva Alfred Jahn**, una de las cuevas más largas de Venezuela, con más de 4 km de longitud, hay que salir de Curiepe y tomar un camino de tierra. A lo largo del camino se encuentran varias entradas a la cueva que es poco visitada y está repleta de murciélagos. Las mejores playas en Barlovento son **Puerto Francés**, **Caracolito** y, también, la isla de Buche, a la que se accede con *por puestos*, que salen de la nueva terminal de barcos, al norte de Higuerote.

EL PARQUE NACIONAL LAGUNA DE TACARIGUA

La laguna de Tacarigua, aunque poco frecuentada por los operadores turísticos, ni especialmente conocida fuera de Venezuela, es una verdadera delicia. El parque, establecido en 1974, es una de las pocas áreas Ramsar de Venezuela, desde 1997, por su excepcional hábitat en los pantanos; protege un importante ecosistema de manglares cada vez más amenazado, con cocodrilos de la costa, ya en vías de extinción, y miles de aves migratorias y residentes.

La laguna, que mide 30 km de longitud y 6 km de ancho, está delimitada por los ríos Cúpira, y El Guapo,

y su vegetación consiste primordialmente en varias especies de manglares. Pero tal vez su mayor atracción sea el espectáculo aéreo de las aves que se puede admirar cada mañana y cada noche. Asimismo, hay muchos peces en la laguna, sobre todo mugiles, lubinas, rayas y sábalos. Los aficionados a la pesca deportiva pueden pescar lubinas y otros peces con caña, pero sólo con el correspondiente permiso expedido por Inparques.

INFORMACIÓN TURÍSTICA

Hay barqueros que se ofrecen para dar una vuelta por la laguna en su barca. Normalmente tardan una hora, que se puede prolongar si se negocia con ellos. En el Sector Belén, en la parte de Tacarigua de la Laguna, la parte derecha tras llegar del río Chico, hay pocos operadores turísticos. Remegio, de **Remegio´s Laguna Tours**, ✆ (034) 711142, FAX (034) 74579, con oficinas en la segunda calle a la derecha después del desvío, es un hombre sin dientes, alegre y con muchos años de experiencia; sus excursiones incluyen seguros y permisos de pesca. Pero también se pueden contratar barqueros en el muelle, donde está la oficina de Inparques. Oficialmente no se permite hacer fotografías, así que oculte su cámara. Use una película de mayor sensibilidad por la noche para obtener buenos resultados.

ALOJAMIENTOS TURÍSTICOS Y RESTAURANTES

Aunque suene tentador, y por su ubicación debería llamarse «el escondite ideal», el **Club Miami**, reservas a través de Eco Posadas, ☎ (02) 9935866 (en Caracas), FAX (02) 9928984, de categoría económica, es decepcionante. Se encuentra en un paraje soberbio, en medio de las interminables playas de la costa, pero la posada ha estado algo descuidada en los últimos años. Si realmente quiere pasar unos días «en» la laguna, pregunte a su operador turístico por el estado actual de las habitaciones, del restaurante, y las demás áreas.

En Tacarigua de la Laguna, pequeña y poco atractiva ciudad, la **posada La Garza**, recientemente inaugurada (sin teléfono), es la mejor opción; tiene dos habitaciones dobles, con aire acondicionado y agua fría, y otras dos con ventilador. La posada, alegre y con toques artísticos, espejos con marcos de madera, atractivas mesas y sillas y un bar, ofrece precios económicos.

CÓMO LLEGAR

Si va por la carretera de Higuerote, al llegar a Mamporal, siga por la ruta este, con dirección a río Chico. Desde aquí hay 12 km para llegar a Tacarigua de la Laguna. Si en cambio viaja por la autopista 9, cuando llegue a El Guapo (el nombre carece de justificación), tome la ruta del norte, 24 km al sur de río Chico. Hay un servicio bastante regular entre estas ciudades.

AL ESTE DE BARCELONA

A 62 km al este de El Guapo, en la autopista 9 de Oriente, se entra en el estado venezolano de Anzoátegui, que lleva el nombre del general José Antonio Anzoátegui, un héroe de la batalla de Boyacá y de la Guerra de Independencia. Su capital, Barcelona, está aún lejos de esta zona, pero hay una bonita carretera a lo largo de la costa con vistas a la **laguna de Unare** —otra laguna costera famosa por su abundancia de aves—, antes de tomar la ruta que le llevará hacia el interior con dirección a **Clarines**.

Si tiene tiempo, considere la posibilidad de darse una vuelta por la laguna vía El Hatillo. Deténgase en la excelente **posada Sol, Luna y Estrellas**, ☎ (016) 6109257 o (014) 2085595, en el pueblo de Marylargo, que está a unos 8 km de **Boca de Uchire**, y donde puede comer o pasar la noche.

CLARINES

La **iglesia de San Antonio de Padua**, construida en 1760, es una de las iglesias restauradas más bellas del país: la razón principal para detenerse. Si está por aquí alrededor del 14 y 15 de junio, no se pierda las fiestas patronales de san Antonio, con sus coloridas proce-

PÁGINA ANTERIOR Y SUPERIOR: El mundo de los pantanos de la laguna de Tacarigua.

siones y servicios religiosos. Cerca de la iglesia hay varias mansiones y otros edificios restaurados, entre ellos la **Casa del Sol**.

PÍRITU Y PUERTO PÍRITU

Aparte de la iglesia de Clarines, también la **iglesia franciscana de Nuestra Señora de la Concepción**, en las afueras de Píritu, es muy bonita. Es una construcción del siglo XVIII, de muros macizos, encalados y blanqueados por el sol, que no se puede ignorar si llega por la carretera del oeste. La ciudad de Píritu está justo a sus pies, al lado del viejo Puerto Píritu, a orillas de mar. Para los venezolanos, ambas ciudades representan una parada ritual durante el trayecto de Caracas al este del país. A lo largo del gran paseo marítimo hay varios restaurantes que sirven deliciosos platos de pescado fresco, en especial el **restaurante Sol y Brisa**.

Las islas delante de Píritu, las **isletas de Píritu**, están cerca de la costa, un viaje corto en barca. Durante la semana la paz es maravillosa, y se puede practicar submarinismo en las orillas del norte. Infórmese en la ciudad sobre el camino a **El Viejo Píritu**, un poblado reconstruido del siglo XIX, similar a Venezuela de Antier y a Los Aleros en el estado de Mérida, a menor escala.

Cómo llegar

Los pasajeros que llegan en el autobús de la línea Caracas-Puerto La Cruz o Cumaná tienen que bajarse en la gasolinera de El Tejar, en la periferia occidental de la ciudad, al igual que los que vienen de la dirección opuesta. No obstante, se ha de pagar el pasaje completo. La otra opción consiste en tomar un *por puesto*.

BARCELONA

¡Pobre Barcelona! Uno se ve obligado a sentir lástima del lugar. Su vecina, la ciudad Puerto La Cruz, virtualmente se la está tragando con su constante expansión hacia el oeste, a lo largo de la autopista y de la costa. Barcelona sigue conservando su estatus como capital, pero todo el mundo sabe que todo el movimiento económico se encuentra en las refinerías, en los rascacielos y en las marinas de las explotaciones de El Morro y de Puerto La Cruz.

Pero no la compadezca. Barcelona se sostiene sola, su corazón histórico y su herencia histórica y cultural constituyen un buen contrapeso para su comercializada y bulliciosa vecina. Barcelona, fundada en 1671 por catalanes inmigrantes, se puede comparar con su homónima en España: el casco antiguo alrededor de la plaza Boyacá se parece al barrio de Montjuïc con sus múltiples museos de la ciudad del Mediterráneo, mientras que el paseo Colón, en Puerto La Cruz, sin duda es la respuesta caribeña a Las Ramblas.

INFORMACIÓN TURÍSTICA

Para obtener mapas turísticos de ambos, tanto del estado de Anzoátegui como de la ciudad de Puerto La Cruz , diríjase a la oficina de turismo **Coranztour**, ☎ (081) 741142/743646, en la planta baja del edificio de Gobernación, que tiene forma de pirámide, en la avenida 5 de Julio (al norte), o a la **Dirección de Cultura y Turismo**, ☎ (081) 742978, en la plaza Boyacá, que también dispone de una amplia información sobre los eventos culturales. Sus oficinas abren de lunes a viernes, de 08.00 a 12.00 horas y de 14.00 a 17.00 horas. Para cambio de moneda y cheques de viaje en Puerto La Cruz, vaya al Banco Unión, avenida 5 de Julio, al sur de la plaza Boyacá, donde puede retirar dinero en metálico con su tarjeta de crédito Visa o MasterCard.

VISITAR BARCELONA

Barcelona tiene cuatro grandes plazas: la plaza Boyacá, Miranda, Rolando y Bolívar; y dos grandes avenidas: la avenida del 5 de Julio y de las Fuerzas Armadas, ambas transcurren en dirección norte-sur. No hace falta que visite más. Barcelona, como su homónima catalana, quiere ser distinta. La plaza más importante y también el corazón histórico de la ciudad es la **plaza Boyacá**, a tres manzanas al oeste del río Neverí.

La **catedral**, construida entre 1748 y 1783, con una extravagante pantalla dorada, se encuentra en el lado occidental de la plaza; justo enfrente está el **Palacio Municipal**, un elegante edificio que data de 1858.

El **Museo de la Tradición** ocupa el lado sur de la plaza. Dicen que la cuarta mansión que se construyó en esta ciudad es este antiguo edificio restaurado, en 1671. Sobrevivió como casa particular, club y hospital de maternidad. Actualmente desempeña una tarea didáctica:

exhibe la historia de la ciudad. El museo abre de martes a viernes, de 08.00 a 12.00 y de 14.00 a 17.00 horas, y los fines de semana, de 09.00 a 15.00 horas.

El **Ateneo de Barcelona**, a dos manzanas al este, en la calle Juncal, es una extensión del museo histórico. Esta mansión colonial, bellamente restaurada, es una donación de la familia del novelista Miguel Otero Silva (1908–1980) y alberga una interesante colección de pintura contemporánea de importantes artistas venezolanos.

Tras salir del Ateneo, camine una manzana al norte hasta la **Gunda Arte Popular**, una bella mansión colonial con un gran comercio de artesanía que vende objetos de todas partes del país. Siga caminando y cruce el viejo puente colonial hasta llegar a las ruinas del **Templo de San Felipe de Neverí**. La iglesia, una construcción de 1786, se derrumbó durante el terremoto de 1812, como tantas otras en Venezuela.

De vuelta a la parte oeste, la plaza Rolando atestigua la riqueza de Barcelona a lo largo del siglo XIX. La plaza lleva el nombre del estadista que hizo construir tanto la **iglesia del Carmen** como el bonito **teatro Cajigual**; en el teatro, que cuenta con 300 asientos, se siguen dando funciones; intente conseguir entradas para algún concierto.

Las ruinas de la **Casa Fuerte** ocupan la parte occidental de la **plaza Bolívar**, rodeada de palmeras reales; también las plazas Miranda y Tricentenaria están cerca. En 1817, las tropas reales masacraron a 1.500 soldados y civiles, que buscaron refugio tras sus muros. Las ruinas siguen allí, en recuerdo de aquella brutal tragedia.

ALOJAMIENTOS TURÍSTICOS Y RESTAURANTES

Si va en busca de comodidad, estilo o modernidad, diríjase a El Morro o a Puerto La Cruz. Los hoteles de Barcelona son más viejos y conservan muy poco del encanto del Viejo Mundo, aunque tienen precios más económicos.

Entre los hoteles en el centro, el **hotel Oviana**, ☎ (081) 764147, avenida Caracas, cerca de la avenida Country Club, tiene las mejores habitaciones con aire acondicionado. Eso no significa demasiado, pero su restaurante con especialidades italianas es recomendable. La otra opción, de precios ligeramente inferiores, es el **hotel Neverí**, ☎ (081) 772376/6402, avenida Fuerzas Armadas con avenida Miranda. El hotel tiene vistas al río y al viejo puente; lo mejor es poder conseguir una habitación con vistas. Por desgracia la avenida es bastante ruidosa.

El **hotel Plaza**, ☎ (081) 772843, con vistas a la plaza Boyacá, con sus precios económicos, tiene más encanto que comodidad. Las mejores habitaciones dan a la plaza, y no todas tienen baño propio, así que solicite una que lo tenga.

Aparte de los restaurantes de los hoteles Neverí y Oviana, se puede probar **El Castillo de Oriente**, avenida Miranda, por sus parilladas tradicionales. El **restaurante Piazza**, al lado del hotel Barcelona, avenida 5 de Julio, ofrece varios platos italianos en medio de un ambiente muy agradable; en esta misma avenida hay más restaurantes.

CÓMO LLEGAR

Barcelona comparte su nuevo aeropuerto internacional con Puerto La Cruz. Se halla a unos 10 minutos de viaje tras salir por la parte sur de la ciudad y, después, al llegar a la autopista 9, hacia el oeste. También hay *por puestos* que hacen el recorrido de la avenida 5 de Julio; asimismo, los taxis son baratos. Hay varios vuelos diarios a Caracas y a otras ciudades importantes, entre ellas Puerto Ordaz, Maracaibo y Porlamar. Entre las aerolíneas figuran **Servivensa/Avensa**, ((081) 671301/2/3/4/5, y **Rutaca**, ((081) 675681. El experimentado piloto Steve Patterson de **Servicios Aéreos**, ((081) 653371, está a cargo de la coordinación de los vuelos chárter a todos los rincones de Venezuela.

En la terminal nacional hay varias compañías de alquiler de coches, entre ellas **Budget**, ((081) 771325, LLAMADA GRATUITA (800) 28343.

La terminal de autobuses se encuentra cerca del mercado, al sudeste del centro de la ciudad, un viaje corto en *buseta* o en taxi. La terminal en Puerto La Cruz tiene un servicio mucho mejor, con más líneas de autobuses de larga distancia; pero también hay bastantes líneas que salen de Barcelona. El camino más rápido a Puerto La Cruz es en un *por puesto* desde el extremo sur de la avenida 5 de Julio, a la vuelta de Carrera 7. También hay líneas de autobuses de recorridos cortos que salen desde esta terminal.

EL MORRO

El complejo El Morro, el núcleo turístico más ambicioso de Venezuela, comprende una amplísima red de canales, marinas, campos de golf, casas residenciales, centros vacacionales y centros comerciales; se encuen-tra entre Barcelona y Puerto La Cruz. Aparte de Marga- rita, el centro turístico de El Morro ofrece los hoteles y demás servicios de mayor lujo de todo el Caribe venezolano.

INFORMACIÓN TURÍSTICA

Para los aficionados a la vela, el **Centro Marino de Oriente**, ((081) 677011, FAX (081) 678550, cmoplc2@telcel.net.ve, avenida Tajamar, 8 (en el lado norte) ofrece las instalaciones más modernas de las tres marinas, en El Morro. La más atractiva es **Marina Bahía Redonda**, ((081) 677412, FAX (081) 677810, info@bahiaredonda.com.ve, www.bahiaredonda.com.ve, avenida Tajamar, 1, con restaurantes y apartamentos en propiedad.

Dockside, (/FAX (081) 677344, dockside@telcel.net.ve, Marina Bahía Redonda, es una agencia de viajes para yates y veleros muy bien organizada, que se halla dentro del puerto deportivo. Son especialistas en alquilar yates y veleros y todo lo relacionado con ellos. La **Regata Oceánica del Sur del Caribe** es la mayor regata anual de Venezuela, y acostumbra a celebrarse durante el mes de agosto.

VISITAR EL MORRO

Aparte de llevar una vida de lujo en los numerosos bares y restaurantes del complejo turístico, El Morro y Lecherías tienen las mejores playas entre Puerto La Cruz y Barcelona. Las **playas Los Cocales, Lecherías** y **Mansa**, en la costa del noroeste, son más limpias y de aguas más transparentes que las de Puerto La Cruz, y con muchos restaurantes y bares a lo largo de la línea costera. Para disfrutar de una vista fabulosa con una impresionante puesta de sol mientras sopla una brisa refrescante, diríjase al **Mirador**, en la carretera del este que sube por la colina.

ALOJAMIENTOS TURÍSTICOS

De lujo y caro

El **Golden Rainbow Maremares Resort**, ((081) 811011, FAX (081) 813028, en Caracas, ((02) 9590148, FAX (081) 9590172, avenida Américo Vespucio, con sus chalets pintados de color de rosa chillón, inicia este complejo en expansión en medio de una gran extensión de bellos jardines bien cuidados. Tiene 300 habitaciones, y es el primero en El Morro de estas dimensiones y de este calibre. Cuenta con un campo de golf de nueve hoyos, un puerto deportivo propio, un balneario, pistas de tenis, una guardería infantil y una piscina de las dimensiones de Islandia. El lujo de cinco estrellas se percibe hasta en los más mínimos detalles.

Otro mega-centro turístico, el **hotel Doral Beach Villas**, ((081) 813252, www.corpl.com.ve, avenida Américo Vespucio, presume de ser el mayor hotel de toda Sudamérica. El complejo cuenta con más de mil habitaciones dobles, *suites*, chalets y apartamentos. Uno se puede llegar a sentir muy pequeño en medio de este gran número de piscinas, pistas de tenis, gimnasios e instalaciones para toda clase de deportes y activida des acuáticas. Se necesita casi una hora para ver todas las instalaciones, sin contar sus ocho restaurantes. Todas las habitaciones son amplias y confortables, con todos los detalles y accesorios de un hotel de cinco estrellas de primera. Es impresionante.

A los pies del istmo del Morro se encuentra el sofisticado **hotel Punta Palma**, ((081) 811413, FAX (081) 818277, con 180 habitaciones, la mitad de ellas con una fantástica vista a la bahía de Pozuelos. La decoración es de mucho estilo y muy sobria, con predominio de colores audaces, y todas las habitaciones son confortables. La planta baja, con la piscina, el bar y el área del restaurante está perfectamente diseñada y decorada con muchas palmeras elegantes y sillones para descansar por todas partes. El hotel también cuenta con pistas de tenis y puerto deportivo propio con amarres para yates.

El **hotel Vista Real** está un poco más arriba, en la península del Morro.

Moderado

Más arriba de la terminal del Gran Cacique, se encuentra el **hotel El Marino**, ((081) 692463, con 18 habitaciones limpias que están bien. Es una buena opción para pasar la noche antes de tomar un transbordador o si llega tarde por la noche.

RESTAURANTES

Moderado

El restaurante **Al Fresco**, ☎ (081) 811011 (sólo abre por las noches), dentro del centro turístico de Maresmares, tiene una ubicación privilegiada con vistas a toda la marina y la piscina. Su cocina italiana, así como el servicio y la música de piano, son excelentes. Probablemente, el **Puerto Grill Steak House**, ☎ (081) 868069, calle Arismendi con calle Las Peñas, cerca de la plaza Mayor, sirve los mejores cortes de carne de toda la región. La atmósfera es tranquila y con clase, en medio de diseños llamativos, y con música en directo los fines de semana. Si prefiere pescados y mariscos al estilo japonés, vaya al **restaurante japonés Sushi Chef**, ☎ (081) 862424, situado en la avenida Principal de Lecherías, en medio de todos los demás restaurantes y comercios, donde el servicio atento y amable le servirá un *sushi* de primera clase, no probará otro igual en toda Venezuela.

Económico

El **Albatros Café**, ☎ (081) 813532, que en medio del complejo comercial de la plaza Mayor y a orillas de un canal disfruta de una posición privilegiada, cuenta con una decoración de mucho estilo, una clientela elegante y un menú excelente. **La Churuata del Morro**, Vía Principal del Morro, en Playa Cangrejo, es con mucho el mejor entre todos los restaurantes del área, con excelentes pescados y mariscos, y su ubicación es privilegiada a orillas del mar. Sólo abre por las noches, con música en directo de martes a sábado (cerrado los lunes).

PUERTO LA CRUZ

Tras visitar el antiguo casco colonial de la ciudad histórica de Barcelona, Puerto La Cruz es el extremo de la modernidad. Probablemente sea la ciudad con la mayor concentración de hoteles, restaurantes, discotecas y bares de toda Venezuela. Después de Porlamar, Puerto La Cruz es el segundo lugar más visitado por turistas internacionales. No solamente dispone de hoteles y servicios de primerísima categoría, sino que también es el trampolín para visitar las maravillas del parque nacional Mochima, ubicado en una isla a poca distancia de la costa. Si el turismo cada vez más importante lo combinamos con las grandes refinerías de petróleo al este y con las enormes riquezas generales del estado de Anzoátegui, no resulta demasiado sorprendente que Puerto La Cruz esté viviendo una época de esplendor y auge en todos los aspectos.

Es posible que la ciudad no sea un puerto «devorador de cultura», pero sin duda es un agradable lugar para divertirse. Si va en busca del típico colorido tropical, no hace falta que busque más.

INFORMACIÓN TURÍSTICA

La oficina de turismo de **Coranztur**, ☎ (081) 688170, en medio del paseo Colón, abierta de 08.00 a 21.00 horas, reparte mapas de la ciudad y del parque nacional Mochima. *Boulevard* es un periódico gratuito con información y una guía acerca de todo lo que pasa y hay que ver. Todos los bancos más importantes tienen una representación aquí, pero también los hoteles más importantes (Rasil, Gaeta y Riviera) tienen sus *casas de cambio*, aunque algunos cobren comisión por el cambio de cheques de viaje.

Hay un cibercafé en la primera planta del centro comercial Cristóforo Colombo, en el paseo Colón, al

lado del MacDonald´s. También hay varios consulados internacionales, consulte en la oficina de turismo, si tiene algún problema.

VISITAR PUERTO LA CRUZ

Los latidos más fuertes del corazón de la ciudad se escuchan a lo largo del **paseo Colón**, el bulevard bordeado de palmeras que se extiende a orillas del mar, entre el hotel Rasil, en un extremo, y el Hesperia (ex Meliá), en el otro. Bares, coches, vendedores ambulantes, «cazadores» de turistas, *karaokes*, cafés, restaurantes y turistas no paran de animar este paseo de día y de noche. En esta parte del Caribe, todas las noches son como una fiesta, que es más ruidosa aún durante los fines de semana y las vacaciones.

Aunque las playas parezcan muy tentadoras, el agua está muy contaminada. Para bañarse hay que ir a las playas de El Morro, o a la isla de Mochima.

La mayor fiesta se celebra el 8 de septiembre: la **Virgen del Valle**. Cientos de barcas se pasean por las aguas, decoradas con palmeras y globos. Hay fiestas en todas partes y fuegos artificiales ensordecedores a medianoche. También vale la pena participar en las **fiestas de Cruz de Mayo**, el 3 de mayo, que se celebran en el paseo Colón, con procesiones que salen de las distin-

SUPERIOR: Barcas y veleros amarrados en Playa Santa Cruz.

tas parroquias de esta zona. Con el *galerón*, un tipo muy particular de contrapunto, se inicia el canto y el baile, que dura toda la noche.

DEPORTES Y ACTIVIDADES AL AIRE LIBRE

Puerto La Cruz, con sus puertos deportivos, con su acceso a las islas occidentales de Mochima, con los operadores turísticos, con sus comercios que venden toda clase de artículos para el buceo y con el alquiler de yates es el lugar ideal para disfrutar del placer marino.

Yates y veleros

Dockside, ☎/FAX (081) 677344, dockside@telcel. net.ve, Marina Bahía Redonda, es una agencia bien organizada dedicada a excursiones, viajes y al alquiler de veleros y yates, que puede organizar un programa muy variado de excursiones en yate a Mochima o a otras islas más alejadas, como a Los Roques y a Las Aves. Otra empresa recomendable para viajes chárter en velero, **Nelson & Nelson,** ☎ (081) 778232 o (014) 802232, administrada por Nelson Lozada en la Marina Américo Vespucio, también coordina excursiones a Mochima y a otros lugares.

Viajes en barca desde Mochima

Si desea una atención más personalizada y no simplemente bajar en la playa de destino sino ir a su aire, en Puerto La Cruz también hay un gran número de operadores turísticos que le llevan a las islas Mochima y a otras más alejadas. Estas excursiones se diseñan a la medida de sus deseos, tanto si quiere pasar todo el día en la playa como si le gusta ir de isla en isla, practicar submarinismo, a un precio establecido. Hay una competencia feroz entre los diferentes operadores y debe regatear. Muchos de ellos son descendientes italianos que tienen que luchar mucho. Puede preguntar por el precio de un paquete, que incluye comida y bebida, así como el alquiler de gafas de bucear, tubo y aletas.

Rasi Tours, ☎ (081) 811295, FAX (081) 812863, www. rasitour.com, administrado por Max Mazzuka, un hombre muy agradable, se encuentra en el extremo occidental de El Morro, en la Marina Américo Vespucio. Max, con una experiencia de muchos años, pasea a los turistas alrededor de Mochima y se ha especializado en excursiones en yate o en barca motorizada, a las remotas islas de Las Aves y Las Tortugas.

Macite Turismo, ☎ (081) 657020, FAX (081) 656321, macite-turismo@eldish.net, www. acconet.com/macite, administrado por un grupo de italianos políglotas, con oficinas en el paseo Colón; hay excursiones recomendables tanto al área local como a otros puntos más alejados.

Muchos de los hoteles y centros turísticos más caros en Puerto La Cruz y El Morro tienen sus propios operadores turísticos y muchas veces organizan excursiones a la medida del cliente. Esto puede ser una buena idea, pero no dude en informarse también en otras compañías.

Submarinismo

El submarinismo en Mochima no llega al imponente nivel de Los Roques, pero hay varios sitios de primera categoría, que son una buena alternativa y más económica. Con toda probabilidad, en Santa Fe, en la carretera a Cumaná, es posible bucear mejor y a precios más económicos.

Posiblemente, la mejor compañía de buceo en Puerto La Cruz es el **Scuba Divers Club,** ☎/FAX (081) 635401, que no es ningún club sino un operador turístico, con base en la Marina Bahía Redonda, avenida Tajamar, al este de El Morro. **Lolo's Diving Center,** ☎ (081) 673963, pedro@govenezuela.com, www. govenezuela.com, dirigido por Pedro Rodríguez, está a la izquierda de la Guanta marina, poco antes de llegar al Gran Hotel Hesperia, y también tiene muchos años de experiencia. Ambas compañías expiden certificados internacionales de submarinismo. Asimismo se encargan de llenar tanques y del transporte de los buceadores a las mejores zonas.

La empresa **Explosub,** ☎ (081) 653611, FAX (081) 673256, explosub@eldish.net, que se encuentra en medio de los jardines del Gran Hotel Hesperia, también goza de una buena reputación, pero tiene precios más caros que las dos anteriores.

ALOJAMIENTOS TURÍSTICOS

Los hoteles en Puerto La Cruz cubren toda la gama hotelera existente. Algunos de ellos modifican sus precios de acuerdo con la temporada, y muchas veces están llenos. Si puede, haga su reserva con suficiente antelación. Todas las habitaciones mencionadas a continuación tienen aire acondicionado. Las personas que tengan el sueño ligero, tendrán que evitar el ruidoso paseo Colón.

De lujo

El primer hotel de cinco estrellas en Puerto La Cruz es el **Hesperia Puerto La Cruz,** ☎ (081) 653611, FAX (081) 653711, banquetes@hotmail.com, www.hoteleshesperia.es. Tiene 220 habitaciones de lujo recién restauradas con vistas al mar y, los más probable, es que se parezcan al Hesperia en Cumaná, por lo que se convierte en una opción excelente.

Moderado

A cuatro manzanas de distancia del paseo, en la calle Freites con Honduras, se encuentra el **Caribbean Inn,** ☎ (081) 674292, FAX (081) 672857, que cuenta con 102 habitaciones amplias y confortables, así como un área de descanso y una piscina. La mejor elección para pasar una noche tranquila; es un hotel regentado con mucha profesionalidad.

Hay dos hoteles de tres estrellas en el paseo Colón, donde se paga por la ubicación. Ambos son del mismo nivel y presentan las mismas tarifas, aunque el **Gaeta,** ☎ (081) 650411, FAX (081) 674717, es una construcción un poco más reciente. El otro es el **hotel Riviera,** ☎ (081) 672111, FAX (081) 651394, con 74 habitaciones. Es una buena opción solicitar una habitación que disponga de balcón con vistas al mar.

Económico

Sin duda, el mejor es el **hotel Neptuno**, ☎ (081) 655790, FAX (081) 653261, en el paseo Colón con Juncal, con 30 habitaciones sencillas pero limpias, y un buen restaurante en el tercer piso. Una manzana más arriba, en la plaza Bolívar, está el **hotel Europa**, ☎ (081) 688157, con habitaciones dobles bastante buenas.

RESTAURANTES

En Puerto La Cruz abunda el pescado y el marisco, aunque su precio no es tan económico como tendría que ser. Hay una amplia gama de restaurantes de cocina internacional y local. Pero si se cansa, siempre puede escaparse a El Morro.

Moderado

El **Chic e Choc**, ☎ (081) 622551, paseo Colón, de dirección francesa, ofrece un menú refinado que combina platos franceses y caribeños, con algunas novedades, como salmón en salsa de caramelo y limón. Una amplia carta de vinos combina perfectamente con su ambiente romántico. Al final del paseo, en la rotonda del hotel Hesperia, está el elegante **Porto Vecchio**, ☎ (081) 652047, paseo Colón, que ofrece un amplio menú con precios razonables, así como un ambiente sofisticado a media luz y un servicio muy atento. El **Brasero Grill**, ☎ (081) 688655, paseo Colón, es para amantes de la carne. Es el restaurante más indicado para comer un sabroso bistéc, su servicio es rápido y hay música de piano hasta altas horas de la madrugada.

Económico

El restaurante instalado en el tercer piso del **hotel Neptuno**, ☎ (081) 650993, paseo Colón, con una terraza con vistas al mar, ofrece un menú variado, sin grandes pretensiones pero sabroso. **El Rincón del Bucanero**, ☎ (081) 670765, en la plaza Bolívar, con un interior de estilo náutico, prepara un excelente pescado y su especialidad es la paella. También **La Barraca**, ☎ (081) 653463, calle Bolívar, con una animada tasca y un bar al lado, sirve sabrosos platos venezolanos.

Para tomar el mejor café árabe acompañado de los mejores dulces, vaya a la **Dulcería Árabe** en el paseo. El **Piccolo Caffé**, también en el paseo y abierto durante las 24 horas, puede salvarle en un caso de emergencia. Las terrazas a lo largo de la playa sólo son recomendables para tomar una copa, y no para comer. Tenga cuidado en las noches de *karaoke*.

VIDA NOCTURNA

Puerto La Cruz rivaliza con Porlamar en la vibrante vida nocturna. Se puede elegir entre casinos, clubes de salsa y discotecas de música tecno.

Entre los lugares más tranquilos, para tomar una copa por la noche, una buena opción es **La Boîte de Brasero**, ☎ (081) 688655, al oeste del Hesperia; mientras que el **Club 12&23**, ☎ (081) 668803, avenida 5 de Julio, entre las calles Carabobo y Flores, es el mejor lugar para escuchar son cubano y también salsa —y demostrar que ha aprendido los movimientos en sus clases de salsa. Para música más vibrante y más fuerte y con un

SUPERIOR: Los deportes acuáticos son muy populares en Mochima.

público más joven, **Harry's Bar**, ☎ (081) 653605, calle Bolívar, se vuelve muy animado durante los fines de semana.

Si le gusta el juego, el *blackjack*, la ruleta o simplemente tirar su dinero de cualquier manera, hay dos casinos en Puerto La Cruz con todos los medios para ello. El mejor, el **Star 33**, ☎ (081) 652222, avenida Alberto Ravel, entre las calles Carabobo y Flores, además ofrece música en directo y copas gratis para los jugadores.

CÓMO LLEGAR

Puerto La Cruz comparte su aeropuerto con Barcelona (*véase* CÓMO LLEGAR, pág. 190, en BARCELONA).

La terminal de **Conferry**, ☎ (081) 677221, se encuentra más allá del paseo Colón, en dirección a El Morro. Los transbordadores a Margarita tardan cuatro horas y media. Durante los fines de semana y épocas vacacionales es aconsejable comprar los billetes por adelantado, pues las colas suelen ser enormes.

La terminal de autobuses está a tres manzanas de la plaza Bolívar, en la calle Juncal. Además de las conexiones a las ciudades más importantes, la **Línea Caribe**, ☎ (086) 519248/518669, recorre toda la ruta a Boa Vista en Brasil, vía Puerto Ordaz y Santa Elena de Uairén. **Aeroexpresos Ejecutivos**, ☎ (081) 67885/67955, tiene el servicio directo más confortable a Caracas. Recuerde que los autobuses salen desde la terminal del Conferry, y no desde la terminal de la ciudad.

EL PARQUE NACIONAL MOCHIMA

Mochima cubre una superficie de 950 km^2, que se extiende por los estados de Anzoátegui y Sucre, entre las ciudades de Puerto La Cruz y Cumaná. Además de docenas de islas, también comprende una parte de la costa, que por sus aguas de color turquesa y azul celeste recibe el sobrenombre de la Costa Azul.

A lo largo de la costa, las colinas cubiertas de cactos y retama bajan hasta las mismas bahías, donde las palmeras se mecen con el viento, y las olas acarician las orillas. Mar adentro sobresalen las áridas colinas grises de las islas, destacando contra el azul profundo y verde mar del agua. Pero incluso las playas son distintas: algunas de color blanco brillante, como isla de Plata; otras con tonalidades rojizas, como playa Colorada. Con casi dos docenas de ellas para elegir, no puede ser más fácil encontrar un lugar solitario bajo una palmera para dormitar. Vaya con su hamaca, relájese y admire las fragatas que pescan, después puede ir a cualquier restaurante de la playa.

Hay muchos lugares para hacer submarinismo. Encontrará viejos barcos naufragados, fuentes termales submarinas, cuevas y arrecifes. Las aguas son más frescas de lo que cabría suponer, y la visibilidad es más clara entre julio y noviembre.

VISITAR EL PARQUE NACIONAL MOCHIMA

Los grupos de islas de Borrachas y Chimanas se hallan muy cerca de Puerto La Cruz y comprenden **Playa de Guaro**, en la parte occidental de La Borracha, **Puinare** y **El Saco**, este último con un buen restaurante —en Chimana Grande. **El Faro**, en Chimana Segunda, cuenta con menos visitantes que El Saco.

Más hacia el este, cerca de la costa, está la **isla de Plata**, con sus arenas blanquísimas y sus aguas cristalinas. Si continúa hacia el este, llegará a las playas más pequeñas y menos frecuentadas de **Conomita** y **Conoma**, así como a la **isla de Monos** y a **La Cleta**. Todas estas islas son mucho más tranquilas que las del lado occidental, con más sombra y más paz.

CÓMO LLEGAR

Hay un servicio de barcos a las islas occidentales de Mochima, que salen del paseo Colón, cerca del restaurante El Rancho del Tío (enfrente del hotel Gaeta). La cooperativa se llama **Transporte Transtupaco**, ☎ (081) 679093, y los barcos salen con regularidad entre las 08.00 y las 14.00 horas, para volver por la tarde entre las 16.00 y las 17.00 horas. Cada barco puede transportar hasta 12 pasajeros, y la tarifa varía en función de la distancia a las islas que usted quiera visitar. Las colas en el muelle pueden ser muy largas en hora punta, así que cuanto más temprano llegue, mejor.

La forma más rápida y económica para llegar a la isla de Plata y las playas del este, es tomar un *por puesto* en la plaza Bolívar de Puerto La Cruz al pueblo de **Pamatacualito**, en la costa. Si no tiene vehículo propio, tal vez sea mejor pagar un poco más en Puerto La Cruz que agobiarse por conseguir un *por puesto*.

DE PUERTO LA CRUZ A SANTA FE

La autopista 9 a Cumaná es la mejor ruta costera del país. Es un tramo sinuoso, con colinas empinadas que descienden hasta la orilla del mar, y detrás de cada curva le espera una nueva vista a otra idílica bahía con sus aguas de color turquesa e islas en la distancia. Si viaja en coche alquilado, deténgase para hacer fotos.

Una breve nota de advertencia: esta autopista es tan traidora como bella. No se fíe de las curvas, y menos durante o después de un fuerte chaparrón, y evite tener que conducir por la noche. Los venezolanos beben y conducen notoriamente en especial tras todo un día en la playa. También hay un servicio regular de *por puestos* que cubre esta ruta, pídales que se detengan siempre que lo necesite.

LOS ALTOS DE SANTA FE

A 17 km al este de Puerto La Cruz se llega al desvío para los Altos de Santa Fe, un pequeño pueblo que marca la frontera entre los estados de Anzoátegui y Sucre, a 900 m sobre el nivel del mar.

La sinuosa carretera hasta el pueblo es muy empinada, pero sus esfuerzos se verán ampliamente compensados con unas vistas impresionantes de las islas occidentales de Mochima. El mejor mirador se encuentra a la izquierda de la carretera, justo antes de alcanzar el pueblo; hay un letrero de «Complejo Turístico» y también unos arcos. En la primera curva de esta carretera pavimentada, al lado de una casa azul, verá las islas de Arapo, Arapito y La Piscina, de un color increíblemente turquesa, entre ambas.

PLAYA EL HORNO

De vuelta por la carretera 9 de la costa, antes de Playa Arapito, hay un letrero de Coca-Cola con una indicación hacia la Playa El Horno. Aunque se trate de una playa minúscula, justo antes de este letrero hay una casa con rejas negras: ésta es **Mochima Lodge**, ☎ (014) 8004298/2360809, FAX (014) 8045010, eljurih@telcel.net. ve, www.lrs. com.ve/campamento; es la posada más reciente en esta costa, de precios moderados. Su propietario, Hely Eljuri, ha construido seis habitaciones con vistas sobre el mar justo enfrente de las islas Arapito. Las habitaciones son amplias y espaciosas, con vigas de madera, techo de caña y paredes artísticamente decoradas. Cada una de las habitaciones tiene servicio de cocina y puertas acristaladas en los pequeños balcones. Una gran área con el comedor y un salón completan la atmósfera rústica y a la vez sofisticada. Hely prefiere que se alojen huéspedes que hayan reservado un paquete de dos noches, con todo incluido: comida y bebida y también las excursiones a las islas cercanas. Es esencial llamar y reservar antes.

PLAYA COLORADA

Una de las playas más famosas de Venezuela, Playa Colorada, es una bahía en forma de herradura rodeada de colinas. Sus arenas, de ahí el nombre, son de color rosado-rojizo, y las palmeras dan sombra con pequeños puestos y un restaurante para evitar que los turistas mueran de inanición.

Como es natural durante la época vacacional, esta playa se llena de gente: se encuentra justo al lado de la autopista. Es mejor que vaya en busca de una barca para que le traslade a las islas Arapito o a cualquier otro lugar lejos del gentío. Durante los días laborables, la playa suele estar relativamente tranquila.

PLAYA SANTA CRUZ

Si continúa el viaje por la carretera, llegará a la bahía de Playa Santa Cruz. Aunque la playa sea estrecha, normalmente está muy tranquila, con sólo unas cuantas barcas de pesca que cabecean entre las aguas.

Justo detrás de la siguiente curva y de la bahía está el letrero que anuncia la **Villa La Encantada** (antes: Chez Frédérique y María), ☎ (014) 8182330, www.members.tripod. com/villa_la_encantada.com, adquirida por Diane Wilson en 1999, una oriunda de Estados Unidos, que renunció a su empleo de contable en Caracas para realizar su sueño en la Costa Azul. La posada, de precios muy aceptables y con una hermosa vista sobre la bahía de Santa Cruz, posee una gran piscina, 12 habitaciones sencillas y encantadoras, con agua caliente y ventiladores, rodeadas de jardines, y una decoración imaginativa con pinturas con motivos de lagartijas. En el restaurante se sirven dos comidas o más al día, y Diane también se encarga de organizar excursiones en barca.

SUPERIOR: Playa Colorada con sus arenas rojizas.

SANTA FE

Al final de la última curva, desde Santa Cruz, se abre el horizonte del golfo de Santa Fe, coronado por las montañas del cerro Aceite Castillo. Si baja por la autopista 9 que atraviesa las colinas, llegará a la poco atractiva ciudad de Santa Fe. La apariencia puede ser decepcionante.

Un excursionista la describió como un «montón de basura», pero la playa es otra cosa. No es grande, ni particularmente bella, pero de algún modo el dicho «vino para dos días y se quedó toda la semana», se podría aplicar a Santa Fe. Todos los propietarios de posadas, desde las más viejas hasta las más nuevas, se han unido para mantener las playas limpias. Ahora se limpian

diariamente y son las más impecables de toda Venezuela. También hay varios restaurantes bastante buenos y una serie de pequeñas fondas de atención muy personalizada. Después de observar a los delfines que saltan y bailan por la bahía, de bucear entre corales, y de tomar un cóctel al anochecer, los días comienzan a perderse misteriosamente.

Las playas son una buena fórmula para atraer a los excursionistas. Santa Fe es un punto de partida excelente para visitar las islas orientales del parque Mochima —Las Caracas y Picuda Grande, con Arapito a tan sólo 20 minutos en barca—, además de dos centros de buceo muy competentes. A través de las posadas se pueden contratar caminatas cortas, recorridos en bicicleta y excursiones a las cascadas y a las áreas boscosas de las montañas, o alquilar un caballo.

Tenga en cuenta que no hay ATM en la ciudad. En casi todas las posadas se cambia moneda extranjera y cheques de viaje. Vigile su monedero y seguridad personal, ya que siempre hay algún ladrón oportunista. Todas las posadas disponen de un guardia de seguridad.

ALOJAMIENTOS TURÍSTICOS

Todas las posadas indicadas a continuación se encuentran en primera línea de mar o en la calle inmediatamente posterior. Si llega en coche, vaya por la segunda calle de la izquierda, la que aparece después del letrero indicador del hotel Cardasil, hasta el área de estacionamiento, al final de una calle muy transitada.

De moderado a económico

El **Playa Santa Fe Resort and Dive Center**, ☎/FAX (014) 7333777, santaferesort@telcel.net.ve, www.santaferesort.com, dirigido por Jerry Canada y su joven esposa venezolana, se inauguró en la Semana Santa de 1999; los muros blanqueados de cal, las vigas a la vista y los atractivos jardines sólo pueden mejorar la fama de Santa Fe. En la amplia terraza, delante de la playa, se pueden colgar hamacas, un lugar perfecto para contemplar la puesta de sol. Existen planes para abrir un restaurante francés e italiano en el jardín delantero. Jerry se ha asociado con Rodolfo Plaza, un hombre de mucha experiencia, para ofrecer un centro de submarinismo con el equipo más moderno, y certificados CMAS y PADI, excursiones de submarinismo diarias, así como otras de aventura por las montañas, a pie o en bicicleta.

Económico

La primera posada en el camino de la ciudad a la playa es el **Café del Mar**, ☎ (093) 210009, regentado por el alemán Matthias y Maggi, su mujer venezolana. Cuentan con 14 habitaciones sencillas, con vistas al mar, así como con una gran terraza en la planta superior con sillas de playa y hamacas. El lugar, con café-restaurante, sería recomendable si no fuera por el pequeño río verde de aguas residuales que corre al lado de su terreno «sólo en época de lluvias».

Un poco más abajo en la playa, se llega al **Sierra Inn**, ☎ (014) 9933116, propiedad de José Vivas, un hombre muy agradable. Sus habitaciones no valen demasiado, pero José conoce bien la costa y además alquila una casa, donde se puede acomodar toda una familia. Pregúntele por la casa **La Encantada**, muy apropiada para familias, y también que le informe sobre sus excursiones en barca.

Propiedad de Ricardo y Carolina, **Siete Delfines**, ☎ (016) 6385668, dolphins@telcel.net.ve, www.emergente.com.ve/sietedelfines, tiene 11 habitaciones espartanas, con ventiladores y agua fría. Son especialmente apropiadas para buceadores jóvenes. La pareja imparte cursos PADI y organiza excursiones de buceo.

RESTAURANTES

Al llegar a la playa, enseguida se ve el llamativo restaurante y el bar del **Club Náutico**, hace poco renovado, donde se pueden comer buenísimos platos de pescado a precios razonables. El servicio es amable, y la vista a la bahía maravillosa.

En la playa de los Siete Delfines, al lado de un bar de cócteles y en medio de la arena, hay un restaurante que sirve buenos desayunos: tortitas y fruta fresca; por la noche ofrece un buen pescado, pero el servicio no es demasiado atento. Valter y sus amigos italianos de la **Posada los Ángeles**, la última a lo largo de la playa, preparan «cocina casera», pasta y *pizza*.

CÓMO LLEGAR

La ciudad de Santa Fe se encuentra al lado de la autopista 9, a medio camino entre Puerto La Cruz y Cumaná. Vaya en un *por puesto* desde cualquiera de las dos ciudades, ya que los autobuses grandes no paran. Los *por puestos* le dejan en un punto de la carretera, desde el cual sólo tiene que dar un breve paseo de 20 minutos para atravesar la ciudad y llegar a la playa. Es aconsejable llegar antes del anochecer.

DE SANTA FE A CUMANÁ

La vista bonita a las playas y bahías le acompaña a lo largo de la autopista 9 hasta llegar a Cumaná, y la ciudad de Mochima ofrece el mejor acceso a las playas orientales del parque nacional. A lo largo de la carretera se vende artesanía local, muñecas de trapo colgadas de palos de madera, que se mueven con el viento, jaulas de pájaros con intrincados trabajos de madera, modelos de galeones españoles y otros objetos.

MAJAGUAL

Majagual no es ninguna ciudad, ni poblado, ni siquiera una playa, pero es un lugar que vale la pena mencionar: posee una de las mejores posadas de toda la costa venezolana. A 6 km de Santa Fe, hay una indicación con forma de un dibujo discreto de un pájaro estilizado que señala hacia la izquierda. Baje por la empinada carretera hasta llegar a un lugar sombreado, tranquilo y pacífico.

Villa Majagual, ✆ (093) 662117, es la creación de Michel Dresso; todo el entorno y las casas tienen el aire característico de las islas del Egeo: muros de yeso blanqueados y veteados, azulejos rústicos, porches y mucha intimidad, aunque carecen del clásico azul mediterráneo. Causa una sensación de lujo, pero su belleza radica en su simplicidad y en la atención al detalle. Por la mañana le traen el termo de café y galletas, y cada día tienen un nuevo arreglo floral en su habitación.

Los caminos de hierba para llegar a las seis casitas para huéspedes atraviesan los jardines de abundante vegetación tropical de Majagual, que se encuentra en medio de una colina, con una vista completa de su entorno. Hay otros caminos que bajan a su terraza particular, en la playa, donde se pueden observar a los peces que nadan entre corales de bellos colores. El restaurante y las demás áreas, decorados todos con muebles de caña, invitan a relajarse, leer y dormitar. La comida es de primera clase: una combinación de cocina francesa y caribeña. Karina Martinengo y su ayudante Lorena, ambas muy amables y eficientes, están a cargo de esta posada. Le recomendarán su paquete, bastante caro, de dos noches de estancia, que incluye el transbordo y muchas bebidas. También se encargan de organizar excursiones en yate o de pesca.

MOCHIMA

El pequeño pueblo de pescadores de Mochima es un buen punto de partida si desea visitar las islas más orientales y menos visitadas del parque nacional. Se encuentra a 4 km tras descender por una carretera em-

pinada, después de salir de la autopista 9. Lo más aconsejable es tomar un *por puesto* en Cumaná (desde cualquier punto cerca de la Redoma del Indio) o en Santa Fe; negocie la tarifa antes. Las colinas de alrededor de Mochima también son una alternativa a la playa, con muchos ríos y cascadas y numerosas cuevas para explorar. Pídale información y consejo a Rodolfo Plaza.

Visitar Mochima

Los barqueros, generalmente muy solicitados sobre todo los fines de semana, amarran sus barcas delante de la plaza principal. Se paga por barca, y la tarifa varía según la distancia. Las playas menos frecuentadas, rodeadas de colinas inhóspitas y áridas, son más apropiadas para hacer submarinismo. Se encuentran en la península de Manare y hacia el oeste; entre ellas están **Manare** y **La Garrapata**. **Catauro** es otra opción más próxima, cerca de las playas más frecuentadas: **Las Maritas** y **Blanca**, ambas con restaurantes.

Alojamientos turísticos y restaurantes

Hay muchos locales que alquilan habitaciones: sus anuncios se pueden ver en las ventanas de toda la ciudad. Todos tienen precios económicos.

PÁGINA ANTERIOR: Las barcas en Mochima transportan pasajeros para practicar submarinismo. SUPERIOR: Algunos pelícanos esperan su comida.

La **Posada de Gaby**, ☎ (014) 310842, pintada de colores vivos y sin grandes pretensiones, dirigida por el agradable Roberto Hernández, se encuentra en el extremo de la ciudad de dos calles. Además de disponer de 21 habitaciones, algunas con aire acondicionado, otras con ventiladores, pero todas con agua caliente, alquila su barca para hacer excursiones a precios muy razonables. Hernández conoce bien la zona y también conoce a la perfección lo que les interesa a los turistas.

Otra buena alternativa, una obligación para los entusiastas del buceo y para los aficionados a la aventura, es la **Posada de los Buzos**, ☎ (014) 9296020 o (02) 9612531, faverola@cantv.net, con el tejado revestido de azulejos, cerca del embarcadero. La posada, con cuatro habitaciones, está administrada por el biólogo marino Rodolfo Plaza, el mejor guía de turismo de aventura de toda la zona y un instructor de buceo con mucha paciencia. La posada sólo abre los fines de semana y durante la temporada alta.

El mejor restaurante para comer pescado es **El Mochimero**, propiedad de Hilda y José Rafael, que preparan una gran variedad de pescado fresco y unos postres deliciosos. También tienen una gran colección de música de *jazz*.

CUMANÁ

Cumaná, la capital del estado de Sucre, es una animada ciudad portuaria, sin ninguna duda la capital de todo «El Oriente». Los cumanenses y los corenses aún siguen discutiendo cuál de las dos ciudades se fundó primero. Cumaná —pero no se lo diga a nadie— perdería. Su primer asentamiento quedó abandonado, aunque sólo por poco tiempo, tras los ataques de unos furiosos indios nativos.

La ciudad se aferra estoicamente a su arquitectura más antigua. No queda mucha, o ha sido restaurada, después de los terremotos sucesivos ocurridos desde su fundación en 1521. No obstante, Cumaná es un punto de salida ideal para visitar varios lugares muy interesantes en esta parte del país: la árida península de Araya, al otro lado del golfo de Cariaco; las maravillas de Paria, al este; y la cueva del Guácharo, al sur, y al otro lado, con el delta del Orinoco. Cumaná no es ninguna meca turística, pero después de deambular por las calles estrechas de su barrio colonial, de visitar sus museos e iglesias y de disfrutar de la bella vista desde su castillo, parece extraño que se hable tan poco de ella; y si, además, le agregamos las extensas playas cerca de la ciudad, su anonimato parece aún más desconcertante.

INFORMACIÓN TURÍSTICA

La **oficina de turismo** del estado de Sucre, ☎ (093) 312-232, está en calle Sucre, 49, al final de Santa Inés. Son muy amables y dispuestos a ayudarle con mapas de la ciudad, de la región y de todo el estado. El **Banco Unión** se encuentra en la calle Mariño y Carabobo. En **Oficambio**, en calle Mariño, cambian dinero al tipo de cambio oficial, de lunes a sábado (sólo mañanas). Para mensajes de correo diríjase a **Bios Service**, un pequeño comercio con ordenadores cerca de Pizza Pucheff, justo delante de la calle Sucre. El 22 de enero, en todo el estado de Sucre se celebran las fiestas de **santa Inés**.

VISITAR CUMANÁ

Recuerde que todos los museos, tiendas y comercios cierran dos horas al mediodía.

Para disfrutar de la impresionante vista de la ciudad y de la península de Araya hay que tomar el camino de subida de la plaza Bolívar al **castillo de San Antonio de la Eminencia**, más arriba en la colina. El castillo, varias veces destruido en distintos terremotos, el último en 1929, y restaurado durante la década de 1970, se construyó en 1686 para defender la ciudad de los piratas; se cree que existen túneles subterráneos que llegan hasta la iglesia de Santa Inés. Por ahora, la mayor parte del castillo sólo existe en la imaginación, ya que aún falta una gran parte por reconstruir: hay que conformarse con los viejos cañones oxidados.

En la parte inferior de la colina se encuentra el **Museo de Arte Contemporáneo**, con colecciones temporales y permanentes de vanguardia; todo el museo tiene aire acondicionado, lo que es de agradecer. Siga por la izquierda del fuerte, mirando hacia el mar, y baje las escaleras (calle La Luneta) para salir delante de la **iglesia de Santa Inés**, una construcción iniciada en 1637 como base para los misioneros franciscanos. Destruida en varios movimientos sísmicos y también unas cuantas veces reconstruida, ahora se puede visitar la reconstrucción de 1930. La iglesia tiene dos altos campanarios y un austero e impresionante interior. En su jardín hay una pequeña estatua de la Virgen de la Candelaria. No muy lejos están las ruinas del segundo fuerte de Cumaná, el **castillo de Santa María de la Cabeza** (la construcción se terminó en 1637); aún no hay proyectos para su reconstrucción. En el caso de un asalto por los piratas, constituía un refugio muy seguro.

De vuelta a la plaza Bolívar, sombreada y bulliciosa, se pueden visitar varios edificios importantes, la antigua **Gobernación**, que fue una construcción interesante hasta que todo el interior quedó destruido a raíz de las protestas civiles de 1999. Un poco más adelante está el bello edificio de principios de siglo, que alberga el **Museo Andrés Eloy Blanco**, repleto de muebles de época; vea el bello pianoforte. En el museo se exhiben obras y recuerdos familiares de este importante poeta y político, que decía (de Venezuela): «para quererla bien hay que empezar por creerla un poco». Justo al lado está el **Ateneo de Cumaná**; asómese para ver qué función representan; normalmente hay algún concierto o una obra de teatro representan.

Cumaná es la cuna de otro gran poeta, **Antonio Ramos Sucre** (1890–1930). Visite su modesto museo en la calle Sucre (una calle de mala muerte), abierto de lunes a viernes, con una pausa al mediodía. Unas cuantas puertas más abajo está la antigua casa del doctor Daniel Beauperthuy —descubrió que el mosquito actuaba como transmisor de la fiebre amarilla. Ahora, su casa se ha convertido en el modesto **Museo de Arqueología e Historia**.

Al otro lado, a orillas del río Manzanares, sobresalen las columnas imponentes del **Museo Gran Mariscal de Ayacucho**, que está situado en medio del **parque Ayacucho**. El museo está abierto de martes a viernes, de 09.00 a 12.00 horas y de 13.00 a 18.00 horas, y los fines de semana sólo por la tarde. Se puede visitar una amplia colección de objetos de la vida de Sucre y Bolívar. El teniente Antonio José de Sucre fue el gran amigo de confianza de Bolívar, y su probable sucesor, antes de que le asesinaran a la edad de 35 años. Pero su vida fue espectacular. Con sólo 16 años, el joven José Antonio, hijo de un gobernador de la provincia de Nueva Andalucía Guayana, se unió al ejército de patriotas de Francisco de Miranda. En poco tiempo alcanzó los rangos más altos, venciendo a los españoles en Pichincha, en 1822, y liberando Ecuador. Más tarde, luchó en Ayacucho y liberó Perú, en 1824. Y un año después venció al ejército monárquico en el Alto Perú. Luego asumiría la presidencia de Bolivia.

Para evitar riesgos, no pasee de noche por la ciudad a lo largo del río; es una zona muy poco segura. Lamentablemente, el **Museo del Mar** ya no existe.

En la calle Rendón, 48, al lado oeste del río Manzanares, se encuentra la fábrica de cigarros, **Tabacos Guanche**, del señor Jaime Acosta. El señor Acosta estará encantado de enseñarle su empresa. Sus cigarros hechos a mano figuran entre los mejores de Oriente.

El **mercado municipal**, en la avenida El Islote, el mayor de toda la parte del nordeste, es un lugar muy animado para divertirse, es como una gran mezcla de colores, puestos de ventas y pollos. En la sección de artesanía es posible comprar bonitos recuerdos.

ALOJAMIENTOS TURÍSTICOS

A lo largo de la carretera de entrada a la ciudad (avenida Universidad) por la parte oeste, hay varios hoteles, que son una buena elección si quiere tomar el sol y darse una vuelta por el barrio antiguo de la ciudad.

De lujo

El **Cumanagoto Hesperia**, ☎ (093) 513232, FAX (093) 52 1877, banquetes@hotmail.com, www.hoteles-hesperia.es, de cinco estrellas, es impresionante e indulgente, con todos los lujos de un hotel de esta categoría: un campo de golf de nueve hoyos, un gimnasio, una sauna, pistas de tenis, dos restaurantes, una piscina enorme y tiendas. La mitad de las habitaciones modernas y de mucho estilo tienen vistas al mar, especialmente recomendables durante las épocas de ofertas promocionales. En la planta baja hay una oficina de la agencia de viajes internacional **IberIsla**, ☎/FAX (093) 301502, iberislacum@cantv.net, con un servicio competente.

Moderado

El otro hotel en esta zona que vale la pena mencionar es el **hotel Los Bordones**, ☎ (093) 513111, FAX (093) 515 377, una vieja construcción robusta, de cuatro estrellas. Está situado en la misma playa, y aunque haya visto días mejores, aún tiene una buena piscina y una agradable zona de descanso con restaurante.

De moderado a económico

Si prefiere alojarse en la misma Cumaná, el hotel más recomendable es el **Bubulina´s**, ☎ (093) 314025, FAX (093) 334137, en el callejón Santa Inés, saliendo de la calle Sucre, al lado de la iglesia. Este hostal, propiedad de María Margarita de Melo, tiene una ubicación perfecta, en el corazón del barrio antiguo, para explorar la ciudad. Las 12 habitaciones son espaciosas y acogedoras, sin ser extravagantes, con muebles de hierro forjado, aire acondicionado y bonitas decoraciones con motivos florales. El restaurante en el edificio contiguo

se ha convertido en un atractivo bar donde sirven aperitivos, con mucho ambiente los fines de semana.

En la avenida Universidad, y un poco separado de la playa, está el **Gran Hotel Cumaná**, ☎ (093) 510218, FAX (093) 512677, que ofrece habitaciones limpias con aire acondicionado, algunas con vistas al mar, un restaurante y una piscina.

Económico

Todos los demás hoteles cerca de la parte antigua de la ciudad, en la calle Sucre, son opciones económicas; el mejor entre ellos es el **hotel Astoria**, ☎ (093) 332708, aunque el **hotel Italia**, ☎ (093) 333678, un poco más abajo, ofrece algunas habitaciones ligeramente más caras con aire acondicionado (las demás, en realidad no son de buena calidad). Un poco más lejos, justo detrás del

SUPERIOR: Uno de tantos bellos atardeceres en la Costa Azul.

río, se encuentra el **hotel Regina,** ☎ (093) 322581 / 323442, de precios algo más caros, con una serie de habitaciones con aire acondicionado, y en la última planta, incluso hay varias de ellas con bonitas vistas hacia el este.

Restaurantes

Moderado

La Casa Abierta, ☎ (093) 312332, en la calle Sucre, 8, es la creación de Nicole Chevalier, una francesa encantadora y con cultura. Antes, en este local, se hallaba una galería de arte, pero Nicole la amplió para incluir un salón de té y un restaurante, donde sirven platos de cocina francesa, incluso uno denominado «el plato de la indecisión», que presenta una selección de todo lo que hay en el menú. Es un lugar encantador, y todo es maravilloso, desde el vino, los cubiertos de plata, la vajilla de porcelana y las antigüedades que decoran el local, hasta la iluminación, el servicio y el ambiente. La música de Satchmo (Louis Armstrong), Ella Fitzgerald y de otros grandes del *jazz* crean un gran ambiente romántico. Antes de darse cuenta, estará tomando su tercer «digestivo». Pero el local sólo abre de miércoles a domingo, a partir de las 17.00 horas.

El Colmao, ☎ (083) 316796, en la plaza Pichincha, al lado de la plaza Bolívar, tiene un menú variado, un servicio atento y aire acondicionado. Es una buena opción para la comida al mediodía.

Económico

Cerca del hotel Caribe, en medio de la playa, están los restaurantes **Sandhills** y **Los Montones**, ambos sirven pescado fresco. **Don Pietro´s**, cerca del parque Ayacucho, prepara buenas *pizzas*. Y un poco más abajo de La Casa Abierta, en la plaza Rivero, hay varios puestos con excelentes parillas. Si quiere comer el mejor helado de la ciudad, deberá ir a **helados La Barquilla**, en la avenida Gran Mariscal, junto al Banco Mercantil; la fruta es fresquísima. Y para tomar una copa por la tarde, el **Bar Jardín Sport**, al aire libre, en la plaza Bolívar, es el lugar perfecto.

Cómo llegar

En el aeropuerto, a diez minutos en taxi desde el centro de la ciudad, hallará vuelos regulares a Caracas y a Margarita. Los autobuses de Cumaná acostumbran a ir muy llenos, en especial los fines de semana; es recomendable comprar el billete antes (a su llegada). Los autobuses a Caracas pasan por Puerto La Cruz. Si quiere visitar la cueva del Guácharo, deberá coger el bus a Caripe, o también puede regatear el precio con un *por puestos*.

El viaje en un transbordador de vehículos debe reservarlo a través de **Conferry,** ☎ (095) 311462, con dos viajes diarios a Margarita, a las 07.00 y a las 17.00 horas, o a través de **Naviarca,** ☎ (093) 315577, FAX (093) 334312, a las 07.00 y a las 14.00 horas. Es mejor comprobar los horarios antes.

LA PENÍNSULA DE ARAYA

Situada al norte del estado de Sucre, la árida península de Araya, el cuerno nudoso occidental, se extiende desde Cumaná a través del golfo de Cariaco. Araya en la imaginación de los venezolanos es sinónimo de sal y calor. Hay un famoso documental de la década de 1950 sobre la vida agotadora de los hombres y mujeres dedicados a la pesca y a la recogida de la valiosa sal del agua en estos mares. Con esta película, la península quedó grabada para siempre en el corazón y en la mente de todos los venezolanos.

Sólo hay una carretera que atraviesa la península, que va a lo largo de las orillas barridas por los vientos y blanqueadas por el sol. Puede que Araya, junto con la península de Paraguaná, sea el lugar más solitario de todo el país. Sin embargo, muchas veces su austero paisaje resulta más cautivador e intrigante que cualquiera de las playas llenas de palmeras, aunque tal vez no todo el mundo sea de la misma opinión. El viaje en lancha rápida desde Cumaná es otra experiencia por sí misma.

Para todos aquellos que llegan sin medio de transporte propio, Araya no tiene mucho que ofrecer fuera de la ciudad, y es difícil trasladarse. Si va en coche propio, las carreteras de la península le pueden proporcionar un poco de aventura. Al sur de la ciudad de Araya se encuentra el adormilado pueblo de pescadores de **Punta de Arenas**, con la **laguna de Chacopata**, al este, y bandadas de ibis escarlatas y de flamencos rosados.

Si continúa por la carretera única de la península hacia el este, llegará al **Campamento Ecológico Churuatas San Judas Tadeo,** ☎ (014) 7875225, sava@enlared.net, una buena posada recién construida cerca de Taguapire. **Chacopata** es la segunda ciudad mayor después de Araya. Durante el día hay numerosas barcas llenas de abolladuras y poco fiables que salen rumbo a Porlamar, en Margarita. Después la carretera continúa hacia el sur para, en Cariaco, unirse a la autopista 9; en toda esta ruta ya circulan *por puestos*.

La fortaleza de Santiago de León de Araya

Antiguamente, las salinas de Araya fueron las más ricas del mundo. Para protegerlas, los españoles iniciaron la construcción del fuerte monolítico de Santiago de León de Araya, en 1622. Ahora es posible admirar las vistas panorámicas de las salinas con el mar a su alrededor. No se puede negar que las murallas del fuerte son impresionantes, pero, tal como ocurre en Cumaná, hay que usar la imaginación para apreciar la grandeza original y el significado histórico de la construcción ubicada al lado de una bella playa y el fuerte contraste entre los macizos muros y la delicada panorámica de la playa y el mar.

Antecedentes históricos

Para construir el castillo de Santiago, la estructura más costosa de toda la época colonial, se necesitaron casi 50 años de arduo trabajo. Debido al calor sofocante, y a causa de los repetidos asaltos por parte de los piratas, la gente se vio obligada a trabajar de noche. Todos los suministros, incluso el agua, se traían de Cumaná, y para colmo, la sal estropeaba los zapatos de los obreros.

Durante el siglo XVI, los españoles perdieron el interés en la sal, y en su lugar se concentraron en la explotación de las perlas y del nácar en las áreas de Coche y Cubagua, cerca de Margarita. Cuando agotaron todas las existencias, volvieron a centrar su atención en la sal, en un momento en que la sal se cotizaba en toda Europa. Mientras tanto, los holandeses y los ingleses explotaron las riquezas de Araya. Hubo varias batallas, con victoria para los españoles; e inmediatamente empezaron a proteger su inversión de una vez por siempre. Cuando terminaron, habían construido el fuerte más impresionante del Nuevo Mundo, con 45 cañones y una guarnición de más de 250 hombres.

Tras la destrucción de las lagunas de sal por un huracán, los españoles decidieron destruir el fuerte, antes de permitir que cayese en manos de otras naciones. Emplearon toda la pólvora disponible, pero el fuerte siguió entero y en su lugar. Ahora, después de tanto tiempo transcurrido desde sus días gloriosos, el fuerte allí arriba, en la montaña, es un monumento singular en medio de estas tierras estériles.

SALINAS DE ARAYA

Los tonos surrealistas de color rosa y malva de las salinas se cuentan entre los espectáculos más extraños de Venezuela. Si nunca ha visto estos lagos «lunares», ésta es su oportunidad. Se extienden por toda el área como una visión daliniana de un tablero de ajedrez, en un proceso de evaporación constante debido al sol implacable y a los fuertes vientos.

Pídales, en la oficina de la compañía estatal de Ensal, que se encuentra al norte de la estación del transbordador, que se lo enseñen por la mañana. Lamentablemente no siempre disponen de tiempo. Pero tiene la opción de acercarse al lago más próximo y a las salinas para verlo todo de cerca.

ARAYA

Araya, la mayor ciudad de la península, está ganando mucha popularidad entre los *surfistas*, que aprovechan los vientos de la costa presentes casi todo el año. La playa cerca del fuerte es larga y agradable, pero sin sombra. Vaya con mucha agua para beber y mucha protección solar.

Alojamientos turísticos

La **Posada Araya Wind**, ☎ (093) 714442, de precios económicos y dirigida por Orlando Figueroa, cerca del fuerte, es una base popular entre los *surfistas*, que pueden guardar sus tablas y sus velas en un hangar contiguo. Figueroa dispone de un total de 11 habitaciones sencillas, con muebles de caña y bambú. También hay un pequeño restaurante, pero no es nada del otro mundo. No muy lejos de aquí está el **Centro de alojamiento Helen**, ☎ (093) 71101, limpio y agradable.

CÓMO LLEGAR

Hay una serie de barcas, los *tapaítos* (con toldo), para el transporte de pasajeros que salen de los muelles de Punta de Piedras en Cumaná y atraviesan el golfo. Salen cada hora, más o menos, hasta las 16.00 horas. Algunas de ellas van a **Manicaure**, donde hay un minibús que cubre la ruta a Araya, en un viaje de 30 minutos. Las travesías por la tarde son más movidas. Tenga cuidado con sus pertenencias particulares cuando pasee por los alrededores de los muelles.

Si llega en coche, el transbordador de Naviarca procedente de Cumaná no le dejará en los muelles de Punta de Piedras. Compre un billete y embárquese en algo más parecido a una barcaza que a un transbordador. Cerciórese de los horarios de vuelta desde Araya.

LA PENÍNSULA DE PARIA

Cuando Colón, en 1498, les describió a Fernando e Isabel su experiencia en la costa de Paria, se entusiasmó: «He encontrado un país, el más bello de todo el mundo... Y estoy convencido de que éste es el Paraíso en la Tierra». Lo denominó «Tierra de Gracia»..

Si busca una playa como las de los catálogos de viaje, no siga buscando. Aquí le esperan docenas de playas blancas con palmeras. La costa norte de Paria, aún a salvo del turismo a gran escala, supera a cualquier otra región. Y no solamente esto, cuando todo el país está de vacaciones, durante la época navideña o en Semana Santa, Paria sigue siendo un lugar tranquilo.

Pero Paria ofrece mucho más que postales bonitas, posee una belleza natural indómita, con bosques, sabanas, fuentes termales, más de 300 especies de aves, haciendas de cacao y un gran gusto por la vida rural venezolana. En la península encontrará varias posadas maravillosas y dos parques nacionales; además, es posible llevar a cabo aventuras de riesgo, hay proyectos de desarrollo ejemplares y la gente es sincera y amable. En ocasiones, la realidad supera las expectativas más atrevidas, y aquí, en Paria, así es.

Para compensar estos superlativos, las infraestructuras de Paria aún carecen de solidez: hay frecuentes cortes en el suministro energético, y algunos teléfonos públicos son frustrantes. Paria no es una región que se pueda recorrer fácilmente en transportes públicos, a no ser que tenga mucho tiempo y mucha paciencia. Los operadores turísticos y los propietarios de las posadas organizan excursiones por la región, que pueden ser a pie, en coche, en barca o a caballo. La otra opción consiste en alquilar un coche en Carúpano y aventurarse.

CARÚPANO

Carúpano, fundada en 1647, debe sus primeras riquezas al cacao. Todavía hoy exporta un 80 % de la cosecha del país a Europa y Asia. Aunque ahora no lo diría nadie, en sus tiempos, Carúpano fue una de las más ricas ciudades de Venezuela: con un tranvía, una ópera y avenidas donde las doñas sofisticadas se ponían guantes blancos para pasear por la tarde.

Sin embargo, queda muy poco de aquellos tiempos felices. La única excepción es el bloque restaurado de fachadas llenas de color alrededor de la plaza de Santa Rosa de Lima. En la actualidad, la fuente principal de ingresos de la ciudad es la industria pesquera, aunque Carúpano, con sus 100.000 habitantes, también aporta una buena parte de productos regionales, con un mercado municipal sorprendentemente grande.

Los carupeños aseguran que su carnaval, con cierta influencia de Trinidad, es la celebración más importante y más colorista de todo el país. Todos aquellos que han participado y han visto las carrozas, las mascaradas y las interminables fiestas nocturnas, tienden a confirmarlo. Carúpano, con su aeropuerto, con vuelos a las ciudades más importantes, varios bancos y buenos hoteles, es un buen punto de partida para explorar la península.

INFORMACIÓN TURÍSTICA

Los bancos más importantes se encuentran alrededor de la plaza Colón. La oficina local de turismo está en la Avenida 3 Independencia, en la primera planta del edificio Funda Bermúdez, aunque no sean de gran ayuda. Si realmente necesita información local, diríjase a la agencia de viajes y operadora turística **Venezuela Evasión**, ☎ (094) 312157, o a **Paria Intertur**, ☎ (094) 320542, ambas en la avenida Independencia.

Asimismo puede ir a las oficinas de **CorpoMedina**, también conocidas como **Encuentro Paria**, ☎ (094) 3152 41, FAX (094) 313021, playamed@telcel.net.ve, en la avenida Independencia con la plaza Santa Rosa. La compañía administra los centros turísticos de Playa Medina y de Pui-Puy, así como los campamentos de Hato Río de Agua y Agua Sana, y también la hacienda Agua Santa, pero vale la pena solicitar un folleto informativo con un mapa.

Sus hospedajes se venden en paquetes con todo incluido, también las comidas. El transporte y las excursiones son adicionales, pero en general sus paquetes son una oferta excelente para conocer la región de una manera relativamente cómoda. Para ellos, tanto los viernes como los sábados y los días tradicionales de fiesta son «temporada alta», así que es recomendable reservar los días laborables.

VISITAR CARÚPANO

Como algo extraordinario en Venezuela, el corazón de Carúpano se encuentra alrededor de la céntrica plaza Colón y la plaza Santa Rosa, cerca del mar. De forma excepcional, la plaza Bolívar es un lugar de relativamente poca importancia al sur de la ciudad.

El nombre de Wilfried Merle aparecerá en diversas ocasiones en Paria. Aparte de ser partícipe en la empresa CorpoMedina y de ser propietario del rancho de Río de Agua y de la posada La Colina, Merle es la fuerza motriz detrás de la loable Fundación Proyecto Paria, y también es el director de la Fundación Thomas Merle. Esta última promociona activamente el medio ambiente, así como la educación ambiental en toda la región.

Para saber más sobre estas fundaciones y tal vez incluso para hablar con este señor tan notable, diríjase a la **Casa del Cable**, una mansión bellamente restaurada en el lado sur de la plaza Santa Rosa. En 1895, el primer cable que unió el continente sudamericano con Europa (Marsella) se instaló aquí, de ahí el nombre. Un siglo más tarde, la casa fue testigo de la primera conexión a Internet. En el interior de la casa podrá averiguar más sobre otras fundaciones y comprar camisetas y libros de Paria. *Paria, en el tiempo y en el corazón*, de Bruno Manara es una excelente guía ecológica.

En la esquina de la plaza está situado el modesto **Museo Histórico**, construido alrededor de 1883 por el comerciante inglés J. M. Imery, que al principio albergaba una biblioteca. Aquí, hoy en día, se pueden ver los objetos más diversos, así como fotografías ampliadas de Carúpano a principios de 1900.

Antes de llegar a Carúpano, preste atención al letrero que indica el camino a la bonita **Playa Copey**, ideal para descansar un poco del ajetreo de la ciudad. La **posada Nena**, ☎ (094) 317624, FAX (094) 317297, posada nena@bigfoot.de, es la mejor; también organizan excursiones por la región.

ALOJAMIENTOS TURÍSTICOS

En realidad, Carúpano no tiene una temporada alta, pero las reservas de habitaciones para la semana de Carnaval se suelen hacer con meses de antelación.

Moderado

La primera de entre las dos opciones recomendadas en esta categoría es la **posada La Colina**, ☎ (094) 320527, FAX (094) 312067, con una vista incomparable desde su restaurante abierto por los lados y desde la zona de la piscina. Dispone de 17 habitaciones muy completas. Las vigas de madera y los muebles de madera curvada dan un ambiente rústico a la posada, y las habitaciones son muy confortables, todas con televisión, agua caliente y aire acondicionado. Para llegar, vaya por la primera calle a la derecha después del hotel Victoria, continúe a la derecha subiendo la colina. Es una posada muy popular: reserve con suficiente antelación.

La segunda es **El Colibrí**, ☎ (094) 323583, propiedad de Polly y Gunter Hoffmann, una pareja encantadora. Es una mansión de dos pisos, con una hermosa piscina y un restaurante con techo de paja. Todo, desde los muebles hasta las copas, es de primera clase. Llame por teléfono para averiguar la dirección.

Económico

Lo que a primera vista parecía ser un lugar poco atractivo resulta ser una pequeña posada adorable administrada por Erasmo Maya y José García: **Aves de Paraíso,** ☎ (094) 322001, en avenida Independencia, 251, está a dos manzanas al sur de la plaza Bolívar y del Banco Provincial. Hay cuatro habitaciones limpias con ventiladores y agua caliente. Es una casa antigua restaurada con mucho gusto, con antigüedades y ventanas con vidrios de colores, y un patio central adornado con plantas. Erasmo es un buen cocinero, y sirve sus guisos en el jardín, al fondo, para disfrutar mejor del excelente clima.

Otras opciones en el centro de la ciudad comprenden el **hotel Lilma,** ☎ (094) 311341, situado en la avenida Independencia con la Calle 12, y el **hotel San Francisco,** ☎ (094) 320318, en avenida Juncal con Calle 11; también extremadamente recomendable.

RESTAURANTES

Además de sus grandes vistas, el restaurante de la **posada La Colina** disfruta de una buena reputación y sirve bistecs de búfalo del rancho de Río de Agua. También sus desayunos son deliciosos. En la avenida Independencia, cerca de la plaza Santa Rosa, está la **Trattoria La Madriguera**, un restaurante italiano con buenos platos. **El Kiosko,** ☎ (093) 310330, en la Perimetral, está especializado en pescado fresco y marisco, al igual que el restaurante del hotel Lilma. También puede pedirle a Erasmo, de la **posada Aves del Paraíso,** que le prepare algo apetitoso.

CÓMO LLEGAR

El aeropuerto se encuentra al oeste de la ciudad. Tanto **Air-LAI,** ☎ (094) 322186, como **AVIAR,** ☎ (094) 312867, tienen vuelos a Caracas por la mañana y por la tarde; también a Porlamar y a Ciudad Bolívar. Hay dos empresas de alquiler de coches, **Budget,** ☎ (094) 314390, y **Saladino,** ☎ (094) 322495, y una oficina de información turística.

Las compañías en la terminal de autobuses, en la avenida Perimetral, ofrecen un servicio regular a Caracas, vía Cumaná y Puerto La Cruz; en dirección este, a Güiria, y hacia el sur, a Caripe y Ciudad Bolívar. Los *por puestos* a Río Caribe salen desde el extremo oriental de la avenida Perimetral, al lado del restaurante el Kiosko.

RÍO CARIBE

Río Caribe no tiene ni un solo museo, no hay bancos útiles ni teléfonos que funcionen, ni siquiera una playa agradable. No tiene tampoco una oficina de turismo, o algo que se pueda llamar así. No obstante, es una ciudad que debe ser apreciada. Es la vecina pobre de Carúpano: quedó desplazada cuando los ricos propietarios de las haciendas de cacao dejaron atrás las plantaciones para dedicarse al oro negro. Sin embargo, las grandes familias terratenientes de Río Caribe, muchas de ellas inmigrantes de Córcega —mire las boinas de los policías—, han comenzado a redescubrir sus raíces, y al paso de la creciente industria turística, están promoviendo un «renacimiento» en esta parte del país tanto tiempo olvidada.

Probablemente, este pueblo adormilado de pescadores no le va a entretener mucho, pero tiene encanto, y la gente es abierta y amable. Río Caribe es un trampolín natural en su aventura hacia el este, con muchas

SUPERIOR: La iglesia de Santa Rosa domina la silueta de la ciudad de Carúpano.

playas a lo largo de la costa y varios sitios agradables donde relajarse cómodamente.

Información turística

Juan Sara y Tamara Rodríguez, ambos muy amables y cultos, propietarios del **Pariana Café**, ☎ (094) 61702 o (016) 6940242, pariana@cantv.net, en la avenida Bermúdez, justo al lado de la Posada Caribana, disponen de la mejor información general y turística y hablan varios idiomas. Para más detalles sobre Paria, www.venezuelavoyage.com.

Visitar Río Caribe

Por las noches, la **plaza Bolívar**, dominada por la iglesia de San Miguel, construida poco después de la fundación de la ciudad, en 1713, se llena de gente para contarse las últimas novedades. La misa de los domingos por la noche es un acontecimiento por sí mismo. La mayoría de las casas de alrededor de la plaza han sido restauradas con cariño por su propietarios, y a la mayoría de ellos no les importa que los turistas entren para echar un vistazo y admirar sus bellos patios interiores llenos de plantas.

La **Fundación Proyecto Paria**, ☎ (094) 61883, FAX (094) 61223, fpprio@telcel.net.ve, tiene su oficina en la calle Rivero, 50, al lado de la Casa Municipal. Recoja un folleto de la mesa de información en el interior de esta vieja casa restaurada, para aprender un poco más sobre la obra de esta gran fundación —una promotora para el desarrollo sostenible de la región.

En Río Caribe viven varios artesanos importantes, entre ellos José Gregorio Valencia, en la calle 14 de Febrero. Aunque puede sonar morboso, también el **cementerio** es un lugar fascinante tanto si le interesa la historia como si no. Pida que le indiquen el camino y visite los mausoleos de las grandes familias de inmigrantes de Córcega.

No podrá evitar pasar por el **Monumento a Cristo Rey**, una versión en miniatura del gigantesco Cristo Redentor de Río de Janeiro. Desde su base en la colina se tiene una gran vista a toda la ciudad, perfecto para un paseo por la tarde.

Alojamientos turísticos

De lujo a moderado

La mejor en todas las listas de Río Caribe es la **Posada & Playa Caribana**, ☎ (094) 61162, FAX (094) 61242, caribana pos@cantu.net, una vieja mansión restaurada, propiedad del arquitecto Gonzalo Denis Boulton. Las habitaciones, decoradas con puertas imponentes, postigos blancos y frescos interiores, dan a un patio central con una burbujeante fuente. Tanto de día como de noche, la posada siempre emana sofisticación y calma. Gonzalo y su directora Geraldine tienen ofertas de dos días de estancia, con todas las comidas incluidas, visitas a las zonas locales, en barca y en todoterreno, además del transporte al aeropuerto.

También debería preguntar por sus compañeros en **Playa de Uva**. El romanticismo de este lugar es impresionante: está ubicado en medio de colinas con senderos serpenteantes, decorativos jardines, palmeras y una caleta con una pequeña playa. Pida las habitaciones de la casa separada y con porches propios, que son amplias y frescas, decoradas con muebles de calidad; tienen agua caliente y sobre todo, ofrecen paz, e intimidad.

Económico

Probablemente el mejor de esta categoría es **Villa Antillana**, ☎/FAX (094) 61413, pariana@cantv.net, en la calle Rivero, 32, en el interior de una antigua mansión rescatada por un arquitecto. Rigoberto Aponte y su esposa ofrecen una serie de habitaciones con ventiladores y agua caliente; algunas muy apropiadas para familias. Las paredes son azules con muchos accesorios tallados en madera.

Dirigida por el políglota Arlet, **La Posada de Arlet**, ☎/FAX (094) 61290, cristjose@ cantv.net, www.thinkve nezuela.net/arlet/, se encuentra en la esquina de la calle 24 de Julio. Sus habitaciones, recientemente decoradas, con cuarto de baño, agua fría y ventiladores, son muy populares entre los turistas jóvenes. Arlet conoce bien Paria; alquila bicicletas de montaña y organiza excursiones.

Restaurantes

El restaurante en la **Posada Caribana** es de primera clase, con un menú de pescado y marisco fresco. **Fior Daliza**, calle Libertad, es un sitio agradable para la comida del mediodía.

El mejor lugar típico, y además divertido, es **Mi Cocina**, a una manzana del Caribana, en dirección hacia el mar. La comida en el interior es muy buena, el pescado fresco, el decorado típico venezolano y la música del carnaval de Carúpano totalmente infernal. Pida las especialidades locales: *tarkari* (carne de pato o de cabra ligeramente condimentada) o un *chipi-chipi* (un plato de galletas y almejas). Río Caribe también tiene fama por sus salchichas y chorizos.

No se olvide de **La Dulce Mirna**, que tiene su tienda en la esquina de la avenida Bermúdez, cerca de la plaza Bolívar. Mirna es una de las beneficiarias de la Fundación, que prepara pasteles y bocadillos. No obstante, su fuerte es la preparación de las *guarapitas*, las deliciosas bebidas alcohólicas de frutas de Oriente. Pregúntele a esta mujer sonriente por el contenido de las botellas de distintos colores de sus estanterías y —más importante aún— por el significado de sus nombres. Mirna ofrece una copita gratis de cada uno de los distintos sabores, así que mejor compre una botella de todos modos, pero no con el estómago vacío; también compre un pastel.

Cómo llegar

Los autobuses de Cruceros Oriente Sur, con destino directo a Caracas, salen de la plaza Bolívar. También los *por puestos* a Carúpano salen desde aquí. Si necesita un todoterreno para ir en dirección a Medina, Pui-Puy o a San Juan de las Galdonas, suba hasta la gasolinera al sur de la ciudad, por la mañana. Teniendo en cuenta los escasos medios de transporte, tal vez sea mejor comentarlo con los propietarios de la posada local, y averiguar qué es lo que pueden ofrecer ellos.

LOS ALREDEDORES DE RÍO CARIBE

Aquí es donde alquilar un coche es lo mejor. La ruta al sur, que a la altura de Bohordal se une a la autopista 9, tiene varios lugares muy bonitos para recorrer: pueblos llenos de colores, haciendas de cacao, áreas bos-

cosas, gente de pueblo agradable y, naturalmente, playas fabulosas. La **Playa Los Cocos** es impresionante por su belleza. Ambos lados a lo largo de toda la ruta están cubiertos de cacao, recién cosechado y en proceso de secado, que los campesinos suelen colocar allí o en los patios de sus casas.

Esta ruta podría ser una de las más pintorescas del país, pero por desgracia está en muy mal estado. Aunque esto significa que dispondrá de más tiempo para disfrutar y apreciarla. Con las palabras de la actriz Helen Hayes: «¿Por qué tratar de enderezar las rutas de la vida? Cuanto más rápido viajemos, menos veremos».

ALOJAMIENTOS TURÍSTICOS Y RESTAURANTES

De moderado a económico

Desde su inauguración en 1997, Billy Esser y su familia han convertido la **hacienda Bukare**, ☎ (094) 652003, FAX (094) 652004, bukare@cantv.net, www.thinkvenezuela.net/bukare/ (únicamente con reserva previa), en una de las posadas más atractivas de toda la zona, con la gran ventaja de estar situada en una hacienda de cacao aún en actividad. Hay cuatro habitaciones en medio de su jardín, en el centro, y una pequeña piscina. La hacienda es muy conocida entre los aficionados a la observación de aves. La familia Esser ofrece un servicio con todo incluido, excursiones con guía y transporte. Tal vez le apetezca detenerse y comprar un poco de su cacao, que se presenta en pequeños tarros de cerámica pintada. Bukare está a 14 km de distancia de Río Caribe, poco antes de llegar al colorido pueblo de San Francisco de Chacaracual.

Económico

A unos diez minutos en coche desde Río Caribe, en el pueblo de Guayaberos, hay un muro pintado de color coral a la izquierda que anuncia la gran **Ruta del Cacao**, ☎ (014) 9940115, rutacacao@oem.es. Oti Campos, una persona encantadora, está a cargo de las diez confortables habitaciones con muebles de madera curvada, techos de caña y suelos de azulejos; todas con ventiladores pero sin agua caliente. En el restaurante, que tiene techo de paja y está en medio de un jardín bien cuidado, se sirven platos sabrosos. Pero lo más atractivo del lugar son los caballos que se alquilan para explorar la campiña y las haciendas de cacao. Los precios son muy razonables e incluyen desayuno y cena.

PLAYA MEDINA

Playa Medina es famosa. Junto con la Playa Grande de Choroní y la Playa el Agua de Margarita, es la playa con más renombre de Venezuela. Dados sus antecedentes históricos —Club Méditerranée planeaba convertirla en la base de su imperio sudamericano—, la playa también es conocida. No obstante, la fama no ha podido afectar a su espectacular ubicación, arropada por las verdes colinas de la costa de Paria, con sus elegantes avenidas decoradas con palmeras. Aunque no pretenda hospedarse en uno de sus excelentes hoteles, la visita a esta maravillosa playa de Paria es una obligación.

ALOJAMIENTOS TURÍSTICOS

De caro a moderado

En el extremo occidental de la playa, ocultas entre palmeras y a poca distancia del agua, hay ocho cabañas muy exclusivas, dirigidas por Encuentro Paria (para reservas, *véase* INFORMACIÓN TURÍSTICA pág. 202, en CARÚPANO). Separadas por hibiscos y senderos de hierba, seis de las cabañas tienen dos dormitorios cada una, así como un salón, una cocina y dos cuartos de baño con agua caliente. Las otras dos son más pequeñas, ideales para parejas, con sólo un dormitorio y un cuarto

IZQUIERDA: El musgo adorna las ramas de los árboles a lo largo de la carretera al sur de Río Caribe.

de baño. Las tejas de terracota les confieren un aire mediterráneo, mientras que los interiores son sencillos, pero sofisticados.

Económico

A la derecha de la bifurcación de la carretera a las playas Medina y Pui-Puy, se encuentra la sencilla **posada El Milagro,** ☎ (01) 7821127 o (02) 5457237; que vale la pena tener en cuenta. Consta de cinco habitaciones con todo lo necesario y duchas de agua fría. Los propietarios, la familia Núñez, también preparan desayunos y cenas, alquilan bicicletas de montaña a tarifas razonables y se encargan del transporte gratuito de sus huéspedes, ida y vuelta, a Medina. Los demás transportes, a Río Caribe o a Carúpano, se cobran aparte.

RESTAURANTES

Hay un restaurante con bar en medio de la playa, que ofrece un menú aceptable, pero es más divertido probar la comida que prepara la gente del lugar, con la correspondiente autorización controlada, a la sombra de sus pequeños puestos con techo de paja.

CÓMO LLEGAR

A 18 km al sur de Río Caribe camino a Bohordal, hay un giro (sin previo aviso) a la izquierda, al lado de un mercado y de un campo de fútbol; hay que recorrer 6 km por esta carretera, y después de haber pasado por Medina, se llega a una bifurcación: siga por la izquierda, el camino de tierra conduce a Playa Medina.

No existe ningún transporte público hasta estas playas. Lo más próximo en autobús son los pueblos de Medina y de Pui-Puy. Desde aquí hay que caminar o hacer autostop. Generalmente, los autobuses salen a primera hora de la mañana de la gasolinera, en el extremo sur de Río Caribe. Es aconsejable preguntarles a los conductores por el horario de vuelta.

PLAYA PUI-PUY

La playa de Pui-Puy, mayor que la de Medina, se arquea en un gran cala entre dos colinas verdes. Las aguas son poco profundas, y hay veces que la playa está virtualmente desierta.

Pero entre abril y septiembre, cada año, la playa de Pui-Puy se llena con otro tipo de visitantes: las tortugas marinas. Encuentro Paria y los biólogos de Caracas han establecido varios programas para etiquetar, controlar y proteger a esta especie amenazada, así como para asegurarse de que la playa esté en buenas condiciones. Se invita a todo el mundo a participar en esta acción de protección de la naturaleza.

ALOJAMIENTOS TURÍSTICOS Y RESTAURANTES

A las nueve cabañas ya existentes a la sombra de una serie de palmeras —similar a las de Medina, pero sin cocina—, Encuentro Paria ha agregado otras nueve de reciente construcción, con techos de paja (para reservas, *véase* INFORMACIÓN TURÍSTICA, pág. 202, en CARÚPANO). Todas tienen cuarto de baño y agua caliente; en la entrada hay un porche para colgar una hamaca o para sentarse en una silla de lona. Y nuevamente prevalecen los encantos de lo rústico. A diferencia de Medina, también se puede hacer cámping y solicitar el uso de los servicios de los baños en Pui-Puy, por un importe módico. Al final de la hilera de cabañas hay un restaurante, que siempre ofrece pescado fresco en su menú.

CÓMO LLEGAR

Para ir a Pui-Puy, después de la bifurcación a 6 km de la carretera de Río Caribe-Bohordal, continúe por el tramo de la derecha. El camino de tierra, en condiciones lamentables, atraviesa el pueblo de Chaguarrama y tras otros 7 km llegará al valle de Pui-Puy. Siga por el mismo camino, sin desviarse hacia la derecha, hasta las palmeras y la playa.

SAN JUAN DE LAS GALDONAS

Si ha pensado que Río Caribe se encontraba en medio de un terreno inhóspito, espere hasta ver San Juan de las Galdonas. Y si piensa que San Juan es un villorrio, espere hasta ver Uquire...

El pequeño pueblo de pescadores de San Juan tiene más de cuatro playas, tres buenas posadas, dos calles, una tienda de alimentos, pero ni un solo teléfono público. Es impresionante. Hace poco tiempo aún, este pequeño poblado situado a los pies de un gran farallón y respaldado por colinas boscosas, se sintió en la gloria por su carretera recientemente pavimentada que lo comunicaba con el mundo exterior.

INFORMACIÓN TURÍSTICA

El único teléfono en la ciudad es un móvil, que se puede alquilar en Mi Rancho, en la calle Bolívar, que, en realidad, es una tienda de vídeos. También hay otro comercio, una tienda de abastos, que vende alimentos, pero es mejor no fiarse de ella.

VISITAR SAN JUAN DE LAS GALDONAS

Las playas alrededor de San Juan son bellísimas. Podrá caminar durante horas por todas las que se extienden a lo largo de la costa hacia el oeste, desde Sotavento, Tocuchire, Querepare y Treinta Pies hasta Cangua, sin ver a casi nadie. Barlovento, situada al este de la ciudad, tiene más de 2 km de longitud. Si desea contemplar unas vistas impresionantes o unas puestas de sol inigualables, suba a la colina del farallón.

San Juan no tiene museos, y lo máximo que puede ofrecer semejante a una casa de cultura es la tienda de una ceramista encantadora, Susana. En el pueblo le indicarán su dirección. Su marido, el pescador **Bototu,** ☎ (014) 7798398, es un buen guía con mucha experiencia y organiza excelentes excursiones. Muchas posadas emplean sus servicios (por ejemplo, hacienda Bukare), en excursiones de un solo día o de cuatro días de duración, que recorren toda la costa del este con caminatas a través de los parques nacionales y de remotas haciendas de cacao.

ALOJAMIENTOS TURÍSTICOS Y RESTAURANTES

Todas las posadas de San Juan ofrecen un servicio de transporte para sus huéspedes desde y hasta otras ciudades más grandes en estea área, cobrando una determinada tarifa; además, organizan excursiones en barca y también visitas al parque nacional.

Moderado

El **hotel Las Pioneras**, ☎ (094) 761003, FAX (094) 761002, en España, ☎ 07 477599, de tres estrellas y de cuatro pisos, inaugurado en 1998, es un proyecto ambicioso si tenemos en cuenta su ubicación, tan alejada de todo, en San Juan. Se encuentra justo en la entrada del pueblo y tiene 31 confortables habitaciones, con vistas al mar, decoradas con muebles de mimbre, cuarto de baño con agua caliente y ventiladores. En la planta baja, al lado de la playa, hay una gran piscina. Tienen una empresa propia, la **Aventura Turismo Descanso** (mismos números de teléfono), que organiza toda clase de excursiones por toda la región, por la costa hasta Los Roques y a través de Venezuela. Sus excursiones figuran entre las más profesionales de Paria y Venezuela.

Económico

Ya en el interior del pueblo, en la calle Comercio, también con vistas al mar, se encuentra la **posada Las Tres Carabelas**, ☎ (016) 8941052, FAX (094) 322668, carabelas3@hotmail. com, con 15 habitaciones agradables, con baño, agua fría y ventiladores. Las tres situadas en la planta superior son las mejores. También cuenta con un restaurante, terrazas y unos jardines bien cuidados y adornados con artesanía local, esculturas de madera arrastradas por el mar hasta la playa u otras obras decorativas. Desde su restaurante, que sirve muchas especialidades locales y que está abierto a todo el público, se pueden observar maravillosas puestas de sol.

La posada más nueva de San Juan es el **Habitat Paria**, ☎ (014) 7797955 o (081) 654592, situada al este de la ciudad, detrás de la playa de Barlovento, propiedad de Nicole Vegetti, de nacionalidad italiana, y de su marido venezolano, Ángel José. Cuenta con 12 habitaciones repartidas por dos pisos, todas con ventilador, baño propio y agua fría. La posada, pintada de color azul y terracota, es amplia y fresca, y en su restaurante, por supuesto, se sirve pasta italiana.

CÓMO LLEGAR

A diferencia de Roma, sólo hay un camino que conduce a San Juan de Galdonas, y que es realmente espectacular, pues brilla al sol después de su reciente cirugía asfáltica —solía ser un camino tortuoso sólo para todoterrenos. Se separa de la carretera de Río Caribe-Bohordal a 25 km al sur de Río Caribe y a unos 5 km al norte del cruce de Bohordal. A lo largo de todo el trayecto, las vistas de la costa y sus playas son fantásticas, además de atravesar pequeños poblados donde

SUPERIOR: Densos bosques y palmeras de coco en Playa Medina.

la gente esparce su cacao, o va en burro. Es, en realidad una carretera para disfrutar y, que sin alguna duda, recordará.

A unos 5 km de distancia de San Juan, hay otra carretera también muy impresionante que conduce a las colinas de la izquierda. Esta carretera que solía estar en mejores condiciones que la de la costa, se une a la autopista 9 en Río Seco.

EL PARQUE NACIONAL PENÍNSULA DE PARIA

La Serranía de Paria forma parte de la «isla boscosa», que antiguamente también comprendía Trinidad, con una gran variedad de especies endémicas. Sus montañas, se elevan espectacularmente desde la costa norte hasta una altura de más de 1.000 m, destacan por los abundantes bosques húmedos que alcanzan la línea de los 800 m, donde habitan numerosas aves. El parque cubre una superficie de 375 km^2 del norte de la montaña. La cima más elevada es el cerro Humo, con 1.356 m de altura, situado hacia el oeste. La altura disminuye gradualmente a lo largo de la extensión de la serranía, y el pico más alto del este es el cerro Patao, que alcanza 1.048 m. Aquí, en estas regiones de alta montaña, las bromelias y epifitos cubren los árboles, y durante dos momentos del día, al amanecer y al anochecer, se escuchan los ruidos escandalosos y estridentes de miles de pájaros, junto con los alaridos de las manadas también escandalosas de monos aulladores.

A pesar de sus maravillas, el parque es poco frecuentado. Además, la protección es mínima, debido a los escasos recursos; y se siguen talando árboles, en especial en la parte de la frontera del sur. Otra gran parte del bosque se está recuperando de los extensos cultivos de cacao, que han fomentado el desarrollo de la región desde el siglo XVII. Aunque parezca tan aislada, también el mundo moderno ha llegado hasta Paria. No solamente hay tráfico de droga en numerosos pueblos de esta región, sino que, además, se discute la explotación de las reservas de gas natural delante de la costa caribeña bajo los auspicios del Proyecto de Cristóbal Colón. ¿Qué opinaría el célebre almirante genovés de todo esto?

INFORMACIÓN TURÍSTICA

En la Casa del Cable en Carúpano (*véase* pág. 202), aparte de lo que explica el libro de Bruno Manara, trate de encontrar una guía sobre los colibríes de la península, *Los tucusitos de Paria* y también *Las utilidades de las palmas en Venezuela*, de August Braun, un tratado fascinante sobre la explotación de las palmeras durante generaciones por parte de los indios. Un excelente guía, profesional y con experiencia para la península de Paria, es el biólogo, ecólogo y especialista en aves **Chris Sharpe**, ✆/FAX (02) 7309701, rodsha@telcel.net.ve.

CÓMO LLEGAR

La mayoría de la gente opta por un viaje en barca a lo largo de la costa, con una breve excursión a las montañas desde uno de los poblados de la costa del norte. Durante el día, se puede disfrutar de la playa, practicar submarinismo o bañarse, para después por la noche montar la tienda de campaña en la misma playa y comer pescado fresco.

Para los más aventureros hay una serie de caminos que pasan por el cerro el Humo, que se inician en la aldea de Manacal o de Las Melenas, ambas situadas en el extremo occidental del parque, cerca de la autopista 9. Hay otros recorridos por el este a partir de Patao o Macuro, en la costa del sur, para salir en Uquire o en San Pedro, situados al norte.

LA AUTOPISTA 9 ESTE

Desde Carúpano, la carretera de la costa continúa hasta Río Caribe, mientras que la autopista 9 (una carretera) va tierra adentro hasta El Pilar. Aquí toma un desvío en dirección al este, y tras 36 km, en la parada de la Guardia Nacional de Bohordal, se une a la carretera del sur de Río Caribe (*véase* LOS ALREDEDORES DE RÍO CARIBE, pág. 205).

La ciudad agrícola de **El Pilar** es bonita pero sin rasgos característicos, y en sus alrededores hay numerosas fuentes termales y ríos. Más impresionante es el nuevo **jardín botánico**, situado al este de la ciudad, a la derecha de la carretera a Güiria. Se extiende por una superficie de 44 ha, y aunque haga poco tiempo que se construyó, el Proyecto Paria alberga grandes esperanzas respecto a su futuro. Puede pedirle a su director, Jesús Hernández, que le acompañe para enseñarle la gran variedad de flora en esta área.

A una distancia de algo más de 5 km de El Pilar, y después de atravesar el pueblo de Los Arroyos, se llega a un desvío a la derecha que conduce a Guaraúnos. Es posible que ya no esté el letrero indicador, pero es la única carretera pavimentada a la derecha en esta zona. Más tarde, y a la izquierda, se encuentra la mayor parte del **Campamento Vuelta Larga** de Klaus Müller (*véase* ALOJAMIENTOS TURÍSTICOS Y RESTAURANTES).

De vuelta a la autopista 9, y a unos 5 km pasado Tunapuy, se ven las chozas cubiertas de paja y el letrero indicador de la **hacienda Agua Sana** (también llamado «Ño Carlos»), donde podrá darse un revigorizante baño en una de las fuentes de aguas termales abiertas al público y a los huéspedes de la hacienda.

Después de otros 9 km en dirección este, hay un gran tanque blanco a la derecha que anuncia el **Campamento Agro Ecológico Río de Agua**, que tiene una extensión de 1.000 ha. Con los visitantes son muy amables y acostumbran a acompañarlos en un recorrido por sus tierras. A poca distancia de aquí, en Bohordal, la carretera de Río Caribe se une a la autopista.

Durante el trayecto a Güiria se pasa por la entrada a **Irapa**, que hace tiempo fue un puerto importante para el embarque del cacao. A 42 km de distancia de Irapa y a 737 del este de Caracas se llega al final de la autopista 9 (*véase* GÜIRIA, pág. 210).

ALOJAMIENTOS TURÍSTICOS Y RESTAURANTES

Cerca de El Pilar, uno de los hospedajes pioneros y más famosos de Venezuela, es el **Campamento Vuelta Larga**, ✆/FAX (094) 69052, vueltalarga@cantv.net. Es obra de un alemán, Klaus Müller, y de toda su familia. Klaus llegó aquí durante la década de 1960, y aunque su principal trabajo para ganarse el sustento ha sido siempre la cría de búfalos, ha hecho de la conservación, la innovación y la estética una forma de vida. En el campamento, admirará las preciosas casas con techo de paja que construyó con ayuda de los indios warao. En una de ellas se encuentra el restaurante, abierto al público durante los fines de semana, donde, claro está, la especialidad es la carne de búfalo. La otra *churuata* comprende cuatro atractivas habitaciones, recientemente renovadas, con baño propio, mientras que en el jardín hay otras dos casitas, ideales para parejas. Klaus organiza excursiones para recorrer su rancho de búfalos que cubre una superficie de más de 2.500 ha, donde se han registrado unas 230 especies de aves. Las tarifas son moderadas.

El otro rancho de búfalos pertenece a Wilfried Merle y a la Corporación Bufalina de Paria. El **Campamento Agro Ecológico Río de Agua** (*véase* INFORMACIÓN TURÍSTICA, pág. 202, en CARÚPANO, para reservas) a poca distancia de la autopista y con una superficie de 1.000 ha, es el resultado de muchos años de trabajo. Situado en medio de hermosos jardines bien cuidados con pequeños canales que atraviesan el terreno, y con búfalos que deambulan y mastican, dispone de cinco confortables cabañas construidas al estilo *churuata*, con dos camas individuales cada una. Este campamento es predominantemente ecológico: la iluminación y los ventiladores del techo funcionan con energía solar, el agua de los baños se sube por medio de molinos de viento y el fuego de la cocina se alimenta con el biogás que se obtiene del estiércol de los búfalos. Los huéspedes pueden recorrer el rancho en un tractor espectacular, con neumáticos de 3 m de diámetro, si desean ver y saludar a la mascota del lugar, Napolitana, una respetable boa constrictora. Los visitantes son siempre bienvenidos, y el precio del recorrido con guía por el rancho y las tarifas del campamento son moderadas.

GÜIRIA

Si Güiria fuera una compañía «.com», los inversores no comprarían sus acciones. Pero si vemos cómo evolucionan las ciudades, no les iría demasiado mal en Bolsa. La «razón de ser» de Güiria es su puerto, que cada miércoles recibe una inyección vital, cuando llegan los transbordadores de las Windward Lines. Los cinco días restantes, los 25.000 habitantes de la ciudad están enfadados. Y los domingos se queda aletargada, lo contrario de hibernar.

Güiria, como San Juan de las Galdonas, pero sin el encanto de ésta, sólo es un buen punto de salida para iniciar otras aventuras. Es el último lugar de la costa sur de Paria, al que se accede en coche, antes de cambiar las cuatro ruedas por una hélice.

SUPERIOR: En la península de Paria hay muchas playas solitarias.

Información turística

La ciudad tiene tres plazas: la plaza Sucre, en la entrada; la plaza Bolívar, en el centro, y la plaza Miranda, cerca de los muelles y embarcaderos de los pescadores. Todo lo que pueda necesitar se encuentra repartido entre las tres plazas. Güiria aún no tiene una oficina de turismo, pero sí varios bancos que le pueden resultar útiles.

Alojamientos turísticos

Los alojamientos recomendados en Güiria son económicos. El hotel más clásico —actualmente se está terminando otro de más lujo en la avenida Paria, cerca de los muelles— es el **hotel El Digno**, ☎ (094) 81982, FAX (094) 820759, avenida Miranda, situado cerca de la salida norte de la ciudad. Es confortable, está bien administrado y cuenta con un restaurante pasable. En el hotel se organizan excursiones por Paria y también al delta, al sur. Mismos servicios y tarifas similares ofrece el **hotel Paraíso**, ☎ (094) 820350, FAX (094) 820451, que se encuentra en la misma avenida, pero es menos céntrico.

La mejor opción en el centro es **La Posada de Chuchú**, ☎ (094) 81266/820251, calle Bideau, 35, al noroeste de la plaza Bolívar, con 14 habitaciones amplias pero sencillas, algunas con balcón.

Restaurantes

El restaurante **El Timón de Máximo**, propiedad de La Posada de Chuchú, ofrece pescado fresco a precios sanos. **El Rincón Güireño**, cerca de la plaza Sucre, es asimismo una alternativa recomendable, con un menú donde predomina el pescado, pero también ofrece apetitosos platos criollos.

Cómo llegar

El aeropuerto de Güiria ha permanecido cerrado para los vuelos regulares, pero es aconsejable informarse a través de Acosta Asociados (*véase* más abajo) sobre el estado actual. La terminal de autobuses consiste en un grupo de varias compañías situadas alrededor de la plaza Sucre, con rutas a todos los puntos situados al oeste. También puede contar con un servicio en barca, aunque irregular, a Pedernales, tras cruzar el golfo de Paria, en la desembocadura del Caño Manamo, en el estado de Delta Amacuro. Esta ruta se podría usar como recorrido con salida por la puerta trasera a la hora de explorar el delta (*véase* EL DELTA DEL ORINOCO, pág. 257).

A Trinidad o Margarita

Acosta Asociados, ☎/FAX (094) 81679, en calle Bolívar, 31, es la agencia para los transbordadores de la Windward Lines. Los miércoles de semanas alternas hay un servicio de transbordador que pasa por Port of Spain (Trinidad), para ir a San Vincente, Barbados y a Santa Lucía. Tarda siete días antes de volver a Venezuela. La semana siguiente sale rumbo a Margarita, pasando por Pampatar. Si desea viajar a Trinidad es obligatorio comprar un billete de vuelta, u otro para continuar el viaje a cualquier otro lugar. Las formalidades de pasaporte se realizan en el transbordador, que no siempre es puntual (salida a las 23.00 horas), así que es aconsejable llamar antes para confirmar la hora. En Acosta Asociados se puede pagar con dólares americanos y también con cheques de viaje, pero no con tarjetas de crédito. La validez de los billetes es de seis meses.

EL LEJANO ORIENTE DE PARIA

Para acceder a las playas delante de la costa de Güiria: Uriquito, Güinimita y Yacua, y también a los pequeños poblados, como Patao, así como a otros más importantes y más conocidos como, por ejemplo, Macuro (Puerto Colón), deberá ir en barca. En estas aldeas se pueden contratar guías para recorrer la Serranía de Paria y los pueblecitos aislados situados en la costa del norte: Don Pedro, Uquire, Pargo y Mejillones, o bien continuar el viaje en barca. Las playas de la costa norte son mucho más espectaculares que las de sur; practicar submarinismo en sus aguas cristalinas y descubrir cuevas ocultas son diversiones que están a la orden del día. Mejillones es una de las aldeas más encantadoras.

Se cree que Macuro es el auténtico lugar donde Cristóbal Colón pisó tierra sudamericana por primera vez. Incluso llegó a ser la capital de Venezuela, aunque sólo un día, en 1998, cuando se celebró el quinto centenario del desembarco del almirante. Hay alojamientos sencillos, también fondas e incluso un pequeño museo. Los guías estarán encantados de acompañarle por las montañas.

EL ESTADO DE MONAGAS

Si el estado de Zulia es el nuevo Texas, entonces, el estado de Monagas es el nuevo Zulia. Realmente está registrando un gran auge debido a la exportación de millones de barriles de oro negro extraído de los enormes yacimientos subterráneos, descubiertos en 1970. Maturín, su capital, con sus centros comerciales y suburbios con espacios verdes, aún carece de los grandes rascacielos de Maracaibo, pero, sin duda alguna, los tendrá pronto.

Monagas tiene poco que ofrecer al turista en busca de aventura, de cultura o de naturaleza. La única excepción, y por cierto, bastante importante, es el parque nacional Cueva del Guácharo en las montañas del norte, cuyo pico más elevado alcanza los 2.400 m de altura. También hay dos rutas para llegar al delta que salen de Monagas: una a lo largo del río Morichal Largo, y la otra se inicia en la pequeña ciudad de San Juan de Buja.

CÓMO LLEGAR

Después de salir de Carúpano por la autopista 10, en dirección hacia el sur, pasando por Maturín y cruzando el Orinoco, llegará a Puerto Ordaz. En Maturín hay un cruce con la autopista 13, que viene del oeste y enlaza con Barcelona —Puerto La Cruz, en la costa del norte. Desde Cumaná hay una carretera pintoresca de montaña que pasa por el pueblo colonial de Cumanacoa, atraviesa el parque nacional y continúa hasta llegar a Maturín. La otra carretera, un poco más estrecha que la anterior, pero con un paisaje igualmente impresionante, se desvía de la autopista 9, en Villa Frontado (al oeste de Cariaco), y pasa próxima al embalse de Clavellina, para después llegar a Caripe, cerca del parque nacional.

EL PARQUE NACIONAL CUEVA DEL GUÁCHARO

El parque nacional Cueva del Guácharo, sin duda, figura entre los diez mejores parques de Venezuela. Con su enorme cueva, con galerías subterráneas de más de 10 km de longitud, sus ríos, lagos y túneles, constituye uno de los ecosistemas de cueva más completos del mundo. Guácharo es la segunda mayor cueva de Venezuela, y se cree que estuvo habitada hace aproximadamente 5.000 años.

El residente más famoso de la cueva es el guácharo (*Steatonis caripensis*), una especie nocturna única, que se alimenta de frutos y que vuela en la oscuridad con su propio sistema de radar. Pero, aunque este animal da nombre a la cueva, hay que tener también en cuenta a otros animales, como murciélagos, ratones, arañas, cangrejos, ratas y ciempiés, y todo esto en medio de fantásticos corredores con eco y estanques que reflejan las estalagmitas y estalagtitas.

INFORMACIÓN TURÍSTICA

En el impresionante edificio donde se encuentra la recepción, hay también un pequeño museo espeleológico y una cafetería. La cueva está abierta de 08.00 a 16.00 horas, y es posible acampar cerca pagando sólo una pequeña suma, que da derecho a usar los baños. Para más información contacte con **Inparques**, ☎ (091) 417553. Cueva del Guácharo se suele llenar los fines de semana, ya que los venezolanos van a las montañas para escapar del calor.

Si quiere ver más de lo que le enseñen los guias de la cueva durante el recorrido por estos mágicos reinos subterráneos, deberá solicitar un permiso especial a la oficina de Inparques en Caracas, ☎ (02) 2855056, FAX (02) 2853070, con dos meses de antelación. Póngase en contacto con Rafael Carreño de la **Sociedad Espeleológica de Venezuela**, ☎ (02) 7306436/2720724, rafael carreno@hotmail. com o urbani@cantv.net. si lo que realmente desea es recibir más información sobre la cueva.

VISITAR EL PARQUE NACIONAL CUEVA DEL GUÁCHARO

El mejor momento para visitar la cueva es antes del amanecer o poco después del anochecer, cuando las bandadas de miles de guácharos entran o salen como en una «cabalgata pajarera» ensordecedora. La colonia es la mayor de Venezuela, con unos 15.000 guácharos entre agosto y diciembre, que más tarde, entre marzo y abril, se reducen a unos 8.000.

El **Museo Espeleológico** tiene el mismo horario de visita que la cueva. En sus expositores se pueden ver los hallazgos arqueológicos de las galerías de la cueva, y también varios cristales increiblemente grandes. En la planta superior se pueden estudiar antiguos escritos, mapas y dibujos de Humboldt.

En el mismo parque, que es un gran refugio para muchas especies de la fauna, además de ser esencial en el proceso de generación del agua, existen varios caminos que atraviesan el bosque. El más fácil conduce a los grandes saltos del **Chorreón**, y hay un segundo que sube al cerro Negro, la cima más elevada del Macizo de Caripe.

CÓMO LLEGAR

La cueva se encuentra justo en la frontera del estado de Sucre, por lo que goza de una situación ideal para visitarla durante el viaje de regreso por la carretera de la costa. La ciudad más próxima con hoteles para hospedarse es Caripe, situada a 10 km al sudeste de la cue-

SUPERIOR: La entrada a las maravillas de la cueva del Guácharo.

va. Todo el camino hasta la entrada del parque, cerca de la ciudad de El Guácharo, está bien señalizado, por lo que no tiene pérdida. También puede ir en autobús o en *por puestos*, que se suelen detener en la ruta hacia el norte, a Cumaná. Otra alternativa es ir en taxi, que se contrata en Caripe y espera a sus pasajeros para traerlos de vuelta.

CARIPE

Si lleva algún tiempo de viaje por Venezuela, o después de pasar tanto calor en cualquiera de sus playas, la ciudad de Caripe es un alivio con su aire fresco de montaña. Es un lugar pequeño y encantador, situado en medio de colinas cubiertas de cafetales y naranjos. Se le atribuye el sobrenombre de «Jardín del Oriente». No hay mucho que ver en la ciudad, a excepción del altar de su iglesia moderna, pero es una ciudad limpia, cuidada y agradable.

INFORMACIÓN TURÍSTICA

El Banco Unión y el Banco de Venezuela adelantan dinero en efectivo; el Banco de Orinoco cambia cheques de viaje.

Todos los propietarios de posadas que se indican a continuación organizan excursiones por los alrededores, algunas de ellas a caballo. Para más información sobre esta región, o si quiere comparar precios, diríjase a **Trekking Travelers Tours**, ☎ (092) 51352, FAX (092) 51843, calle Guzmán Blanco, que organiza excursiones, también a caballo y en bicicleta —ellos mismos alquilan bicicletas—, un modo ideal para ver la campiña. **Ecoturismo Struppek**, ☎ (092) 51364, también en la calle Guzmán Blanco, es otra compañía que organiza excursiones a fincas y haciendas en los alrededores, pero que cuenta con un servicio adicional: incluye comidas típicas en el lugar .

ALOJAMIENTOS TURÍSTICOS

En Caripe, las fincas o haciendas del área son una buena alternativa a las posadas y hoteles del centro, donde se puede aprender mucho sobre la vida rural de los lugareños, además, y esto no es muy corriente, tendrá la ocasión de probar toda clase de productos agrícolas *in situ*.

Moderado

El lugar más confortable y acogedor de todas las opciones de los alrededores, y muy atractivo si tiene vehículo propio, es **Cabañas Niebla Azul**, ☎ (092) 51501, Sector Las Delicias. Se encuentran al lado de la carretera que se extiende al norte y este de Caripe, donde hay un gran mirador desde donde podrá admirar las colinas de los alrededores. También las cabañas, con capacidad para seis personas, ofrecen una bella vista desde sus pequeñas terrazas; además están equipadas con chimenea y cocina propia, así que puede llevar su propia comida.

Económico

El **hotel Samán**, ☎ (092) 51183, en la avenida Enrique Chaumer, 29, la calle principal de la ciudad, está situado en el centro de Caripe. Hay 34 habitaciones cómodas, una piscina calentada con energía solar y un buen restaurante. El **Guácharo Turístico**, ☎ (092) 51218/501, en avenida Guzmán Blanco, al oeste del centro, es similar, también tiene restaurante propio y piscina. El **hotel Venezia**, ☎ (092) 51035, al lado de la gasolinera, posee uno de los mejores restaurantes de toda la ciudad, y sus 16 habitaciones, si tenemos en cuenta su precio, son aceptables, pero no tienen nada de particular.

En las afueras de la ciudad hay un lugar que se suele recomendar mucho y que es excelente, se trata de las **Cabañas Bellerman**, ☎ (092) 51326, un negocio familiar situado en la carretera de San Agustín-Teresén. Se ofrecen seis cabañas limpias y ordenadas tipo *bungalow*, con uno o dos dormitorios. Su ubicación en una colina boscosa es soberbia, y su tienda es famosa por sus mermeladas, pasteles y licores de elaboración casera. Vale la pena detenerse para tomar un pequeño bocado.

La otra opción bucólica es la **Hacienda Campo Claro**, ☎ (092) 55013, que se encuentra un poco más arriba de la iglesia de Teresén, al oeste de Caripe. Los Betancourts, que trabajan sus 70 ha de tierra ecológicamente, disponen tanto de habitaciones como de cabañas, que son más confortables y cuentan con cocina propia, baño y agua caliente. Además, acompañan a sus huéspedes en un paseo por sus plantaciones de café y sus naranjales. También alquilan caballos o le guían en sus caminatas por los alrededores.

RESTAURANTES

Uno de los mejores lugares, si desea probar la cocina regional, es el restaurante del **hotel Venezia**; otras opciones comprenden el **Río Colorado**, que disfruta de mucha popularidad entre la gente del lugar, y la **Trattoria Da Antonio**, con cocina italiana y venezolana. Muchas fincas y haciendas de la región poseen su propio restaurante abierto al público, a veces sólo para el desayuno, pero vale la pena fijarse en ellas.

CÓMO LLEGAR

La estación de autobuses está al lado del mercado, en el extremo sudeste de la ciudad. Hay dos autobuses diarios a Cumaná, que salen por la mañana, muchos que parten hacia el sur, a Maturín. Hay un autobús nocturno con destino a Caracas, vía Maturín.

MATURÍN

Maturín, una ciudad en expansión, inició su desarrollo como puerto cuando el río Guarapiche era aún navegable hasta el golfo de Paria. Trinidad ha sido su asociado comercial más importante durante siglos. Desde la apertura petrolera durante la década de 1990, Maturín se encuentra justo en el centro de este nuevo mundo de perforación de pozos petroleros al este del país.

Maturín, aparte de sus avenidas amplias y de sus parques públicos, carece de interés para el turista. No es un lugar donde valga la pena permanecer más de una noche, a no ser que le interesen los centros comerciales. Pero es posible que se vea obligado a quedarse, ya que Maturín es el centro de transporte regional, con comunicaciones a la costa de oriente, a Tucupita, en el delta, a Puerto Ordaz y a Ciudad Bolívar.

INFORMACIÓN TURÍSTICA

La **oficina de turismo**, ☎/FAX (091) 430798, se encuentra al lado del gran edificio del IPAN, en hacienda Sarripal, en la avenida Alirio Ugarte Pelayo. El Banco Unión está en la esquina de la calle Juncal con carrera Monagas. El Banco Mercantil, en carrera Monagas, cerca del mercado, cambia cheques de viaje.

VISITAR MATURÍN

El **parque municipal La Guaricha**, el mejor de Maturín, posee una bonita laguna, un pequeño jardín zoológico y un mini-tren para niños (y adultos que aún no han crecido del todo). La **plaza Bolívar** y la **plaza Sucre**, son muy agradables para pasear.

Si le interesa hacer una excursión a río Morichal Largo, un río de los pantanos, semejante a los del delta, contacte con **Sergio Córdoba**, ☎ (091) 414122, FAX (091) 426647, oficina 3A, edificio Banco Unión, avenida Juncal. O si prefiere contratar a un barquero directamente, deberá ir al puente, a 82 km al sur de Maturín, en la autopista 10.

ALOJAMIENTOS TURÍSTICOS Y RESTAURANTES

De lujo

El **hotel Stauffer Maturín**, ☎ (091) 930622/643111, avenida Alirio Ugarte Pelayo, al lado del centro comercial más nuevo de Maturín y miembro de la cadena Stauffer, con una situación privilegiada, no es solamente el mejor hotel del centro, sino que además está muy bien diseñado. El área de la piscina y de los jardines circundantes son de primera clase, como también lo es su servicio. En el restaurante sirven platos internacionales.

Moderado

El **hotel Colonial**, ☎ (091) 6421175, una buena opción en el centro de la ciudad, cuenta con 42 habitaciones amplias y *suites*, todas con aire acondicionado y televisión, y con un agradable restaurante. Es el mejor de su categoría y se halla bien situado.

Económico

El más agradable y acogedor de los hoteles céntricos en este categoría es el **hotel Perla Princesa**, ☎ (091) 6432 579/6424957, FAX (091) 414008, avenida Juncal con avenida Bolívar. Las habitaciones tienen agua caliente, aire acondicionado y televisión; lamentablemente, los precios de su restaurante resultan demasiado elevados.

RESTAURANTES

Moderado

Aparte de los hoteles ya indicados, hay un restaurante de buena reputación, el **Yarua Internacional**, ☎ (091) 6413898, Carrera 7, 64; **El Portón**, ☎ (091) 418073, avenida Raúl Leoni, tiene música en directo y sirve buena *carne en vara*. El restaurante del **hotel Morichal Largo**, ☎ (091) 6516222, en la carretera a La Cruz, también goza de buena reputación.

Económico

Mister Pasta, ☎ (091) 6429289, Carrera 6 Juncal, ofrece un menú variado y de buena calidad, al igual que **El Brasero**, situado muy cerca del anterior. También puede probar **Valerio´s**, en el centro comercial Portofino, avenida Bolívar.

CÓMO LLEGAR

El aeropuerto de Maturín está a 2 km al este del centro de la ciudad, en la avenida Raúl Leoni. Ya que se trata de una ciudad con una gran expansión comercial, Maturín tiene buenas conexiones con todo el país: un gran número de vuelos a Caracas y varios a Maracaibo, Barquisimeto y Porlamar. **Rutaca**, ☎ (091) 421635, ofrece tres vuelos semanales a Trinidad.

La terminal de autobuses está al otro lado de la ciudad, en la avenida Libertador, al sudoeste del centro de la ciudad. La mayoría de los autobuses con destino a Caracas salen por la noche, y también dispone de conexiones a otras ciudades. Para ir a la Cueva del Guácharo deberá coger el autobús con dirección al norte, a Caripe, e indicar al conductor que quiere apearse en el pueblo de El Guácharo; desde aquí tiene media hora de camino a pie.

SUPERIOR: Perla, la hija del pescador Botuto, de San Juan de las Galdonas.

Isla de Margarita

SI SÓLO BUSCA UN BONITO LUGAR EN LA PLAYA, BUENA COMIDA, BELLEZA NATURAL Y COLORES CARIBEÑOS, no hace falta que vaya más lejos que a la «perla del Caribe», así es como se conoce a la isla de Margarita, que se encuentra a unos 40 km frente a la costa venezolana.

La gente va a Margarita por dos razones: por las compras y por las playas. Pero hay además otros alicientes, como, por ejemplo, la vida nocturna, los pueblos del interior, las montañas, los pantanos con sus manglares y las espectaculares puestas de sol.

Durante la década de 1970, el estado de Nueva Esparta, que comprende las islas de Margarita, de Coche y de Cubagua, se convirtió en una zona libre de impuestos. Desde entonces, los venezolanos adictos a las compras aprovechan sus ofertas. Alrededor de la isla hay docenas de playas para todos los gustos. Tanto si busca calas desiertas, grandes olas y vientos para hacer *windsurf* o grandes extensiones de arena, la variedad de las playas de Margarita puede competir con la de cualquier otra parte del Caribe.

ANTECEDENTES HISTÓRICOS

Antes de que llegaran los europeos, las islas de Margarita, de Coche y de Cubagua estaban pobladas por los indios salvajes del Caribe y por los más pacíficos guaiqueris y arawaks. Las islas se conocían como *Paraguachoa* o «abundancia de peces». Se suele creer que Margarita debe su nombre a la palabra portuguesa «perla», si bien Margarita de Austria —princesa de Castilla cuando Colón hizo su primer viaje al nuevo continente— es una candidata más convincente. No obstante, la relación con la perla también tiene cierta influencia.

En sus informes enviados a la Corona española, Colón escribía sobre los indios que se adornaban con perlas. En 1499, después de enviarles a los reyes un cargamento con 36 kg de perlas, en Cubagua se inició una auténtica fiebre por éstas. Y como ocurre casi siempre, la fiebre no duró mucho. Una combinación de varios factores —la exagerada avaricia que casi acabó con las

perlas, varios desastres naturales, como un gran maremoto y un terremoto en 1541, junto a los repetidos ataques de los indios del continente enfurecidos a causa de los asaltos por los esclavos—, indujo al abandono de Nueva Cádiz, fundada en Cubagua en 1528.

Los europeos explotaron despiadadamente a los buceadores indígenas, y muchos de ellos murieron poco tiempo después por una gran exposición a la presión del agua, por agotamiento físico, falta de alimento o como víctimas de los tiburones. A mediados del siglo XVI, los centros para la pesca de perlas ya se habían trasladado a las islas de Coche y de Margarita, y más tarde se acabaron del todo. Actualmente, la época autorizada para la pesca de perlas es de enero a abril, en años alternativos; y en los primeros años de la década de 1960 se había prohibido del todo.

Los siete fuertes construidos por la colonia española durante la época colonial, como protección contra ataques de los piratas y bucaneros, son los testimonios más resistentes de la importancia de aquellas riquezas. Sólo se han restaurado dos de los siete: San Carlos Borromeo, en Pampatar, y Santa Rosa, en La Asunción.

DEPORTES Y ACTIVIDADES AL AIRE LIBRE

Margarita ofrece muchos deportes acuáticos y otras actividades que le mantendrán siempre activo.

Windsurf

La mayoría de los *windsurfistas* que viajan a Venezuela o a Sudamérica para practicar su deporte favorito, se dirigen a **El Yaque**. Esta playa, famosa por sus fuertes vientos y sus aguas planas, que se ha convertido en el sinónimo de este deporte, se encuentra al sur de la isla y al este del aeropuerto. Aquí también hay una serie de hoteles para los deportistas, varios buenos restaurantes, animados bares en las playas y, por lo menos, cuatro empresas que alquilan los equipos necesarios (*véase* EL YAQUE, pág. 232).

Submarinismo

Seguida del *windsurf*, la atracción deportiva en la isla es el submarinismo, y su fama sigue en aumento. **El Farallón**, a la salida de Pampatar, está muy cerca, y en sus aguas hay una gran estatua submarina, buenos corales y numerosos peces grandes, incluso barracudas. El buceo no es muy espectacular, pero es la opción más económica. El naufragio de un transbordador cargado de coches delante de las costas de la isla de Cubagua puede ser un objeto interesante. La visibilidad suele ser excelente.

No obstante, el mejor lugar para el buceo en esta área es el pequeño archipiélago de **Los Frailes**, al nordeste de Margarita. Los corales y la transparencia del agua rivalizan con los de Los Roques, y realmente le cuesta a uno salir del agua. Asimismo las aguas menos profundas son muy interesantes para los practicantes del submarinismo. Infórmese también sobre el buceo en las islas de **La Blanquilla** y de **Los Testigos**, que son auténticos territorios vírgenes, aunque algo alejados.

Entre los operadores de buceo de buena reputación figuran el **Centro de Buceo Pablo Montoya**, ✆ (095) 644746, cbpablom@cantv.net, con cursos PADI, NAUI y CMAS, y también **Enomis Divers'**, ✆/FAX (095) 622977, enomis@telcel.net.ve, members.xoom.com/enomis divers, con oficinas en el interior del hotel Margarita Dynasty, que también hace de operador turístico y agencia de viaje.

Vela y *surf*

En Margarita, hacer *surf* es el pasatiempo popular, por no decir que está de moda. Las playas principales son la **Playa Guacuco** y la **Playa Parguito**. Hay un catamarán de lujo, el **Catatumbo**, que ofrece un crucero a la isla de Coche, un paquete con todo incluido, que comprende el traslado desde su hotel y el equipo para

PÁGINA ANTERIOR E IZQUIERDA: Un *windsurfista* satisface su necesidad de velocidad en El Yaque.

hacer submarinismo. Para averiguar los días de salida (que varían según la estación), llame al ☎ (095) 631072 / 643279. El Hilton alquila pequeños botes neumáticos, mientras que el yate **Antares I**, ☎ (016) 6953496, antares@enlared.net, organiza excursiones durante todo el año a varios lugares de la costa.

Ultraligeros

Para los aficionados que quieran conocer la isla a vista de pájaro, o también para hacer unas fotografías extraordinarias, existen dos bases de ultraligeros: una en el aeropuerto viejo de Porlamar, con vuelos de lunes a jueves, y la otra en Playa el Agua, con vuelos de viernes a domingo. Para más información diríjase a Luis Gerardo de **SAP Flights**, ☎ (095) 637097 / 636339. Si prefiere el **vuelo en ala delta**, debe dirigirse al cerro El Copey, donde los tiempos de vuelo suelen durar entre 45 minutos y dos horas. Contacte con Omar Contreras, ☎ (016) 6950060, quien, si le gustan las aventuras, también organiza excursiones de paracaidismo en la modalidad de caída libre.

Golf

Para los jugadores de golf, dicen que el campo de golf de 18 hoyos en la **Isla Bonita** (*véase* LA COSTA DEL NORTE, pág. 228) es el mejor de toda la región caribeña, a pesar del constante viento fuerte. Hay un segundo campo de golf en el área de la Costa Azul, que se acaba de construir.

Equitación

Una forma muy atractiva de explorar la isla es a caballo, cada vez más popular, en especial en la península de Macanao, que es un poco más selvática. Se pueden hacer excursiones de sólo dos horas o de toda una semana. El **Rancho Negro**, ☎ (095) 423197/(014) 99 51103/9951018, ranchonegro@veweb.com, www.veweb.com/ranchonegro, cerca de La Asunción, es un establo de buena reputación. En Macanao, contacte con **Cabatucan**, ☎ (016) 6819348, FAX (095) 617259, www.margaweb.conk.com, administrado por jinetes franceses, cerca de Boca de Río, y **hato San Francisco**, ☎ (016) 6950408.

Diversión en familia

Diverland, situado en la carretera de Pampatar a Porlamar, tiene el extraño horario de miércoles a viernes, de 07.00 a 13.00 horas y los fines de semana, de 11.00 a 13.00 horas; ofrece toda clase de actividades e instalaciones acuáticas, desde toboganes hasta olas artificiales, todo dentro de un extenso complejo. En el centro comercial Rattan Plaza en Pampatar, **Play Aventura** tiene toda clase de entretenimientos para pequeños y grandes, con juegos y toboganes, sala de juegos y mesas de billar americano.

PORLAMAR

El nombre original de este pueblo de pescadores, fundado en 1526, es Pueblo del Mar, pero según la tendencia típicamente venezolana, pronto se adoptó la versión abreviada. Durante mucho tiempo, Porlamar fue el puerto más importante de la isla, aunque entonces no tuviera ninguna influencia sobre la economía de la isla, como ocurre ahora. Es un poco extraño que La Asunción, con sólo 15.000 habitantes, sea la capital, mientras que Porlamar se haya convertido en una gran ciudad con más de 300.000 habitantes.

En las avenidas del 4 de Mayo y de Santiago Mariño hay muchos comercios de artículos electrónicos, pero las gangas ya no son las que eran.

Recientemente, y bajo el gobierno de Irene Sáez, Nueva Esparta ha lanzado una serie de ofertas, incluso vuelos a mitad de precio y otras reducciones. Por el momento, vale la pena ir de compras. Porlamar está inundada de excelentes restaurantes de pescado y marisco, mientras que en sus locales y bares nocturnos, la fiesta siempre dura hasta la madrugada.

INFORMACIÓN TURÍSTICA

Aunque parezca extraño, la **Corporación de Turismo (Corpotur)** de Margarita no está en Porlamar sino en la pequeña ciudad de **Los Robles**, al norte de Porlamar. Se encuentra en el interior del centro artesanal Los Robles, abierto los días laborables desde las 08.30 a 12.00 horas y desde las 13.30 a 17.30 horas, ☎ (095) 62 2514/623638. Además, hay casetas de información turística en el vestíbulo principal de la terminal nacional del aeropuerto y en la avenida 4 de Mayo, donde dan mapas y la revista turística *La Vista*. Intente conseguir un folleto de cupones para obtener descuentos en restaurantes, bares, comercios, y alquilar un coche.

Otra opción es la **Cámara de Turismo** en Santiago Mariño, abierta los días laborables de 08.00 a 12.00 horas y de 14.00 a 18.00 horas. *Margarita La Guía* (publicado trimestralmente en español, inglés y alemán), que contiene el mejor mapa de la isla, es gratuita.

El cambio de moneda no presenta ningún problema en Margarita. La oficina de Amex se halla justo enfrente del hotel Bella Vista y está abierta en horario de oficina; los lunes permanece cerrada. El Banco Unión, en el extremo superior de Santiago Mariño, en la avenida 4 de Mayo, adelanta dinero en metálico con su tarjeta de crédito. Cambio La Precisa, en la calle Maneiro, entre calles Guevara y Mariño, probablemente ofrece el mejor cambio, tanto para dinero en metálico como para cheques de viaje no-Amex; o también puede intentarlo en Cambio Cafyca, ubicado en la esquina de Santiago Mariño y la calle Patiño.

Muchos de los grandes hoteles de Porlamar (por ejemplo, Bella Vista, Hilton, Dynasty) organizan excursiones diarias por la isla, con guía, que también pueden incluir un viaje en barco por la laguna La Restinga, así como visitas a La Asunción, Juan Griego, Playa el Agua, Virgen del Valle y a Pampatar. Otras agencias son **Supertours**, ☎ (095) 618781, FAX (095) 617061, en la calle Lárez, Quinta Thaid, y **Taco Tours**, ☎ (014) 9957893, en Playa el Agua.

Líneas Turísticas Aerotuy (LTA) organiza excursiones por la isla, a Los Roques y a Isla Blanquilla; asimismo organizan vuelos chárter a sus campos en Canaima y excursiones en catamarán a Coche y a Cubagua. Sus oficinas están en el extremo inferior de Santiago Mariño, al oeste del hotel Bella Vista, ☎ (095) 632211/630367, FAX (095) 617746, www.tuy.com.

Para conocer bien la isla o explorar su interior, lo mejor es alquilar un coche. Hay mucha competencia entre las distintas compañías; el lugar más barato de toda Venezuela es Margarita. Las mejores tarifas son de más o menos 50 USD por día, por un coche de ciudad pequeño, pero también hay todoterrenos descubiertos, de Suzuki, que, desde luego, son mucho más divertidos. En lugar del coche, también tiene la alter-

SUPERIOR: Hay todo tipo de artesanía en Margarita.

nativa más «fresca» de alquilar una moto (*scooter*), pero es recomendable comprobar los frenos antes de iniciar el viaje y pedir un casco. Para un recorrido a lo grande, puede alquilar una Harley Davidson en el **centro comercial Buena Ventura**, ((095) 618178, avenida 4 de Mayo, enfrente del Tropi Burger.

Las carreteras de la isla están en buenas condiciones, y los conductores, afortunadamente, suelen ir con más precaución que en otras partes del país, aunque conducir de noche implica un riesgo adicional. Hay numerosas compañías de alquiler de coches alrededor del aeropuerto, así como delante del hotel Bella Vista: **Ramcar II**, ((095) 614019; **Excelency**, ((095) 626503, FAX (095) 622955, y **Warriors**, ((095) 627076 (este último con dos sucursales cerca del hotel Dynasty y en la Playa el Agua). **Budget**, llamada gratuita al ((800) 28343, tiene oficinas en el aeropuerto y en Porlamar.

A continuación se indican algunas páginas web con información interesante sobre Margarita: www.margarita-travel.com, www.think-venezuela.net y www. veweb.com. El cybercafé más agradable y bastante nuevo es el **Utopía** en la urbanización Costa Azul, justo delante de la avenida Bolívar. Más detalles sobre los hoteles cuya dirección de e-mail termina en «@enlared.net» se pueden encontrar en www.enlared.net/margarita.

VISITAR PORLAMAR

Porlamar presenta pocas atracciones históricas y culturales. No obstante, en el **Museo de Arte Contemporáneo Francisco Narváez**, en la esquina de las calles Igualdad y Díaz, abierto de martes a viernes, de 09.00 a 17.00 horas, los fines de semana, de 10.00 a 16.00 horas, se exhiben obras del pintor y escultor Narváez, —vaya a ver su fuente *La Ronda* cerca del hotel Bella Vista—, y también hay alguna exposición de arte moderno. Los viernes por la noche se celebran eventos culturales, conciertos o recitales, con entrada libre.

Al sur de la parte antigua de la ciudad está el **paseo Rómulo Gallegos**, que llega hasta el faro construido en 1896. Cerca suele haber exhibiciones folclóricas los fines de semana y además se puede admirar el edificio de la antigua aduana. Desde aquí, zarpan los barcos a Chacopata, situado en la península de Araya. El **mercado viejo**, que se encuentra al oeste del embarcadero, se empezó a desmantelar a finales del año 2000, posiblemente ya ni exista. En su lugar, verán grandes cruceros anclados, que darán a la isla su importancia dentro de las rutas de los cruceros de lujo por el Caribe.

ALOJAMIENTOS TURÍSTICOS

Margarita ofrece el mayor número, y también la mayor variedad, de alojamientos de todo el país. En el último registro se contabilizaron más de 100 hoteles sólo en Porlamar. Los precios varían de acuerdo con la temporada; la «alta» va de agosto a septiembre, de diciembre a enero y en Semana Santa.

Muchos de los grandes centros turísticos y hoteles que se indican presentan ofertas especiales de paquetes con todo incluido. Las tarifas pueden ser muy atractivas y merece la pena si piensa quedarse en la isla durante un tiempo. Póngase en contacto con ellos antes de salir de viaje. Tal vez quiera contactar con **Holiday Tours**, ((095) 611311/641311, FAX (095) 642992, en Margarita, para averiguar sus mejores ofertas.

De lujo y caro

El grupo de hoteles de cinco y cuatro estrellas llega hasta el este de Porlamar, alrededor del área conocida como «Costa Azul», cerca de Playa Morena, a poca distancia del centro de la ciudad.

El de mayor prestigio de todos es el **Margarita Hilton**, ((095) 624111, FAX (095) 623941, www.hilton.com, de cinco estrellas, que dispone de 280 habitaciones de lujo y todas las facilidades de un hotel de la mejor categoría y, posiblemente, también con el mejor servicio en toda la isla. En sus playas se pueden practicar vuelos a vela (sin motor), ir en moto acuática, o asistir a clases de buceo, *windsurf* y esquí acuático.

El **hotel La Samanna Resort & Sea Spa**, ((095) 622662, FAX (095) 620989, info@samanna.com, www.samanna.com, avenida Bolívar y avenida Gómez, con un máximo de consentimiento y mimos hacia sus huéspedes, está especializado en tratamientos de salud con aguas saladas, dentro de un entorno maravilloso para relajarse y reponerse. Todas sus habitaciones de lujo ofrecen terraza con vistas al mar, y las *suites* incluso tienen una pequeña piscina propia y un *jacuzzi*, bellamente adornado con muchas plantas.

Moderado

El **hotel Marbella Mar**, ((095) 624022/621662, FAX (095) 621389, info@hotel-marbellamar.com, www.hotel-marbelamar.com, en Playa Ángel, avenida Principal y calle Chipichipi, con 110 habitaciones de diferentes estilos, con piscina y un servicio muy amable, es una buena opción. No es muy céntrico, pero hay un servicio de transporte a las playas gratuito; y los taxis son baratos.

El **hotel Bella Vista Cumberland**, ((095) 617222, FAX (095) 612557, una construcción vieja y robusta, situada en el extremo sur de la avenida Santiago Mariño, cuenta con 314 habitaciones remodeladas y modernizadas, con tarifas asequibles. Pida una habitación con vistas sobre el mar. Al oeste, y también con buenas vistas, está el **Margabella Suites**, ((095) 7812771, FAX (095) 619246, una construcción que es mucho más reciente, con 90 habitaciones y *suites* y una piscina. Lo mejor del hotel es el restaurante, en la azotea, con platos deliciosos y una brisa refrescante.

Económico

El **hotel Imperial**, ((095) 614823, FAX (095) 615056, en la calle Marcano al oeste de Santiago Mariño en la Playa Guaraguao, es más que aceptable (la calle Marcano se convierte en la avenida Raúl Leoni). Las habitaciones tienen televisión, teléfono y balcones con vistas al mar

PÁGINA SIGUIENTE: La bulliciosa avenida Santiago Mariño de Porlamar.

Marlboro
Marlboro

a partir del tercer piso: realmente recomendables. El área es tranquila y la playa está cerca.

Con seguridad, el mejor del grupo de hoteles de esta categoría y cercano a Santiago Mariño es el **hotel Nueva Scandinavia,** ☎ (095) 642662, FAX (095) 635121, en la calle Marcano cerca de Narváez, con 22 habitaciones confortables e impecables, además de un *jacuzzi* y un restaurante bastante bueno.

Pero si le interesa algo más económico, puede ir al **hotel Tamaca,** ☎ (095) 611602, calle Marcano, cuyo bar y restaurante son más atractivos que sus habitaciones, aunque éstas sean bastante buenas (algunas con ventilador y otras con aire acondicionado), con agua fría. Es una buena opción para estar cerca de Playa Guaraguao.

RESTAURANTES

En los numerosos restaurantes de Margarita se puede comer de todo desde el *chipi-chipi* (una sopa de almejas) hasta langostinos, aunque también hay cocina internacional en toda la ciudad.

Caro

Con toda probabilidad, lo más exclusivo en toda la isla sea el Margarita Hilton con sus dos restaurantes: **Le Chateaubriand**, de cocina francesa y con una carta de vinos excelente, o **Los Uveros**, con una carta completa y extensa para cenar, que comprende platos de pescado local como el pargo y el *carite*. El restaurante japonés-peruano, el **Nikey & Tiberio** en el complejo hotelero del Samanna tambien es muy recomendable.

Moderado

El **Bahía**, en primera línea de mar, en la avenida Raúl Leoni, enfrente del hotel Imperial, sirve excelentes langostas y paellas, en medio de un ambiente tropical y atractivo, con música en vivo (sólo abre por las noches). Unas cuantas casas más abajo está el **Rancho de Pablo**, aún más cerca de la playa, que sirve pescados y mariscos igualmente buenos. Algo más lejos se halla el **Cocody**, con una romántica terraza para relajarse y disfrutar de la cocina con influencia francesa.

En la calle Cedeño, esquina con Santiago Mariño, la cocina de **El Chipi**, ☎ (095) 636101, goza de fama por sus excelentes langostas. Los dos mejores restaurantes para comer *pizza* son el **Rigoletto**, situado en la calle Malavé esquina Patiño, con pasta hecha en casa y preparada al horno, con fuego de leña, y el **Positano**, atractivamente decorado, en calle Fermín con Tubores.

Económico

La tasca **La Cueva de la Rioja**, enfrente de **Dino´s Grill**, en la calle Igualdad, ofrece algunos platos excelentes de cocina española. **La Gran Pirámide**, en la calle Mallave con Patiño, presenta una buena variedad de guisos tanto de carne como de pescado; mientras que la especialidad de **Los Tres Delfines**, en la calle Cedeño, son los pescados y mariscos.

En el Jumbo, un gran centro comercial bastante nuevo, en la avenida 4 de Mayo, está **Dady´s**, que cuenta con un servicio de restaurante bastante bueno, aunque en general, la gente acude al local más por el baile y su bar; por la noche el ambiente suele animarse mucho. **Ana´s Café**, en la azotea del edificio Avensa, en la avenida 4 de Mayo, es el lugar más sofisticado para tomar un capuchino y una pasta.

VIDA NOCTURNA

Porlamar es una gran ciudad donde divertirse, y cuenta con un sinfín de locales para pasarlo bien. Preste atención a los anuncios de las *happy hours* alrededor de las 19.00 o las 20.00 horas.

El favorito y clásico, que ha sobrevivido a todas las modas, es el **Mosquito Coast**, al lado del hotel Bella Vista y frente al mar, donde sirven buenos cócteles y hay buena música. Hace poco, el lugar de moda era **Señor Frogs**, en la urbanización Costa Azul, con un restaurante, un grill y una gran zona con bar. Entre los demás bares y clubes figuran el **Dugout**, el **Subsuelo** y el **Buccaneers**, todos en la avenida 4 de Mayo, así como **Eye**, en la calle Marcano, al este de Santiago Mariño.

En la calle Malavé se encuentran dos bares algo más tranquilos: el **Gator´s** y el **Brandy´s**; el **Piano Blanco**, en la calle J. M. Patiño, y el **Flamboyant**, en el Hilton, atraen a un público más sofisticado.

Si quiere jugar, los casinos de Margarita son los mejores del país. El más exclusivo se halla en el **Hilton** y en el **Marina Bay**, después le siguen el **Stauffer Hotel** y el **Flamingo Beach** en Santiago Mariño.

CÓMO LLEGAR

En temporada alta hay mucho movimiento en Margarita; se aconseja reservar el billete de avión con suficiente antelación. Y si llega por mar, cuente con largas colas en los terminales de los transbordadores.

Muchos turistas se dirigen en autobús directamente a Porlamar, desde donde continúan en dirección a las otras playas. Si llega procedente de Porlamar, los autobuses hacia el aeropuerto salen de la plaza Bolívar. Si le cuesta decidirse y piensa que tal vez sería mejor ahorrar algo de dinero y viajar en transbordador, sinceramente, es preferible que se gaste unos cuantos dólares más y viaje en avión.

Por aire

El aeropuerto de Santiago Mariño está a 20 km de Porlamar y cuenta con dos terminales: la nacional y la internacional. El taxi del aeropuerto a Porlamar no le debería costar más de 12 USD, y en la caseta de información, en la terminal nacional (si está abierta), le indicarán las tarifas hacia otros lugares de la isla. El airbus es una alternativa más barata para trasladarse a Porlamar. En la terminal internacional hay muchas agencias de alquiler de coches y, también, varias casas de cambio de moneda. Los vuelos procedentes de

PÁGINA SIGUIENTE: Esbeltas palmeras mecen sus coronas con la suave brisa a orillas del mar.

Europa y Norteamérica van directamente a Margarita, ya no pasan por Maiquetía.

La isla posee una buena red de comunicación con sus aerolíneas nacionales: Oriental, Avior, LAI y Rutaca cubren la parte oriental del país, mientras Aeropostal, Air Venezuela, Aserca y Laser atienden el centro y occidente. Hay más de dos docenas de vuelos diarios a Caracas; entre las compañías aéreas figuran Servivensa, Laser, Air Venezuela y Aserca. Un vuelo a Caracas cuesta entre 50 y 70 USD. Margarita es un buen lugar desde donde trasladarse a otras partes de Venezuela, y Aerotuy ofrece vuelos regulares a La Gran Sabana, Canaima, Los Roques y al Delta.

Por mar

La terminal del transbordador de **Punta de Piedras** se encuentra a 29 km al oeste de Porlamar. Hay un servicio regular de autobuses y *por puestos* que cubre esta ruta. Se recomienda confirmar todos los horarios de salida del transbordador con las compañías, y también es muy importante que empiece a hacer cola por lo menos dos horas antes de la salida (cuatro horas si lleva coche). Una advertencia: las colas en hora punta pueden ser tremendas. Existen descuentos para niños hasta 7 años, y para adultos mayores de 65.

El viaje con el aerodeslizador *Gran Cacique III*, que normalmente hace dos trayectos diarios, y algunos más en temporada alta, dura dos horas y media. Es recomendable ir en primera clase. Para más información llame al ✆ (081) 630935, en **Puerto La Cruz**, y al ✆ (095) 98072 o (095) 98399, en **Punta de Piedras**. El *Gran Cacique II*, con salida desde Cumaná, cubre la ruta en dos horas, con salidas a las 07.00 y a las 14.00 horas, y la vuelta a las 11.00 y 18.00 horas. Para más información, llame al ✆ (093) 320011 o al (093) 312589.

La otra opción para hacer un viaje cómodo y rápido es el ***Margarita Express* de Conferry**, que sale de Puerto La Cruz y tarda unas dos horas, con dos salidas diarias en temporada baja y una tercera en temporada alta. Las tarifas son más altas que las del *Gran Cacique*, pero el barco es mejor que los aerodeslizadores.

La oferta más económica para ir a Margarita es la de los transbordadores más antiguos de la compañía Conferry, con cuatro a seis salidas diarias (según la época) a Puerto La Cruz; el trayecto dura unas cuatro horas, a veces más. Cumaná sólo tiene dos salidas diarias. No hay billetes de primera clase, y el recorrido, aunque un poco más corto, es como una pesadilla envuelta en una nube de humo de diesel. Pida más información a Conferry, llamada gratuita al ✆ (800) 33779. Naviarca es la otra compañía que comunica Margarita con Cumaná, pero si puede evitarlo, no vaya con ella.

En cuanto al servicio de lanchas (barcas con motores fueraborda con un toldo para la sombra) a Chacopata, en la península de Araya, estado de Sucre, diríjase a la **Empresa Naviera Turismo Chacopata**, en el paseo Rómulo Gallegos, cerca del viejo faro de Porlamar, que cubre esta ruta. El trayecto tarda de una a dos horas, y sólo cuesta 4 USD, pero no es para estómagos débiles. No obstante, si quiere ir a Paria, ésta es la mejor opción. Hay salidas durante todo el día, desde primera hora de la mañana hasta las 15.00 horas, y las lanchas funcionan como los *por puestos*: salen cuando están llenas.

Para viajar Trinidad u otras islas caribeñas con la compañía Windward Islands, deberá trasladarse al muelle de Pampatar, donde los transbordadores salen cada miércoles a las 18.00 horas. Para reservas, llame a la agencia de viajes **Unitravel**, ✆ (095) 617491/630278, calle Cedeño con Santiago Mariño, en Porlamar, o a su agente en Pampatar, David Hart, ✆ (095) 623527.

EL NORTE DE PORLAMAR

Para salir de Porlamar, hay la autopista con dirección al norte, a La Asunción. También puede ir por la ruta hacia el este, vía Los Robles y Pampatar, o dirigirse al oeste y atravesar el Valle del Espíritu Santo (El Valle). Cualquiera que sea la ruta que haya escogido, pronto estará encantado con las tonalidades verdes de la isla y la imponente montaña del cerro El Copey. Desde La Asunción, siga la ruta hacia el norte hasta llegar a las playas de la costa oriental, o hacia el este para visitar los poblados de artesanos y el de Juan Griego.

PAMPATAR

De viaje por la isla de Margarita, no tardará nada en dar un paso atrás en el tiempo. En el trayecto a Pampatar, haga un breve descanso para visitar **Los Robles**, un pequeño poblado al norte de Porlamar, con una iglesia colonial de brillante color blanco: El Pilar. Desde aquí, cada 12 de octubre sale una procesión con la estatua de La Pilarica, según dicen de oro macizo, alrededor de la plaza y por todo el poblado, con mucha fanfarria y júbilo. Poco después de salir de la autopista, junto a las oficinas de **Corpotur**, hay un gran centro de venta de buenos artículos artesanales.

Pampatar, fundada en 1535, en el puerto de mayor profundidad de la isla, situada al este de Los Robles, es una de las ciudades más antiguas de las Américas. Pero los piratas no tardaron en descubrirla y destruyeron el primer fuerte de La Caranta. Desde sus ruinas, sobre el acantilado al este, se aprecia una excelente vista a la bahía de Pampatar. Lamentablemente, sus aguas no están muy limpias, y es mejor no de bañarse en ellas.

Visitar Pampatar

Los españoles no se tomaron los asaltos de los piratas a la ligera. En el siglo XVII, iniciaron el proyecto de la construcción de otro fuerte, esta vez en la bahía. Aunque los saqueadores holandeses lo incendiaron, el **castillo de San Carlos Borromero** simboliza uno de los grandes proyectos de ingeniería militar de España. Su configuración en forma de una estrella gigantesca es similar a la del fuerte de Cumaná, y aún se pueden ver los restos del foso. En el interior, en medio de la mampostería semidesmoronada, a la espera de su restauración, hay una pequeña exposición con planos arquitectónicos, armas y pinturas de época. El horario de visita es de 08.00 a 17.00 horas.

Al otro lado de la carretera se encuentra la pequeña y sencilla **iglesia del Santísimo Cristo del Buen Viaje**, del siglo XVIII, cuyo crucifijo ocupa un lugar especial en los corazones de los pescadores del lugar. El barco que transportaba la cruz de España a Santo Domingo tuvo que detenerse en Pampatar, y cada vez que intentaba volver a zarpar, los fuertes vientos lo obligaban a regresar al puerto hasta que, finalmente, la estatua se quedó en Pampatar, donde sigue desde entonces.

Al otro lado de la sombreada plaza está el impresionante edificio neoclásico pintado de brillante color amarillo, la **Casa de la Aduana**. Aquí es donde, en 1817, las islas de Margarita, Coche y Cubagua fueron nombradas «Nueva Esparta» por primera vez. La Casa de la Aduana alberga, hoy día, las oficinas de Fundene, la Fundación para el Desarrollo de Nueva Esparta, ☎ (095) 622494, abiertas los días laborables de 08.00 a 12.00 horas y de 13.00 a 16.30 horas, donde ofrecen mapas e información turística. En su fresco patio interior se pueden admirar exposiciones temporales de arte.

Alojamientos turísticos y restaurantes

El hotel más exclusivo para hospedarse en Pampatar es el **Flamingo Beach**, ☎ (095) 262511 / 451, FAX (095) 620 271, flamingo@enlared.net, que se encuentra detrás del fuerte de La Caranta, al este del centro de la ciudad. Este pequeño centro turístico, uno de los mejores de toda la isla, cuenta con 170 habitaciones atractivas y confortables, una piscina, un gimnasio, una sauna y varias pistas de tenis al lado de una playa.

A lo largo de la bahía hay varios restaurantes de pescado y mariscos, entre los cuales destacan **La Luna Marina** y **Trimar**; aunque **El Farallón**, situado al lado del fuerte, también es una buena opción.

EL VALLE DEL ESPÍRITU SANTO

Si sale de Porlamar por la autopista hacia el oeste, llegará al Valle del Espíritu Santo y a la entrada del **parque nacional Cerro El Copey**. La Virgen del santuario del Valle, la más venerada de todo el oriente de Venezuela, es la patrona de la isla, de los pescadores y de las fuerzas navales, y sus fiestas, el 8 de septiembre, son un importante motivo para celebrar un día de vacaciones en todo el estado, si bien estas fiestas se alargan durante toda la semana.

Visitar el Valle del Espíritu Santo

El **santuario de la Virgen** se construyó en 1900, en el mismo sitio donde antes ya habían existido otras iglesias, para albergar la imagen de la Virgen. Llama la atención el edificio, con sus dos torres gemelas, pintado de color rosa y blanco, y, en el interior, los vestidos de la Virgen son el orgullo del lugar: uno por las perlas, y el otro por los diamantes. Antes de entrar al recinto, cerciórese de estar correctamente vestido.

Al este de la iglesia se encuentra el **Museo Diocesano**, que se inició como almacén de todos los regalos que los peregrinos ofrecían a la Virgen. Vale la pena verlo, ya que contiene toda clase de miniaturas en oro, desde coches y casas, hasta piernas y manos.

El **cerro El Copey**, de 920 m de altura y la cima más elevada de la isla, se halla al oeste y norte de el Valle. El parque nacional abarca una superficie de 7.000 ha, cuenta con franjas de bosque pluviales y muchos árboles de copey, con sus hojas enceradas, que dieron el nom-

SUPERIOR: Cocos maduros, a punto de caerse: una seria amenaza para la salud…

bre al parque. Con un poco de suerte, tal vez pueda ver alguno de los tímidos monos mandarines que se ocultan entre los árboles cubiertos de bromelias. Para llegar al parque, vaya por la carretera de La Sierra con dirección al norte, a La Asunción, hasta la indicación de la cabaña de Inparques y de la vista panorámica. Desde aquí, la caminata de subida a la cima dura unas dos horas. Las vistas por la tarde en dirección al noroeste, hacia Juan Griego, son las mejores de toda la isla.

LA ASUNCIÓN

Mientras que Porlamar vibra de animación, La Asunción parece estar muy satisfecha de su somnolencia. Esta pequeña ciudad, con su plaza arbolada en el centro, parece estar a miles de kilómetros de distancia del agobio del pretendiente a demasiada desenvoltura. El valle de La Asunción, situado a la sombra del cerro El Copey, es fértil, pero a pesar de su fertilidad, cuando se fundó en 1565, se pensaba más en los piratas que en los plátanos y en la caña de azúcar. Solamente el día de la gran fiesta, el 14 de agosto, toda la ciudad emerge de su tranquilidad y se anima a par-ticipar en procesiones y misas, para después volver a su imagen de ciudad de sano dormitar.

Visitar La Asunción

La **catedral de Nuestra Señora de La Asunción** es la más antigua de toda Venezuela. Se construyó en 1570, y sirvió de modelo para todas las iglesias que se levantaron en la floreciente colonia, a lo largo de los posteriores 100 años. Las líneas de su arquitectura exterior, austeras y sobrias, son un reflejo de las raíces de los primeros españoles de la España de la Inquisición; mientras que en su interior se percibe una cautivadora tranquilidad. Dos filas de columnas impresionantes se extienden a lo largo de toda la nave, que no tiene nada que ver con las de las iglesias de arquitectura más frívola construidas más tarde en la isla. La iglesia sólo se abre para la celebración de misa: una por la mañana y otra por la noche.

En la **Casa de la Cultura**, una construcción moderna al otro lado de la plaza, en la calle Fermín, se exhiben réplicas de una colección de cerámica precolombina, pero también hay exposiciones de obras de arte contemporáneas. El horario de visita es de 08.00 a 20.00 horas en días laborables, y los fines de semana, de 08.00 a 12.00 horas. En la esquina de la plaza se halla el **Museo Nueva Cádiz**, con una biblioteca y una colección histórica de la primera época colonial. Es un edificio elegante que data del siglo XVIII, antiguamente la sede del gobierno. Oficialmente, Nueva Cadiz, la primera ciudad que se estableció en la isla de Cubagua, situada al sur de Margarita, se fundó en 1528, aunque la industria de las perlas ya había acabado mucho antes con todas las existencias. En el museo se exhiben, asimismo, obras de artistas locales. Las horas de visita son de 09.00 a 18.00 horas, todos los días excepto los lunes.

La **Casa Juan Bautista Arismendi**, restaurada y remodelada, se encuentra al oeste de la plaza, en la calle Independencia. El general Arismendi, el marido de Luisa Cáceres de Arismendi, la heroína famosa de la isla, luchó valientemente por la independencia de ésta. En el interior de la casa se exhibe una intrigante colección de retratos familiares y reliquias. El horario de visita es de 09.00 a 17.00 horas en días laborables.

Si sube a la colina, desde donde obtendrá una gran vista de toda la ciudad, preste atención a la señal indicadora (el símbolo de un castillo) para llegar al **castillo de Santa Rosa**. Desde su ubicación privilegiada, la vista abarca todos los alrededores hasta el cerro Matasiete, donde se libró la batalla decisiva para la liberación de Margarita. En el fuerte está la celda donde Luisa de Arismendi fue encarcelada como rehén por su marido, el general. La celda parece aún más macabra si se tiene en cuenta que Luisa, durante su encarcelamiento, dio a luz. El niño murió más tarde. Armas de época, bolas de hierro con cadenas y paneles explicatorios complementan las exposiciones en el interior del fuerte, que está abierto diariamente de 08.00 a 18.00 horas, a excepción de los lunes, que cierra a las 15.00 horas.

Restaurantes

Lo mejor que puede hacer es comer pescado fresco en cualquier restaurante de la playa de Pampatar, o en **La Trattoría al Porto**, en Puerto Fermín. Como último recurso, diríjase a **La Casona** en San Juan Bautista, tierra adentro, donde su comida es excelente.

LA COSTA ORIENTAL

Las aguas de color turquesa, las palmeras, el pescado y los mariscos frescos, las largas playas de arena blanca, los bares animados y un sol brillantísimo son la razón por la cual Margarita atrae a tantos turistas. Todo esto lo encontrará en la línea costera oriental.

AL NORTE DE PAMPATAR

Uno de los mayores centros turísticos en este lado de la isla es el **Lagunamar Allegro Hotel**, ☎ (095) 2620711, que cuenta con más de 300 habitaciones y con toda clase de actividades que se pueda imaginar. El hotel posee una laguna propia de agua salada, donde los huéspedes pueden practicar vela y *windsurf*, también cuenta con una larga playa, y por si todo esto no fuera suficiente, tiene nueve piscinas, entre ellas una especial para niños. Es asimismo el mejor balneario de la isla.

Más al norte de Pampatar, hay un desvío que conduce a **Playa Guacuco**, muy popular entre la gente del lugar, con una serie de restaurantes pequeños donde se pueden alquilar tumbonas y parasoles. Los surfistas suelen ir en busca de las olas de Guacuco, aunque las de Parguito son aún mejores.

A poca distancia se encuentra otro de los grandes hoteles de lujo, el **Tamarindo Guacuco**, ☎ (095) 422727, que ofrece 33 cabañas al estilo del trópico con maravillosas vistas al mar, y también 25 habitaciones en su edificio principal y 2 piscinas. Los paquetes con todo incluido suelen ser la norma. Al norte de Guacuco, se encuentra la exclusiva urbanización Ranchos de Chana, aunque la carretera haga un giro tierra adentro alrededor de las suaves colinas del **cerro Guayamurí**.

De Playa Cardón a El Agua

Al continuar el viaje hacia el norte, deténgase en el pueblo de **Paraguachí** para visitar la iglesia de San José parcialmente restaurada. Después continúe el viaje por la carretera hacia el este hasta Playa Cardón, una bahía ancha con una playa de arena blanca. La carretera sigue a lo largo de la bahía hasta **Puerto Fermín**.

Puerto Fermín recibe el sobrenombre de El Tirano, un recuerdo sombrío de la estancia del tirano Lope de Aguirre en Margarita a mediados del siglo XV, que mató al gobernador y aterrorizó a la gente de la isla. Hay una película de Werner Herzog, *Aguirre, la cólera de Dios*, con Klaus Kinski como protagonista principal, que describe el viaje de Aguirre hasta llegar al Amazonas con todo lujo de detalles. Ahora, El Tirano es uno de los pueblos costeros más pintorescos de la isla, donde casi todas las casas están pintadas de brillantes tonos de color naranja, bermellón, ocre o verdemar. Intente presenciar la vuelta de la flota de barcas pesqueras por la mañana, también todas pintadas de alegres colores. Generalmente, los pescadores están dispuestos a aceptar a los turistas como acompañantes, cuando salen en sus barcas por la tarde. En la ciudad, hay dos posadas modestas, ambas en la calle Picaflor.

Después de abandonar El Tirano, siga la carretera que le conducirá a **Playa Parguito**, la playa preferida por los surfistas para divertirse entre las olas. La orilla está llena de restaurantes modestos de pescado fresco, así como «alquiladores de sombra». Después la carretera se vuelve a unir a la «autopista» de la costa.

Alojamientos turísticos

Siguiendo la ruta hacia Playa Cardón y al atravesar el pueblo de **El Salado**, busque la señal, a la derecha, que indica la ubicación de la rústica **Posada de Iris (Rancho Río Salado)**, ✆ (095) 61 9191 o (014) 7894051. Después de unos cinco minutos de recorrer un camino de tierra verá la posada a la izquierda. No tiene nada que ver con los centros turísticos de lujo, pero Iris, su propietaria, la ha decorado con un gusto encantador: todo en colores tropicales con antigüedades y otros detalles y adornos. Ofrece 14 habitaciones, algunas de ellas con terraza. También cuenta con un restaurante y una pequeña piscina. En la hacienda contigua hay muchos animales, que seguramente encantarán a los niños.

La pequeña **hostería Marymonte**, ✆ (095) 48066, FAX (095) 48557, paul@compucen.com, www.marymonte.compucen.com, en Playa Cardón, administrada por Paul Poinçot, dispone de seis cabañas impecables, todas con una pequeña terraza, un amplio jardín con una piscina y mucho espacio para descansar. Un poco más adelante se encuentra **Pueblo Caribe**, ✆ (095) 657354, FAX (095) 48657, pueblocaribe@telcel.net.ve, de la cadena Confortel, que ofrece todas las comodidades de un hotel de tres estrellas. Las habitaciones son espaciosas y frescas, y las 15 cabañas, en la planta baja, son ideales para familias.

Restaurantes

La mejor opción para cenar es la localmente conocida **Trattoría al Porto**, ✆ (095) 48208, que prepara excelentes platos de pescado fresco y otros de cocina peruana

SUPERIOR: Los pescadores de Margarita se consideran los más duros de todo el país.

y patatas picantes. Hay gente que llega desde Porlamar sólo para cenar su delicioso pescado.

PLAYA EL AGUA

De vuelta a la autopista (ruta 4) con dirección al norte se llega a la playa más famosa de Margarita: Playa el Agua, una franja de arena blanca, agua azul y cuerpos rosados de 4 km de longitud. Si le gustan los largos paseos por la playa, éste es el lugar correcto.

Aunque las construcciones a lo largo de la playa se están incrementando poco a poco, los hoteles no superan los cuatro pisos. Durante los fines de semana y en época de vacaciones, se llenan de turistas locales y extranjeros, ansiosos de sol y por aprovechar su tiempo al máximo. Hay numerosos restaurantes y bares por toda la playa, que suelen ser muy animados de noche, mientras que los locales nocturnos entretienen a los felices incansables hasta la madrugada.

INFORMACIÓN TURÍSTICA

En El Agua, casi todos los supermercados, las tiendas de recuerdos e incluso los accesos a internet (en **Baywatchers**, delante de la playa, mejor por las tardes), tienen precios muy exagerados. La avenida principal a lo largo de la costa se llama bulevard Playa el Agua, y la otra calle importante, la calle Miragua, sirve de enlace con la autopista principal (avenida 4 de Mayo). Es fácil llegar allí con el autobús de Porlamar, y además, siempre hay taxis esperando.

ALOJAMIENTOS TURÍSTICOS

Los alojamientos en Playa el Agua van desde los paquetes con todo incluido hasta apartamentos con derecho a cocina, pero hay pocas ofertas económicas. Los precios varían de acuerdo con la temporada, y todas las habitaciones (si no se indica lo contrario) ofrecen agua caliente y aire acondicionado.

De caro a moderado

Playa El Agua Beach Hotel, ✆ (095) 491011, un poco retirado de la playa y con acceso directo desde la carretera principal, es probablemente el mayor hotel en El Agua; rodeado de extensos jardines paisajísticos, cuenta con pistas de tenis y piscinas. Algunas habitaciones tienen una impresionante vista al mar, solicítelas cuando haga la reserva.

El **hotel Cocoparaíso**, ✆ (095) 490117/274, situado al norte de la calle Miragua, dispone de 18 habitaciones bien equipadas y amuebladas, más atractivas que las del hotel Le Flamboyant, que se encuentra en primera línea de mar. El desayuno se pueden tomar al lado de la piscina, y la comida se sirve en su restaurante **Merlín**, al lado de la playa.

El mejor de todos es el nuevo **Costa Linda Beach**, ✆ (095) 491303, FAX (095) 491229, hcosta@enlared.net, en la calle Miragua, una casa de estilo colonial pintada de colores verdemar y terrosos, que dispone de 24 habitaciones confortables y agradables, una pequeña piscina y un buen restaurante.

Entre los apartamentos con derecho a cocina situados a lo largo de esta carretera, **Casa Karlito**, ✆ (095) 490716, dispone de cuatro atractivos apartamentos con grandes cocinas bien equipadas, además de un *jacuzzi* y un área de descanso con bar en la parte posterior.

Económico

En la calle Miragua, hay dos opciones de apartamentos con cocina, agua caliente y aire acondicionado: **Chalets Belén**, ✆ (095) 491707, dos cabañas con espacio para seis personas, y asimismo la **Residencia Vacacional El Agua**, ✆ (095) 491975, justo al lado, también con cabañas casi idénticas con capacidad para seis u ocho personas.

RESTAURANTES

Entre las fondas del bulevar y de la calle Miragua figuran **La Cucaracha**, **Hardy's**, **Tai-Chi** y **Merlín**. El lugar más animado por la noche es **Panare**.

LA COSTA DEL NORTE

A lo largo de toda la costa hasta Juan Griego, las bahías, caletas y playas de la costa norte de Margarita disfrutan del sol brillante y también de un relativo anonimato. Sus aguas de color turquesa y sus playas doradas pueden estar completamente desiertas, incluso en temporada alta. Si quiere encontrar una playa escondida, tendrá que buscar un poco; lleve su propio parasol y agua y comida suficiente.

A poca distancia de El Agua está **Playa Manzanillo** que con su amplia bahía arenosa, recortada por colinas, y con las barcas pesqueras balanceándose sobre las olas del mar, es un lugar mucho más tranquilo y pintoresco. Hay una serie de restaurantes modestos a lo largo de la playa, y se pueden alquilar sombrillas. Más adelante, en la misma carretera, está **Playa Puerto Cruz** con sus tranquilas aguas y arena blanca, que muchos consideran la mejor de toda la isla.

El siguiente desvío en la carretera conduce al pueblo de Pedro González y a **Playa Zaragoza**. A principios de la década de 1980 hubo un nuevo gobernador, nacido en este mismo lugar, que dio nueva vida a la playa. Las casas se pintaron de color azul, amarillo y rosa, y se reconstruyó todo el paseo marítimo. Las aguas de Playa Zaragoza son cálidas, calmadas y transparentes. Se pueden alquilar sombrillas.

ALOJAMIENTOS TURÍSTICOS Y RESTAURANTES

De lujo

El **Isla Bonita Golf & Beach Hotel**, ✆ (095) 657111, FAX (095) 639068, de cinco estrellas, ocupa una superficie de casi 3 km^2. Cuenta con 312 habitaciones de lujo, entre ellas 17 *suites*. A finales del año 2000 figuraba como el mayor campo de golf de toda la isla.

Es un complejo gigantesco e impresionante, a pesar de sus pinturas de color rosa chillón, que cuenta con un balneario al estilo europeo, masajes, *jacuzzis*, salas para aerobic, un gimnasio y un salón de belleza. Entre los diversos deportes acuáticos figuran: el *windsurf*, el submarinismo, la vela y las motos acuáticas. Todas estas instalaciones son de lo más moderno.

Económico

En el n.° 11 del paseo en Playa Zaragoza, la agradable **Marie Noëlle Bourdais**, ✆/FAX (016) 6818119, de nacionalidad francesa, alquila dos apartamentos confortables que se encuentran en la parte posterior de su casa: uno, en la planta superior con capacidad para cuatro personas, y otro, para dos en la inferior. Las cocinas están bien equipadas, y los muebles y accesorios son de buen gusto. Hay varios restaurantes en el paseo, el mejor de ellos es **Los Tinajones**.

PLAYAS CARIBE, BOQUITA Y LA GALERA

Entre las últimas playas antes de llegar a Juan Griego, las de Caribe y de Boquita figuran entre las mejores. La entrada a la de Caribe está indicada y se encuentra a poca distancia de la carretera principal. Su paisaje es rocoso y carece de árboles, pero su playa, en forma de dos medias lunas, es sencillamente espectacular. **Mosquito Beach** es el mejor de los restaurantes de esta playa. Por las noches, durante la temporada alta, Mosquito Beach se convierte en una sala de fiestas, un gran lugar para experimentar un poco del hedonismo vacacional de la playa.

Para llegar a Boquita, siga el desvío a la izquierda por un sendero de tierra a medio camino de Playa Ca-

SUPERIOR: Los pescadores de Puerto Fermín (El Tirano) comentan el pronóstico metereológico poco favorable.

ribe. Tiene que ir con una sombrilla y, también, con agua, ya que nunca se sabe si habrá un puesto con refrescos. Playa La Galera carece de la belleza de las otras dos, pero igualmente es bonita. Aquí se puede alquilar el equipo para practicar deportes acuáticos, y la mejor de las tres opciones si desea alojarse es la **Posada del Sol**, ☎ (095) 530354, cuyas cabañas cuentan con cocina equipada y con aire acondicionado.

JUAN GRIEGO

Juan Griego, la ciudad más importante de la costa norte y la futura segunda ciudad de Margarita, con sus puestas de sol de postal, sus pescadores y sus amplias bahías, atrae a muchos viajeros, aunque tan sólo sea para una cena en uno de sus restaurantes a orillas del mar. Con su reducida gama de alojamientos modestos, Juan Griego puede ser una interesante alternativa para El Agua o Porlamar, donde los hospedajes son más caros. Por desgracia, la contaminación de las aguas de la bahía de Juan Griego aumenta constantemente a causa del continuo crecimiento de su población y de las grandes flotas pesqueras. Para evitar complicaciones, diríjase al extremo sur de la ciudad o a La Galera.

VISITAR JUAN GRIEGO

Después de un agradable paseo por el norte de la ciudad, el **fortín La Galera** le proporcionará una bella vista sobre la bahía; además es el mejor sitio para observar una impresionante puesta del sol. El fuerte, una construcción del siglo XVI, fue testigo de las batallas sangrientas entre los seguidores del rey y los patriotas, en 1817. Ahora está en espera de restauración. Dé una vuelta por el paseo, a poder ser a primera hora de la mañana, y así podrá contemplar cómo los pescadores vuelven con las redes llenas, para más tarde trabajar en sus barcas de madera bajo la agradable sombra de los árboles.

INFORMACIÓN TURÍSTICA

El Banco de Venezuela y el Banco del Orinoco se encuentran en la avenida Principal. En la mayoría de los comercios y de los hoteles cambian dólares, pero puede observar fluctuaciones notables en los cambios. Hay un servicio regular de autobuses entre Porlamar y Juan Griego, vía La Asunción, cuyo trayecto dura cerca de 40 minutos.

ALOJAMIENTOS TURÍSTICOS

En Juan Griego puede elegir entre los hoteles más modestos al lado de la playa u otros mayores y más caros (muchas veces apartahoteles) en las afueras de la ciudad. Todos son económicos.

Entre las ofertas de tarifas más elevadas figura el **Villa El Griego Hotel**, ☎ (095) 531507/532503, FAX (095) 530258, calle Pica Quinta, que también tiene ofertas. Sus 165 apartamentos, para dos personas, y sus 16 casitas con capacidad para hasta seis personas, todas con aire acondicionado, refrigerador y televisión, son lo mejor de todo el área. Cada habitación con balcón o terraza tiene hamaca, y también hay piscinas.

El **hotel Patrick´s**, ☎ (095) 536218, FAX (095) 534089, en la calle El Fuerte, administrado por un agradable matrimonio francés, es una buena opción, con vistas sobre la bahía desde la planta superior. Las habitaciones tienen aire acondicionado y agua caliente. El **hotel Nuevo Juan Griego**, ☎ (095) 532409, de administración holandesa, se encuentra en el centro de la ciudad, al lado de la playa; cuenta con cuatro habitaciones sencillas pero impecables, con vistas al mar, con servicio de agua fría y ventiladores. No muy lejos, en la calle La Marina, hay otras dos opciones aceptables y muy económicas: el **hotel La Coral**, ☎ (095) 532463 y el **hotel Gran Sol**, ☎ (095) 530425.

RESTAURANTES

Hay cuatro restaurantes, al pie de la calle Fuerte, al lado del mar, ideales para contemplar la puesta del sol. **El Viejo Muelle** es uno de los favoritos y más antiguos, con buenos platos de pescado fresco y también de pasta y música en directo. **El Fortín** y **Viña del Mar**, de cocina árabe, son sus competidores más importantes. **Da Aldo´s**, ubicado en la calle Los Mártires, sirve los mejores platos de cocina italiana de toda la ciudad. Y de vuelta a la calle El Fuerte, también está **El Gitano**, de Carlos, un hombre simpático y afectuoso, que habla cinco idiomas y sirve sabrosas tapas y vinos españoles en medio de un ambiente acogedor.

LOS PUEBLOS DEL INTERIOR

Si le interesa descubrir la rica artesanía de Margarita, deberá visitar los pueblos y las pequeñas ciudades al noroeste de La Asunción. Aunque no le interese comprar recuerdos para llevarse a casa, los pueblos en medio de las verdes colinas ofrecen una visión inesperada y encantadora de la vida rural venezolana y también de la historia de Margarita.

No deje de visitar el centro artesanal llamado: **Así con las Manos, Tierra, Agua y Fuego**, obra del amor de Pepe García, situado en Tacuantar, en la carretera de la costa al sudoeste de Juan Griego; es mucho más que un simple comercio, ya que le permite conocer a fondo la vida y la artesanía tradicional de los venezolanos. En la casa, construida por García, de estilo tradicional *bahareque* (de barro), que se encuentra en el jardín posterior, se pueden ver estampas fascinantes y otros detalles creativos. Algunas piezas son sólo de exposición, pero hay muchas otras que están a la venta.

Tras dejar Juan Griego, siga por la carretera a **Santa Ana** al este de esta pequeña ciudad tan rica históricamente. Fue desde su iglesia del siglo XVIII, donde Bolívar proclamó la Tercera República, el 4 de mayo de 1816, y aún se puede ver la silla donde se sentó.

Para salir de Santa Ana hay varias carreteras que conducen a otros pueblos. Si se dirige al sudeste, en dirección a La Asunción, se atraviesa **Tacarigua**, un poblado cuidado y limpio, donde los comercios cuelgan sus *chinchorros* (un tipo de hamaca) en la calle. **Altagracia**, conocida por sus artículos de cuero, en especial las alpargatas con suela de cuero, se halla en la carretera que se dirige al noroeste, de vuelta hacia la costa.

Si viaja por la carretera del sur, pasará por **El Cercado**, un poblado dedicado a la alfarería. Un poco más adelante está **El Maco**, un pueblo famoso por el calzado que fabrica. El desvío a **Los Millanes** le llevará de vuelta a Juan Griego, pero deténgase en el centro de este pueblo para admirar la primorosa iglesia pintada de color azul. Justo antes de llegar a Los Millanes, cerca del puente, podrá observar a la gente que elabora cigarros con las hojas de tabaco del estado de Sucre.

San Juan Bautista se halla al sur de Juan Griego y de los demás pueblos, a la sombra del cerro El Copey. Alrededor de la plaza del siglo XVI y su iglesia colonial se venden sombreros hechos con hojas de palmeras y, también, adornos y muebles de madera. Más adelante, se llega al pequeño pueblo de **Fuentidueño**, que tiene fama por los dulces preparados por sus mujeres, especialmente el *piñonate* hecho con papaya.

ALOJAMIENTOS TURÍSTICOS Y RESTAURANTES

La Casona, ☎ (095) 59333, FAX (095) 59133, casona@enlared.net, en la calle Miranda, en el extremo sur de San Juan, realmente es un oasis en medio de una isla, o también se podría decir «de ninguna parte». El propietario, un austríaco, ha convertido una vieja casa del pueblo en una de las posadas más espectaculares de Margarita, de precios moderados, 24 habitaciones espaciosas y rústicas, una piscina rodeada de palmeras y un restaurante en el centro del patio empedrado. Aunque no planee pasar la noche aquí, el restaurante con su excelente menú variado, abierto de día y románticamente iluminado de noche, no le defraudará.

EL PARQUE NACIONAL LA RESTINGA

Una barra de arena estrecha que de manera indirecta une a las dos islas de Margarita, limita la laguna de Restinga, y procura, así, abundante pescado para las bandadas de aves migratorias. Esta barra de arena crea la playa más larga de toda la isla, 23 km, cubierta de toda clase de pequeñas conchas.

La mayor atracción turística de Margarita, el parque nacional La Restinga abarca algo más de 100 km^2, de los cuales la parte más interesante, sin duda, es el laberinto de los manglares. Según la época del año, en sus aguas poco profundas puede admirar flamencos, ibis de color escarlata y garzas reales, pero también fragatas, cormoranes y pelícanos que van a buscar alimento. Un paseo en barca por los canales y a través de los manglares a fin de observar a las aves es un agradable descanso después de las playas. Pida el folleto de primera clase para el parque de Corpoturismo.

CÓMO LLEGAR

Póngase en marcha cuanto antes para llegar al muelle del **embarcadero El Indio**, lo más temprano posible,

PÁGINA ANTERIOR: Los turistas se divierten en la piscina del lujoso hotel Isla Bonita.

el primer barco sale a las 07.00 horas; o si lo prefiere también puede ir a última hora de la tarde, ya que éstos son los mejores momentos para la observación de las aves. El muelle está a poca distancia de la autopista, y los precios se fijan por barca. Puede pedirle al barquero que le deje bajar en alguna playa durante una hora.

LA PENÍNSULA DE MACANAO

Bajo un sol implacable y con un cielo de un color azul intenso, los cactos, que en julio empiezan a florecer con brillantes colores amarillos, dominan el paisaje grisáceo y azotado por el viento de la parte occidental de la península de Macanao, conocida localmente como «la otra isla». La península, un semidesierto de color rojizo, es el hogar de muchas criaturas fuertes: serpientes, zorros y cabras salvajes.

En toda la península sólo hay dos posadas modestas; se pueden ver pequeños poblados de marineros con casas hechas con simples láminas de latón, y a su sombra, los pescadores, quemados por el sol y curtidos por el viento, reparan sus barcas de madera con las mismas técnicas que sus padres y abuelos.

Montar a caballo también es una actividad propia de las vacaciones que se está popularizando en Macanao, y además, es una forma interesante de explorar las colinas, algunas de las cuales alcanzan 740 m de altura, todas cubiertas de cactos. Si no quiere montar a caballo ni alquilar un coche, tal vez lo mejor es participar en una excursión con una compañía local. La carretera de alrededor de la península, de 62 km de largo, está bastante bien pavimentada.

VISITAR LA PENÍNSULA DE MACANAO

Después de cruzar el puente y de salir de la carretera principal verá unos arcos a su derecha. Siga por la carretera hasta llegar a la playa, donde continúa paralelamente a la línea costera: es un viaje realmente encantador.

La única ciudad en Macanao con cierta importancia es **Boca de Río**, situada al sur, en la entrada de la laguna. El orgullo de la ciudad es, con razón, el **Museo Marino**, al lado del mar. En sus dos plantas se pueden ver modelos en miniatura de toda clase de navíos, así como colecciones de conchas, corales, redes y nudos y demás recuerdos marítimos. El museo está abierto todos los días, de 09.00 a 17.00 horas, excepto los lunes. El restaurante más conocido de la ciudad es **Fríomar**, fácilmente localizable si se dirige hacia el oeste. El *chef* prepara una gran variedad de platos poco comunes, por ejemplo de erizos de mar y de raya.

La siguiente playa destacable es **Punta Arenas**, situada 27 km hacia el oeste, en la salida de la autopista. Es una bonita extensión de arena blanqueada por el sol, rodeada de chozas de pescadores; sus barcas parecen pequeñas ballenas que descansan en la orilla. Se alquilan sombrillas, y hay varios restaurantes donde ir a comer. **Playa Salvaje**, deslumbrante con sus verdes palmeras decorativas, es la más agradable y atractiva de la zona.

ALOJAMIENTOS TURÍSTICOS

Tras pasar Boca de Río, continúe por el cabo hasta llegar al pueblo de **Robledal**, donde encontrará una agradable posada de precios económicos, propiedad de una familia de canadienses franceses. **Auberge L´Oasis**, ☎ (095) 915339, ofrece seis habitaciones y un restaurante. Es aconsejable llamar antes para cerciorarse de que realmente hay alguien en casa. Vaya por el camino de tierra donde está la indicación, a lo largo de un enorme tanque de agua.

No muy lejos de Robledal, en la costa del norte de Macanao, se encuentra la **Playa La Pared**, otra maravillosa franja de arena y mar. El caprichoso campamento **Makatao**, ☎ (095) 630578 o (016) 7967180, FAX (095) 636647, a la izquierda de la autopista, con vistas al mar, incrementa el atractivo de esta playa. El campamento es un lugar de retiro y de relajamiento, con toda clase de terapias y tratamientos, desde baños de lodo, cristales y masajes hasta sesiones de meditación, yoga y *tai chi*. Entre los cuatro tipos de alojamiento, la choza individual con techo de paja, sin duda es el más atractivo, y además ofrece la mayor intimidad. Definitivamente, el campamento es una buena alternativa al centro vacacional de cinco estrellas.

EL YAQUE

Hace 10 años, la amplia bahía de El Yaque se conocía como la «playa del taxista», ya que los conductores del aeropuerto solían hacer la siesta en sus arenas, al tiempo que disfrutaban de la brisa del mar. Ahora, el nombre de El Yaque es sinónimo de *windsurf*, y toda la playa está totalmente orientada al deporte —aunque se pueda ver algún taxista que sigue la vieja costumbre.

El Yaque se considera como uno de los mejores lugares del mundo para practicar *windsurf*, ya que siempre hay fuertes vientos: los máximos, entre noviembre y marzo, con velocidades de hasta 35 nudos; tiene aguas poca profundas para principiantes, excelentes instalaciones y una gran variedad de entretenimientos *après-surf*. Su regata anual, que atrae a windsurfistas de todo el mundo, se celebra en mayo. Hay información en www.crocker.com/-barnett//guide.html.

Aunque no sea aficionado al *windsurf*, se puede divertir viendo las velas multicolores que entran y salen zumbando de El Yaque.

INFORMACIÓN TURÍSTICA

No hay transporte público para llegar a la playa, aunque algunos de los hoteles disponen de servicio de traslado a Porlamar o al aeropuerto. Hace poco se terminó el proyecto para la instalación de líneas telefónicas, ya que, aunque parezca increíble, todos los establecimientos trabajaban con móviles. Tan pronto se haya instalado la red telefónica, muchos lugares también tendrán acceso a una página web, y sin duda, se dispondrá también de un teléfono público.

ALOJAMIENTOS TURÍSTICOS

Los alojamientos en El Yaque son relativamente caros, y los hoteles aprovechan su buena ubicación, al lado de la playa, y la «necesidad de rapidez» de los surfistas. Los precios varían mucho de acuerdo con la temporada, que se complica aún más en la época de vientos fuertes: «la temporada alta» se considera los meses de julio y agosto y de noviembre a abril; mientras que la época navideña es la «temporada muy alta». Y para confundirle aún más, muchos nombres de los hoteles parecen idénticos. Los precios de las habitaciones, todas con aire acondicionado y agua caliente (a no ser que se indique lo contrario) incluyen siempre el desayuno. Cuente que los teléfonos móviles pueden estar de más cuando se instalen las líneas telefónicas. La forma más eficiente para reservar una habitación desde el extranjero es vía correo electrónico. Recuerde que los precios pueden cambiar según la temporada.

De caro a moderado

Hay dos buenas elecciones más individuales en esta categoría: **Jump 'n' Jibe**, ☎/FAX (016) 6952068/0013, winsurf@cantv.net, y **Casa Viento**, ☎ (016) 6956858, windsurf@casaviento.com, www.casaviento. com. Jump 'n' Jibe, administrado por Darío, un suizo muy agradable, y su esposa venezolana, está entre el Windsurfers'Oasis y los hoteles de la Playa El Yaque. Tiene 14 habitaciones dobles bien decoradas, algunas con terraza, que vale la pena reservar. Todas las habitaciones se encuentran alrededor de la agradable área sombreada donde se puede comer y beber; y un poco más abajo, al lado de la playa y de la tienda de artículos para la navegación, hay una zona verde, que es un lugar perfecto si desea relajarse bajo la sombra de las palmeras tras un día agotador entre las olas.

Casa Viento, propiedad fundada en 1995 por Rocky Rockwell, de Colorado, Estados Unidos, es un hotel de excelente calidad, que se ha hecho muy popular. Está situado en una colina y ofrece una maravillosa vista al mar. Pero lo más impresionante es su diseño de tres estructuras. Las habitaciones espaciosas y blanqueadas con cal tienen ventanas con persianas de madera que recogen la brisa del mar, y no se necesita aire acondicionado. Las habitaciones están provistas de una nevera, caja fuerte y ventiladores. Los huéspedes de la Casa Viento asimismo disfrutan de la ventaja de poder usar la piscina del hotel Atti's, que está justo al lado.

Si no puede vivir sin tener la playa en la misma puerta, hay una serie de hoteles justo en primera línea de mar; el mejor entre ellos es **El Yaque Paradise**, ☎ (016) 9952182, paradiseteam@cantv.net. Sus habitaciones, de diferentes dimensiones y con la decoración típica de los trópicos, tienen teléfono y televisión, y su restaurante es bastante bueno. También posee una pequeña piscina. Este hotel pertenece al mismo propietario del **hotel Coche Speed Paradise**, en la isla de Coche, y las travesías entre los dos son gratuitas.

Económico

Para los amigos del *windsurf* que viajan en grupo vale la pena alquilar un apartamento con cocina. En El Yaque, los más económicos son los atractivos **Killer Loop Condos** (sin teléfono), www. windsurfingmarga

SUPERIOR: Los centros turísticos de Margarita figuran entre los mejores de todo Venezuela.

rita.com. Al final de la playa y subiendo por la colina hay una serie de apartamentos de dos pisos. El encargado de su alquiler es Hector Hung, ☎ (014) 9956504, hectorwindsurfin@hot mail.com; se le puede localizar en el hotel California, donde trabaja.

Un poco apartado de la avenida principal, donde están todos los hoteles, y en el camino al pueblo, hay dos lugares con alojamientos muy económicos, sin agua caliente ni aire acondicionado. **El Yaque Motion**, ☎ (016) 2639502, ofrece siete habitaciones sencillas con cuarto de baño, mientras que el **Sail Fast Shop**, ☎ (016) 7968352, tiene tres habitaciones al fondo de su comercio: dos con cuarto de baño y una sin.

RESTAURANTES

Últimamente se han instalado más restaurantes para satisfacer a los hambrientos windsurfistas, y la mayoría de ellos ofrecen mejor calidad que los hoteles. Todos pertenecen a la categoría económica y suelen ofrecer un servicio por turnos especial, acordado entre ellos, que también comprende las bebidas alcohólicas. Sólo tiene que averiguar dónde se celebra la fiesta «hoy». En épocas de temporada alta suele haber mucha animación en El Yaque, con actuaciones de grupos musicales en directo, espectáculos y competiciones, y la fiesta suele durar toda la noche.

Todos los restaurantes se encuentran en la entrada del pueblo, donde **Gaby's**, una fonda agradable y con ambiente, sirve buena comida mexicana y barbacoas. Justo delante está el restaurante rústico de **Los Surf Piratas**, con sus menús variados. En la curva, antes de llegar a los hoteles, se encuentra **Fuerza 6**, con un menú sencillo a precios competitivos y un servicio agradable. Entre los bares de la playa sobresale **Mike's**, enfrente de El Yaque Beach Hotel, por ser el más animado (con su *happy hour* entre las 17.00 y las 19.00 horas) y por tener la lista de cócteles más larga.

COCHE Y CUBAGUA

A estas dos islas situadas al sur de Margarita aún les falta mucho fomento turístico, aunque seguramente no tardará en llegar; hasta que algún inversor con vista descubra sus playas de suave arena y sus aguas de color turquesa. Por ahora, los que más disfrutan de sus playas son los windsurfistas, ya que los vientos de Coche son muy similares a los de El Yaque.

Los operadores turísticos locales promocionan la isla en excursiones de un día desde el continente, con visitas a los lugares arqueológicos e históricos y un largo paseo por las maravillosas playas iridiscentes. Si después de explorar Margarita desea hacer un viaje de un día en barca, Coche y Cubagua constituyen la opción ideal.

COCHE

Coche, la mayor de las dos islas, mide 11 km de longitud y 6 km de ancho. La única ciudad importante es **San Pedro**, un pueblo adormilado desde donde se extienden dos carreteras que comunican los poblados restantes de la isla. Las playas más atractivas son **La Uva** y **El Coco** en la costa del norte.

Alojamientos turísticos y restaurantes

En el extremo noroeste de la isla, Punta La Playa, el **hotel Coche Speed Paradise**, ☎ (014) 9952183, FAX (014) 9965988, paradiseteam@cantv.net, alberga sobre todo a windsurfistas. Sin embargo, es un hotel bonito y agradable, que cuenta con 70 habitaciones decoradas al estilo de una cabaña con terraza y aire acondicionado. Además hay una piscina y un jardín paisajístico. Aparte de aprender *windsurf*, con el alquiler del equipo incluido, también se puede jugar al tenis, ir en bicicleta de montaña, pescar o bucear. Las tarifas oscilan entre moderado a caro.

En San Pedro se encuentra el restaurante **El Bohío de Doña Carmen**, calle Marino, con un excelente menú de pescado y marisco; y en **El Bichar**, en la costa del sur, todo el mundo va directamente a **El Pescador de la Isla**, por su excelente cocina y su ubicación al lado del mar.

CUBAGUA

Cubagua, situada al oeste de Coche, es una pequeña isla de tan sólo 22 km^2. No obstante, su papel en la historia sudamericana es importante. A principios del siglo XVI, desde la isla se embarcaban enormes cantidades de perlas, echando así más leña al fuego de los mitos sobre las riquezas del Nuevo Mundo. Pero poco tiempo después, este mito se rompió, en particular a causa de los indios obligados a bucear hasta el agotamiento. A mediados del siglo XVI, todos los colonizadores ya habían abandonado la isla.

Generalmente, los turistas hacen un pequeño viaje desde el continente para visitar las playas desiertas y perfectas e imaginarse las escenas de las películas *El lago azul* y *La Playa*. Vaya en uno de los veleros *chárter* pero cerciórese de que la excursión también incluye una visita a las ruinas de **Nueva Cádiz**, pues vale la pena explorarlas.

CÓMO LLEGAR

Si no está hospedado en ninguno de los hoteles (que se encargan del trayecto), póngase en contacto con una compañía de veleros o de yates dedicados a organizar excursiones. Por lo general va todo incluido, incluso hay bar abierto. Las dos compañías, tanto **Viola Turismo**, ☎ (095) 630715, como **Octopus**, ☎ (095) 611535, con oficinas en el Margarita Hilton, son recomendables. Si busca algo más económico, regatee el precio con cualquiera de los pescadores en Punta de Piedras —con el mar picado, tal vez los peñeros no sean precisamente lo más indicado para los «marineros de agua dulce».

PÁGINA SIGUIENTE: Un paisaje de ensueño: la puesta de sol en Playa el Agua.

Orinoquia

DURANTE MUCHO TIEMPO, LAS REGIONES AL SUR DEL ORINOCO han fascinado a los viajeros extranjeros camino a los trópicos. El fantástico El Dorado, aquellos hombres misteriosos sin cabeza, sus tribus de ardientes mujeres amazónicas... Numerosos mitos y fantasías sobre esta región remota e inaccesible han avivado la imaginación de aventureros y buscadores de fortunas, desde que Colón llegara a ver por primera vez las aguas de color marrón del Orinoco. Exploradores, como sir Walter Raleigh o el infatigable Alexander von Humboldt, quedaron fascinados por sus fragantes bosques enmarañados y sus paisajes cautivadores, llenos de criaturas exóticas, reales e imaginarias. Hoy en día, el encanto de la región sigue siendo el mismo.

Sólo un 5 % de la población del país vive en esta región, que abarca casi la mitad del territorio venezolano. Orinoquia es el hogar de la mayor concentración de pueblos indígenas de Venezuela; los grupos más importantes son: los yanomami, los warao, los pemon, los yekuana y los piaroa, que más o menos constituyen el 10 % de la población total de la región.

Orinoquia comprende los extensos estados de Amazonas y Bolívar y el pequeño Delta Amacuro. Sus ríos alimentan al caudaloso Orinoco en su tramo en forma de anzuelo antes de desembocar en el océano Atlántico. Es una tierra de sabanas, bosques, cascadas, ríos y mesetas montañosas; de pueblos indígenas que casi no han cambiado su estilo de vida desde hace siglos; de misioneros, mineros y colonizadores en busca de una vida mejor. Sus riquezas naturales hacen imposible esta creencia, ya que éstas no consisten sólo en bosques pluviales y de montaña biológicamente distintos sino, además, en especies endémicas que viven en las cimas de las montañas.

También hay millares de riquezas minerales. Las reservas de minerales de hierro, manganeso y bauxita figuran entre las mayores del mundo; mientras tanto, en la ciudad planificada de Ciudad Guayana, a orillas del Orinoco, se encuentra la zona industrial que registra el crecimiento más acelerado de Venezuela. El país también es rico en oro y diamantes. Desde finales del siglo XIX, la fiebre del oro ha invadido todo el estado de Bolívar y atrae tanto a *garimpeiros* como a grandes compañías multinacionales en busca de El Dorado de nuestros días. No obstante, su mayor tesoro, el agua, es puro y simple. El complejo de la presa de Guri, el tercer mayor de todo el mundo, genera un 70 % aproximadamente de toda la electricidad de Venezuela.

Grandes extensiones de la región se benefician de los distintos niveles de la legislación de protección. Éstas comprenden el parque nacional Canaima, el quinto mayor del mundo y uno de los lugares que la UNESCO declaró Patrimonio de la Humanidad, y la biosfera tropical más amplia del mundo en la Reserva del Alto Orinoco-Casiquiare en el Estado Amazonas (*véase* PÁGINA WEB www.rainforestfoundationuk.org/outof6.html). Sin embargo, el destrozo de los ecosistemas frágiles e inestimables debido a la minería, la tala de árboles y la industria, sobre todo en la última década, haría llorar a Raleigh y a Humboldt.

Orinoquia comprende todo el territorio al sur del Orinoco. Aún no es un término empleado comúnmente, pero define la región mucho mejor que cualquier otro. También se conoce como «Guayana». Las grandes distancias existentes y el carácter naciente de los estados la convierten en una región que se puede visitar independientemente. Aunque, por falta de tiempo o por otros motivos muchos turistas prefieren visitarla con una excursión organizada.

EL ESTADO DE BOLÍVAR

Bolívar, el mayor estado del país, ocupa una cuarta parte de todo el territorio venezolano. Para tipificar al país mismo, se podría decir que consiste en una extraña mezcla de lo ultramoderno y lo industrial con lo tradicional y lo salvaje. Las grandes riquezas de minerales del estado han convertido a Ciudad Guayana en el área industrial de mayor crecimiento de todo el país en tan sólo dos décadas, donde grandes comple-

jos metalizados y enormes chimeneas dominan el paisaje y la economía local. No obstante, lejos de la ciudad, las carreteras son escasas y solitarias, y a excepción de unas cuantas comunidades pioneras de mineros y misionarios, aquí gobierna la naturaleza.

El río Caroní atraviesa los bosques y las implacables áreas de la Gran Sabana, al sudeste de Bolívar: una región ideal para aventureros. Los riachuelos y las cascadas les refrescarán, mientras que las antiguas formaciones geológicas les recordarán los inicios de todos los tiempos. En el corazón de la Gran Sabana se encuentra la atracción turística más promocionada de Venezuela, El Salto del Ángel, la cascada más alta del mundo, que se precipita desde los flancos verticales de una de tantas montañas de mesa.

Los macizos de cuarzito y de arenisca de Orinoquia se conocen como los «tepuys», como los llaman los indios pemon de Bolívar. Una excursión a la cima del Roraima Tepuy, con su impresionante paisaje lunar, a poca distancia de la frontera brasileña, es una obligación para todos los viajeros a Sudamérica. En la parte occidental de Bolívar, hay otro afluente caudaloso del Orinoco, el Caura, que atraviesa las tierras de los indios yekuana, una enorme reserva de fauna y flora natural que acaba de abrirse al turismo.

La vieja Ciudad Bolívar, a orillas del gran Orinoco, es el trampolín ideal para visitar las atracciones de la región, pero aún así conserva gran parte de su encanto colonial. A pesar de su clima caluroso y húmedo, su color, sus edificios y sus museos encantan a casi todos los turistas que deciden visitarla. Ciudad Guayana (también conocida como Puerto Ordaz), en cambio, se puede omitir.

CIUDAD BOLÍVAR

Aunque oficialmente cuenta con 100.000 habitantes, Ciudad Bolívar es más la nostalgia de una ciudad tran-

PÁGINA ANTERIOR Y SUPERIOR: El «tepuy» con su forma angular parece emerger de la sabana.

quila y sin complicaciones. La gente camina por las calles, entre sus casas con balcones, por el paseo a lo largo de la orilla de río o por la plaza Bolívar; los turistas entran y salen del hotel y de los comercios de venta de oro en busca de gangas. Sus viejas casas con sus ventanas altas y estrechas y con sus balcones de hierro forjado reflejan el pasado, cuando la ciudad disfrutaba de un comercio próspero. Para ser prácticos, sus ocupantes se aprovechan de la brisa refrescante. La ciudad puede ser insoportablemente calurosa durante el día, con temperaturas alrededor de 28 °C, y refrescar un poco con las brisas vespertinas. Haga como la gente del lugar: inicie su día temprano y duerma una pequeña y reparadora siesta a primera hora de la tarde.

Antecedentes históricos

Ciudad Bolívar, que antes se conocía como «Angostura», se encuentra en el punto más estrecho del Orinoco. La ciudad se fundó en 1762, y su nombre completo era Santo Tomás de la Guayana de Angostura. Sus primeros asentamientos se trasladaron desde su ubicación original más hacia el oeste, donde ahora se encuentran los Castillos de Guayana (*véase* CIUDAD GUAYANA, pág. 244), pero aún sigue siendo el lugar en el que se halla el único puente que cruza el Orinoco en toda su longitud de 2.140 km.

Angostura desempeñó un papel clave durante los primeros años. Los barcos que habían cruzado el Atlántico navegaban 450 km río arriba para descargar las mercancías que traían de España. Y los mercaderes negociaban con sus productos procedentes de los bosques y de los llanos de la colonia: alubias, cacao, caucho y pieles. Hasta el siglo XIX, su producto más famoso se obtenía de la corteza medicinal (*cortex angosturae*), que los misioneros de la ciudad usaban para combatir la fiebre. La fama de esta corteza se vio favorecida tras haberle salvado la vida al explorador y botánico Alexander von Humboldt, a principios del siglo XIX. Esta misma corteza también se usa como ingrediente básico para la famosa bebida del Angostura Bitter, que ahora se produce en Trinidad.

Pero la llegada de Simón Bolívar y la Guerra de Independencia le dieron una fama distinta a Angostura. Dado que fue la capital patriota de Venezuela, entre 1817 y 1821, los soldados europeos llegaron aquí en masa para luchar junto a Bolívar en todas sus grandes batallas. En 1819, se celebró el famoso Congreso de Angostura, donde se proclamó la República de la Gran Colombia, uno de los eventos más importantes en la historia latinoamericana. Esta supernación comprendía los estados actuales de Colombia, Panamá, Venezuela y Ecuador; por fin, se había realizado el gran sueño de El Libertador. En 1846, la ciudad de Angostura se rebautizó en honor a Bolívar.

Información turística

La **oficina de turismo del estado de Bolívar,** ☎ (085) 22771, FAX (085) 24803, se encuentra en la avenida Táchira, entre las avenidas Briceño y Maracay, cerca del hotel Florida, camino al aeropuerto. Está abierto de 08.00 a 12.00 horas, y de 14.00 a 17.30 horas. También tiene una pequeña caseta de información en el aeropuerto; además, los «policías» de turismo, en toda la ciudad, siempre están dispuestos a ayudar al viajero.

En las sucursales más importantes del Banco Unión y Banco de Venezuela puede retirar dinero en efectivo presentando su tarjeta de crédito; por su parte, el Banco Consolidado ofrece las mejores condiciones para cambiar cheques de viajero Amex; y el hotel Laja Real probablemente es la opción más segura para cambiar dinero en metálico.

Las oficinas de **Inparques,** ☎/FAX (085) 29908, se encuentran en la primera planta del edificio del CVG, en la avenida Germania, donde puede obtener toda clase de información necesaria sobre los parques regionales y permisos de cámping.

Visitar Ciudad Bolívar

En 1992, con motivo de la gran celebración del quinto centenario del descubrimiento de América, Ciudad Bolívar fue premiada con el estatus de Patrimonio de la Humanidad por la UNESCO, que enfatizó tanto su arquitectura histórica como su herencia en general. Se restauraron muchos de sus edificios antiguos y se inauguraron varios museos. Si no se indica nada distinto, los museos y monumentos suelen cerrar al mediodía, para una sabia siesta de tres horas, y casi todos están cerrados los lunes.

MONAGAS
DELTA AMACURO
ANZOÁTEGUI
GUÁRICO
BOLÍVAR
AMAZONAS
LA GRAN SABANA
BRASIL
GUYANA
OMBIA
Parque nacional Mariusa
Misión San Franci de Guayo
Los Güires
La Horqueta
Tucupita
Barrancas
Curiape
Castillos de Guayana
Puerto Ordaz
Ciudad Guayana
Las Piedras
El Palmar
Campameto Río Grande
Upata
Villa Lola
San Antonio
El Cogollar
Guasipati
Bochinc
El Manteco
El Callao
Tumeremo
La Tigra
Mercedes
Casa Blanca
El Dorado
Km. 0
La Reforma
Araimatepu
Km. 88
Piedra de la Virgen
Kamarata
Kavanayén
Parque nacional Canaima
San Francisco de Yuruaní
Río Caroní
Santa Elena de Uairén
El Paují
Valle de la Pascua
Anaco
Cantaura
Aragua de Barcelona
El Tigre
El Tigrito
El Salto
Pariaguán
Calabozo
La Reforma
Parque nacional Aguaro-Guariquito
Camaguán
Cazorla
San Fernando de Apure
Arichuna
San Rafael de Atamaica
Caicara del Orinoco
Santa Rosalía
San Ramón
Ciudad Bolívar
Orinoco
Mapire
La Hamaca
La Ceiba
Cuidad Piar
Embalse de Guri
La Esperanza
Maripa
Cumbre
Puerto Gumilla
Las Trincheras
San Francisco
La Paragua
La Vergareño
La Comunidad
Parepona
SIERRA DE LEMA
Canaima
Salto Ángel
Auyán Tepuy 2.510
SERRANÍA DE LA CERBATANA
Guaniama
Barrial Largo
Puerto Páez
Paraguaza
SERRANÍA DE PARAGUAZE
SERRANÍA GUANAY
Puerto Ayacucho
Maseta de Icutú 2.310
Salto Pará
SIERRA DE MAIGUALIDA
Cerro Yaví 2.441
Yutajé
Cerro Corobo 1.904
Asita
San Juan de Manapiare
Camani
Cerro Yudi 1.385
Cerro Daku 1.790
Meseta de Jáua 2.228
Cerro Camaron 1.135
Río Caura
Cerro Tonoro 2.103
Cerro Plaima 1.703
Cerro Tapi 1.400
Cerro Campe 1.220
SIERRA DEL ZAMURO
Cerro Jumpetire 1.435
Cerro Uquia 1.435
Cerro Kirikiri 1.312
SIERRA CHACOTEPUÍ
SIERRA UAINAMA
SIERRA PARIMA
Guayapo
Palo Negro
Kanaripo
Carmelitas
San Fernando de Atabapo
Parque nacional Yapacana
Cerro Huanchamacare 1.700
Parque nacional Duida Marahuaca
Cerro Duida 2.232
Guarinuma
Baltazar
San Antonio
La Esmeralda
Yavita
Maroa
Carlito
Aratitiyope-tepui 1.690
Cerro Delgado Chalbaud 1.047
Colón
Manipitan
Mavaca
Cerro Tucuy 615
San Carlos de Río Negro
SIERRA DE UNTURÁN
Laja Alta
Cerro Aracamuni 1.600
Cerro Tamacuari 2.340
San Simón de Cocuy
Cerro Avispa 2.112
N
0
50
100
150 km
LA GRAN SABANA
Km. 88
Piedra de la Virgen
La Escalea
Kavak
Kamarata
Luepa
Salto Torón
Rápidos de Kamoirán
Kavanayén
Iboribo (Liwo Riwo)
Salto Kamá
Parque nacional Canaima
Quebrada de Pacheco
Yuruaní 2.400
Kukenán 2.580
Roraima 2.810
San Francisco de Yuruaní
Paraitepuy
San Ignacio de Yuruaní
Wonkén
Quebrada de Jaspe
Santa Elena de Uairén
Ikabarú
El Paují

Los latidos más fuertes del corazón de la ciudad se oyen a lo largo del **paseo Orinoco** (son las radios estereofónicas de los coches) y alrededor de la restaurada **plaza Bolívar**, a dos manzanas si sube por la colina. El paseo junto al río es un lugar ideal para observar la vida venezolana; también hay muchos puestos para comprarse algún bocadito apetitoso.

Más o menos a mitad del paseo se encuentra el **mirador Angostura**, que marca el punto más estrecho del río y desde el cual se tiene una excelente vista del puente de Angostura, al oeste. El **Museo Etnográfico de Guayana**, situado a una manzana hacia el oeste del mirador, exhibe las culturas de los indígenas de la región de Guayana, entre ellos los pueblos de los pemon, de los yekuana (makiritare), de los kariña y de los warao.

Una manzana más hacia el oeste se halla el modesto **Museo de Ciudad Bolívar**, que alberga una vieja prensa original. En este edificio, una construcción del siglo XVIII, entre 1818 y 1822 se imprimía el *Correo del Orinoco*, el «portavoz» del nuevo y joven gobierno.

Siga subiendo por la colina hasta llegar a la colorida plaza Bolívar. Junto a la estatua *sine qua non* o esencial de El Libertador, se encuentran otras cinco estatuas alegóricas que representan las naciones liberadas por él. La plaza está dominada por la **catedral** de color amarillo, cuya construcción iniciada en 1765, tardó 70 años en completarse. Se restauró en 1979.

En 1817, el joven general Manuel Piar fue fusilado por un escuadrón militar delante del muro frente a la plaza. El pequeño **Museo Piar**, en la colina, es la casa donde vivió encarcelado hasta su ejecución. Piar luchó durante ocho meses para liberar del dominio de los españoles a Ciudad Bolívar, pero cayó en desgracia cuando se negó a aceptar la autoridad de Bolívar. De manera polémica, fue sentenciado como conspirador y desertor, acusado de agitar a los «pardos», las personas de sangre mezclada, como él, y a los esclavos.

Si camina por la calle Igualdad, que se inicia en la esquina del sudeste de la plaza, será imposible que no vea la llamativa pasarela aérea que comunica las dos casas, una enfrente de la otra, de la **Alcaldía de Heres**. Siga subiendo por la colina hasta la calle Progreso y gire a la derecha para alcanzar la sombreada **plaza Miranda**. En el gran edificio, en el lado oriental, siempre se celebran grandes exposiciones de arte bajo los auspicios del **Centro de las Artes**. Pida permiso para subir a su mirador de la azotea. Desde aquí se puede ver el **fortín Zamuro**, que domina la ciudad, y al que se puede acceder si sigue el sendero que se inicia en el paseo Heres: camine en dirección sur de la plaza Miranda y siga por la calle Carabobo.

No olvide el **parque El Zanjón**, ubicado en el área de alrededor de la plaza Bolívar. Los primeros colonizadores de la ciudad se limitaron a construir alrededor o encima de las enormes lajas esparcidas por las colinas a orillas del Orinoco. Un ejemplo maravilloso de este fenómeno, la **Casa de las Tejas**, una construcción de ladrillos, ya restaurada, se encuentra al este. En su interior hay una pequeña galería de arte. Asimismo ofrece una bonita vista, en especial por las noches.

El nuevo **mercado Sapoara**, también llamado La Carioca, situado al extremo oriental del paseo, es ideal para dar un paseo por la mañana y para probar las especialidades regionales de queso guayanés y de mazapán de merey. Los diversos restaurantes informales en el interior del mercado sirven platos abundantes.

EXCURSIONES

Muchas compañías turísticas en Bolívar esperan a los turistas y su dinero. Tenga los ojos bien abiertos, ya que hay toda clase de informes sobre sus servicios. A continuación se indica una relación de varios operadores turísticos recomendables. En caso de duda, póngase en contacto con la oficina de turismo y comunique todo tipo de experiencia desagradable.

Soana Travel, ☎/FAX (085) 22030, en calle Bolívar, 50, dirigida por el agradable Martin Haars. Este operador con años de experiencia se especializa en viajes por el río Caura hasta el salto de Pará. **Expediciones Dearuna**, ☎/FAX (085) 26089, en el interior del hotel Caracas, es otro operador de buena reputación si desea visitar Canaima, sus guías hablan varios idiomas. Para reservar vuelos a Canaima, se recomienda la **agencia de viajes Auyántepuy**, ☎ (085) 20748, en el edificio Rioque, en la calle Bolívar. **Turi Express**, ☎ (085) 29764 o (016) 6850405, en el aeropuerto, goza de excelente reputación, mientras que la única operadora pemon es **Iwana Meru**, ☎ (014) 853226, dirigida por Nasario Rosi y su mujer Luisa.

Es aconsejable reservar la excursión al Salto del Ángel y tener en cuenta que las excursiones por la Gran Sabana y a Roraima salen más económicas si las contrata en Santa Elena de Uairén o en San Francisco de Yuruaní respectivamente.

Excursión al Salto del Ángel

Hay dos opciones para visitar y admirar las cascadas más altas del mundo: en barco o en avión. Cualquiera que sea su decisión, la vista es auténticamente espectacular y no la olvidará jamás. No obstante, ambas dependen de las condiciones del tiempo, que no siempre coinciden con los planes de viaje.

Alquiler de coches y de todoterrenos

Otra alternativa, en lugar de viajar en un viaje organizado al sudeste de la Gran Sabana, es alquilar un coche o un todoterreno. Por lo general, las compañías de alquiler de coches en Ciudad Guayana ofrecen una selección de vehículos más amplia que las de Bolívar. Si solamente planea viajar en dirección al sur, a Santa Elena de Uairén, y visitar los lugares a lo largo de la ruta, le bastará con un coche normal. La autopista desde el kilómetro 88 a Santa Elena es una de las mejores y, además, una de las más espectaculares de todo el país.

No obstante, si pretende dejar la carretera y visitar la misión de Kavanayén o la comunidad de El Paují, por ejemplo, necesitará disponer de un todoterreno, que cuesta unos 100 USD al día y hay que reservarlo por adelantado. **Budget**, ((085) 27413, tiene una oficina en el aeropuerto de Ciudad Bolívar, y otra en Puerto Ordaz, ((086) 227170/235094. Para ver toda la lista, visite la página web www.think-venezuela.net.

En avión a la Gran Sabana

La Gran Sabana tiene varias pistas de aterrizaje, especialmente construidas para llegar a las misiones, a las minas y a los nuevos asentamientos. Es fácil trasladarse de uno a otro si utiliza el servicio de las avionetas que funcionan más o menos como los radio-taxis, siempre disponibles dónde y cuándo puedan hacer algún servicio y ganar dinero. El tráfico es bastante regular y constante durante todo el año. Si viaja en un grupo de cuatro, no hay otro medio de transporte más recomendable que éste. Si el número de viajeros es inferior a cuatro, se corre el riesgo de pagar una tarifa más elevada, pero realmente vale la pena.

Los factores más importantes que se han de considerar son el clima y el «mañana». Para el primero, se recomienda viajar durante la época de sequía, entre diciembre y abril, para evitar decepciones; y para el segundo, es indispensable que elabore sus planes de viaje con cierta flexibilidad y suficiente libertad de movimientos. Si prevee pasar la noche en Kavak, deberá llevar algo para comer. Tiene que tener en cuenta que el lunes es el día para el mantenimiento de las avionetas, y se aplica una restricción en el peso del equipaje.

RÍO CAURA

El Caura es un afluente del Orinoco que transcurre al oeste del Paragua y del Caroní, los cuales desembocan en el Guri Dam. En gran parte de su recorrido, el Caura atraviesa extensas zonas de bosque pluvial, con islas y megalajas redondeadas a lo largo de toda su ruta y, también, con una serie de rápidos y saltos.

La excursión a los **saltos de Pará**, que comprende la visita a cinco cascadas impresionantes, dura de cuatro a cinco días. A lo largo de este viaje se le presentarán maravillosas oportunidades de observar la vida silvestre, con todos los animales de la región, y también de llegar al mundo ribereño de los indios yekuana. El viaje se inicia en **Las Trincheras**, un pueblo situado a unas tres horas de camino al sudoeste de Ciudad Bolívar. Desde aquí hay un servicio de canoas motorizadas que le transportan río arriba durante la mayor parte de un día, además incluye la visita a una comunidad yekuana, para después, al final del día, llegar a una hermosa playa conocida como El Playón. Aquí, en El Playón, las comodidades se reducen a lo más elemental; de noche se duerme en hamacas. Durante sus caminatas por los bosques, encontrará a familias enteras de indios yekuana camino a los saltos de Pará. **Soana Travel**, en Ciudad Bolívar, **Cacao Travel Group**, ((02) 9771234, FAX (02) 9770110, cacaotravel@cantv.net, www. cacao travel.com, en Caracas, y en Ciudad Guayana, **Keyla Tours**, ((086) 231867, FAX (086) 231201, son los operadores turísticos más recomendables para estas excursiones.

ALOJAMIENTOS TURÍSTICOS

El lugar más popular para perderse está a lo largo del paseo Orinoco, donde hay varios hoteles, todos bastante económicos. Los de categoría superior se encuentran en las afueras, en la avenida Táchira, a los que se puede acceder en taxi.

Económico, de 35 a 20 USD

El **hotel Laja Real**, ((085) 27911, FAX (085) 28778, es la mejor opción para estar cerca del aeropuerto, aunque deberá coger un taxi si desea ir a la ciudad. Las habitaciones son espaciosas, confortables y bastante buenas respecto al precio; el servicio es amable. El **hotel Valentina**, ((085) 22145, FAX (085) 27919, en la avenida Maracay, muy popular entre los turistas, es una opción recomendable, con un restaurante que goza de buena reputación. Las habitaciones, espaciosas y cómodas, no tienen nada especial, pero son aceptables.

Económico, de 20 a 10 USD

La mejor elección a lo largo del paseo (y puede que en general) es el **hotel Colonial**, ((085) 24402, FAX (085) 23080, que ha visto días mejores, pero que cuenta con un buen restaurante con terraza, vistas al río (habitaciones con precios más caros) y comodidad. En la primera planta hay una discoteca; de todas formas, en temporada alta es aconsejable reservar antes.

En cuanto a los alojamientos baratos a lo largo del paseo, uno de ellos es el **hotel Italia**, ((085) 27810, con mucho movimiento de viajeros a todas horas del día que intercambian historias y consejos. A pesar de estar

PÁGINA ANTERIOR: La iglesia de Capuchín, en Kavanayén, en el corazón de la Gran Sabana.

bastante maltrecho y desgastado, aún conserva cierto encanto, y algunas de sus habitaciones, en la primera planta, tienen vistas al paseo; pero todas son muy sencillas, y algunas carecen de cuarto de baño. El **hotel Caracas,** ☎ (085) 26089, que está muy cerca, es otra ganga, con precios baratos, pero con la ventaja de tener un bar en la terraza donde tomar una cerveza fresca y contemplar la animación de la calle. Las habitaciones tienen justo lo necesario. A la vuelta de la esquina, en la calle Urica, 11, el **hotel Unión,** ☎ (085) 23374, con habitaciones dobles, limpias y con aire acondicionado y cuarto de baño, a precios similares, es más recomendable.

RESTAURANTES

Aparte de los restaurantes de los hoteles Valentina y Laja Real y los que se encuentran alrededor del mercado, hay un sitio popular en la primera planta del **hotel Colonial**, con cocina italiana. El hotel Italia también cuenta con un restaurante con precios algo más económicos. La **Tasca La Playa**, en la calle Urica, es sencilla, tiene una buena cocina y es muy popular.

CÓMO LLEGAR

El aeropuerto de Ciudad Bolívar es el hermano pobre de Ciudad Guayana, por lo que respecta a los vuelos nacionales. No obstante, es vital para los poblados del sur del estado de Bolívar, se trata de una línea atendida con aparatos más pequeños. Enfrente del aeropuerto se puede ver el avión restaurado de Jimmy Ángel, que las fuerzas aéreas bajaron de la cima de Auyán Tepuy.

Desde Caracas, hay un vuelo de Servivensa a las 11.00 horas, vía Porlamar; **LAI,** ☎ (085) 29091, tiene dos vuelos diarios. **Rutaca,** ☎ (085) 22195, FAX (085) 24010, a dos manzanas al este del edificio principal del aeropuerto, con una ventanilla en el interior de la terminal, ofrece vuelos a Canaima, a las misiones de la Gran Sabana y, después por la mañana, a Santa Elena de Uairén. Rutaca reduce el peso del equipaje permitido a 10 kg.

La terminal de pasajeros de Ciudad Bolívar, a 2 km al sur del centro antiguo de la ciudad, se encuentra en el cruce de la avenida Sucre con la avenida República. Coja el autobús Terminal en el paseo. Hay autobuses a Caracas durante todo el día, con más salidas por la noche, mientras que las salidas a Puerto La Cruz, en el norte, y a Puerto Ayacucho, al oeste, son menos regulares. También hay bastantes autobuses a Santa Elena de Uairén y a las ciudades más cercanas, como Ciudad Guayana, Ciudad Piar y La Paragua.

CIUDAD GUAYANA (PUERTO ORDAZ)

Ciudad Guayana es un lugar extraño. Parece que la ciudad no tenga alma, que su modernidad oculte algo extraño y misterioso. La ciudad, fundada en 1961, se construyó según el diseño de asesores y académicos del Massachusetts Institute of Technology, para establecer un eje central en el plan maestro del estado de la Corporación Venezolana de Guayana (CVG) que promoviese el desarrollo de esta región «salvaje y sin explotar».

Ciudad Guayana, situada en la orilla sur del Orinoco, en la confluencia con el río Caroní, comprende la ciudad más antigua de San Félix, al este de Caroní, y la ciudad nueva de Puerto Ordaz, en la orilla opuesta. Ha tenido un crecimiento vertiginoso, y ahora cuenta con más de medio millón de habitantes; muchos de ellos están empleados en la industria pesada, que también se ha establecido aquí para explotar la riqueza mineral de Guayana, así como su rica hidrografía.

No obstante, a pesar de su modernidad, los habitantes se resisten a adoptar el nuevo nombre de la ciudad; en los carteles de los itinerarios de autobuses y aviones aún podrá leer «Puerto Ordaz»; los habitantes de San Félix nunca aceptarán vivir en «Ciudad Guayana», donde aparte de los parques, hay poco que ver. Sin embargo, gracias a su infraestructura moderna y a otros servicios, constituye un punto de partida mucho más conveniente y práctico, a la hora de explorar las maravillas de la Gran Sabana, el parque nacional Canaima y el delta del Orinoco, que Ciudad Bolívar, su vecina más agradable, situada a 100 km al oeste.

INFORMACIÓN TURÍSTICA

La **oficina de turismo** de Puerto Ordaz se encuentra en el aeropuerto; mientras que la de San Félix está situada a orillas del río, en la esquina de la Calle 1 con la Carrera 1. Su horario es de lunes a viernes, de 08.00 a 12.00 horas y de 14.00 a 17.30 horas. También puede dirigirse al enorme edificio CVG, calle Cuchivero, cerca de la plaza de Hierro, en el barrio de Altavista de Puerto Ordaz, donde facilitan mapas de la Gran Sabana y toda clase de datos sobre lugares interesantes de la ciudad.

El Banco Consolidado, en la calle Urbana, cambia cheques Amex; el Banco Unión se encuentra en la avenida Principal de Castillito. Los bancos no cambian reias brasileñas, pero las puede cambiar en Santa Elena de Uairén.

Hertz, ☎ (800) 43781, tiene una oficina en el aeropuerto, y algunos hoteles cuentan con una agencia para alquiler de coches. **Budget,** ☎ (086) 227170/235094, dispone de una oficina en Puerto Ordaz.

VISITAR CIUDAD GUAYANA

Hay pocos monumentos culturales en Ciudad Guayana; de hecho, no existen. Los monumentos son de índole natural o industrial. Al oeste del centro de la ciudad, al final de la avenida Principal de Castillito, se encuentra el **parque Cachamay**, con una gran vista sobre las estruendosas cascadas de las oscuras aguas del río Caroní. Más al sur, se llega al gran **parque Loefling**, con un jardín zoológico, donde se pueden ver osos hormigueros, perezosos y otros animales de la región, al tiempo que otros animales mayores, como tapires y capibaras, deambulan por sus extensos terrenos.

El tercer parque que vale la pena visitar es el bonito **parque Llovizna**; recibe este nombre por la llovizna que salpica los árboles y las hierbas desde las próximas cascadas del Caroní. El parque ocupa una de tantas islas e isletas en medio del río. En su parte sur, están los embalses Macagua I y II que generan electricidad sin necesidad de almacenarla. El centro de visitantes de la compañía eléctrica Edelca organiza recorridos todos los días, excepto los lunes, hasta las 15.00 horas. También hay un agradable sendero para caminar.

Una visita al faraónico embalse del **Guri Dam** (represa Raúl Leoni), en las afueras de la ciudad, se puede organizar con cualquier operador turístico de la ciudad. La misma compañía eléctrica estatal, **Edelca**, ☎ (086) 603521, realiza visitas al embalse. Detrás del dique se extiende el lago Guri, un enorme lago artificial que cubre una superficie de 4.250 km^2. Después de los embalses del Yangtsé, en China, y del Itaipú, en Brasil, el Guri se cuenta entre los mayores del mundo con una capacidad de 10.000 megavatios, aunque no suele alcanzar esta marca. Sus muros monolíticos de hormigón de 162 m de altura se elevan muy por encima de la central eléctrica, una parte de la cual se puede visitar. Y en las aguas del lago abundan los peces de agua dulce, como el pavón, el payara y el coparo. Para más información, contacte con **Alpi Tour** en Caracas, ☎ (02) 2831433, www.alpi-group.com.

Los **castillos de Guayana**, que oficialmente pertenecen al estado de Delta Amacuro, son dos fuertes a orillas del Orinoco construidos para proteger los asentamientos guayanas originales de Santo Tomás (también llamado San Tomé) de los piratas. Ninguno de los dos llegó a cumplir su propósito protector, y años más tarde, Santo Tomás se volvió a reconstruir como Angostura, en la actualidad Ciudad Bolívar. Los fuertes se han restaurado y ofrecen una gran vista al río. Para subir a los fuertes, tome un *por puesto* o un autobús desde el mirador de San Félix y pida que le dejen bajar en Los Castillos, el pequeño poblado al pie de los fuertes. El viaje hasta este punto suele durar más o menos una hora.

EXCURSIONES

Las excursiones que salen desde Puerto Ordaz —al río Caura, a Canaima, al delta del Orinoco o a la Gran Sabana— suelen ser un poco más caras que las que se ofrecen en Ciudad Bolívar. Pero hay algunos operadores turísticos buenos y experimentados en las afueras de la ciudad. Uno de los de mayor experiencia, aunque no el más económico, es **Anaconda Tours**, ☎ (086) 223130, FAX (086) 226572, centro comercial Anto, avenida Las Américas. **Keyla Tours**, ☎ (086) 231867, FAX (086) 231201, centro comercial Llanos, avenida Monseñor Zabaleta, ligeramente más económico, también tiene una buena reputación. En Puerto Ordaz, hay un sinfín de operadores turísticos, pero estos dos son, sin reservas, los más recomendables. Para una lista más completa, puede visitar siempre que lo desee la página web www.think-venezuela.net.

ALOJAMIENTOS TURÍSTICOS

Para ser honestos, hay que ser masoquista para quedarse en San Félix. Los hoteles no son más baratos que en Puerto Ordaz y el vecindario no es ni muy seguro ni salubre. Puerto Ordaz carece de hoteles económicos, pero sí puede ofrecer hoteles más sofisticados.

De lujo

El **Inter-Continental Guayana**, ☎ (086) 230011, FAX (086) 231914, guayana@interconti.com, en la avenida Guayana, parque Punta Vista, es el mejor hotel de la ciudad y disfruta de una ubicación insuperable a orillas del Caroní, justo al norte del parque Cachamay. Aunque sus tarifas generales sean elevadas, el hotel ofrece atractivas ofertas los fines de semana y organiza asimismo excursiones por el río desde su embarcadero. El mismo edificio del hotel no es especialmente atractivo, pero sus jardines, las pistas de tenis, el área de la piscina y su restaurante lo convierten en una excelente opción si sólo está de paso.

Moderado

El **hotel Rasil**, ☎ (086) 235096, FAX (086) 227703, centro cívico cerca de Vía Venezuela, al noroeste del centro, ofrece la mejor ubicación y el mejor servicio en el centro de la ciudad. Este confortable hotel consiste en dos edificios, el más antiguo con la piscina y el restaurante, mientras que en el más reciente se encuentra una agencia de viajes y una oficina de alquiler de coches. El más céntrico es el **hotel Embajador**, ☎ (086) 225511, FAX (086) 226123, en la esquina de la avenida Principal de Castilli-to y calle Urbana, que cuenta con 60 habitaciones confortables y un buen restaurante en la planta baja.

Económico

El **hotel Tepuy**, ☎ (086) 220102, FAX (086) 233220, en la carrera Updata, es muy popular entre los empresarios, dispone de un restaurante bastante bueno y habitaciones espaciosas e impecables. Si necesita algo muy

SUPERIOR: A través de la selva de la Gran Sabana.

económico, diríjase al **hotel Portu's**, (sin teléfono), en la avenida Principal de Castillito (oeste).

RESTAURANTES

Puerto Ordaz, con sus residentes adinerados, ofrece una buena gama de restaurantes, muchos de ellos de cocina internacional.

De lujo

La Llovizna, ☎ (086) 222244, en el interior del hotel Inter-Continental, es un elegante restaurante con las mejores vistas de Ciudad Guayana y con un excelente menú internacional. **Ercole,** ☎ (086) 233356/223319, Torre Loreto, Vía Colombia, es un club privado, pero se pueden hacer reservas a través del Inter-Continental. El menú sofisticado del restaurante y su decorado de gran estilo, lo convierten en una excelente elección.

Moderado

El Tascazo, ☎ (086) 229851, uno de los restaurantes más agradables, ubicado en el interior del centro comercial El Trébol III, sirve aconsejables platos de pescado y marisco. En sus locales también dispone de una discoteca y una tasca un poco más modesta. Si le gusta la cocina italiana y la pasta fresca, pruebe **La Romanina**, en la carrera Ciudad Piar, o **marisquería La Mansión**, en carrera Palmar, con pescado y marisco excelentes.

Económico

Para comer sabrosas *pizzas* y barbacoas de carne, puede dirigirse a **El Churrasco**, en carrera Updata con calle El Callao; **La Forchetta de Oro**, edificio Royal en Tumeremo, especializado en cocina italiana y pasta fresca, dispone de música en directo. Una oferta realmente económica, se halla en la avenida Principal de Castillito, donde hay puestos que preparan pollos a la brasa.

CÓMO LLEGAR

El aeropuerto de Ciudad Guayana, es más conocido como Puerto Ordaz, se encuentra al final de la avenida Guayana, al oeste del centro de la ciudad, camino a Ciudad Bolívar. Es el aeropuerto con mayor movimiento del este de Venezuela, con vuelos a Caracas, Porlamar, Maturín, Barcelona y otros destinos. Avensa/Servivensa son las líneas más importantes, pero también Aeropostal, Aserca y Rutaca poseen su representación. Avensa tiene un vuelo por las mañanas con destino a Canaima (procedente de Caracas), que continúa a Santa Elena de Uairén. Para trasladarse desde el aeropuerto al centro de la ciudad tiene que coger el autobus de la línea Sidor Directo. Los de la línea Castillito van al distrito hotelero.

También la terminal de autobuses de Puerto Ordaz se encuentra en la avenida Guayana, a unos 20 minutos del aeropuerto, pero no todas las líneas que van a la terminal de mayor movimiento de San Félix paran aquí. Sin embargo, hay muchos *por puestos* que cubren la ruta de Puerto Ordaz a San Félix, y viceversa.

EL PARQUE NACIONAL CANAIMA Y LA GRAN SABANA

Siempre, desde que los primeros exploradores y misioneros empezaron a penetrar en sus fronteras en el siglo XVII, se ha alabado y elogiado la impresionante belleza de la Gran Sabana. Los visitantes y turistas se quedan encantados y atónitos, y muchos botánicos y geólogos enmudecen ante la variedad de sus ecosistemas y la antigüedad de sus formaciones.

La Gran Sabana se halla encima de la antigua capa de Guayana, al sudeste del país, de la época del supercontinente de Gondwana en la era precámbrica, hace casi tres mil millones de años. Esta región se caracteriza por sus elevadas montañas de mesa, surcadas por cataratas y saltos de agua y cubiertas de extensas franjas casi interminables de sabana de color verde amarillento y de bosques de color esmeralda.

Cada una de estas montañas o «tepuys», en la lengua de los indios pemon, tienen sus propias especies de la maravilla prehistórica. Tanto si se trata de la *heliamphora*, una planta carnívora, o de la drosera de color rosa, que se parece al musgo, o de los cientos de especies de orquídeas, la flora de la región es inverosímil, extraña y maravillosa. Más abajo, en los bosques y en la sabana, se ocultan las más diversas especies de mamíferos, algunas de ellas en vías de extinción, como los osos hormigueros gigantes, los jaguares, los ocelotes y armadillos y, también, perezosos, monos, agutíes y tapires. Pero se trata de un paisaje frágil y delicado. La capa superior del suelo en casi toda la región no supera el metro de espesor, razón por la cual la vegetación es extremadamente sensible a la intervención.

Oficialmente, la Gran Sabana abarca una superficie de unos 35.000 km², una extensión mayor que Bélgica. Esta área comprende el parque nacional Canaima. Para confundir al turista, «La Gran Sabana» se refiere sólo a la parte oriental del parque, cruzado por la autopista 10. Cuando la gente habla de «Canaima», por lo general se refiere a la ciudad de Canaima y como anexo, al Salto del Ángel.

La Gran Sabana está escasamente poblada, es el hogar de los indios pemon, descendientes de los indios del Caribe. Se supone que emigraron a esta región hace unos 600 años. La mayoría de los pemon aún practica la agricultura de «cortar y quemar» y sigue cazando en los bosques y en la sabana como sus antepasados; son el pueblo con la literatura oral más impresionante de todos los pueblos indígenas americanos.

Aunque semeje estar a miles de kilómetros de distancia del hormigón de Caracas, la Gran Sabana no está tan aislada como parece. Actualmente, los ecologistas y los indios pemon están luchando contra la construcción de enormes torres de alta tensión que atraviesan el parque nacional Canaima para exportar electricidad a Brasil. Sólo el impacto visual de las torres ya sería catastrófico. También la minería ha provocado un efecto dramático sobre la Gran Sabana y las áreas adyacentes. En todas las regiones limítrofes al parque Canaima, la minería del oro y de los diamantes, a escala mínima y media, se ha visto incrementada durante las últimas dos décadas y ha provocado conflictos con los indios, así como problemas de deforestación, de cortes en los cursos del agua y contaminación con mercurio.

Es difícil viajar por esta región sin coche. Pero si le encanta la idea de caminar y acampar bajo las estrellas, las posibilidades son infinitas. Lo mejor es contratar una excursión en Orinoco o en Santa Elena de Uairén, la capital de la región en la frontera brasileña.

INFORMACIÓN TURÍSTICA

La nueva *Guía ecológica de la Gran Sabana*, editada por Otto Huber, es un buen complemento de la otra guía ilustrada sobre la región, *Guía de la Gran Sabana* de Roberto Marrero. Marrero también publica mapas de todo el parque nacional y de todo el área, incluyendo también el último fenómeno ovni, con detalles. Además, Corpoturismo publica folletos de todo el parque y del Canaima oriental. Consulte la página web www.thelostworld.org.

En toda la región suele llover mucho, hasta cuatro metros anualmente, en algunas partes incluso más, que se concentran en la época de lluvia: de mayo a noviembre. Es aconsejable llevar un impermeable.

LA CIUDAD DE CANAIMA

La ciudad de Canaima, el portal al Salto del Ángel, idílicamente situada en el límite al nordeste del parque nacional Canaima, rodea las playas del sur y del este de la laguna de Canaima. En tan sólo 20 años el pequeñísimo pueblo se ha convertido en un respetable centro de unos 1.000 habitantes, la mayoría de ellos de la comunidad de los kamarakoto, de la etnia pemon. Los saltos de color ámbar, que comúnmente se conocen como los Saltos Hacha, en medio del río Karrao, alimentan la laguna rodeada de palmeras *moriche*. En la lejanía se pueden ver los «tepuys» que con sus «hombros» angulares destacan en el horizonte.

Canaima puede ser una región turística en muchos sentidos —las tiendas de recuerdos, ciertamente lo son—, y la arquitectura original del campamento Hoturvensa decepciona, pero el efecto general es mágico, incluso para el turista más experimentado.

INFORMACIÓN TURÍSTICA

En el aeropuerto hay una pequeña cabaña de Inparques, donde se puede pagar la cuota de entrada al parque nacional Canaima, así como informarse sobre la dirección de la oficina principal de Inparques, si quiere saber más sobre el área. En la «terminal» con techo de paja encontrará a media docena de operadores turísticos que organizan excursiones al Salto del Ángel en largas barcas, como piraguas, las curiaras, con motores fueraborda. Estas excursiones solamente se realizan durante la época de lluvias, entre mayo y diciembre. Durante los meses restantes, la única forma de llegar al salto es en avión.

Si no ha podido organizar el viaje en barco antes de su llegada a Canaima, hágalo en cuanto llegue. Los operadores turísticos organizan tanto excursiones de uno, dos o tres días por el río al Salto del Ángel como a otros saltos más cercanos.

Entre todos los operadores turísticos, **Canaima Tours**, ✆ (086) 625560/616981, FAX (086) 620559, la agencia para el campamento Hoturvensa, es la más cara. **Tiuna Tours**, ✆ (085) 28697, en el aeropuerto de Ciudad Bolívar, y **Kamarakoto Tours**, con ✆/FAX en Puerto Ordaz (086) 27680, son los otros..

Algunas familias de los pemon han creado sus propias empresas turísticas. Entre ellas figura la de Nasario Rosi, **Iwana Meru**, ✆ (014) 8532296/8840519, y también la de su primo Reynaldo, **Kaikarwa**, que son excelen-

tes. También merece la pena mencionar a **Bernal Tours**, ✆/FAX (086) 620443 o (014) 8840965, www.worldwander.com/bernal/default. htm, una empresa de la familia de Tomás Bernal, un veterano de la sabana, muerto trágicamente en 1998.

No hay bancos en Canaima, y pagar con tarjeta de crédito implica una tasa adicional del 10 %. Es conveniente llevar dinero en efectivo, aceptan dólares. También hay servicio de teléfono y fax, aunque con tarifas elevadas, pero por el momento no hay cybercafés.

En todos los hoteles y comercios de Canaima venden mapas a todo color de la ciudad y de la región del Auyán Tepuy, pero el de Corpoturismo es el mejor.

Tenga cuidado al bañarse en la laguna, y no nade demasiado lejos, ya que las corrientes son traicioneras. Debido a la gran cantidad de perros callejeros de la ciudad, en la playa puede haber *niguas*, pequeños parásitos que se adhieren entre la carne de los dedos de los pies para depositar sus huevos. Quitarlos no es nada divertido, así que es mejor llevar chanclas o sandalias.

VISITAR LA CIUDAD DE CANAIMA

La mayoría de la gente toma la ciudad como punto de partida para ir al Salto del Ángel, pero vale la pena

SUPERIOR: Niños pemon jugando en la arena de la laguna de Canaima.

hacer una excursión en barco por la laguna y admirar toda una serie de saltos. Uno de estos recorridos va al impresionante **Salto Sapo** y a su hermano menor, el **Sapito**. Es posible pasear tras su cortina de agua sorprendentemente cálida que causa un ruido ensordecedor. Muchos de los operadores turísticos incluyen el Sapo en el itinerario de Canaima.

Otros saltos cercanos, son el **Yuri** y el **Mayupa**. El **Wareipa**, un poco más alejado, atraviesa el río Kukurital, en la parte occidental del Auyán Tepuy. Tanto si viaja en todoterreno como en barca, las vistas de la sabana y los «tepuys» circundantes son maravillosas.

Y después, naturalmente, puede relajarse en la playa, sumergirse en las aguas cálidas y sentirse mimado. Cerca del gran comercio Quincallería Canaima, de alimentos y recuedos, y donde también hay servicio de teléfono, se ha iniciado la construcción de un museo.

ALOJAMIENTOS TURÍSTICOS

El número de hoteles y posadas de Canaima aumenta constantemente, desde los más sencillos hasta los más lujosos. La mayoría se encuentra en la ciudad o a poca distancia, en las afueras. Al organizar la excursión al Salto del Ángel, en una agencia de viajes en Caracas o en cualquier otra ciudad a orillas del Orinoco, le ofrecerán varios paquetes de viaje, cuyos precios varían de acuerdo con el campamento que elija.

La mayoría de los hospedajes resultan más económicos si viaja independientemente y hace la reserva en el mismo hotel. Los precios son elevados a causa de la situación tan alejada de Canaima, donde absolutamente todo tiene que traerse por avión, y también (con perdón) por codicia.

De lujo

El **Campamento Canaima**, el mayor de todos, dirigido por Hoturvensa, una empresa de la Compañía Avensa /Servivensa, ((02) 9078057/8153, FAX (02) 907 8053, avenida Río Caura, centro empresarial Torre Humboldt, piso 25, urbanización Parque Humboldt, Caracas, disfruta de una situación privilegiada a orillas de la laguna. Su ubicación es la mejor de toda el área, pero de alguna forma su diseño no iguala la majestuosidad de su entorno natural. De todos modos, si busca un lugar para contemplar los saltos sin obstáculos, es éste. Los paquetes de Avensa incluyen: el alojamiento en sus confortables cabañas, todas las comidas (estilo bufé), un cóctel de bienvenida, una excursión alrededor de la laguna y un vuelo sobre el Salto del Ángel

en un avión DC-3 adaptado. Este paquete se vende para tres días y dos noches, y debe adelantar el pago por completo para asegurar la reserva.

La otra opción, con mucho más estilo, encanto y sensación de jungla, es el **Campamento Ucaima** (también conocido como Jungle Rudy's) (/FAX (02) 6930618 o (086) 622359. El campamento es una construcción de la década de 1950, del pionero «Jungle» Rudy Truffino y su esposa; se encuentra lejos de la ciudad, encima del Salto Hacha. Ahora son sus hijas las que se encargan de la empresa familiar. El campamento cuenta con 11 habitaciones muy atractivas, con grandes áreas para el esparcimiento y, por supuesto, con grandes vistas a los «tepuys» y los saltos. El ambiente general es más acogedor que en el campamento Canaima. Sus paquetes pueden incluir excursiones al Salto del Ángel y a otros puntos de interés en los alrededores.

Otra opción de apertura más reciente, ubicada al lado la carretera que bordea la laguna, es el **Campa-**

mento Parakaupa, ✆/FAX (086) 614963, parakaupa@etheron.net, www.canaima.com, que desde sus colinas ofrece una maravillosa vista de la laguna. Tiene alojamiento para 30 personas, sus habitaciones son limpias y agradables, y ofrece tres *suites* espectaculares para parejas en viaje de novios. Ofertan paquetes con todo incluido a precios competitivos.

Económico

Hay otros tres lugares construidos hace poco, en la misma carretera de Parakaupa. Dos de ellos, **Kaikuse** y **Tiuna Tours**, no son muy recomendables, ya que están mal organizados, son poco atractivos y, además, desconectan la luz a las 23.00 horas. El único alojamiento aceptable son las habitaciones alquiladas por los propietarios

de la Quincallería Canaima, Claudio y Nohelys, en la **posada Kusari**, ✆ (086) 620443, que son sencillas pero bastante buenas, con luz eléctrica durante toda la noche.

En el pueblo, los pemon también han empezado a ofrecer alojamientos. **Wey Tepuy** (o Wei Tüpü), ✆ (085) 40474, o reservas a través de **Roymar Viajes y Turismo**, ✆/FAX (02) 5765655, roymar@cantv.net, dispone de 17 habitaciones sencillas y limpias con suelos de baldosa. Su restaurante está al lado. No lejos de aquí se encuentra la **posada Churun Vena**, reservas a través de Canaima Tours, ✆ (086) 625560, que alquila espacio para colgar la hamaca, con baño compartido, aunque también dispone de algunas atractivas habitaciones dobles con baño privado. Mucha gente del pueblo alquila hamacas y espacio para colgarlas, como Nasario Rosi de **Iwana Meru**.

El campamento construido por Tomás Bernal, uno de los pioneros más originales de Canaima, se encuentra en la playa camino al Salto Sapo, es conocido como la **Isla Anatoly**, ✆/FAX (086) 620443 o (014) 8840965, www.worldwander.com/bernal/default.htm; aunque muy rústico, el campamento probablemente es el mejor situado de todos los alojamientos de Canaima. Es un lugar aislado y un maravilloso escondite, justo encima de la playa de color rosado. Se duerme en hamacas, y la familia prepara la comida si se solicita con antelación.

RESTAURANTES

El **Campamento Canaima**, con servicio estilo bufé, es una opción módica. Como alternativa, con una cocina de mejor calidad y precios más económicos, pero sin vistas y sin música ambiental, está el **Parakaupa**. En el pueblo, el **Restaurant de Simón** es el mejor, con un ambiente agradable y con platos generosos. Asimismo muchos de los alojamientos de los pemon preparan comida, pero no espere nada espectacular, algo de pollo, por ejemplo. También puede comprar alimentos a precios exagerados en la Quincallería, o en una de las dos sencillas tiendas del pueblo.

CÓMO LLEGAR

Los vuelos de Servivensa salen a las 11.00 horas de Caracas, hacen escala en Porlamar para recoger más pasajeros y llegan a Canaima hacia las 13.00 horas. Este vuelo es bastante más económico que comprar su paquete con todo incluido; tambien es posible que no le vendan los billetes si no compra un paquete. Los vuelos en un DC-3 son más económicos, salen de Puerto Ordaz a las 08.00 horas, hacen escala en Canaima y finalizan su ruta en Santa Elena de Uairén. Aerotuy sale de Porlamar, en Margarita; mientras que las avionetas de Rutaca inician su ruta en Ciudad Bolívar por la mañana, generalmente con vuelos de salida por la tarde. En teoría, Rutaca vuela a cualquier parte de la Gran Sabana donde pueda haber turistas; es la mejor opción para ir a Kavak y Kamarata.

EL SALTO DEL ÁNGEL

Si hay una vista maravillosa para atraer a los turistas a Venezuela, ésta es la catarata más alta del mundo, cuyas aguas superan una altura de 979 m al precipitarse desde los flancos verticales del Auyán Tepuy, la Montaña del Mal. Este salto equivale a 20 cataratas del Niágara puestas una encima de otra. Sin duda no hay palabras para describir su majestuosidad. Si lo contempla desde la base, acabará con el cuello dolorido.

La fachada rocosa, se encuentra en el tramo superior del río Churún, en las profundidades de un cañón, en el centro de la montaña Auyán, con forma de corazón. Casi todas las excursiones que llegan al Churún se inician en los embarcaderos situados más arriba de la laguna de ciudad de Canaima, para seguir río arriba por el Karrao (también Carrao) y pasan una o dos noches en uno de los campamentos a orillas del Churún.

PÁGINA ANTERIOR E IZQUIERDA: Un típico pueblo de los indios pemon, con sus *churuatas*, *caneys* y *malokas*, a la sombra del Kusari Tepuy.

Antecedentes históricos

Tal vez resultaría más poético si el Salto del Ángel debiera su nombre a alguna figura milagrosamente santa que bajo circunstancias muy especiales se le hubiera aparecido a algún indio, o si tuviera la forma de sus plumas blancas que se precipitan desde los cielos. Sin embargo, la verdad es mucho más interesante y amena y, además, en un país rico en oro y diamantes, también más apropiada.

En 1921, J. R. McCracken, el arisco geólogo y explorador contrató a un piloto aventurero poco convencional, de nombre Jimmy Ángel, expiloto de la fuerza aérea canadiense con cierta debilidad por las pelirrojas, para volar al interior de Venezuela. Jimmy siguió las indicaciones de McCracken y poco más tarde aterrizó en uno de los «tepuys» de la Gran Sabana. «En tres días», —relató Ángel— «sacamos 34 kg de oro entre las arenas.» Con todo este sobrepeso, la avioneta tuvo problemas al despegar y descendió casi 1.500 m antes de que Ángel pudiera recuperar el control.

Así se inició la obsesión de Ángel por «el río de oro». En los años siguientes, intentó persuadir a varios patrocinadores para que financiasen sus viajes a la Gran Sabana en busca de «su» montaña, pero sin éxito.

Sin embargo, un día de 1935, Ángel volvió muy excitado a su bar favorito, el American Club, en Caracas, asegurando haber visto la catarata mayor de todo el mundo. «Cuéntanos otra historia», le replicaron sus amigos del bar. Tal como B. Traven lo describe en su libro *El tesoro de Sierra Madre*: «Fue la historia común y corriente de los buscadores de oro: cierta, sin duda, y sin embargo, sonaba como un cuento de hadas».

Durante otro vuelo, dos años más tarde, Ángel intentó aterrizar en la superficie del Auyán Tepuy, la mayor de las montañas de mesa en la Gran Sabana, pero su pequeña avioneta quedó atrapada en una ciénaga y él y sus acompañantes se vieron obligados a bajar caminando. Tuvieron suerte y, 11 días más tarde, llegaron a la misión de Kamarata, aunque un poco más delgados. Esta vez todos habían visto las cataratas, y su historia ya no parecía tan impresionante después de todo.

Finalmente, en 1949, una expedición subvencionada por la National Geographic Society midió la altura del salto con exactitud. El altímetro de Ángel había medido unos cuantos metros de más, pero se constató la altura colosal de 979 m con una caída ininterrumpida de 807 m, la Octava Maravilla del Mundo.

Su nombre original y auténtico, que le habían dado los pemon que ya conocían su existencia desde siempre, es *Kerepakükpai Merú*. *Kerepaküpai* en lengua pemon significa «el lugar más profundo», y *merú* quiere decir «cataratas». Tras la muerte de Jimmy Angel, en 1956, sus cenizas se esparcieron sobre las aguas del salto. En 1970, la fuerza aérea venezolana rescató su vieja avioneta de las alturas del Auyán. Después de restaurarla, y tras una emocionante ceremonia, la *Río Caroní* se colocó enfrente del aeropuerto de Ciudad Bolívar, donde ahora todo el mundo puede verla.

Información turística

La excursión a la región del Salto del Ángel no estará completa si no lleva suficiente repelente para los insectos, tanto para los mosquitos como para otros bichos pequeños e «invisibles», con ropa impermeable y de manga larga, con crema solar y sombrero, con linterna y con dos veces el número de carretes de fotos que había pensado traer.

El valle de Kamarata

Comúnmente, el área al sur y este del Auyán Tepuy se conoce como el **valle de Kamarata**. El río más largo del valle, el Akanan, que más tarde se convierte en el Karrao (Carrao), bordea las faldas de la montaña y, al final, vierte sus aguas a las cataratas de la laguna de Canaima. La misión de Kamarata se encuentra en medio del profundo valle, y en ella viven José Abati y Jorge Calcaño, ambos indios pemon que organizan excursiones por tierra y por el río. La mayoría de los operadores turísticos emplean sus servicios; el contacto se establece por radio. La misión suele ser el punto de partida para las excursiones río abajo, que pasan por el Salto del Ángel, hasta llegar a Canaima. Pero aquí también se inician las excursiones de subida al Auyán Tepuy, de unos diez días o más; esto depende de la distancia que quiera recorrer sobre la superficie lunar de la montaña; para más información www.samexplo.org/tr56.htm.

Kavak se halla hacia el este, a poca distancia de viaje, y más cerca del imponente Auyán Tepuy. El pueblo, rodeado por una sabana ondulada de pradera, consiste en varias *churuatas* tradicionales, situadas al pie de la montaña. Hay varias casas de familias pemon que ofrecen alojamiento, o bien espacio para colgar hamacas o para montar la tienda de campaña, siempre con lavabos compartidos en el exterior. La atracción principal de Kavak es la cascada llamada Tebenarempá, que se precipita 40 m para desaparecer en un cañón misterioso.

Uruyén está a unos 10 km al sudoeste de Kavak, en el extremo sur del Auyán Tepuy. El campamento tiene los alojamientos más sofisticados en esta área tan remota, con diez *churuatas* tradicionales, rústicas y a la vez encantadoras, para dos o tres personas, con baño propio (agua fría), aunque sin electricidad. Haga la reserva en Uruyén a través de un operador turístico con radio, *no* la haga con Aerotuy.

Cómo llegar

Los poblados están completamente aislados; hay un servicio de transporte de pequeñas avionetas. No disponen de teléfono. Rutaca, ☎ (085) 22195, FAX (085) 25955, en Ciudad Bolívar, ofrece vuelos regulares. Pero cerciórese de que el piloto sepa exactamente cuándo y dónde tiene que recogerle, y vuelva a confirmarlo de nuevo por radio con el pemon, en Kavak, en Uruyén o en Kamarata.

CAMINO A LA GRAN SABANA

Dentro de unos cuantos años, la autopista 10 del sur, que llega a la altiplanicie de la Gran Sabana, sin duda será bautizada como la Ruta del Oro, o algo semejante. Este nombre, que se le podría ocurrir a algún individuo brillante sentado en una oficina con aire acondicionado de Caracas, puede parecernos fantasioso, pero sin duda describe la ruta como lo que es: una vía que atraviesa una región que, en teoría, oculta los mayores depósitos de oro del mundo. Hubo una compañía minera que se refería a ella como «el bulevard del billón de dólares».

La primera ciudad en la autopista, que a partir de aquí tiene sólo dos carriles, es **Upata**. La siguiente es **Guasipati**, un lugar tranquilo y somnoliento. La panadería, en la esquina de la plaza Bolívar, propiedad de una familia de descendencia árabe, sirve el capuchino más especial de toda Venezuela, y así se llama: *especial*.

Después de 18 km de viaje se llega a **El Callao**, situada a la orilla del sur del río Yuruarí. Tras descubrirse un enorme filón de oro, en 1849, el pueblo empezó a prosperar y crecer. Venezuela sigue siendo uno de los mayores productores de oro del mundo. Alrededor de la plaza Bolívar hay muchas joyerías y comercios dedicados a este precioso metal.

Siguiendo la autopista por la selva, después de otros 108 km se llega a un letrero que anuncia el mítico **El Dorado** —¡ojalá! Es un lugar tosco y poco acogedor, antiguamente dominado por los mineros, pero ahora parece estar habitado por espíritus. El otro motivo de su fama es la prisión, Las Colonias, que ocupa la isla en el río Cuyuní. Henri Charrière, más conocido como «Papillon» fue encarcelado aquí, en 1945.

En realidad, la ciudad está a 7 km de distancia de la autopista principal. El desvío indica el kilómetro 0 en la autopista 10, que continúa hasta la frontera brasileña, el kilómetro 332. Todas las distancias hacia el sur se miden a partir de este punto. Por ejemplo, San Isidro, la última ciudad con gasolinera antes de subir a la Gran Sabana, se conoce como el kilómetro 88. Llene aquí su depósito, antes de subir por la carretera La Escalera y llegar al parque nacional Canaima.

ALOJAMIENTOS TURÍSTICOS

En el kilómetro 84, se encuentra un agradable campamento de precios moderados, la **Barquilla de Fresa**, reservas a través de Audubon, ☎ (02) 9923268/2812, audubon@telcel.net.ve, situado en medio de 35 ha de bosque con un lago, que cuenta con seis habitaciones impecables. Muchos aficionados a la observación de aves suelen ir a Barquilla de Fresa, ya que su propietario, Henry Cleve, organiza excelentes excursiones por la naturaleza.

LA REGIÓN ORIENTAL DEL PARQUE NACIONAL CANAIMA

La entrada al parque nacional Canaima se encuentra justo detrás de la enorme roca de granito de la **Piedra de la Virgen**, a 410 m sobre el nivel del mar, y desde donde se tienen unas vistas impresionantes si mira hacia el norte cuando sale o se pone el sol. Aquí se inicia **La Escalera**, la carretera de triste fama que sube por la región de la Sierra de Lema, cubierta de bromelíadas, y que llega a la altiplanicie de la Gran Sabana.

En el kilómetro 140 cruzará el río Aponwao. En la orilla del sur se encuentra la oficina central de Inparques, donde deberá solicitar un permiso para acampar; hay un cámping cerca, con edificaciones anexas (servicios en el exterior). En el kilómetro 144, hay un puesto del ejército donde se revisan la mayoría de los vehículos y la documentación, antes de tomar el desvío en Luepa para continuar por el camino de tierra a Kavanayén.

DE LUEPA A KAVANAYÉN

Kavanayén («el lugar del gallo de la roca», en lengua pemon) es un pequeño asentamiento misionero que está situado en medio de «tepuys» imponentes, a 70 km de distancia del desvío de Luepa. La mayor parte del camino de tierra es bastante transitable.

La carretera a Kavanayén se divide en dos: la primera se inicia en el kilómetro 23 y llega a las bellas **cascadas del Torón**; mientras que la segunda se dirige hacia el sur, donde después de recorrer 32 km se llega a la aldea de **Liwo Riwo** (también Iboribo). Aquí, los indios pemon alquilan refugio y hamacas para pasar la noche; también hay un buen cámping y un restaurante muy sencillo. Además, acompañan a los turistas a las cascadas del **Chinak** (también conocidas como Aponwao), que se precipitan desde una cornisa rocosa a 100 m de profundidad.

La misión de **Santa Teresita de Kavanayén** se fundó en 1942. En su pequeña iglesia se celebra una misa por la mañana y otra por la noche, y algunas de las canciones se cantan en lengua pemon, en lugar de castellano, y suenan más melodiosas. En el interior de la misión hay una pequeña oficina con una modesta selección de

PÁGINA ANTERIOR: El Salto del Ángel, el mayor tesoro de Canaima, se precipita desde las alturas rocosas.

la artesanía local. Pida información en el pueblo sobre las bellas cascadas del **Karuay**.

Alojamientos turísticos y restaurantes

La misión alquila habitaciones para dormir con cuartos de baño comunes (a veces con agua caliente), ☎ (086) 603763/625200. A principios del año 2000, se inició la construcción de una nueva posada, que ahora debe estar terminada. Al lado de la pista de aterrizaje, a los pies de Sororopan, se encuentra el **Campamento Mantopai**, oculto entre la naturaleza, con *churuatas* sencillas pero atractivas, de camas dobles. Generalmente, el campamento está reservado para los clientes de **Happy Tours**, ☎ (088) 951339/30, pero también se pueden hacer reservas a través de Mario Lanz, ☎ (086) 620800.

En el pueblo hay un par de pequeños restaurantes: el de la señora Guadalupe, situado a una manzana de la esquina noroeste de la plaza, es el mejor y el más agradable de los dos; y el otro lo atiende la señora Rosa.

De Luepa a Santa Elena

De vuelta a la autopista principal y en dirección al sur, la siguiente parada son los **Rápidos de Kamoirán**, ☎ (086) 512729, donde muchos conductores se detienen para tomar un café y llenar el depósito de su coche. Al lado del río, hay un pequeño restaurante bastante bueno de una familia pemon, que también dispone de 15 habitaciones con cuarto de baño (agua fría). Hacia el este, se vislumbran los «tepuys» del norte de la Cadena Roraima en la distancia. Y al norte: Tramen, Ilu y Karauren.

En el kilómetro 201 se hallan las cascadas del **Kamá**, que no se pueden ver desde la autopista, pero sí se distinguen las *churuatas*, a la derecha, y también una vía de salida que cruza el puente. La altura de la cascada es de 60 m, y sus aguas se precipitan hacia un gran estanque y a veces forman un bello arcoiris. Algunas familias pemon alquilan *churuatas* con el típico techo de paja, junto a la carretera; además, hay dos restaurantes.

Cinco kilómetros más adelante, es fácil pasar por alto **Kawi**, que también es precioso y cuyas aguas forman un pequeño río. Otras cascadas a lo largo de este tramo son: la **Quebrada de Pacheco** (también llamada Arapán), en el kilómetro 238; el **Balneario Suruape**, en el kilómetro 242, y el **Yuruaní Meru**, en el kilómetro 250.

En este punto de la carretera, hacia el este, se pueden distinguir las torres gemelas del Kukenán y del Roraima, que destacan contra el horizonte al sudeste. Si hace buen tiempo, se pueden ver los «tepuys» norteños de Yuruaní y también el «tocón» de Wadakapiapo; cuenta la leyenda que fue el árbol de la vida, cargado de todos los frutos del mundo, hasta que un día el malicioso Makunaima lo taló.

San Francisco de Yurnaní es el mayor asentamiento pemon en el parque nacional Canaima. El líder del pueblo, el (capitán) Juvencio Gómez, es también el jefe de los pemon del sector sudeste de la Gran Sabana. Si le interesa todo lo relacionado con los indígenas, lo hallará aquí. El télefono de la comunidad San Francisco es el (088) 930001/2.

San Francisco es, además, el punto de salida para la excursión al Roraima; siempre hay todoterrenos en esperan de llevar turistas al pueblo de Paraitepui, situado al este. **Roraima Tours**, ☎ (088) 951283 o (014) 864323, hasta ahora el único operador turístico pemon, dispone de alojamientos sencillos. También se encargan de organizar transportes y de facilitar guías para Roraima a precios razonables.

Los dos últimos lugares interesantes en este tramo, **Agua Fría** y **Quebrada de Jaspe**, son tan bonitos como los anteriores. La acción pulidora del agua convierte el jaspe, normalmente de aspecto opaco, en una piedra de color rojo vivo y anaranjado. En la lengua de los indios pemon, la quebrada se llama *kako paru* («arroyo de fuego»), puesto que suelen usar el jaspe como pedernal. El arroyo está en el kilómetro 273 y cuenta con un cámping. A 5 km siguiendo por la autopista hacia el sur, hay varios caminos a la izquierda que llevan a Agua Fría.

SANTA ELENA DE UAIRÉN

Santa Elena, fundada en 1924 a orillas del río Uairén, fue uno de los puestos de avanzada más remotos de Venezuela. Sus primeros años de historia están más vinculados a la Guyana Británica que a Venezuela. La misión de los capuchinos se fundó en 1931, cerca de la pequeña comunidad pemon de Manakri; pero el pueblo empezó a crecer después de la inauguración de la autopista entre El Dorado y la frontera brasileña. Durante mucho tiempo ha sido el lugar de suministro para todos los campamentos de mineros situados al oeste de la carretera a Ikabarú, y aún se pueden ver camiones cargados de maquinaria y comercios de compra y venta de oro y diamantes.

Un factor interesante, según explica el experto y guía de la región Roberto Marrero: Santa Elena cuenta con más iglesias que cualquier otra ciudad de América del Sur. Todas las confesiones cristianas están representadas, e incluso algunas religiones orientales. Tal vez se trate de una señal del gran magnetismo cautivador o seductor de la Gran Sabana.

Sin embargo, para el turista no hay mucho que ver. La ciudad es más bien un umbral hacia la Gran Sabana que una atracción por sí misma. Situada a una altura de 900 m sobre el nivel del mar, nunca hace un calor agobiante, y las noches son agradablemente frescas.

Información turística

En el Banco del Caroní, calle Bolívar, puede obtener dinero en metálico con su tarjeta Visa, y el Banco del Orinoco cambia cheques de viaje Amex. La Boutique Zapatería cambia moneda extranjera y aplica un buen cambio; compruébelo con los cambios de moneda expuestos en el cruce de la calle Bolívar con la calle Urdaneta, conocido como «las cuatro esquinas».

Hay varios sitios que ofrecen acceso a Internet, por ejemplo Villa Salvaje o La Casa de Gladys.

VISITAR SANTA ELENA DE UAIRÉN

El centro artesanal pemon, al otro lado del puente en Manakri, detrás de la misión, al oeste de la plaza Bolívar, vende artesanía local. Hay otra tienda en la calle Zea que también vende productos de los pemon. Desde la cima de la montaña Yakoo, y en época de sequía, se tienen maravillosas vistas sobre la ciudad y sobre Roraima; hay excelentes senderos para caminar. El carnaval de Santa Elena, que se celebra en febrero, con todo su ambiente y ritmo es muy parecido al carnaval brasileño, mientras que su fiesta patronal anual tiene lugar durante la segunda semana de agosto.

EXCURSIONES

Parece increíble, pero Santa Elena no tiene oficina de turismo. Sin embargo, hay varios operadores turísticos que llenan este vacío; la mayoría de ellos está dispuesto a ayudarle para organizar sus excursiones, con el alquiler de equipos, venta de mapas o con el transporte. Únase a más personas: los grupos numerosos disfrutan de precios más económicos.

Una de las agencias de viaje y de operadores turísticos de mayor experiencia es **La Gran Sabana Turística** (antes Anaconda Tours), ☎ (088) 951160, eduardo cortez@cantv.net, o gransabanaturistica@ yahoo.com, calle Bolívar, al lado de la popular panadería Trigopan. Su agradable director, Eduardo Cortez, también preside la Cámara de Turismo de la ciudad.

Otras compañías recomendables son: **New Frontiers**, ☎ (02) 7635162 o (014) 9277140, info@newfron tiersadventures.com, www.newfron tiersadventures. com, calle Urdaneta, dirigida por el francés Claude; y **Villa Salvaje**, al lado de la terminal de autobuses, dirigida por Iván Artal y su mujer.

Se podría decir que Raúl Arias, de **Raúl's Helicopters** (también llamado Aerotécnica), ☎/FAX (088) 951157/ 1049, avenida Mariscal Sucre, ofrece lo último en excursiones a la Gran Sabana. Raúl, un hombre amigable y con mucha experiencia, ofrece, además, vuelos en un helicóptero Bell de cinco asientos, a cualquier lugar de la Gran Sabana, incluso a la cima de un «tepuy» si quiere. Si forma parte de un grupo de cuatro y puede gastarse 1.000 USD, no dude ponerse en ponerse en contacto con él.

ALOJAMIENTOS TURÍSTICOS

De moderado a económico

Los dos campamentos más recomendables de Santa Elena son: **Yakoo**, ☎ (088) 951332/1742, yakoo@telcel. net.ve; y la compañía turística de Ruta Salvaje, **Villa Salvaje**, ☎ (088) 951134, rutasalva je@cantv.net, members. xoom.com/Ruta Salvaje. Las oficinas de Ruta Salvaje, en el interior de una llamativa construcción, están al lado de la terminal de autobuses. Desde ambos, se aprecia una impresionante vista sobre el valle y las colinas circundantes, y los dos, que están situadas en medio de un admirable entorno natural son estructuras arquitectónicamente atractivas. La forma más sencilla para llegar es telefonearles —si no viaja en vehículo propio— y vendrán a recogerle, o le indicarán el camino.

SUPERIOR: Niños pemon delante de su hogar, una sencilla *churuata*. La fronda está recién cortada.

En la urbanización Akurima, un barrio al norte de la ciudad, se encuentra otra opción acogedora, la **Villa Fairmont**, ☎ (088) 951022, establecida desde hace ya mucho tiempo: lamentablemente carece del entorno natural de los dos anteriores. Cuenta con un restaurante amplio y recomendado, donde se sirven platos de carne, pescado y marisco, así como *pizzas* hechas al horno. Tiene un área de bar agradable y un total de 11 habitaciones: 3 en los terrenos originales y otras 8 más amplias en otro edificio, todas muy limpias y bien decoradas, con televisión, ducha y aire acondicionado.

El **hotel Gran Sabana**, ☎ (088) 951810/11/12, FAX (088) 951813, servicios@hotelgransabana.com, www.hotelgransabana.com, en la carretera de salida de la ciudad en dirección a la frontera brasileña, es una construcción totalmente nueva y la opción más lujosa; se acabó de construir a finales del 2000. Cuenta con 60 habitaciones, todas con aire acondicionado, una piscina y varias tiendas pequeñas.

Económico

Para los que buscan, tranquilidad y bonitas vistas, está el **Campamento Temiche**, ☎ (014) 8861675, de Claudio Grossi y su esposa Carolina Landáez, que poseen amplios conocimientos de la Gran Sabana y organizan excursiones. Sus cabañas, con 12 habitaciones de estilo moderno, cuentan con baño y agua caliente. También preparan comidas. Es mejor telefonearles antes para averiguar la dirección y el camino al campamento, que se encuentra al oeste de la ciudad.

Uno de los hoteles del centro de la ciudad es el **hotel Lucrecia**, ☎ (088) 951130, en el inicio de la avenida Perimetral, que dispone de 15 habitaciones alegres y luminosas. El **hotel Fronteras**, ☎ (088) 951095, calle Ikabarú esquina con la calle Zea, ofrece habitaciones limpias y bastante buenas dispuestas alrededor de un patio central.

El favorito de los excursionistas es **La Casa de Gladys**, ☎ (088) 951171, lacasadegladys@cantv.net, calle Urdaneta, donde Gladys Bermúdez y su familia alquilan habitaciones sencillas; las nuevas, a la vuelta de la esquina, son mejores. Gladys les permite usar su cocina y también alquila equipo de cámping. Es un lugar interesante para encontrarse con otros excursionistas camino a Roraima, pedirles consejo, intercambiar información y experiencias y tomar una cerveza o quizás un café.

RESTAURANTES

Santa Elena cuenta con varios buenos restaurantes. Uno de los más bonitos forma parte de la Villa Fairmont, **El Churuanay Akurima**. Al otro lado de la ciudad, en la carretera al aeropuerto (calle Ikabarú), está **El Quijote**, cocina española y buenas parrillas. Algo más cerca de la ciudad, en la avenida Perimetral, enfrente de la calle Urdaneta, se encuentra la **Pizzería Texas**, un lugar popular; como el restaurante contiguo, el célebre **Parador Venezuela**.

CÓMO LLEGAR

El diminuto aeropuerto de Santa Elena se encuentra a unos 7 km al sudoeste de la ciudad, justo a la salida de la autopista hacia la frontera. Servivensa tiene un vuelo a Canaima a las 08.00 horas, que continúa a Puerto Ordaz por la tarde. O viceversa, el vuelo sale de Puerto Ordaz a las 08.00 horas y llega a Santa Elena alrededor de las 11.00 horas, vía Canaima.

La otra compañía aérea importante es Rutaca, que cubre todo el área del centro de la Gran Sabana, así como El Paují, situado al oeste. Sus avionetas de seis asientos no tienen un horario establecido, sino que funcionan como los *por puestos*: inician el vuelo cuando están completos. Infórmese sobre los horarios y las tarifas de la Gran Sabana Turística. Tome un taxi para llegar a la pista de aterrizaje.

La terminal de autobuses está a punto de trasladarse a una terminal recién construida en la periferia norte de la ciudad. Pero no se asuste. Por ahora, la actual se encuentra en el primer cruce después de entrar a la ciudad. Los autobuses de la Brazilian Uniao Cascavel tardan cuatro horas para llegar a su destino de Boa Vista. También van a Puerto La Cruz tres veces por semana.

LA FRONTERA BRASILEÑA

Si quiere continuar su viaje hacia el sur, a Brasil, puede obtener el visado antes de llegar a la frontera o allí mismo. También se exige tener un certificado de vacunación contra la fiebre amarilla, o se lo dan en la frontera. El consulado de Brasil está justo detrás de la terminal de autobuses, en la avenida Mariscal Sucre; su horario es de 08.00 a 12.00 horas.

Antes de salir de Venezuela tiene que pasar por el DIEX para obtener el sello de salida. Las oficinas están cerca de la estación de autobuses, detrás del gran edificio de la prefectura; abren de lunes a sábado, de 07.30 a 11.30 y de 14.00 a 17.00 horas. Si viene procedente de Brasil, también es obligatorio pasar por el DIEX y solicitar un visado turístico para entrar en Venezuela.

RORAIMA

Roraima es el «tepuy» más alto de la Gran Sabana, que se eleva a más de 2.800 m por encima de la planicie. Kukenán (Matawi) es su hermano gemelo. Ambos se encuentran en la confluencia de tres países: Guayana, Venezuela y Brasil, y aportan afluentes a los tres ríos más importantes del continente: el Orinoco, el Amazonas y el Essequibo. Se cuentan varias leyendas distintas de los pemon que hablan de Roraima como la Madre de Todas las Aguas y como el hogar de la diosa Kuín, la abuela de todos los hombres. También se conoce como la «Montaña de Cristal».

Everard Im Thurn y Harry Perkins fueron los primeros en escalar esta montaña, en 1884 (*véase* www.thelostworld.org). Su informe es un clásico de la exploración victoriana —después de leerlo, sentirá el impulso de dejarlo todo y seguir sus intrépidas huellas. ¡Hágalo, si puede!

La escalada y la exploración de la superficie de Roraima puede ser una de las experiencias más memorables de toda su vida. Un pequeño paso para llegar a la superficie de un «tepuy» es un salto gigante hacia otro planeta. Se trata del planeta Tierra, pero no como lo conocemos. Para los indios pemon, los «tepuys» albergan el hogar de los espíritus *mawariton*, muy arriba en las alturas y fuera del alcance de todos. Los vuelos de Westerner, que no fueron más que una fantasía, ya no parecen tan rocambolescos. Otras historias más recientes afirman que la montaña es una de «las pirámides invisibles» de energía de la Gran Sabana.

En *El mundo perdido* de Arthur Conan Doyle, la expedición dirigida por el intrépido doctor Challenger, después de alcanzar la cumbre, se encuentra con dinosaurios y tribus prehistóricas enloquecidas. Ahora, los únicos que se comportan como locos son los turistas quienes, asombrosamente, continúan tirando basura y dañando el frágil ecosistema de la montaña, sin que parezca importarles.

Los «tepuys» son muy antiguos —hace mucho tiempo fueron los valles de Gondwana y Pangea— están llenos de oro y diamantes y cargados con la corriente de la vida durante más de dos billones de años. Su paisaje se halla en un proceso de cambio constante y a la vez es completamente estático, como un diente gigante en la rueda del tiempo, que empuja poco a poco los engranajes de la evolución. A lo largo de los tiempos, los «tepuys» han sido testigos de todas las maravillas de la naturaleza y de cada una de las locuras del hombre.

INFORMACIÓN TURÍSTICA

La subida al Roraima puede ser agotadora, según su forma física y el tiempo —suele llover mucho en esta parte de la Gran Sabana. No crea que esta excursión es tan fácil, trate de estar en forma. La mejor época va de diciembre a abril, pero aún así puede llover.

SUPERIOR: La amplia cortina de agua del Salto Yuruaní, justo al lado de la autopista.

La excursión en general dura seis días. Éstos incluyen dos noches en lo que eufemísticamente se podría denominar «hoteles», pequeños salientes en la roca donde se puede montar una tienda de campaña resguardada del viento y la lluvia. Las condiciones del tiempo son variables y no es nada extraño que algún grupo tenga que volver cuando los senderos se convierten en torrentes de agua.

Lamentablemente, durante la última década el impacto del turismo en el entorno de la montaña ha sido dramático. En una operación de limpieza en 1999, se retiraron 360 kg de basura de los senderos y de la cima del «tepuy». Durante su visita debe ser consciente del impacto de su presencia en el entorno. Para más información acuda a www. thelostworld.org.

CÓMO LLEGAR

Casi todos los operadores turísticos de Venezuela, y especialmente los de **Ciudad Bolívar** y Santa Elena de Uairén, ofrecen excursiones a Roraima. Si es usted meticuloso y profesional que va con equipo propio, puede organizar la subida directamente con un guía pemon en **San Francisco de Yuruaní**, al lado de la autopista 10 o bien puede hacerlo en el pueblo de **Paraitepui**.

Todas las excursiones van acompañadas de un guía pemon, por razones de seguridad, que suele cobrar unos 12 USD por día. No intente nunca, bajo ninguna circunstancia, subir al «tepuy» sin un indio pemón. Primero, porque es una acción que en el país en que se encuentra se considera ilegal, y segundo, porque es una gran irresponsabilidad, y otros tendrán que arriesgar su vida para salvar la suya. Hay un largo camino hasta el hospital más próximo.

SUPERIOR: Los placeres del paseo en Santa Elena de Vairén.

EL PAUJÍ

El Paují es una pequeña comunidad en el límite al sur de la Gran Sabana, 74 km al oeste de Santa Elena de Uairén, cerca de la frontera con Brasil. El Paují, oficialmente fundada en junio de 1989, es una de las ciudades más jovenes y singulares de Venezuela. Durante las últimas dos décadas, toda clase de artistas han convertido este rincón tan distante de Venezuela en uno de sus asentamientos más sorprendentes e idiosincráticos.

En tan sólo unos cuantos días, puede aprender todo sobre la apicultura, la carpintería, la escultura, el arte, la danza, las hierbas medicinales, la arquitectura, la meditación, la música y, naturalmente, de la flora y fauna de la Gran Sabana. No está mal para ser el epicentro en medio de ninguna parte. Si se queda un tiempo con la gente del pueblo, tendrá una oportunidad única no sólo de compartir su maravilloso mundo natural, sino también sus sueños de convertir el pueblo en algo más que «otro ejemplo de cómo *no* crear una frontera».

INFORMACIÓN TURÍSTICA

No hay teléfono en la comunidad. La mayoría de las posadas y campamentos poseen su propia radio de onda corta, y los operadores turísticos de Santa Elena pueden enviar un mensaje por usted, como **Eduardo Cortez**, ☎ (088) 9511160, eduardocortez@cantv.net o gransabanaturistica@yahoo.com.

También puede dejar mensajes a la **familia Scott**, ☎ (088) 951431 o (014) 8861481, en Santa Elena, para las reservas de hospedajes o para solicitar información general. Los Scott también tienen una pequeña posada en el pueblo. Además, puede contactar con ellos por correo electrónico: elpaují@yahoo.com, con la gente del pueblo. Infórmese en www.thelostworld.org.

VISITAR EL PAUJÍ

Todos los propietarios de posadas trabajan también como guías o recomiendan a alguno que le enseñe el pueblo por una suma módica. Paulista, un antiguo trabajador brasileño en una mina de oro, que cuenta más historias que una antología de Shakespeare, conoce el bosque perfectamente. No debería dejar de subir al **Abismo**, al sur del pueblo con vistas al bosque. Asimismo es interesante visitar las **cascadas** del río Paují y Pozo Esmeralda, el pueblo de los artesanos, y el gran Salón de Baile, llamado **Salón Amariba**, situado al este (con habitaciones muy bonitas).

ALOJAMIENTOS TURÍSTICOS Y RESTAURANTES

Los alojamientos de El Paují ofrecen rusticidad y encanto: la mayoría de los campamentos carecen de agua caliente, aunque algunos poseen generadores durante ciertas horas del día. Los precios son económicos, pero moderados para los paquetes con todo incluido, con el transporte de ida y vuelta a Santa Elena de Uairén. En el pueblo hay más de 10 campamentos.

El camino de tierra principal de El Paují se extiende entre la carretera este-oeste de Santa Elena a Ikabarú y la pequeña pista de aterrizaje al sur, en dirección al Abismo. Cerca del cruce está la **Chimanta**, ☎ (088) 951994, de la familia Scott. Luis Scott es un gran conocedor del área, habla cuatro idiomas, es apicultor, hace un pan delicioso y se dedica a la meditación. Él y su esposa Francia han tardado años en construir su posada, que ahora cuenta con ocho habitaciones: cuatro de ellas son nuevas, pero todas son encantadoras. Han instalado paneles solares para la iluminación y el agua caliente. Incluso tienen un pequeño serpentario, donde extrae el veneno para elaborar antídotos. Su restaurante, **La Comarca**, está separado de los alojamientos.

Weimore, ☎ (088) 951459, eduardocortez@cantv.net, al este del pueblo, tiene la arquitectura más innovadora de la zona, resultado de la inspiración fecunda del propietario y arquitecto Manuel Matheus. Las dos casas, una para siete personas y la otra para cuatro, tienen vistas a las cascadas: no hay cama más idónea para pasar la noche en todo el país. Aparte de las excursiones comunes por el área, la familia Matheus organiza campamentos de verano y excursiones «hechas a medida».

Aparte de las posadas, que también preparan comida para sus huéspedes, Maripak (cerca de la pista de aterrizaje), La Comarca y el restaurante de Doña Aura ofrecen comidas opulentas. Además, hay unas cuantas bodegas o tiendas, donde los precios son un 20 % más caros que en Santa Elena, pero sus alimentos frescos se venden enseguida. También venden gasolina a precios muy altos. Es aconsejable abastecerse antes de salir de Santa Elena.

CÓMO LLEGAR

El Paují se encuentra a 74 km al oeste de Santa Elena; la carretera está en muy malas condiciones. Si viaja en un todoterreno alquilado en Puerto Ordaz o en Ciudad Bolívar, ésta es una buena prueba de su resistencia. Si piensa quedarse más tiempo en El Paují, tendrá que comprar un recipiente con gasolina, así como una cuerda resistente y una pala. El tiempo necesario para recorrer la distancia de 74 km depende del tiempo transcurrido desde las últimas obras de reparación: puede ser de hasta 5 horas.

Si no tiene ningún acuerdo para el transporte con alguna posada o con algún operador turístico en Santa Elena, hay taxis todoterrenos destartalados que salen de la terminal de autobuses de Santa Elena a las 06.00 horas para recorrer la carretera temprano por la mañana. Si el viaje por carretera le parece demasiada complicación, tome una avioneta. El vuelo con Ruta sólo tarda 20 maravillosos minutos por encima del bosque, y el vuelo sencillo sólo cuesta 15 USD.

EL DELTA DEL ORINOCO

El imponente Orinoco, que nace como un alegre arroyo en el sudeste del estado de Amazonas y que después de recorrer 2.140 km se convierte en un enorme río de 20 km de ancho, vierte sus aguas al océano Atlántico, y el enorme delta que produce su misma desembocadura se parece al intrincado calado de un abanico.

Dado que la corriente ecuatorial del Atlántico ejerce una fuerte presión en contra del flujo de las aguas del río, el Orinoco desarrolla cientos de «dedos» que se retuercen y contorsionan para llegar al océano. El sedimento en su fondo, lentamente pero seguro, aumenta el terreno del continente sudamericano, hasta 44 m por año, lo que a lo largo de todo el siglo XX significa la impresionante cantidad de 1.000 km^2.

A pesar del impacto del hombre sobre este extenso mundo tan vinculado al agua, los diversos bosques, los hábitats de los manglares y de las praderas del delta del Orinoco siguen siendo un refugio muy importante para la vida salvaje: desde los mamíferos, como monos, pumas, jaguares, capibaras y nutrias gigantes, hasta los tímidos y amenazados manatíes o los juguetones delfines de agua dulce. En sus aguas, hay gran cantidad de anfibios, reptiles y peces, y «vigilantes» en forma de caimanes, pirañas, anacondas y rayas venenosas. Arriba, los cielos del amanecer y del anochecer se animan con una gran variedad de guacamayos, papagayos, halcones, tucanes e incluso se puede ver al martín pescador. Sir Walter Raleigh, durante su viaje por el delta, en 1595, escribió sobre pájaros «de todos los colores, de color rosa vivo, rojo carmesí, anaranjado, púrpura, verde [...] que cantan en todos y cada uno de los árboles en miles de tonos distintos».

El delta es el hogar de los warao, el segundo grupo mayor de indígenas de Venezuela, después de los guajiro, pues son más de 20.000. Los warao, en sus *palafitos*, casas de madera construidas sobre pilares, llevan una vida sencilla, alejados del mundo moderno. Su nombre significa «pueblo de canoa», y realmente son maestros en moverse por el laberinto acuático de su mundo. Se cree que el nombre de «Orinoco» procede de la lengua de los warao, en que *wiri* significa «remo» y *noko* es «lugar». Con sus hábiles manos, los hombres son capaces de hacer las artesanías más apreciadas de toda Venezuela, con tallas en madera del árbol «sangrito» (sangre del dragón) que representan a los animales del delta; mientras que las mujeres son expertas tejedoras de las hojas de la palmera *moriche* (*Mauritia flexuosa*): sus cestas y hamacas se venden bastante caras en Caracas.

El viaje al delta le brinda la oportunidad de ver y comprar artesanía *in situ*, pero también de observar cómo los ingeniosos warao utilizan la palmera *moriche* para producir panes y zumos —y como suplemento a su dieta, primordialmente de pescado, cómo cultivan una fuente de proteína: una larva de escarabajo del tamaño de un pulgar.

El delta del sur o inferior —el canal Caño Manamo al norte fue canalizado durante la década de 1960—

sigue bajo influencia del dominio del Orinoco, con inundaciones durante la época de sequía, cuando las aguas bajan de los llanos. Los niveles en esta parte del delta pueden variar hasta 15 m. En 1991, con la creación del parque nacional Mariusa, de 2.650 km², se pretendió proteger la parte del delta central, mientras que los límites de una reserva de la biosfera aún se discuten.

El estado del Delta Amacuro, que erróneamente lleva el nombre del pequeño río Amacuro del sur, abarca la superficie de 25.000 km² del delta del Orinoco. El Orinoco tiene su máxima anchura en Barrancas; a partir de aquí se convierte en el río Grande, la vía principal de navegación camino a Ciudad Guayana. La capital es Tucupita, una ciudad poco atractiva; es una puerta de entrada al mundo acuático del delta, pero no la única. También la ciudad de San José de Buja, al noroeste de Delta Amacuro —cerca del Caño Manamo—, cada vez se usa más como trampolín al delta. La temperatura media en el delta es de 26 °C, las noches son algo más frescas, y la época de lluvias dura de abril a noviembre, aunque puede haber chaparrones durante todo el año. Hay malaria en esta región del delta, sobre todo en los meses de mayor humedad.

Ahora hay muchos operadores turísticos que ofrecen excursiones breves al delta, con traslados en canoas motorizadas y hospedajes en alojamientos rústicos construidos al estilo de los *palafitos*. En estas excursiones podrá experimentar lo que aún es una parte prístina y preciosa del país.

TUCUPITA

Tucupita está situada a orillas del Caño Manamo, donde el Caño Tucupita se separa del Manamo, el cual continúa en dirección al norte, al golfo de Paria. La carretera a la ciudad se extiende a lo largo de la cima del dique, construido como parte del programa de previsión de inundaciones durante las décadas de 1960 y 1970. Aunque haya dos carreteras al salir de Tucupita,

en esencia, ésta es la suma de la red de carreteras de Delta Amacuro. El resto son ríos.

Tucupita, aunque originalmente fundada por margariteños a mediados del siglo XIX, empezó a crecer y a convertirse en un centro de comercio, en la región norteña del delta, tras la llegada de los misioneros capuchinos, durante la década de 1920. La creación de campos petrolíferos delante de la costa, con grandes compañías concesionarias como la British Petroleum y la Amoco, y también la creciente industria turística han vuelto a inyectar vida a la ciudad. Su paseo a lo largo del Manamo es ideal para dar una vuelta por la noche, pero generalmente, los viajeros llegan a esta ciudad al final de una etapa.

INFORMACIÓN TURÍSTICA

La **Dirección de Turismo** del estado, ☎ (087) 216852, edificio San Juan, calle Bolívar, al lado de la plaza Bolívar, facilita información local y, lo que es más importante una lista de compañías turísticas oficiales. Su horario es de lunes a viernes, de 08.00 a 12.00 horas y de 15.00 a 18.00 horas. Como regla general, todo, absolutamente todo, en Tucupita cierra al mediodía para echarse una siesta de tres horas. El Banco Unión está en la calle Petión, al nordeste de la plaza Bolívar, pero cambiar cheques de viaje por dólares en metálico no resulta fácil. La mayoría de los operadores turísticos aceptan el pago en dólares, pero más vale que venga preparado. Para una lista más completa de operadores turísticos y alojamientos, www.think-venezuela.net.

VISITAR TUCUPITA

Desde su fundación, en 1930, la **iglesia de San José de Tucupita** ha servido como misión de los capuchinos. Se encuentra en el centro del paseo Manamo. En la **plaza Bolívar**, la gente de la ciudad se sienta a la sombra de los árboles a descansar, charlar y ver pasar a los demás. La prodigiosa **catedral de la Divina Pastora** se asoma por encima de las calles del noroeste de la ciudad, su construcción ha durado más de tres décadas, mucho tiempo para una ciudad tan pequeña como Tucupita.

EXCURSIONES Y ALOJAMIENTOS EN EL DELTA

Los puntos de destino en el delta del Orinoco se centran principalmente en dos áreas: al norte de Tucupita, hacia el golfo de Paria, y al sur, en el camino a la misión de San Francisco de Guayo. Los campamentos del norte son perfectos para excursiones cortas. **San José de Buja**, más próximo a Maturín y a su aeropuerto que Tucupita, es el acceso más directo; mientras que los del sur requieren más tiempo de viaje, aunque ofrezcan mejores ocasiones para conocer las maravillas naturales del delta y a su gente.

Las excursiones al delta son bastante caras, y los precios varían según el hospedaje ofrecido por los operadores. Si quiere viajar por su cuenta desde Tucupita, infórmese de los servicios para pasajeros en dirección hacia el norte, a **Pedernales**. Si quiere visitar el este del delta, pruebe suerte viajando en un *por puesto* hasta los muelles de **El Volcán**, 22 km al sur, donde hay un servicio de transporte irregular. Otra opción ed **Barrancas**, situado en las orillas del norte del río Grande.

Caro

El campamento más lujoso en todo el delta, el **campamento Boca de Tigre**, contacto en Maturín, ☎ (091) 417084/416566, bocatigr@telcel.net.ve, está situado más al norte que todos los demás. Aerotuy se encarga de transportar a sus huéspedes en avioneta si el viaje en barco no les parece atractivo. El campamento cuenta con las mejores instalaciones de toda el área: 30 habitaciones confortables, con baño propio, y un enorme

PÁGINA ANTERIOR E IZQUIERDA: «No muevas el barco»: indios warao en una peligrosa excursión familiar por el delta.

espacio recreativo y restaurante, cubierto con techo de paja. Este campamento es el menos típico de todos, y hay muy poco que se pueda hacer en sus alrededores; pero si le gusta la comodidad, éste es su sitio. Las ofertas del campamento comprenden transporte, excursiones y todas las comidas.

El **Campamento Maraisa**, dirigido por Delta Surs, ☎ (087) 216666/210553, calle Mariño con calle Pativilca, Tucupita, se halla en la orilla opuesta de la misión de San Francisco de Guayo, en la parte sur del delta. Aquí se ofrecen unos alojamientos muy atractivos al estilo de *palafitos*, cabañas con baño propio encima del agua, con pasarelas para llegar a ellas. Los propietarios, la familia Lara, son también los encargados del campamento, y además, conocen el delta perfectamente bien. Tan sólo la excursión por el río desde el campamento hasta Tucupita es una gran diversión.

Moderado

Entre todos los alojamientos que hay en el delta, el **Orinoco Delta Lodge**, ☎ (087) 211953, FAX (087) 21080, tucexpdelta@cantv.net, www.orinocodelta.com, administrado por Tucupita Expeditions de Anthony Tahbou, es el mejor. Desde sus comienzos, en 1993, el campamento se ha ampliado; ahora dispone de 31 cabañas individuales con cuarto de baño, construidas al estilo de *palafitos*, pero adaptadas a las necesidades y a los deseos de los huéspedes, sin que por ello pierdan parte de su encanto o de su arquitectura tradicional. Hay una red de pasarelas construida encima del agua para comunicarlas con el edificio principal, donde se encuentra el restaurante y el área social. Hace poco añadieron otro restaurante-bar, tipo *palafito*, y una terraza, perfectos para contemplar la *bora* del agua a lo largo del día, o para la observación y la identificación de las aves del área. Aparte de las cabañas, disponen de un agradable dormitorio donde los excursionistas pueden colgar sus hamacas, y también de otros dos campamentos más rústicos. El servicio es muy profesional y entendido, además hablan varios idiomas.

El otro alojamiento que se debe mencionar en esta categoría es el **Tobé Lodge**, ☎/FAX (087) 210709/211146, calle Pativilca, al norte de la plaza Bolívar, administrado por la agradable pareja francesa Arlette y Louis Carrée, ambos locos por los animales. El *Lodge* se encuentra cerca de San Francisco de Guayo y posee camas de estilo rústico y hamacas para los huéspedes.

Económico

Uno de los operadores turísticos de Tucupita, **Aventura Turística «Delta»**, ☎/FAX (087) 210835/212587, calle Centurión, 62 (cerca de la catedral), posee dos campamentos rústicos en la ruta a lo largo del Caño Pedernales, que desemboca en el golfo de Paria. Las excursiones bien organizadas, con guías políglotas, se centran en el mundo natural del delta. Sus dos casas, tipo *palafito*, sólo ofrecen habitaciones para colgar hamacas, con otra pequeña cabaña para los baños. **Bujuna Tours**, ☎/FAX (087) 212776, calle Dalla Costa, ofrece excursiones similares.

ALOJAMIENTOS TURÍSTICOS

No hay muchas posibilidades de alojamiento en Tucupita, y es aconsejable llamar antes para hacer la reserva en cualquiera de sus hoteles, todos de categoría económica. La mejor opción de la ciudad es el **hotel Sans Souci**, ☎ (087) 210132, calle Centurión, cerca de la catedral, con habitaciones bastante nuevas, tranquilas y limpias, con aire acondicionado o ventilador. También cuenta con restaurante propio. La opción más agradable y económica es el **Pequeño Hotel**, ☎ (087) 210523, calle La Paz, que dispone de habitaciones dobles con ventilador o con un aire acondicionado muy sonoro.

El **hotel Saxxi**, ☎ (087) 212112, ofrece las mejores instalaciones de todo el área, con piscina, restaurante y habitaciones con aire acondicionado, pero lamentablemente a 6 km fuera de la ciudad, y es muy probable que no valga la pena tomarse estas molestias. En cambio el hotel, bar y restaurante **Pequeña Venezia**, ☎ (087) 212044, vía Cierre, urbanización San Salvador, a 11 km en la carretera a El Volcán, es mejor.

RESTAURANTES

No hay ningún restaurante en Tucupita donde la boca se le haga agua, pero puede encontrar una comida bastante buena y sabrosa en **Mi Tasca**, calle Dalla Costa, y también en **Capri**, calle Manamo. **El Rincón de Pedro**, calle Petión, prepara un pollo muy sabroso; en la cocina de la **Tasca Sans Souci** también se puede comer. El mejor supermercado para sus provisiones es el Orinoco, calle Tucupita con calle Mariño.

CÓMO LLEGAR

El aeropuerto de Tucupita se cerró en 1992, y no parece muy probable que se vuelva a abrir. Por si ocurriera, se encuentra a 3 km al norte de la ciudad. Las opciones más cercanas son Maturín o Puerto Ordaz.

La terminal de autobuses está en el sudeste de la ciudad, no muy lejos del centro. Los autocares expresos a Caracas (aproximadamente 11 horas de viaje) salen por la noche; entre las demás rutas figuran Puerto Ordaz y Maturín, que también tienen servicio de *por puestos*. El transporte local y suburbano tiene su terminal en la calle Tucupita, al sur de la plaza Bolívar.

EL ESTADO DE AMAZONAS

Al sobrevolar la alfombra amazónica aparentemente interminable de verdes bosques de árboles de hoja perenne, se accede a un mundo donde el tiempo se ha detenido. Aunque los poblados situados al norte de la región hayan crecido durante la última década, en esencia, la tierra —y su alma— pertenecen a los indios que la han habitado desde tiempos remotos. Entrar en este mundo no es como atravesar el umbral de una catedral. Luminosos haces de luz se filtran a través de las hojas de árboles demasiado grandes, la exuberancia barroca de la vegetación abruma, los senderos del bosque se ensartan como pasillos y las aves cantan: un entorno que inconscientemente le hace pisar con más suavidad y bajar el tono de su voz.

El estado de Amazonas abarca una superficie de 175.750 km^2; una tercera parte es tierra protegida, en teoría. Aquí viven más de una docena de grupos étnicos, un total de 40.000 indígenas, más de la mitad de la población total del estado: los guahibo (jivi), piaroa, yekuana (makiritare), baniva, yanomami y sanéma. Muchos de ellos viven en las profundidades del bosque y casi llevan una existencia igual a la de sus antepasados de hace más de mil años. Sus casas de una ingenuidad básica poseen una asombrosa belleza.

Los altísimos bosques albergan y protegen enormes riquezas naturales. La cuenca del Orinoco, al igual que su vecino el Amazonas, es un región naturalmente protegida de biodiversidad: un enorme depósito sin igual de vida y de aliento para el futuro. Dentro de las delimitaciones protectoras naturales de los valles y de las colinas, en ocasiones salpicadas por algunas montañas de la altiplanicie de Guayana, se pueden encontrar mariposas de color azul eléctrico, guacamayos graznando, más de una docena de especies de monos e incluso jaguares u ocelotes. Y en los ríos, se ven pirañas y pavones de color rojizo, toninos, babas (cocodrilos) y tortugas; mientras tanto, en el bosque, las tarántulas, las hormigas gigantes, las cucarachas del tamaño de una mano y las serpientes pueden convertir la excursión a la jungla en una carrera de obstáculos.

Aunque en el mapa las regiones protegidas parecen impresionantes, muchas veces, y debido a su naturaleza inaccesible y remota, estas áreas no son más que «parques sobre el papel». Patrullarlas, con los limitados fondos disponibles, es prácticamente imposible. Durante las últimas dos décadas, miles de buscadores de oro han invadido las tierras de los yanomami y de otros grupos establecidos en la frontera brasileña, y no sólo han contaminado las aguas de los ríos con mercurio, sino que también han traído enfermedades y vicios.

Las posibilidades de explorar el Amazonas independientemente son muy pocas. La capital del estado, Puerto Ayacucho, la ciudad que sirve como punto de salida, se encuentra en la orilla oriental del Orinoco, no muy lejos de la frontera colombiana. La mayoría de los turistas que quieren visitar estas regiones viajan en una excursión organizada y pasan las noches en refugios preparados con hamacas, o siguen una ruta a lo largo de la cual se encuentra media docena de campamentos con alojamientos mucho más confortables.

PUERTO AYACUCHO

Puerto Ayacucho, originalmente un humilde campamento de los obreros que construyeron la carretera de desvío al sur de Samariapo, está situado en las orillas orientales del Orinoco. Su situación estratégica, más abajo de los rápidos de Atures y Maipures —donde todos los viajeros por el río están obligados a tomar el desvío por tierra—, y la profundidad del Orinoco en este punto, reforzaron el control de Venezuela sobre esta área.

El clima en Puerto Ayacucho puede ser caluroso y húmedo o caluroso y seco. No hay término medio. Como regla general, se puede decir que cuanto más se va en dirección sur, más aumenta la humedad. Los meses más secos son los de diciembre a abril. La pro-

SUPERIOR: A veces, familias pemon recorren varias millas para recoger leña para el fuego.

ximidad de su vecino, que suele tener bastantes problemas, provoca emergencias militares esporádicas y, además, favorece el contrabando y la inmigración ilegal. Por lo tanto, Puerto Ayacucho cuenta con mucha vigilancia policial, militar y naval: sencillamente es otra ciudad fronteriza con 70.000 a 80.000 habitantes y un trampolín útil para los turistas; en realidad la ciudad tiene muy poco que ofrecer.

Información turística

La **Dirección de Turismo** del estado de Amazonas, ((048) 210033, se halla en el interior del Palacio del Gobierno, en la plaza Bolívar. También hay una caseta de información turística en el aeropuerto, pero a veces sin personal para poder atenderle. Las oficinas de **Inparques**, ((048) 214771, están en la avenida Principal del Barrio Unión, cerca del centro de la ciudad.

Si desea informarse sobre los permisos para viajar hacia el interior de Amazonas, tiene que ponerse en contacto con la agencia gubernamental **Sada-Amazonas**, ((048) 210059, avenida Los Lirios, vía Aeropuerto, o en Caracas, ((02) 9917853, Base Aérea Francisco Miranda (aeropuerto La Carlota). También puede solicitar información en la oficina de turismo.

El Banco Unión, así como el Banco Venezuela, se encuentran en la parte principal de la avenida Orinoco. Para cambiar dólares o cheques de viaje, consulte con los operadores turísticos, o inténtelo en los hoteles, aunque estos últimos ofrecen cambios muy bajos. Algunos operadores turísticos aceptan el pago en dólares.

En la **Biblioteca Regional**, al lado de la catedral, tienen servicio de Internet, aparte de libros, revistas y vídeos interesantes.

Amazonas es una región con malaria, así que consulte a su médico antes de viajar si piensa visitarla. Para más información general e interesante, www.tourismconcern.org.uk.

Visitar Puerto Ayacucho

Evidentemente, Puerto Ayacucho no es la capital cultural de Venezuela, pero vale la pena visitar el **Museo Etnológico de Amazonas**, avenida Río Negro, al lado del mercado indígena, que le ofrece una buena introducción al mundo de los indios de Amazonas, con algunas maquetas extraordinarias de los piaroa y otras estructuras indígenas, muestras de artesanía y utensilios, textos con explicaciones sobre sus costumbres, creencias y cultura, así como muchas fotografías y detalles de sus antecedentes históricos. El museo abre de martes a viernes, de 09.00 a 12.00 horas y de 14.30 a 18.00 horas, los sábados de 09.00 a 12.00 horas y de 15.30 a 19.00 horas, y los domingos de 09.00 a 13.00 horas.

El **mercado indígena** ocupa una parte de la amplia plaza sombreada en la avenida Río Negro. Hay mercado todos los días, pero es mejor ir de jueves a domingo, por la mañana, cuando todos los indígenas, principalmente los piaroa y los guahibo, acuden de todas partes de la región para vender sus productos. Éstos incluyen desde móviles con papagayos y bancos de madera dura hasta la *katara*, una salsa muy picante (se dice que es un afrodisíaco) y el aceite medicinal de palmera *seje*. Vaya temprano para ver todos los juguetes y los maravillosos trabajos de cestería, por ejemplo. La visita no es una experiencia «auténtica» del folleto turístico del país de la fantasía, pero realmente puede ser muy divertida e interesante, como también lo es charlar con alguno de los indios sobre su vida, sus problemas y sus esperanzas para el futuro —y de los suyos propios.

El **Centro CEPAI**, ((048) 214956, está en el barrio Carinaguita, camino al aeropuerto (coja un taxi). Probablemente, es la mejor tienda de artesanía del país, y aún es más importante por tratarse de una cooperativa, lo que significa mayores ganancias para los artesanos. La mayoría de las artesanías son productos del pueblo de los yanomama, pero también hay interesantes piezas de cerámica de los curripaco.

Para contemplar una bella puesta del sol, o las vistas sobre los rápidos del Orinoco, diríjase al **cerro Perico** o al **cerro El Zamuro** (llamado «El Mirador»).

Deportes y actividades al aire libre

Aguas Bravas de Venezuela, ((048) 210541, avenida Río Negro, entre la plaza Bolívar y el mercado indígena, es especialista en recorrer los rápidos de Atures, al sur. Poseen años de experiencia y disponen de barcos especialmente adaptados, con motores fueraborda. Es el mejor choque de adrenalina de toda la ciudad.

La pesca gana mucha popularidad en el Amazonas. El río Casiquiare tiene fama de tener pavones más pesados que cualquier otro río del mundo. Uno de los mejores operadores que organiza excursiones de pesca es **Alpi Tour**, ((02) 2831433, FAX (02) 2836067, alpitour@viptel.com, www.alpi-group.com.

Los alrededores de Puerto Ayacucho

La atracción más popular cerca de la ciudad es el **Parque Tobogán de la Selva**. Para llegar allí hay que recorrer unos 30 km por la autopista a Samariapo y, después, otros 6 km por una carretera que se desvía hacia el sur. Es un tobogán muy divertido, donde las aguas se precipitan por una roca empinada y ligeramente inclinada que, por supuesto, es mucho más impresionante durante la época de lluvias.

Otra atracción que los operadores turísticos suelen enseñar a los turistas es el **cerro Pintado**, donde hay una serie de petroglifos tallados en lo alto de una pared rocosa. Resulta difícil distinguirlos, y el mejor momento para verlos es temprano, por la mañana, o por la tarde, antes del anochecer. El mayor de ellos tiene la forma de una serpiente que mide 50 m de longitud, y se supone que representa al Orinoco. El cerro se encuentra a unos 17 km al sur de Puerto Ayacucho, cerca de un camino a la izquierda.

EXCURSIONES

Hay muchos guías turísticos *freelance* y otros no oficiales que deambulan por el aeropuerto en espera de los turistas extranjeros. Antes de contratarlos, pídales su documentación, el «VT» y «TTAC», que les autoriza a acompañar a los pasajeros por los ríos y comunique cualquier anomalía o mala experiencia a la Dirección de Turismo; en casos extremos, insista en que le devuelvan parte de su dinero. No arriesgue seguridad y calidad por ahorrarse unos cuantos dólares.

Probablemente, la excursión más popular, de tres días de duración por el río hasta los pies del «tepuy» **Cerro Autuna**, el Árbol de la Vida de los piaroas, le dará una buena imagen del mundo ribereño amazónico. Otra

opción sería la de un vuelo chárter en una avioneta y ver Cerro Autuna desde el aire.

Si realmente quiere adentrarse en la jungla, con todas sus maravillas correspondientes, aromas, sonidos y bichos, deberá hacer una excursión más larga. La más famosa, de 10 días, es la «Ruta Humboldt», que sigue los pasos del gran explorador y científico alemán.

Hay muchos operadores turísticos que aparecen esporádicamente y vuelven a desaparecer, pero **Tobogán Tours** de Pepe Jaime, ☎ (048) 214865, FAX (048) 21 4553, avenida 23 de Enero, y **Turismo Yutajé**, ☎ (048) 210664, en barrio Monte Bello, 31 (a 10 minutos del museo) son compañías bien establecidas desde hace años, con mucha experiencia y con toda la documentación necesaria, aunque sus tarifas tal vez sean más elevadas que las de los demás. **Coyote Expediciones**, ☎/FAX (048) 214583, coyotexpedtion@cantv.net, avenida Aguerrevere, 75, es una empresa más económica, pero los informes no son siempre satisfactorios.

Para una lista completa de los operadores turísticos, www.think-venezuela.net.

ALOJAMIENTOS TURÍSTICOS

Si sólo busca un lugar para dormir antes de adentrarse en la jungla, hallará muchas opciones en el centro de Puerto Ayacucho, aunque ninguna demasiado atractiva. En la periferia de la ciudad se encuentran varios campamentos muy pintorescos, recomendados por los operadores turísticos de Caracas, ya que comprenden paquetes con todo incluido, también las excursiones; también puede reservar habitaciones por su cuenta.

De caro a moderado

Uno de los campamentos más solicitados de las afueras es **Orinoquia**, de la Cacao Travel Group, ☎ (02) 977-1234, FAX (02) 9770110, cacaotravel@cantv.net, www. cacaotravel.com, a 23 km al sur de la autopista a Samariapo. El campamento presenta una ubicación privilegiada a orillas del Orinoco, justo enfrente de los rápidos de Atures. Hay cinco *churuatas* con techo de paja, cada una con su cuarto de baño en la planta baja y las camas en los aleros; todas en medio de un espacio muy bonito, que también cuenta con un área de descanso y restaurante, cubierta por un enorme «sombrero de bruja» al estilo piaroa. No tienen aire acondicionado, pero la brisa que corre a través de la estructura abierta por los lados es suficiente y, además, silenciosa. El campamento, muy bien administrado por un equipo que habla varias lenguas, goza de una excelente cocina. El Cacao Travel Group organiza excursiones especiales por el río para visitar sus otros campamentos en el **Ventuari**, con *rafting*, *kayaking* y visitas locales como parte integral del paquete.

Antes de llegar a Orinoquia, en un camino paralelo a la carretera principal, se encuentra el **Camturama Amazonas Resort**, ☎ (048) 210266, reservas a través de Mágico Amazonas, ☎ (02) 9418813, FAX (02) 9435160, magico@ven.net, el campamento de la jungla para los urbanos por excelencia dispone de 46 habitaciones atractivas con aire acondicionado, cuarto de baño y agua caliente. El entorno está muy bien cuidado, con una laguna donde nadan tortugas y caimanes bebés. También cuenta con un área de descanso, bar y discoteca; incluso hay servicio de lavandería. Sin duda, es el lugar más lujoso de toda esta zona, y muchas veces se reserva para grandes grupos turísticos.

Económico

Entre los hoteles del centro, el **Guacharos Amazonas**, ☎ (048) 210328, calle Evelio Roa con avenida Amazonas, tiene los mejores servicios. Las habitaciones del hotel son confortables, con aire acondicionado y también agua caliente. Dispone de restaurante y piscina.

Entre todos los alojamientos económicos, el más agradable y atractivo es la **Residencia Río Siapa**, ☎ (048) 210138, en el lado izquierdo de la calle Carabobo, que

IZQUIERDA: Una barbacoa al estilo de la Gran Sabana.

Orinoquia

cuenta con 25 habitaciones limpias, con televisión y aire acondicionado, además, y asombroso por su tarifa, hay toallas suaves y pastillas de jabón.

En las afueras de la ciudad, hay un alojamiento muy agradable, administrado por gente culta y amable, el **Nacamtur**, ℂ (048) 212763, FAX (048) 210325, que se encuentra en la autopista a Samariapo, a la altura del desvío a Gavilá/El Retiro. Las habitaciones, amplias, con aire acondicionado y agua caliente, se hallan en un atractivo complejo cerca del bosque. Los propietarios siempre están dispuestos a acompañarle en sus excursiones por el campo y por el río; los petroglifos del cerro Pintado no están lejos de aquí.

RESTAURANTES

Muchos de los restaurantes de Puerto Ayacucho cierran los domingos, pero de todos modos no hay mucho donde elegir. Uno de los mejores y más atractivos es **El Capi**, avenida Evelio Roa, al lado del hotel Maguarí, que tiene una cocina sabrosa y buenas ensaladas; por otra parte, las *pizzas* más apetitosas se pueden comer en **El Padrino**, en avenida Melicio Pérez, 26-55, en la urbanización Andrés Bello; o en **Las Palmeras**, avenida 23 de Enero, en el centro.

La Estancia, en la avenida Aguerrevere, prepara buenos platos de cocina venezolana y guisos regionales; la **Tasca El Arbolito**, con platos españoles, disfruta de una ambiente muy agradable para tomar una cerveza por la noche. El restaurante de la primera planta del **aeropuerto** también ofrece un menú bastante bueno y sirve porciones abundantes, aunque el servicio deja bastante que desear.

CÓMO LLEGAR

El aeropuerto de Puerto Ayacucho se encuentra a unos 6 km al sudeste del centro de la ciudad, y el único medio de transporte son los taxis. El aeropuerto no está muy bien conectado con el resto del país: si quiere viajar del oriente al oeste, probablemente tendrá que ir vía Caracas. Las dos aerolíneas son Avensa, ℂ (048) 212403, con oficinas en la avenida Rómulo Gallegos en el centro de la ciudad, y Air Venezuela, en la terminal. Ambas tienen un vuelo diario a Caracas, ida y vuelta, con salida por la mañana. También está previsto iniciar nuevas rutas a Mérida y Porlamar.

La terminal de autobuses se halla a 6 km al este del centro de la ciudad. Para llegar a ella, puede coger un taxi, que son baratos, o ir en *por puestos* desde la avenida 23 de Enero. Hay autobuses con destino a Ciudad Bolívar durante todo el día y, también, a San Fernando de Apure, desde donde parten las rutas hacia el oeste. Aeroejecutivos Mary, con aire acondicionado, va directamente a Caracas.

LA FRONTERA COLOMBIANA

Tanto si entra en Venezuela o va a Colombia, es indispensable pasar por la oficina DIEX, en la avenida Aguereverre (oeste) para obtener el sello de salida/entrada. Hay dos medios de transporte para cruzar la frontera. El primero es el transbordador de pasajeros que sale del muelle del Puerto Ayacucho, al nordeste de la ciudad, para cruzar a Casuarito. Desde aquí, puede seguir en una lancha «voladora», que sale por las tardes con dirección a Puerto Carreño en el río Meta, donde la oficina DAS le pondrá el sello de entrada. También aquí hay un consulado venezolano. Si tiene que esperar al avión, que sólo sale tres veces por semana, para volar a Bogotá, hay unos cuantos hoteles. Durante la época de sequía se puede transitar por los caminos de tierra a Villavivencio. Como alternativa puede viajar por la carretera a Puerto Páez, 95 km al norte de Puerto Ayacucho. Y en los muelles de Puerto Páez hay un servicio de barcos que van a Puerto Carreño.

RÍO ARRIBA POR EL ORINOCO

Los únicos medios de transporte para viajar río arriba por el Orinoco son los barcos y las avionetas. Si carece de la autorización adecuada, sólo puede ir hasta **La Esmeralda**. Para poder seguir más arriba, debe solicitar un permiso especial a SADA-AMAZONAS.

En la época de sequía, los barcos salen del puerto de embarque de **Samariapo**, situado a 63 km al sur de Puerto Ayacucho; o de **Venado**, a 9 km más al sur, durante el resto del año. Hay *por puestos* que comunican las ciudades con Puerto Ayacucho. La única lancha diaria sale a las 11.00 horas y tarda tres horas hasta llegar a **San Fernando de Atabapo**, donde el Orinoco se desvía hacia el este. Aquí tiene que negociar para seguir su camino con otra lancha. Tenga paciencia y muchísimo cuidado.

Tanto San Juan de Manapiare como San Carlos de Río Negro y San Simón de Cocuy cuentan con pistas de aterrizaje para las pequeñas avionetas de una línea aérea de Puerto Ayacucho. Y siempre encontrará un sitio para colgar su hamaca y a alguien con una lancha que le lleve por el río.

ALOJAMIENTOS TURÍSTICOS Y RESTAURANTES

Si una hamaca y una mosquitera no son lo que más le agrada, hay una serie de campamentos en la jungla que ofrecen un poco más de comodidad. Todos disponen de ofertas con todo incluido; son caros, así que compruebe exactamente si todo está comprendido en el precio para evitar sorpresas desagradables. La mayoría le ofrecerá organizarle un vuelo chárter, pero éste también se puede reservar a través de la línea aérea de Puerto Ayacucho.

Los tres campamentos siguientes se encuentran al norte del estado de Amazonas, a orillas de afluentes del río Venturi. Uno de ellos es el **Camani**, ℂ (048) 21486, o en Porlamar, ℂ (095) 627402, FAX (095) 629859, camani@enlared.net, www.enlared.net/camani, con 13 *churuatas* amplias y confortables, con dos camas, ventiladores en el techo y cuarto de baño con agua caliente; todas dispuestas alrededor de una agradable piscina. Aparte de un servicio de primera categoría, ofrecen toda clase de excursiones a las distintas cascadas de los alrededores. Se puede montar a caballo y últimamente se ha añadido el alquiler de bicicletas y una torre de observación en el bosque. Otra de las ofertas para sus huéspedes comprende el vuelo directo desde Caracas o desde Porlamar.

Junglaven, en Caracas, ✆/FAX (02) 9932617, kitti@cantv.net, más rústico que su vecino Camani (comparten la misma pista de aterrizaje), es más indicado para turistas interesados en la ecología, por ejemplo descartan el uso de jabones no biodegradables. El administrador es Lorenzo Rodríguez, un aficionado entusiasta a la observación de las aves. Tras el último recuento, anotó más de 400 especies. En total, hay siete cabañas de estilo *churuata*, con doble cama y baño, que se encuentran en un amplio espacio con área de descanso y para cenar. El campamento es muy conocido por sus excursiones de pesca y, también, posee una segunda área con hospedajes para pescadores; además, ofrece el servicio de guías especiales.

El tercero y último campamento del grupo es el **Yutajé,** ✆ (048) 212550, o a través de Alpi-Tour, ✆ (02) 283-1433, FAX (02) 2836067, alpitour@viptel. com, www.alpigroup.com, pionero en Amazonas, fundado durante la década de 1970 por el italiano José Raggi, quien desafortunadamente murió en 1999. El campamento se encuentra en la cabecera del río Manapiare, al lado de una cascada encantadora, y cerca de las comunidades de los indios yekuana, que también se pueden visitar. Las cabañas con techo de paja se hallan alrededor de unos jardines bien cuidados; las habitaciones son sencillas pero bonitas, y entre sus huéspedes frecuentes se cuentan científicos de la Universidad de Cornell, de Estados Unidos. El campamento posee su propia pista de aterrizaje.

El campamento en el centro del estado de Amazonas —es el único accesible por el río, a no ser que quiera pasar una semana de viaje en un *bongo* (barca)— es el impronunciable **Mawadianojodo,** en Caracas, ✆ (02) 2510990. El campamento está situado a orillas del río Cunucunuma, un afluente del Orinoco, a tres cuartas partes del camino entre San Fernando de Atabapo y La Esmeralda. Es el más sencillo de los campamentos mencionados aquí, pero es agradable y está bien dirigido por los indios locales, los yekuana. Además, está cerca del altísimo cerro Duida. Se ofrecen hamacas en *churuatas* con techo de paja; hay muy pocas camas.

CÓMO LLEGAR

En las afueras del aeropuerto de Puerto Ayacucho hay dos compañías de líneas aéreas. La gente implicada en el turismo recomienda la **Línea Aérea Wayumi,** ✆ (048) 210635. Sus vuelos al interior del país suelen salir temprano por la mañana, a las 06.00 horas, de lunes a sábado, pero también se pueden fletar. La otra compañía es **Aguaysa,** ✆ (048) 210020/26. El peso del equipaje en los vuelos con ambas líneas no debe superar los 10 kg.

SUPERIOR: Un «crax elector» en plena exhibición de su plumaje.

Consejos para el viajero

CÓMO LLEGAR A VENEZUELA

Por vía aérea

Los vuelos a Venezuela son los más baratos de toda América del Sur. La mayoría de los países europeos y norteamericanos tienen vuelos directos. Miami es el portal más barato a Venezuela; consulte con **American Airlines**, o con **United Airlines**.

La mayoría de los vuelos internacionales llega al **aeropuerto internacional Simón Bolívar**, por todos conocido como **Maiquetía**; para información sobre vuelos internacionales, marque el ☎ (02) 3551225, y para los nacionales, ☎ (02) 3552307. Cada vez hay más compañías de vuelos chárter con destino directo a Margarita; y los vuelos internacionales procedentes de Estados Unidos también aterrizan en Maracaibo, Valencia, Barcelona/Puerto Cruz y Maturín.

Maiquetía está a 26 km del centro de Caracas. La terminal internacional no está lejos de la terminal nacional. Para ir a Caracas hay un servicio de autobuses económicos que sale cuando está completo; la parada está enfrente de la terminal nacional, al salir de la terminal internacional a cinco minutos de camino hacia la izquierda. La primera parada del autobús es la estación del metro Gato Negro, y la terminal está en el Parque Central, debajo de la avenida Bolívar, a unos 10 minutos de camino (dos manzanas hacia el este) hasta la parada del metro Bellas Artes. Como alternativa, también puede coger un taxi en el aeropuerto, en la parada de taxis. Las tarifas se indican en el muro exterior de la parada, examínelas antes de subir.

Pase lo que pase, **no** suba nunca a ningún vehículo que no sea un taxi oficial, ni acepte la «ayuda» de un «representante de la dirección de turismo». Ignórelos. Si llega a Maiquetía, quédese en el interior de la terminal. Si sólo espera un vuelo de conexión y no quiere ir al centro de Caracas, vaya a la caseta de turismo para informarse sobre los hoteles situados a lo largo del litoral central, alrededor de Macuto y Carabellada.

POR AUTOCAR INTERNACIONAL

Si quiere viajar en autocar a Colombia, diríjase a cualquier agencia de viajes para pedir información de las compañías que cubren la ruta Caracas-Bogotá. El punto más seguro para cruzar la frontera con Colombia es San Antonio del Táchira, en el estado de Táchira. Si prefiere ir por la ruta de la costa, viaje a Maracaibo y siga en dirección este hasta Maicao (cuidado con los contrabandistas). Para llegar a Brasil, la línea Uniao Cascavel cubre la ruta Puerto La Cruz a Boa Vista tres veces por semana, y sus autocares son excelentes. Como alternativa, vaya a Santa Elena de Uairén, en el estado de Bolívar, otra ciudad fronteriza.

POR MAR

La extensa línea costera de Venezuela y la falta de huracanes son ideales a la hora de viajar en barco. Consulte con **Dockside**, ✆/FAX (081) 677344, dockside@telcel.net.ve, Marina Bahía Redonda, El Morro, estado de Sucre, y solicite información sobre cruceros. Porlamar, la capital *de facto* de Margarita, dispone de un ambicioso puerto para cruceros. Los transbordadores de la compañía **Windward Islands** hacen escala en Porlamar, Trinidad, Saint Vincent, Barbados y Santa Lucía, una vez por semana. Consulte a la agencia de viajes **Unitravel**, ✆ (095) 617491/630278, calle Cedeño con Santiago Mariño, en Porlamar.

EN AUTOMÓVIL

Infórmese en la embajada venezolana de su país sobre las formalidades para transportar su coche a Venezuela. La autopista Panamericana comunica Caracas y Bogotá, mientras que la ruta costera lo hace entre Maracaibo y Santa Marta, en el Caribe colombiano. La autopista 10 va hacia el sur, de Orinoco a Boa Vista en Brasil, y continúa a Manaus (autopista 174).

LLEGADA (Y SALIDA)

Tras llegar a un aeropuerto internacional, se le extenderá un visado de turista, válido entre 30 y 90 días. Se sella su pasaporte, pero ya no se le entrega una Tarjeta de Ingreso. Recuerde llevar siempre el pasaporte; normalmente las autoridades venezolanas no se conforman con fotocopias. En todo el país suelen haber frecuentes controles policiales en busca de inmigrantes ilegales, y si no lleva su documentación, será detenido. Tras su llegada, haga una fotocopia de toda su documentación, también del billete de vuelo y de su carnet de conducir, y llévelos separados del resto de su documentación. Los impuestos de salida, tanto en el aeropuerto de Caracas como en el de Por-lamar, son de 30 USD aproximadamente. Para poder salir de Venezuela tiene que ir a la oficina de DIEX (Dirección de Identificación y Extranjería) más próxima para recoger un sello de salida. En estas mismas oficinas, también podrá prolongar los visados turísticos, o bien ir a cualquier punto de la frontera y volver a entrar al país.

EMBAJADAS Y CONSULADOS

EMBAJADAS VENEZOLANAS EN EL EXTRANJERO

La relación completa se puede encontrar en Internet www.mre.gov.ve/Misiones/dirm.htm.

EMBAJADAS EXTRANJERAS EN VENEZUELA

Para conocer la lista completa de las embajadas, consulte la guía telefónica de Caracas. Las siguientes embajadas se encuentran en Caracas:

Argentina, ✆ (02) 7313311/3058/3159, FAX (02) 7312659, avenida El Empalme, edificio Fedecámaras, piso 3, El Bosque.

Bolivia, ✆ (02) 2633015/2670136, FAX (02) 2613386, avenida Luis Roche con 6.ª Transversal de Altamira, Quinta Embajada de Bolivia, Urb. Altamira, embabobilia@cantv.net, horario de 09.00 a 12.00 horas

Chile, ✆ (02) 9913014/9923378/5364/3378/9935770/1538, FAX (02) 9920614, paseo Enrique Erazo, edificio Torre La Noria, piso 10, Urb. San Roman, echileve@cantv.net, horario de 08.00 a 15.30 horas

Colombia, ✆ (02) 2679596/6145/7601/8043/ 2628358/1527/2635596, FAX (02) 2611358/2638974, Segunda calle de Campo Alegre con avenida Francisco de Miranda, Torre credival, piso 11, Urb. Campo Alegre, colombia@telcel.net.ve, horario de 08.00 a 19.00 horas.

Costa Rica, ✆ (02) 2657889/2671104, FAX (02) 2654660, avenida San Juan Bosco, entre 1.ª y 2.ª Transversales, edificio For You, P.H., Urb. Altamira, embcostar@ cantv.net, horario de 09.00 a 16.00 horas.

Cuba, ✆ (02) 9912911/6661/2566, FAX (02) 9935695, calle Roraima, Quinta Marina entre Río de Janeiro y Choroní, Urb. Chuao, horario de 09.00 a 13.00 horas.

Ecuador, ✆ (02) 7813180/3613/3735, FAX (02) 7827978/7937508, avenida Andrés Bello, Sector Maripérez Centro Empresarial Andrés Bello, torre Oeste, piso 13, oficina 131 y 132, embajada@viptel.com, horario de 08.30 a 15.30 horas.

El Salvador, ✆ (02) 9590817/6293/9286, FAX (02) 95939 20, Centro Comercial Ciudad Tamanaco (CCCT), Torre C, piso 4, oficina 406, Chuao, horario de 09.00 a 17.00 horas.

España, ✆ (02) 2632855/3876/1956/2980, FAX (02) 2610892, avenida Mohedano, entre 1.ª y 2.ª Transversal, Quinta Marmolejo, La Castellana, horario de 08.30 a 13.30 horas.

Guatemala, ✆ (02) 9521166/0052/2551/3175, FAX (02) 9521992, avenida Francisco de Miranda, Torre Dozsa, piso 1, Urb. El Rosal, guateven@ven.net, horario de 09.00 a 12.00 horas.

PÁGINA ANTERIOR: Colores andinos en San Rafael de Mucuchíes, estado de Mérida.

Honduras, ☎/FAX (02) 2661935, avenida San Juan Bosco con 1.ª Avenida Altamira. edificio Excelsior, piso 5, Altamira, embhondv@truevision.net, horario de 09.00 a 17.00 horas.
México, ☎ (02) 9525777/7064/8594/4673/4457, FAX (02) 9523003, calle Guaicaipuro con Principal de las Mercedes, edificio Forum, piso 5, El Rosal 1062, embamexven@eldish.net, horario de 09.00 a 18.00 horas.
Nicaragua, ☎ (02) 9774284/0367, FAX (02) 9799167, calle El Cerezo, Quinta Candilejas, Urb. Prados del Este, embnicve@mail.lat.net, horario de 09.00 a 16.00 horas.
Panamá, ☎ (02) 9929093/918, FAX (02) 9928107, calle La Guairita, edificio Los Frailes, piso 6, oficina 6-A, Urb. Chuao, Municipio Baruta, horario de 09.00 a 15.00 horas.

Paraguay, ☎ (02) 7811244/1433, FAX (02) 7933017, Torre Phelps, piso 11, oficina D, Plaza Venezuela, E-MAIL embaparven@cantv.net, horario de 08.30 a 12.30 y de 15.00 a 17.30 horas.
Perú, ☎ (02) 2611483/1420, FAX (02) 2657592, avenida San Juan Bosco con 2.ª Transversal, edificio San Juan, piso 5, Urb. Altamira, embaperu123@cantv.net, horario de 9.00 a 13.00 y de 15.00 a 17.00 horas.
República Dominicana, ☎ (02) 2839279/9524/3544, FAX (02) 2833965, 2.ª Transversal entre Primera Avenida y avenida Andrés Bello, edificio Argentum, pb-1, Los Palos Grandes, embaredo@telcel.net.ve, horario de 09.00 a 15.00 horas.
Uruguay, ☎ (02) 2617603/2636958, FAX (02) 2669233, avenida Francisco de Miranda, torre Delta, piso 8, oficina A y B, Altamira Sur, horario de 9.00 a 13.00 y de 14.00 a 17.30 horas.
Unión Europea, ☎ (02) 9915133/5398/5587/5966/8876, FAX (02) 9935573, avenida Orinoco, edificio De las Comunidades Europeas, Urb. Las Mercedes, eudelven@cantv.net, horario de 08.00 a 17.00 horas. (de lunes a jueves) y de 08.00 a 13.00 horas (viernes).

INFORMACIÓN PARA TURISTAS

La Corporación de Turismo, o **Corpoturismo**, la agencia gubernamental de Venezuela, promociona el turismo en su país y ofrece toda clase de información turística. Además publica una serie de folletos bien detallados de muchos, aunque no todos, parques nacionales y otras regiones.

Aparte de Caracas, también los gobiernos regionales tienen sus propias oficinas de turismo. La competencia de las mismas varía; por ejemplo, Mérida tiene unas oficinas muy organizadas (con media docena de casetas por toda la ciudad), mientras que las de Amazonas aún están en los inicios y sólo disponen de una información práctica limitada, como mapas útiles y listas de alojamientos. Muchas veces, las agencias de viaje y los operadores turísticos disponen de mejor y más información.

CÓMO DESPLAZARSE

POR VÍA AÉREA

La red de comunicación aérea de Venezuela es extensa; hay varias líneas aéreas que comunican todas las ciudades más importantes del país. Los vuelos son menos frecuentes a las ciudades más pequeñas. Si consideramos la extensión del país y las tarifas de vuelo, relativamente económicas, trasladarse en avión puede ser un modo muy efectivo de visitar casi todo el país en un plazo de tiempo corto. Las compañías aéreas más importantes de Venezuela son Avensa y Servivensa, en realidad una misma compañía, LLAMADA GRATUITA al ☎ (800) 283672, que ofrecen un pase aéreo muy atractivo con varios vuelos nacionales e internacionales en un período de 45 días (mínimo de 4 vuelos). Tenga en cuenta que el pase aéreo no comprende el vuelo a Canaima y lo tiene que comprar en el extranjero.

Las demás compañías aéreas importantes son Aeropostal (también internacional), LLAMADA GRATUITA, ☎ (800) 28466; Air Venezuela, ☎ (02) 7612988; Aserca, LLAMADA GRATUITA, ☎ (800) 88356; Avior, LLAMADA GRATUITA, ☎ (800) 28467; Laser, LLAMADA GRATUITA, ☎ (800) 23732; Alitalia ☎ (02) 2856108; Avianca, ☎ (02) 9535732; Iberia, ☎ (02) 2678666, y Zuliana de Aviación, ☎ (02) 9939470, con 7 líneas aéreas regionales más pequeñas como Rutaca, ☎ (085) 22195, en el estado de Bolívar, Air-LAI, ☎ (094) 322186, en Sucre, y Línea Aérea Wayumi, ☎ (048) 210635, en Amazonas.

Siempre debe presentarse una hora antes de la salida del avión, sobre todo durante los fines de semana y en épocas de temporada alta; y, a ser posible, confirme de nuevo su vuelo a través de una agencia de viajes.

EN AUTOBÚS

Hay servicios de autobuses a todas las grandes ciudades de Venezuela; son un medio de transporte relativamente económico y eficaz para viajar. Los autocares modernos, los «ejecutivos» comunican las grandes ciudades y recorren largas distancias. Muchas veces tienen servicio, vídeo y aire acondicionado (este último puede ser tan fuerte que más vale que vaya con ropa de abrigo). También los vídeos y la música que ponen los conductores pueden ser una tortura: unos tapones para los oídos es la solución. Desafortunadamente, aunque estos autobuses son más cómodos, casi todos tienen cortinas, y los conductores insisten en tenerlas cerradas. Y si no tienen cortinas, los vidrios son de color púrpura, que tampoco permiten ver nada.

Los buses «normales» que cubren las rutas regionales y más cortas, generalmente son bastante buenos, aunque su reputación sea menos favorable. Los *por puestos* son un término medio entre el autobús y el taxi y recorren distancias más cortas y rutas fijas. No tienen horarios: salen cuando están completos. Los *carros* o *carritos* o también *micros* son autobuses pequeños. Todas las ciudades tienen una terminal de pasajeros, casi siempre situada fuera del centro de la ciudad; para llegar allí hay que coger un taxi o un *carrito*. En algunas terminales tiene que pagar una tasa de salida. Tenga en cuenta que durante la época de vacaciones, el servicio de autobuses está muy solicitado; y es preferible comprar el billete inmediatamente después de llegar, o por adelantado.

ALQUILER DE COCHE

Viajar en coche alquilado le permite explorar el país a su aire, y Venezuela ofrece autopistas con bellas vistas que pasan por paisajes impresionantes (*véase* DE RUTA POR LA CARRETERA, pág. 34, en USTED ELIGE). Además, las compañías internacionales más importantes, como **Hertz**, LLAMADA GRATUITA, ✆ (800) 43781; **Budget**, LLAMADA GRATUITA, ✆ (800) 28343, y **Avis**, LLAMADA GRATUITA, ✆ (800) 22776, tienen muchas agencias locales. Pero se recomienda recurrir a las agencias internacionales, ya que en caso de cualquier irregularidad siempre puede ponerse en contacto después en su propio país. Y aun así, no será fácil. (Se han oído comentarios desastrosos de algunos clientes.) Siempre es mejor probar el coche antes de firmar cualquier contrato.

En todos los aeropuertos de las grandes ciudades puede encontrar una oficina de las agencias de alquiler de coches, y también en los grandes hoteles como el Hilton o el Inter-Continental. El alquiler de coches resulta bastante caro en Venezuela, la gasolina en cambio es barata.

Alquilar un todoterreno sólo es necesario si planea viajar a los Andes, a los Llanos o a la Gran Sabana. El alquiler de un todoterreno cuesta un 30 % más que el de un coche de ciudad: el Lada «Niva» es el modelo más económico. Es mejor hacer la reserva de un todoterreno por adelantado.

Para alquilar cualquier vehículo necesita un carnet de conducir (mejor internacional), una tarjeta de crédito (Visa, Mastercard o American Express), haber cumplido 21 años (para todoterrenos y coches de lujo mayor de 25 años) y ser menor de 65. Al solicitar los precios, cerciórese de que incluyan el seguro. También compruebe las condiciones para los kilómetros recorridos y cláusulas que excluyan ruedas pinchadas, deterioro del parabrisas y robo. Verifique que tenga rueda de recambio, gato y triángulo para emergencias y registre todas las rayas y marcas antes de emprender el viaje con el coche. La agencia también le tiene que entregar un carnet de circulación. Muchas agencias disponen de ofertas de «tres días al precio de dos»; si le conviene, aprovéchela. Haga una fotocopia de todos los docu-

PÁGINA ANTERIOR: Una parada de taxi en Guanare, los Llanos. SUPERIOR: El aire acondicionado tradicional de un camión-autobús en Paraguaipoa, Zulia.

mentos que le entreguen lo antes posible. Si entiende algo de mecánica, levante el capó para comprobar el estado de los tubos, los niveles de los líquidos y la posible pérdida de aceite.

En caso de accidente, no mueva el vehículo para nada, ni siquiera si obstaculiza el tráfico. Si lo mueve, el seguro puede perder su validez. Espere hasta que llegue la policía de tráfico, o llame al teléfono 167. En caso de accidente con heridos o muertos, siempre se detiene al conductor, aunque no sea culpable; es una detención rutinaria en Venezuela.

Al igual que para la conducción, el mejor consejo es no dar nada por sentado: no cuente con que la gente obedezca las leyes de la lógica, de la cortesía o de la seguridad. Siempre debe actuar a la defensiva.

El destello de luces significa «quítese del camino» y no «vaya usted primero», como en Europa. No se cohíba si tiene que tocar la bocina para avisar a otros vehículos, en Venezuela no se considera una actitud agresiva. En muchos casos, además, prevalecen las indicaciones manuales sobre las luminosas. Si alguien está agitando el brazo extendido por la ventanilla del coche, le quiere indicar que está a punto de girar, de detenerse o de hacer alguna otra maniobra. Los semáforos rojos, sobre todo en las grandes ciudades y en toda Caracas, se consideran inconvenientes y se ignoran con frecuencia.

Infórmese en su agencia de alquiler de coches de cómo debe actuar en caso de una avería. Si le ocurre en plena carretera, póngase a la derecha y coloque algunas ramas y el triángulo de emergencia detrás de su vehículo. Hay muchos mecánicos y gasolineras en todas partes del país. Tal vez, la única región problemática en este aspecto sea la Gran Sabana. La conducción nocturna implica varios riesgos adicionales, los animales, luces mal ajustadas o no existentes en bastantes vehículos, y su seguridad personal; es mejor evitar conducir de noche. Aunque le pueda parecer inhumano, no se detenga en la carretera para ayudar a personas aparentemente abandonadas, incluso si le hacen seña-

les. Lo mejor es comunicar una posible emboscada o su sospecha de un asalto en la próxima *alcabala* (puesto de la Guardia Nacional).

Encontrará *alcabalas* por todo el país. Su reputación ha mejorado notablemente en los últimos años, pero siempre que se acerque a uno, apague su aparato de radio, quítese las gafas de sol, aproxímese despacio y deténgase antes de que le hagan señas para seguir adelante. Hable con cortesía y tenga sus documentos personales y los del coche a mano. No se deje impresionar por su forma de actuar, el guardia está allí para ayudarle, y es más, muchas veces le piden que le lleven a «mi capitán» hasta el siguiente poblado.

Si quiere importar un vehículo a Venezuela y si necesita más información de todo lo relacionado con la conducción, póngase en contacto con el **Touring y Automóvil Club de Venezuela**, ✆ (02) 7814849, piso 15, Torre Phelps, plaza Venezuela, Caracas. La Audubon se puede encargar de confirmar de nuevo la reserva de un coche alquilado para usted. Esto es especialmente necesario durante la época vacacional, pero también es muy aconsejable a lo largo de todo el año.

AUTOSTOP

En Venezuela no es costumbre hacer autostop. En las áreas rurales, donde la gente es más amable y siempre está dispuesta a ayudar a un turista en dificultades, es más fácil conseguir que algún camión le lleve. Se puede hacer, pero implica mucho tiempo de espera. Pida que le dejen cerca de alguna *alcabala*, donde la guardia nacional le pueda ayudar, aunque probablemente empiecen a explicarle que viajar haciendo autostop es ilegal. Las mujeres solas ni lo deben tomar en consideración.

ALOJAMIENTOS TURÍSTICOS

En Venezuela, los alojamientos abarcan toda la extensa gama de categorías, desde hoteles de lujo y centros vacacionales de cinco estrellas, pasando por hoteles de tres estrellas para hombres y mujeres de negocios, hasta residencias urbanas que alquilan las habitaciones por horas, para las parejas con prisa. En las ciudades más importantes, como Caracas, Maracaibo, Valencia y Maracay, o en los grandes centros turísticos, como Puerto La Cruz o Porlamar, los grandes hoteles están a la altura de las normas internacionales de confort y servicio, y, si así lo prefiere, se pueden reservar por adelantado, vía Internet. Encontrará el mejor servicio de todo el país en el Hilton, tanto en Caracas como en Porlamar.

Las posadas son una buena alternativa a los hoteles, muy recomendables para los viajeros independientes. También aquí hay categorías, desde la más lujosa hasta la más sencilla. En general, están administradas por gente del lugar, que muchas veces viven de la premisa de considerar a sus huéspedes como invitados de la casa, como si formasen parte de una gran familia. La atención personalizada está a la orden del día y, además, se tiene la oportunidad de estar en contacto directo con los lugareños, cosa que en un hotel más anónimo es casi imposible. Las posadas venezolanas ofrecen un alto nivel de calidad, una excelente cocina, tanto local como regional, y son el lugar ideal para emprender muchas actividades, como excursionismo y montar a caballo, además de beneficiarse de los amplios conocimientos del posadero sobre todo en lo relacionado con el entorno. Por lo general, las posadas aplican tarifas con todo incluido: las comidas y las actividades; asimismo, se encargan del traslado de sus huéspedes desde y hasta la ciudad importante más próxima.

En las regiones más remotas, como, por ejemplo, los estados de Amazonas o Bolívar, los alojamientos en medio de la jungla se llaman campamentos. Y también éstos sofrecen toda la gama de categorías, desde los más

PÁGINA ANTERIOR E IZQUIERDA: Colinas, muros de piedra y granjas: el incomparable paisaje de los Andes.

confortables hasta los más elementales, con baños compartidos, agua fría y un simple espacio para colgar la hamaca. Además, hay otras dos variantes: la *churuata* y la *caney*, en el idioma de los indígenas. Se trata de casas de madera con techo de paja; las *churuatas* tienen paredes exteriores y se usan para dormir, mientras que las *caneys* están abiertas por los lados y carecen de paredes laterales; en general sirven como restaurante o área social, para sentarse a charlar o a descansar.

Siempre que quiera instalarse en un alojamiento muy económico (llamado hotel, residencia, hospedaje, posada o pensión), pida que le enseñen la habitación antes de comprometerse y compruebe el nivel de ruido del aire acondicionado (muchas veces es demasiado alto). Generalmente, en esta categoría de alojamientos se pide el pago por adelantado, en metálico, y se le hace un cargo adicional por aceptar una tarjeta de crédito.

Si le interesa disponer de una relación completa de todos los alojamientos (no hoteles) del país, adquiera un ejemplar de la *Guía de campamentos, posadas y cabañas* de Elizabeth Kline, que Kline´s Guides, Caracas, publica anualmente.

RESERVAR HOTELES

Aparte de los alojamientos de lujo y de categoría moderada, reservar una habitación en un hotel venezolano puede ser frustrante. Algunos le añaden entre un 5 y un 15 % de cargo adicional, por aceptar su tarjeta de crédito. Si no aceptan tarjetas de crédito, y para asegurar la reserva, hay que transferirles el importe a su cuenta correspondiente y enviarles la orden de transferencia por fax. Muchas veces es preferible trabajar con una agencia de viajes, o mejor aún, con Audubon (*véase* EXCURSIONES ORGANIZADAS, pág. 52, en USTED ELIGE).

TARIFAS HOTELERAS

Dado que últimamente el bolívar ha seguido devaluándose, el alojamiento en Venezuela ofrece precios cada vez más atractivos. Si combina esta tendencia con la oferta especial de alguno de los hoteles urbanos de primera categoría, o con paquetes especiales de promoción de algún centro vacacional, quedará sorprendido de manera agradable, ya que el viaje le resultará más económico de lo que había pensado.

Las categorías para los precios de habitaciones hoteleras se han calculado sobre la base de la tarifa por una noche en una habitación doble, en épocas normales. Durante la temporadas alta, como Navidad, Año Nuevo, Carnaval, Semana Santa y a veces las vacaciones estivales de julio y agosto (en el estado de Mérida), los precios suelen subir considerablemente. Debido a la poca estabilidad del bolívar, la mayoría de los hoteles cotiza los precios en USD.

De Lujo .... más de 150 USD
Caro .... de 101 a 150 USD
Moderado .... de 50 a 100 USD
Económico .... inferior a 50 USD

CÁMPING

Fuera de los parques nacionales hay pocas instalaciones para hacer cámping. Aunque los parques más populares generalmente dispongan de refugios y lavabos, casi siempre el viajero depende de sus propios recursos. Sin embargo, alejado de las grandes autopistas, en medio de los Andes, de la Gran Sabana o de los Llanos, uno se puede sentir relativamente seguro; no obstante sería aconsejable solicitar un permiso a algún terrateniente local para acampar en sus terrenos y sentirse un poco más protegido. En todas las playas a lo largo de la costa venezolana siempre hay gente que acampa, pero la seguridad es otra cuestión. Trate siempre de montar su tienda de campaña cerca de otro grupo.

RESTAURANTES

Antes de empezar a comer, es una buena costumbre desearles «buen provecho» a los demás comensales de la mesa. Y para brindar, se dice: «salud». Para más información de la cocina venezolana, *véase* GASTRONOMÍA, pág. 48, en USTED ELIGE.

PRECIOS

Estas categorías de precios para la comida son por persona, sin bebidas y no incluyen los impuestos.

De lujo .... más de 20 USD
Moderado .... de 10 a 20 USD
Económico .... menos de 10 USD

PROPINAS

Los conductores de taxi no esperan propina, salvo en caso de algún servicio extraordinario, como llevar una bolsa pesada, por ejemplo. Las tasas por el servicio (propina) ya están incluidas en la cuenta del restaurante. Pero si el servicio hubiera sido extraordinariamente bueno, le podría dejar de un 5 a un 10 % adicional. En los hoteles de lujo, a los botones se les suele dar 1 USD por bulto, y al conserje entre 3 y 5 USD, en función de su servicio. Los guías turísticos esperan una propina de un 10 % del precio de la excursion.

MONEDA

En general, la forma de pago menos problemática en Venezuela es con dinero, en metálico. Puesto que el valor del bolívar está devaluándose constantemente, y si piensa quedarse en el país durante un período prolongado, es mejor cambiar sólo lo que necesita para un corto plazo de tiempo que cambiar toda una suma importante nada más llegar al país. En los hoteles de categoría moderada o de lujo, en general se puede pagar con tarjeta de crédito (Visa, MasterCard, American Express y Diners). No obstante, un gran número de hoteles, de agencias de viajes y de operadores turísticos añaden los gastos bancarios a sus clientes, así que mejor verifíquelo antes. En muchos hoteles y también en algunos comercios se aceptan cheques de viaje, pero es posible que apliquen un cambio poco favorable.

No cambie el dinero ni los cheques de viaje en el hotel, sino en las casas de cambio, donde aplican cambios mejores, incluso más favorables que los bancos. Las casas de cambio, en lugar de una suma fija, cobran una comisión de un porcentaje establecido. Algunos bancos están abiertos durante todo el día, entre 08.30 a 15.30 horas, y otros de 08.30 a 11.30 horas, y de 14.00 a 16.30 horas.

En muchas partes de Venezuela se pueden encontrar cajeros automáticos (ATM), la vía más fácil para disponer de dinero en efectivo. Banco Unión y Banco de Venezuela son los mejores bancos para cobrar dinero en metálico con la tarjeta Visa y la MasterCard. En caso de extravío de una tarjeta de crédito, de American Express (24 horas) llame al ☎ (02) 2060222; de Diners, ☎ (02) 50 32555; MasterCard, ☎ (02) 6077111, y Visa, ☎ (02) 5010333.

DATOS GENERALES

HORARIO

El horario de Venezuela es cuatro horas menos que el del meridiano de Greenwich; cinco horas más temprano que en el centro de Europa.

SUMINISTRO ELÉCTRICO

La tensión de la corriente eléctrica en Venezuela es de 110 voltios, 60 ciclos, igual que en Estados Unidos y en muchos países de Latinoamérica. Lo normal son clavijas planas paralelas; por lo tanto, se recomienda llevar un adaptador si sus aparatos eléctricos cuentan con clavijas redondas. Algunos campamentos tienen sus propios generadores, en cuyo caso consulte con el administrador antes de enchufar cualquiera de sus aparatos.

AGUA

En Venezuela no se debe tomar el agua del grifo, e incluso el hielo. En casi todas partes se vende agua embotellada. En los hoteles de tres estrellas y de categorías superiores facilitan jarras con agua mineral y cubitos de hielo preparados con agua hervida.

PESOS Y MEDIDAS

En Venezuela se usa oficialmente el sistema métrico. Los líquidos se venden por litros, y los vegetales y la fruta por kilogramos.

CLIMA

Venezuela tiene un clima tropical durante todo el año, con una temperatura media, durante el día, de 27 °C, con fluctuaciones mínimas; los meses de diciembre a febrero suelen ser los más frescos, mientras que la época más calurosa es de mayo a octubre. La temporada de lluvias dura desde abril o mayo hasta noviembre o diciembre. Su efecto sobre algunas partes de la costa es mínimo (como, por ejemplo, los estados de Falcón, Sucre y Anzoátegui y la isla de Margarita); los Llanos cambian considerablemente entre una estación y la siguiente. En las regiones al sur del Orinoco suele llover durante todo el año. La temperatura media de Mérida es de 18 °C (65 °F), mientras que Caracas disfruta un clima templado con temperaturas entre 18 °C a 21 °C.

MEDIOS DE COMUNICACIÓN

TELÉFONO

El código para llamar a Venezuela es el (58); el código de la ciudad de Caracas el (02) o simplemente (2) para llamadas desde el extranjero. La mayoría de los números en Caracas constan de 7 dígitos, aunque puede haber algunos más antiguos de sólo 6. En todas las demás partes los números telefónicos constan de 6 o 5 dígitos. En caso de duda, llame al ☎ (02) 530333 para

SUPERIOR: En el Salto Kawí de la Gran Sabana se promociona un turismo serio y consciente. Uno de los letreros dice: «Escucha el sonido de la naturaleza».

comprobar el número automáticamente. Marque el ☎ 100 para el operador en Caracas, ☎ 101 en el resto del país, ☎ 122 para el operador de llamadas internacionales y el ☎ 113 para Información y Asistencia (una línea muy solicitada).

La compañía telefónica más importante del país es CANTV. Cuando llegue a Venezuela, es recomendable comprar una tarjeta telefónica, pago por adelantado, de 2.000 o 5.000 bolívares. Los teléfonos públicos han mejorado mucho durante los últimos años, pero los de los vestíbulos de los hoteles están en mejores condiciones. Algunos aparatos telefónicos llevan un símbolo con la marca de «Acceso Internacional/International Access», que significa que sirven para llamadas al extranjero, que normalmente son muy caras en Venezuela. Es aconsejable disponer de varias tarjetas telefónicas si llama desde un teléfono público. Después de gastar la primera tarjeta, pulse # e inserte la nueva. Es más fácil trasladarse a un centro de telecomunicaciones (oficinas de la CANTV), donde también se pueden enviar y recibir faxes.

Las llamadas al extranjero resultan más baratas si llama a un operador en su país de origen para solicitarle una comunicación a cobro revertido. Para hablar con un operador internacional marque el ☎ 80011 —el código de su país— 0.

No tardará en darse cuenta de que los venezolanos están locos por los móviles. El país registra una de las cifras más altas *per capita* de propietarios de móviles en toda Latinoamérica. Hay dos compañías importantes, Movilnet, prefijo (016), y Telcel, prefijo (014). En la presente guía de viaje, figuran muchos números con estos prefijos, ya que numerosas posadas y cabañas tienen que usar móviles, hasta que se instalen las conexiones por tierra. Las llamadas a teléfonos móviles, hechas desde un teléfono público, son más caras; evítelas, si puede, o cerciórese, antes de marcar, de disponer de una tarjeta con muchas unidades. Para alquilar un móvil, diríjase a **Organización Rent-a-Phone**, ☎ (02) 5034329, FAX (02) 5746774, rapcb@telcel.net.ve, en el Caracas Hilton.

INTERNET

En esta guía de viaje encontrará muchos hoteles y operadores turísticos con dirección de correo electrónico y de páginas web. Dado que el servicio postal es lento, el recurso de enviar un correo electrónico desde el extranjero para la reserva de hoteles o de excursiones es una buena alternativa. En casi todas las ciudades turísticas hay cybercafés (hay una lista en www.netcafeguide.com/venezuela.html) o pídale a un operador turístico que le permita usar su ordenador. Algunos cafés, como por ejemplo los de Mérida, son excelentes, mientras que otros, a causa de las deficientes conexiones, pueden resultar frustrantes para el viajero que no quiere perder mucho tiempo.

CORREOS

El servicio postal en Venezuela es pésimo, y nunca se fíe de él si quiere enviar un documento para reservar un hotel o una excursión. Por lo general, las cartas a enviadas a Europa o Norteamérica no deberían tardar más de tres semanas. La compañía estatal de correos es la Ipostel. Sus oficinas están abiertas de 08.00 a 12.00 horas y de 14.00 a 18.00 horas, de lunes a viernes. Ipostel también tiene un servicio nacional e internacional urgente. **DHL**, LLAMADA GRATUITA ☎ (800) 34592, www.dhl.com, tiene una oficina en el Caracas Hilton; ofrece un servicio rápido pero caro.

PERIÓDICOS Y REVISTAS

Los dos periódicos más leídos de Venezuela son *El Nacional*, www.el-nacional.com y *El Universal*, www.el-universal.com. El segundo es el más conservador de los dos, pero ambos cubren perfectamente todos los acontecimientos nacionales e internacionales. Las secciones de fin de semana de *El Nacional* son particularmente buenas para lo más novedoso, en cuanto a espectáculos y entretenimiento, restaurantes y viajes; en el suplemento de *El Universal*, *La Brújula*, que se publica los

viernes, se comenta todo lo último relacionado con el ocio. El único periódico en inglés es *The Daily Journal*. *Escape* es una revista mensual bilingüe dedicada a viajes: siempre publica artículos interesantes sobre diversos destinos venezolanos. *Entonces* es similar, se publica cada tres meses.

ETIQUETA

Por lo general, el carácter venezolano es relajado y amistoso. La mayoría de la gente le suele hablar de «tú» y se olvida del «usted», más formal. No obstante, para el turista es mejor iniciar una conversación con «usted», para cambiar al tuteo tan pronto la otra persona empiece a usarlo. Pero para dirigirse a un miembro de la policía o de las fuerzas armadas, o cualquier otra persona de autoridad, se debe usar siempre «usted».

La informalidad venezolana llega a tal extremo que incluso se llegan a dirigir a usted como «mi amor», aunque acabe de conocer a su interlocutor. A los venezolanos no les gusta lo ceremonioso, pero la cortesía social es muy importante. Para ellos, el saludo es indispensable; así que cuando entre en alguna oficina, un hotel o un ascensor, no olvide saludar; basta con decir un abreviado «buenas». Los venezolanos tampoco se cohíben ante un posible enfrentamiento, pero como regla general, los turistas extranjeros deberían ser educados y diplomáticos y tratar de limitar su crítica al máximo posible, ya que los empleados oficiales lo toman como algo personal. Para un venezolano, la falta de respeto es uno de los peores insultos.

No se ven muchas mujeres que tomen el sol en *topless*, a excepción de algunas en las playas en Margarita y en el parque nacional Mochima. Los hombres venezolanos, generalmente, no llevan pantalones cortos por la ciudad, solamente largos, y los turistas deberían seguir su ejemplo.

SALUD

NÚMEROS DE TELEFÓNO PARA EMERGENCIAS

En caso de emergencia, marque el ☎ 171, este número es válido en todo el país. La operadora le comunicará con el servicio correspondiente.

La **policía de tráfico** tiene el ☎ 167; la **policía Metropolitana**, ☎ (02) 8605871 al 79; la **policía Municipal**, ☎ (02) 4714281.

En Caracas, **la policía** tiene el ☎ 169; para incendios marque el ☎ 166; para ambulancias, zona centro, ☎ (02) 5454545, o zona este de la ciudad, ☎ (02) 2650251.

SALUD

El servicio de atención de la salud en Venezuela es muy bueno. Las clínicas privadas figuran entre las mejores de toda Latinoamérica. No obstante, antes de iniciar el viaje, consulte a su médico o a alguna clínica especializada sobre posibles vacunas recomendadas. Es conveniente inmunizarse contra la tifoidea, el tétano, la difteria, la polio y la fiebre amarilla. Las vacunas contra la rabia y la hepatitis A son opcionales. Si planea viajar a las regiones del delta del Orinoco, de Amazonas o de Guayana, deberá tomar pastillas contra la malaria. Podrá encontrar más información en www.cdc.gov.

Los mayores riesgos para el viajero no acostumbrado al calor tropical son la deshidratación y la insolación. Tenga siempre a mano agua para beber. Hay Gatorade en casi todas partes de Venezuela, y aunque resulte costosa, es recomendable beber toda la que pueda.

En caso de diarrea, compre sobrecitos de sales de rehidratación, vía oral, lo antes posible y beba mucho líquido. Si no puede encontrar estas sales (es una buena idea traerlas), cualquier mezcla de sal y azúcar también servirá. Si puede comer, a pesar de su malestar, haga

PÁGINA ANTERIOR: Una niña con sus nuevas amistades. SUPERIOR: ¿Cuánto por el pollo?

una dieta blanda de alto contenido en carbo-hidratos y evite comidas con grasa.

Es aconsejable evitar las picaduras de insectos durante todo el viaje, y no solamente por la malaria. Use ropa holgada, de algodón puro, camisas de manga larga y meta la camisa por dentro de los pantalones. Utilice siempre un repelente a base de DEET, y si no viaja con su propia mosquitera impregnada con permethrin, lleve un bote de permethrin en *spray* para aplicarlo sobre las respectivas mosquiteras en los campamentos. Limpie inmediatamente cualquier herida o rasguño con alguna loción desinfectante (alcohol o yodo). Para evitar el molesto picor provocado por *niguas*, compre polvos de azufre, póngalos en un calcetín, manténgalo cerrado y sacúdalo encima de su

ropa cada mañana. Lleve los pantalones dentro de sus calcetines. Para prevenir el picor por ácaros, use loción de calamina (algunas personas prefieren usar quitaesmalte para las picaduras de *niguas*) y lleve también una crema, como Canesten (clotrimazole), por ejemplo, para infecciones micóticas (de hongos). Para evitar las quemaduras de sol, use siempre una crema solar de alta protección; recuerde el reflejo del sol en el agua y use una camiseta para hacer submarinismo. También hay sida en Venezuela y conviene viajar con condones, que son mejores que aquellos que se venden en el país.

En caso de enfermedad o accidente grave, consulte con su embajada sobre médicos y clínicas. Si tiene un seguro, vaya a cualquier clínica privada. Una de las mejores es la **Clínica El Ávila**, ✆ (02) 2081001, avenida San Juan Bosco con 6.ª Transversal, Altamira. En las clínicas también le pueden poner las vacunas necesarias.

Lavabos

Los lavabos públicos, en especial los de las gasolineras, dejan mucho que desear en Venezuela. Hay que entrenarse para inhalar profundamente antes de entrar y aguantar la respiración. Es mejor que pida permiso para usar los lavabos de algún restaurante, o tome un refresco si le miran con extrañeza. En gran parte del país la tubería es delgada, y la presión del agua baja. En muchos lavabos, hay una papelera para depositar el papel usado, ya que éste suele bloquear la tubería de desagüe.

Seguridad

Lamentablemente, debido a los conflictos económicos durante la última década, los robos a turistas son cada vez más comunes en Venezuela. Aunque en la mayoría de los casos las historias son exageradas —por ejemplo, la cifra de homicidios en Caracas es muy elevada, pero casi nunca se trata de turistas—, aquí tiene que tener el mismo cuidado que en cualquier otra gran ciudad, si no más. Fuera de Caracas, los niveles de seguridad son mejores.

Por lo general, use el sentido común: no pasee con joyas caras ni enseñe dinero. Lo mejor es guardarlo en una faltriquera (las mejores son las que se atan al brazo o al muslo). Lleve sólo el dinero necesario para taxis, etc., en su bolsillo, y no use su faltriquera en público. Es aconsejable salir únicamente con el dinero que pueda necesitar durante un día. Evite calles desiertas y oscuras, y pídales consejo sobre seguridad a la gente del lugar. Si alguien le detiene, no se resista. La mayoría de las veces, los asaltantes son jóvenes y desesperados.

Haga fotocopias de toda su documentación y guárdelas separadas. Siempre que pueda, use la caja de seguridad de su hotel, y pida que le extiendan un recibo por todo lo depositado. Tenga siempre una tarjeta telefónica CANTV a mano, para emergencias. Y guarde una pequeña nota en su pasaporte que diga: «En caso de emergencia, llamar a...», e indique el nombre y el teléfono de algún amigo o pariente para avisarle en caso de accidente. Anote también su tipo de sangre y posibles alergias.

Si viaja en coche, deje todas sus pertenencias valiosas en el hotel, o guárdelas en el maletero del coche, aunque esto no es ninguna garantía. No deje nada a la vista. Estacione su automóvil siempre en un aparcamiento vigilado de la ciudad, nunca en la calle.

Si le interesan las drogas, antes de hacer cualquier transacción, visite una de las cárceles de Venezuela. Más o menos la mitad de los presos venezolanos ni siquiera han sido juzgados, y aún pueden pasar años hasta su sentencia. Usted podría estar entre ellos.

CUÁNDO IR

Venezuela no tiene una temporada alta oficial para el turismo internacional, aunque probablemente haya más viajeros extranjeros durante la época invernal del hemisferio norte, y también durante la época vacacional del verano. Los días de fiesta nacional dictaminan las temporadas altas del país. Estos períodos (Carnaval, Navidad y Año Nuevo y la Semana Santa) son como una espada de doble filo para los turistas extranjeros. Por un lado, verá muchas más festividades y color local durante este tiempo, pero por el otro, encontrará hoteles llenos, autobuses atestados, accidentes en las carreteras (todo el mundo bebe alcohol y conduce), y todas las playas y los demás lugares vacacionales están abarrotados. Si de todas formas quiere viajar durante una de estas épocas, sería aconsejable hacer las reservas con mucha antelación. Se podría decir que el mejor momento para las vacaciones, con las mejores vistas y los caminos menos mojados, es la época de sequía: desde noviembre o diciembre hasta abril o mayo. De todas formas, hay poca diferencia entre las lluvias en las regiones costeras (Falcón, Margarita, Sucre y Anzoátegui), así que si quiere pasar unas vacaciones en la playa, no hace falta preocuparse mucho por la época.

En otras partes del país, en cambio, las estaciones son mucho más marcadas. En los Andes, por ejemplo, las nubes y las lluvias afectan tanto a las vistas como a los caminos, y la escalada de montañas puede resultar más peligrosa. En los Llanos, ambas estaciones son igual de fascinantes, aunque totalmente distintas. Probablemente, el mejor momento sea a mediados de la época de sequía, ya que el acceso mismo es más fácil y, además, es cuando mejor se observa a los animales. Al sur del Orinoco suele llover durante todo el año, aunque algo menos durante la temporada de sequía. Si planea visitar el Salto del Ángel, el camino de acceso será más fácil o más difícil, de acuerdo con la época. Si quiere viajar río arriba desde la ciudad de Canaima, tiene que ir durante la época de lluvias, cuando los ríos llevan agua suficiente para ir en barca. Durante el resto del año, sólo puede disfrutar del vuelo en avioneta.

QUÉ LLEVAR

Es aconsejable que viaje bien preparado, ya que la mayoría de los productos y artículos de aseo en Venezuela son importados o de calidad dudosa. De todos modos, cualquier cosa que se le haya podido olvidar, la puede comprar en Venezuela. La ropa ligera y preferentemente de algodón tiene que incluir pantalones largos, camisas de manga larga, pantalones cortos y faldas. Evite vestidos viejos o ropa desaliñada, ya que los venezolanos, muy conscientes de las tendencias de la moda, le mirarían mal. Aunque no prevea ir a los Andes, lleve un jersey grueso para los autobuses con aire acondicionado. También necesitará un par de zapatillas de deporte para la playa, donde se puede pinchar con corales o erizos de mar; asimismo, le hace falta un par de botas resistentes e impermeables para las caminatas, además de las sandalias o chanclas, también para andar por la playa y protegerse de las *niguas*, así como para las duchas poco higiénicas en los hoteles baratos. No olvide el *flash* para la cámara, el sombrero para protegerse del sol y algunas chucherías o recuerdos de su país para hacer regalos.

PÁGINA ANTERIOR: Las llamativas máscaras para la Danza del Diablo en San Francisco de Yare. SUPERIOR: Los Músicos desfilan por las calles de Mucuchache, estado de Mérida, durante las fiestas de San Benito.

Si visita el país durante la época de lluvias, o si viaja al sur del Orinoco, es indispensable llevar un impermeable (transpirable). También un pequeño paraguas puede serle útil. Si viaja con sus propias gafas y su tubo de bucear, se ahorrará algo de dinero al no tener que alquilarlos en la playa. Es conveniente venir con los medicamentos que pueda necesitar, aunque las farmacias están omnipresentes y tienen de todo. El equipo de cámping es bastante caro; vaya preparado si prevee hacer mucho cámping. El Cámping Gaz Bluet es la marca más popular. Y si va a caminar mucho por los bosques y las montañas, no se olvide de las polainas.

FOTOGRAFÍA

La humedad, el polvo, la arena y el agua son los grandes enemigos del equipo fotográfico. Es aconsejable protegerlo con bolsas de plástico y bolsitas de gel de sílice. En general, evite estuches de cámara llamativos, que solamente atraen la atención (ensúcielos un poco, antes de salir de viaje). Puede ser una buena idea envolver la cámara con una revista y guardar el estuche dentro de una bolsa común y corriente. Es aconsejable llevar una cámara de usar y tirar para sus excursiones por los ríos u otras condiciones semejantes; o también puede comprar y proteger su cámara con «bolsas para la canoa», que son perfectamente impermeables incluso debajo del agua.

Viaje con una cámara SLR 35 mm, un filtro UV y otro de polarización: son absolutamente esenciales, y lleve películas de 200 o 400 ASA para condiciones de poca luminosidad como, por ejemplo, en los bosques, las iglesias o las tomas del amanecer y anochecer. Lo ideal sería disponer de un teleobjetivo (o *zoom*) para captar todos los detalles de la vida salvaje. En general, hay buen material fotográfico en casi todas partes de Venezuela, pero siempre es mejor llevarlo desde su país de origen, en especial si quiere hacer diapositivas. También para el revelado es preferible esperar hasta volver a casa para evitar posibles desgracias.

LA LENGUA ESPAÑOLA EN VENEZUELA

Probablemente, la lengua española en Venezuela sea la más vulgar de toda Latinoamérica, ya que incluye muchas palabrotas, que puede sorprender desagradablemente a los turistas acostumbrados a países más educados. No tan vulgar y muchas veces muy divertida es la tendencia de los venezolanos a crear un clima familiar con rapidez. Todo el mundo puede ser un primo, un *pana* («compinche»), gordo o flaco. O también puede ser que le saluden con «mi amor», «mi cielo», «mi rey, mi reina».

Existe otra tendencia, donde los venezolanos no parecen reflejar una ideología progresista, y tal vez tenga que acostumbrarse a que le llamen «gringo» o «catirre» (de ojos claros o de cabellos rubios). Pero, por otra parte, les dan mucha importancia a sus títulos oficiales, y a cualquiera que sea un graduado universitario se le llama «licenciado/a», mientras que se dirigen a los poetas, artistas y músicos como «maestro/a». Si quiere entablar una conversación con un hombre o con una mujer y no sabe su nombre, sencillamente utilice «don» o «doña».

Entre las frecuentes expresiones únicas y exclusivas de Venezuela figura «chévere», que significa «muy bien». Es la respuesta común a la pregunta de cómo está. Como saludo habitual se puede escuchar: «¿Qué más?»; «¿Qué pasó?»; «¿Qué hubo?» Otra palabra propia es «la vaina», que significa «la cosa», y se refiere a casi todo lo que se pueda imaginar. Además, a los venezolanos les encanta usar diminutivos. A veces parece que todas las palabras terminen en –ito/a o –ico/a, por ejemplo: un cafecito, ahorita, un carrito y un ratico.

DIRECCIONES DE INTERNET

Venezuela ofrece muchas direcciones sobre toda clase de lugares y acontecimientos. Visite www.auyantepui.com y www.chevere.com. En www.geocities.com/-venaventura/links.html, se pueden encontrar enlaces a muchos sitios venezolanos. Para todo lo relacionado con la Gran Sabana, visite www.thelostworld.org, y www.venzuelavoyage.com, con textos e imágenes. También puede ser de gran ayuda Venezuela Virtual, www.venezuelavirtual.com.

Think Venezuela, www.think-venezuela.net, ofrece una amplia información de viajes (alojamientos, operadores turísticos, agencias de alquiler de coches), en inglés, y también incluye anuncios interesantes. Para información sobre viajes ecológicos en Latinoamérica no deje de consultar la excelente dirección de Planeta, www.planeta.com, mientras que si le interesan los reportajes de viajes, libros u otra información, conéctese a la página de South American Explorers: www.samexplo.org.

Lecturas recomendadas

Los títulos de libros publicados en Venezuela que se indican a continuación se pueden comprar vía Internet en Tecni-Cienca Libros, www. tecnicienca.com.

CONAN DOYLE, ARTHUR. *El mundo pérdido*, 1912, Londres, Puffin Books, 1995. La historia de una gran aventura en el tepuy de Roraima de la Gran Sabana. Una lectura básica para todos los viajeros entre ocho y ochenta y ocho años, que van a visitar esta región.

EWELL, JUDITH. *Venezuela, un siglo de cambio.* Londres, C. Hurst & Co, 1984. Se considera la mejor obra histórica de Venezuela en el siglo XX.

HUDSON, WILLIAM HENRY. *Mansiones Verdes 1904*, Oxford, Oxford University Press, 1998. La descripción de un viaje evocativo y romántico por el Orinoco, con excelentes descripciones de los bosques pluviales y sus misterios.

HUMBOLDT, ALEXANDER VON. *Una Narrativa Personal de los Viajes por las Regiones equinocciales de América 1799-1801*, 1852, Nueva York, Penguin, 1996 (rústica). Compre el volumen 2 de las descripciones maravillosas de las regiones venezolanas que recorrió.

KLINE, ELIZABETH. *Guía de los campamentos, posadas y cabañas en Venezuela*, que se publica anualmente en Caracas, ampliamente disponible. Kline describe hasta la última posada y los alojamientos en los últimos rincones del país.

GALLEGOS, RÓMULO, que se considera el mejor escritor venezolano, con su novela *Doña Bárbara*. *Doña Bárbara* que se desarrolla en los Llanos y que enriquecerá su visita a esta región, mientras que *Canaima* es una descripción fascinante de la vida de los mineros de oro en las Guayanas.

GARCÍA MÁRQUEZ, GABRIEL. *El general en su laberinto*, 1989, Mondadori. Una descripción notable de los últimos días de Simón Bolívar, que entreteje la trama en torno a los hechos históricos con la narrativa mágica, como los recuerdos del general de su vida, sus amores, sus glorias y sus fracasos.

GARMENDIA, JULIO. Un escritor venezolano de historias cortas, con muchas colecciones, entre las cuales destaca el título *Manzanita* (Caracas, Monte Ávila Editores, 1997).

GOTT, RICHARD. *A la Sombra del Liberador*, Londres, Verso, 2000. El primer análisis exhaustivo de los primeros años de poder de Hugo Chávez, con fondo histórico y político.

NICHOLL, CHARLES. *La criatura en el mapa*, Londres, Jonathan Cape, 1995. Una combinación de la expedición histórica de sir Walter Raleigh por el Orinoco en 1595 con una expedición actual al delta y a las altiplanicies de Guayana.

O'HANLON, REDMOND. *De Nuevo con Problemas*, 1988, Penguin Books, 1989. Una combinación elocuente de erudición e hilaridad de O'Hanlon durante su viaje río arriba por el Orinoco en busca de los yanomami. Una lectura esencial para todo aquel que quiera viajar a la jungla.

USLAR PIETRI, ARTURO. *Cuarenta ensayos*, Caracas, Monte Ávila, 1990. Ensayos muy interesantes sobre la historia, la literatura, la cultura y la política, escritos por uno de los intelectuales más destacados del país.

SUPERIOR: Colores caribeños en la calle principal de Adícora, península de Paraguaná.

EXTREMO SUPERIOR: Campos labrados y granjas blancas en los Andes. SUPERIOR: Las facciones características de los indios guajiro del estado de Zulia.

Guía de referencia rápida de la A a la Z, para los lugares y cuestiones de interés, con lista de hoteles, restaurantes y números de teléfono útiles

Los símbolos Ⓕ FAX, Ⓖ LLAMADA GRATUITA, Ⓔ E-MAIL, Ⓦ PÁGINA WEB hacen referencia a la información de contacto adicional mencionada en la entrada correspondiente.

A

T

Créditos de las fotografías

Anthony Cassidy es el fotógrafo de casi todas las fotografías publicadas en la presente guía, a excepción de las siguientes:

Raúl Sojo: págs. 6 izq., 12, 23, 36, 37, 40, 44, 67, 68, 92, 93, 94, 95, 97, 102, 107, 109, 111, 113, 117, 150, 160, 176, 182, 187, 193, 196, 197, 211, 214, 216, 219, 221, 230, 233, 237, 245 y 265, así como la fotografía superior de la cubierta posterior.

Dominic Hamilton: págs. 28, 39, 69, 184, 191, 195, 199, 203, 205, 207, 209 y 213, así como la fotografía segunda superior en la cubierta posterior.

Notas